New History Salon

新史学沙龙

陈启能
王学典
姜芃
主编

近代中国的文化危机：
清遗老的精神世界

[美]周明之　著

Cultural Crisis in Modern China:
Qing Loyalists and Their World

山东大学出版社

图书在版编目(CIP)数据

近代中国的文化危机:清遗老的精神世界/(美国)周明之著.
—济南:山东大学出版社,2009.4
ISBN 978-7-5607-3691-4

Ⅰ.近...
Ⅱ.周...
Ⅲ.历史人物-思想评论-中国-近代
Ⅳ.K820.5

中国版本图书馆 CIP 数据核字(2008)第 201825 号

出版发行:山东大学出版社
地　　址:山东省济南市山大南路 27 号(250100)
经　　销:山东省新华书店
印　　刷:山东新华印刷厂
规　　格:720×1010 毫米(1/16)
印　　张:18.25
字　　数:343 千
版　　次:2009 年 4 月第 1 版　第 1 次印刷
定　　价:34.00 元

《新史学沙龙》编委会

总 序

毋庸讳言，眼下的中国史学正经历着一场巨变，这一巨变因同时构成为中国社会巨变的一部分而显得异常深刻。

事实上，这一巨变已延续了近三十年之久。只是，在进入新世纪后，巨变在悄然加速。巨变不要紧，关键是要有个基本的方向。而此时的中国史学，却失去了度量变动的参照本身，如同茫茫大海中的一叶扁舟，正不知该划向何处。

方向不明，且道路崎岖，我们不得不承认，这就是当前的史界情势！

“历史学往何处去?”从“文革”结束后就一直是个问题。最初我们想回到前“文革”时代，很快发现不行。八十年代我们急切地拥抱现代化，“反传统”，向往所谓的“西方文明”。九十年代，“西方”虽未淡出，但“传统”却卷土重来，与传统互为表里的“国学”也随之复兴重光。出于对所谓“国学”的向往，九十年代的知识界集体向民国学术走去。近若干年，我们的学风又在调整之中，回归考据的势头有所减弱，“西学”特别是其中的“西方汉学”或美国中国学重又抬头，乃至有成为“显学”的迹象。但“西方汉学”能成为未来史学界的稳定方向吗？回答显然无法立刻作出。

实际上，史学界仍处在摸索和徘徊之中。

史家的天职让我们懂得，巨变的时代，巨变中的史学，需要一份清楚的历史记录，或者说一份实录。这份记录或实录必须要贴近时代，要同“本土化”与“全球化”交相辉映的学术现实共脉动；要尽可能多地容纳大家对其历史去向的望闻问切，尽可能全面地反映人们特色各异和角度不同的病情诊断与症候分析；还要能引领史学走出当下的迷茫，要竭尽所能地寻找中国史学前行的新航向。其中，富有洞察力、穿透力和概括力的审视和扫描必不可少，而基于不同审视和扫描的批评与专深分析显得尤为重要。当然，第一位的,是必须要有一份对中国史学存续承继的厚重责任感和使命感,这应是人们进行相关思考的起码的心理基础或共识。

我们发现,能同时体现上述追求的期刊和出版物,不是说没有,而是太过其少。对于巨变中的史学而言,这不能不说是一种遗憾!

因此,"新史学沙龙"出焉。

陈启能　王学典　姜　芃

2008年4月

目　录

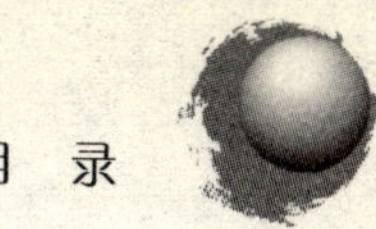

绪言

以朝代为对象的忠贞观，到了20世纪的上半叶，对少数中国人仍有一股强大的力量。从今天的观点看，尤其令我们感到意外的是，几个眼光敏锐、思想开明的精英分子，仍然以毫无保留的态度，信从实践这种忠的思想。武昌起义之后，他们立即放弃了为中国现代化的努力，从此与民国和西方文化为敌，而终至于依附日本，以求达成恢复清朝的目的。这几个忠于清朝的知识分子，便是我在本书中所要研究的对象。清朝的王公后裔，怀有种族情感的满蒙人士，以在宫中任职为生的人，以及以忠于清朝图利的人，都不在我的考虑之内。清亡之后，对朝代的忠的观念只在很少一群人的思想意识中，仍然占据主导地位。我的目的，便是要了解这几个人的精神世界。

这一群遗老之中，以王国维、罗振玉和郑孝胥牵涉最广，留下的资料最多，所以我对他们的讨论也最深入。同时，我也在全书多处论及沈曾植、劳乃宣、陈宝琛等人的看法。梁济对清朝的忠，有其独特的一面，不能将其与其他遗老视为同一类型。我对他的心情，有详细的分析，不但是为了要了解他的内心世界，而且也是要以他为实例，说明忠的另一种表现的方式。我必须声明，我不是在写清朝遗老的复辟史，也无意以这几个人物的生平事略为全书的重点。我是在大的时间顺序之内，以主题为中心，讨论他们思想的发展和心情的变化。

我对遗老的兴趣，最初是由阅读王国维引起的。我对王的思想有了初步的了解之后，便很自然地开始追问他忠于亡清和自杀的动机。他是辛亥以前思想最开明、最热衷于西方文化的人，所以他辛亥以后思想信念的转变颇费我们的思索。英国史家 Herbert Butterfield 说，治史者的倾向是把过去的史实纳入“现在”的框架，建立与现在相似的特征。可是与我们不相似(unlikeness)的现象反而更能使我们的想象力丰富，并增加我们在知识上的愉悦。治史者不应强调和夸张两个时代的相似,而是要担任过去与现在的媒介,阐释历史事件中异于今天的现象。我们陌生的现象,也正是我们所需要解释的现象。[①]

我要把梁济分开讨论。对其他的几个遗老,我们有许多问题需要解答。他们的生活,有哪些方面值得我们注意?他们之间是怎样的关系?辛亥革命是中国历史上的第一次革命,遗老对"革命"和辛亥革命抱什么态度?他们怎样交待清朝的败亡?他们如何进行复辟?在他们的计划中,复辟后的中国将是怎样的形势?在当时中国的知识界中,多数人都在不同程度上主张现代化,而现代化便必然要接受某些西方文化的成分。所以遗老在这一方面可说是完全孤立的。他们反对西方文化,主张振兴儒学;在辩论这个主张时,他们有没有提出新的见解?他们对中国今后的文化和在现代世界上的地位及生存,提出了什么解决的方案?为了复辟,他们不惜与列强联盟,郑孝胥和罗振玉更在"满洲国"中任官。20世纪初年的中国,是民族主义的高潮期,遗老有没有受到民族主义的冲击?他们对民族主义采取什么态度?对列强在华的侵略持什么立场?日本是中国最大的敌国外患,他们对于联日有没有顾虑?他们帮助日本建立"满洲国",对中国的远景怀什么想法?我在本书中,将试图解答这些问题。

我的这些中心论题,都环绕着"忠"和"现代化"这两个问题。

第一,我们应该怎样判断清遗老以朝代为终极对象,在任何情况下义无反顾的忠呢?我们在评论忠臣、遗民时,往往无法超脱中国固有道德观念的限制,对他们只有一般性的感叹。可是感叹无助于我们对过去的了解。我们看胡平生给清遗老所下的结论:

> [清朝]复辟的本质在于恢复旧制,是消极而退守的……复辟派屡遭挫败,未能有成,本不足为奇。不过部分复辟分子虽然冥顽不灵,但却始终如一,至死不渝,其心可悲,其情可悯,自不宜过分苛责,以失公道。[②]

如果我们走出这种限制,而以没有预设的历史眼光来试一分析,我们便看到各朝遗老违反理智、充满意气和道德傲慢的一面。刘子健(James T. C. Liu)、Frederick W. Mote(牟复礼)、Jennifer W. Jay等人的研究,使我们对宋代忠臣和遗老的这种性格有了一个初步的了解。我的书是对清遗老这种思

---

① Herbert Butterfield, *The Whig Interpretation of History*, New York: W. W. Norton and Company, 1965, pp. 9-18.

② 胡平生:《民国初期的复辟派》,(台北)学生书局1985年版,第503页。

想和心情的一个全面性的解释。我讨论的深入和详细以及涵盖层面的广阔，都超过上述三人；在重点和方向上，也与他们有所不同。

第二，在现代化方面，清遗老要以周公、孔子的理想来挽救中国现代的危机。从他们的立场，我们可以看出他们态度的单一性和排他性。这是他们绝对的忠的必然结果。辛亥的民主共和革命是西方文化影响下的产物。遗老既然反对共和，所以也当然反对产生共和的西方文化以及受了西方文化影响的中国现代文化。政治的保守与文化的保守在他们的思想中合流了。可是遗老不能指出，周孔之道是否曾在中国的哪一朝一代实现过。因为这个理想世界，仅是在他们想象之中存在的乌有之乡。然而他们有了这种心情，所以仍然一味坚持，要将周孔的理想具体并且一成不变地在两千年以后的中国实行。在他们的思想过程中，他们把其他一切的可能性都排斥了。所以在他们要重建的世界里，没有任何外来的新成分。遗老的这种心情，是我在书中所大力分析的另一个重点。

研究清季遗老，在方法上需要有一份自觉。治史者常以“现今”为出发点，把研究的对象分成进步之友和进步之敌(friends and enemies of progress)，以为“历史女神克莱欧是站在辉格进步党一边的”(Clio herself is on the side of the whigs)[①]。这一倾向在近几十年的中国史学界也十分明显。中国近代史上最流行的论题之一，是维新派(进步之友)和保守派(进步之敌)两大阵营的对垒。我全书的主题之一，是检讨清遗老对中国政治和文化的现代化的反应，在讨论他们的过程中，有很多对他们的批评。讨论遗老时，要完全脱离西化和传统的敌对是不可能的。我在这里不是要避免这种取径，而是要从多方面照顾这个问题，避免将遗老的思想简单化。我将对遗老尽力做到公正，然而我不敢说我是中立而无偏依的。所谓“客观史学”实是漫无目标的史学；它只是没有方向、没有结论的史实的堆积。[②] 我的目的

---

① Butterfield, pp. 1-8. 研究美国南北战争的 David Herbert Donald 甚至说，治史者往往跟随胜利军队的营帐而行，见 Henry Steele Commager, *The Nature and the Study of History*, Columbus, Ohio: Charles E. Merrill Books, Inc., 1965, pp. 47-48.

② Charles A. Beard, "That Noble Dream," in *The Varieties of History, from Voltaire to the Present*, Edited, Selected, and Introduced by Fritz Stern, New York: Vintage Books, 1973, p. 316. Beard 说，"What is called 'objective history' is simply history without an object"。“客观史学”在美国史学界的挑战和所遭遇的困难，见 Peter Novick, *That Noble Dream: The "Objective Question" and the American Historical Profession*, Cambridge: Cambridge University Press, 1998 有十分详尽的分析。另一个反对“客观史学”的有影响的人，是 Carl L. Becker, "Everyman His Own Historian," *American Historical Review*, 37. 2 (January, 1932), pp. 221-236.

是在忠于史实的前提之下，把遗老的思想活动分析出一个有意义的结论。

与这一点紧密相关的是我们对遗老的判断的问题。除了梁济以外，遗老的言行是辛亥以后中国继续分裂、不能统一的许多因素之一。与日本结盟以及依附满洲国的遗老，更对中国造成了极大的苦难。我们对他们应持什么态度呢？这里涉及史学中道德判断的问题。褒贬是中国传统史学中最突出的特色。在近世的西方史学界，它却是一个很具争议性的问题。在西方史学中，赞成和反对在史学中作道德判断的，提出了许多理论的根据。我这里只以两个有影响的英国史家的立场，来说明这一问题的多元性。Herbert Butterfield（1901～1979）认为史学的目的，在了解过去，而不在颂扬和谴责前人。持这种史学观的治史者，在“腾空”自己的心情（self-emptying）之后，以“富有想象的同情心”（imaginative sympathy）去重建过去的真相。天主教徒和基督教徒，对于16世纪的宗教改革运动，有无休止的道德评判，可是史学者却应超越于各种道德和价值观念的争论之外，对这一历史事件重建一层更真实的了解（deeper sense of truth）。所以道德判断与史学研究是不相干的，也是我们企图了解过去时的一重障碍。①

另一方面，Isaiah Berlin（1909～1997）对于史学不应下道德判断的种种辩论，包括Butterfield的观点，极力批评。他说，历史所研究的，不是空间的物体，而是活动于社会之中、有目的、有动机的生命，所以史学的方法与精确科学的方法，绝然不同。治史者在研究人的活动时，必然要牵涉道德及心理的层次。纯粹叙述，不含道德判断，没有个性的客观史学是不存在的。②

史学应不应作道德判断的辩论，说明了这一问题的复杂性，同时也使我们产生一份自觉，而不轻易地作道德性的裁判。然而在实际情况之下，维持道德中立，又谈何容易？我们在做研究时，不可能不提问题，而我们所提的许多问题，不但含有普遍的道德观，而且往往也反映了我们个人的取舍。我们在研究明太祖廷杖、清初文字狱等问题时所提的问题和所下的结论，多少会有一些道德的含义。可是我们也绝不应急于以褒贬为我们的主要任务。过多的道德裁判的确有碍我们了解过去。道德判断一旦成了我们的中心关

---

① Herbert Butterfield, “Moral Judgements in History,” in *History and Human Relations*, New York: Macmillan Company, 1952, pp. 101-130. 前引Butterfield的 *The Whig Interpretation of History*，最后一章的篇名也是“Moral Judgments in History”，强调略有不同，读者也可参看。

② Isaiah Berlin, “Historical Inevitability,” in *The Proper Study of Mankind: An Anthology of Essays*, Edited by Henry Hardy and Roger Hausheer, New York: Farrar, Straus and Giroux, 2000, pp. 145-166.

怀，它便必然掩盖了其他许多有意义的史学问题；Butterfield 提醒我们说，许多急于下道德判断的史学研究，常在完成之前便中道而废。[①] 这是因为作完道德判决之后，治史者的目的已达，其余的便没有兴趣深究了。

我所以提出史学中的道德判断问题，因为它是我在撰写全书的过程中，尤其是后半的章节时，始终没有停止思考的问题。我没有离开 Berlin 所说治史时道德和心理动机的层面。读者也必能看出，我的论断明白显示我与遗老的立场相左。不过，我写作全书最大的动机，是分析而不是谴责，所以我尽了最大的努力，希望我的价值立场没有掩遮书中其他问题的重要性。

本书构想有了初步心得后，曾于 2004 年年尾在密歇根大学（University of Michigan）的史学会议上作口头报告。历史系退休教授 Ernest P. Young 以遗老与民族主义的关系提出疑问。他的质疑促使我在这一问题上作了进一步的阅读和思考。多年老友 Ronald S. Suleski 对我一再鼓励，并将哈佛大学（Harvard University）图书馆所藏有关郑孝胥王道的全部文字复印寄赠。另一友人叶帼雄在康奈尔大学（Cornell University）多次为我查对及复印资料。山东大学的好友苏位智教授向山东大学出版社推荐此书，并在济南多方照顾各细节。对于以上的四位友人和山东大学出版社，我要特别在这里表示由衷的谢意。最后，我谢谢我妻子给我的许多帮助。

---

① Herbert Butterfield, "Moral Judgments in History," in *History and Human Relations*, p. 103.

第一章 革命的冲击

辛亥革命的成功和清室的溃败，是一个快速而有决定性的历史事件。武昌起义没有遇到持久的抵抗；1912 年 2 月溥仪退位，也没有强烈的抗议。这一切都说明，革命已经不是一个陌生的观念，而且清室也已失去了向心力，在政府和民间，它都没有得到有力的支持。

然而在这种气氛之下，却有极少数的人，以不妥协的态度，继续效忠清朝。他们在忠之外，没有其他的考虑。我们认为，以往对朝代的忠是常态。然而 20 世纪初年的价值观念和情况变了，清遗民的决定，被视为是异乎大多数人的行为，因此也更需要我们提出一个合理的解释。

在这一章里，我要先看革命对清遗老的心理冲击；其次，我将把他们革命之前和革命之后思想的变化作一比较；最后，我将分析他们对革命的反应的动力来源。

郑孝胥(1860～1938)是清末近代化运动中的一个活跃人物。他就张之洞幕府，策划各项维新事业，充总理各国事务衙门章京行走，主持铁路的建设和经营，并且积极参与立宪运动。① 可是他在近代化方面的事业，因为辛亥革命而戛然而止。郑于 1911 年 6 月接令补授湖南布政使，8 月初到任之后，又于月底接令赴北京参与研讨官制的改革办法。10 月 11 日在北京时听到"湖北兵变"的消息。因为武昌起义，所以他无法回到长沙。② 革命的巨变，不但使他担扰家人的安危，而且也使他考虑自己所应采取的立场。10 月

---

① 郑的传记资料之中，最重要的是《郑孝胥日记》五册，中国历史博物馆编，劳祖德整理，中华书局 1993 年版；简略的年谱，有《郑孝胥传》，叶参、陈邦直、党庠周合编，上海书店 1987 年据满洲图书株式会社 1938 年版影印；辛亥以前的郑孝胥，有徐临江《郑孝胥前半生评传》，学林出版社 2003 年版。

② 《郑孝胥日记》第 3 册，第 1349～1354 页。

27日，他决定要以清朝的遗老身份终其一生。他认为：

> ［清廷虽然］纪纲不振，苟安偷活；若毒痛天下，暴虐苛政，则未之闻也。故今日犹是改革行政之时代，未遽为覆灭宗祀之时代。彼倡乱者，反流毒全国以利他族，非仁义之事也……我则为清国遗老以没世矣。[①]

郑于1903～1905年负责督办广西边防时，孟森（莼孙，1868～1938）曾是他的幕友。1911年11月14日，孟往见郑，显然是想说动郑，要他改变心意。郑回答说：

> 世界者，有情之质；人类者，有义之物。吾于君国，不能公然为无情无义之举也。共和者，佳名美事，公等好为之；吾为人臣，惟有以遗老终耳。[②]

孟不放弃，第二天去信，提出"无庸再蹈谢皋羽、汪水云之成迹"，明白劝告郑不必效法宋代的忠臣谢皋羽和汪元量。[③] 郑不为孟的劝说所动，接信后的次日，便详细转载湖南长沙县知县沈瀛为清朝壮烈殉节的经过，并以诗哀之。[④] 在以后的几个月中，郑又一再作诗哀清之亡，表示他最尊敬仰慕的是屡次不应明太祖之召的元代忠臣王保保。他叹息"举世轻忠义"的风气，立志要以"遗老"终生。[⑤]

郑在革命之后，退隐上海租界。1924年春，应废帝溥仪之召，才离开上海北上。

梁济（1859～1918）是我们要研究的另一个清代遗臣。他于1918年11月10日在北京积水潭投水自尽，声言是为清而死。梁考中举人之后，三十九岁才开始任职内阁中书。1906年，他奉调至巡警部任职；清廷改巡警部为民政部后，继续在民政部任职。他的官位虽然不高，然而对于效忠清朝，则毫无犹疑的心情。清亡之后，他一再表示必死的决心。溥仪于1912年2月12日下诏退位，梁立即"定此［自杀］主义"[⑥]。他在1912年、1913年和1914年时，"祭神则告于神，祭祖则告于祖，身逢清朝鼎革之际，思效历史节义之所为"[⑦]。这是梁无法忘怀的问题。他在遗书中有动人的自述：

---

① 《郑孝胥日记》第3册，第1352～1353页。

② 《郑孝胥日记》第3册，第1356页。

③ 《郑孝胥日记》第3册，第1356页。

④ 《郑孝胥日记》第3册，第1356～1357页。

⑤ 《海藏楼诗集》卷七中的《续海藏楼杂诗》、《危楼》、《十月二十八日夜起》、《十二月二十五日鉴泉示生日诗》、《闻诏述哀二首》都以哀伤清代之亡为主题。

⑥ 梁济：《遗笔汇存》，第105页。

⑦ 梁济：《遗笔汇存》，第102～103页。

壬子[1912]、癸丑[1913]年两次在粤西老倌团拜,随同乡先达在关帝、文昌两殿行礼……皆告于神明必将死义,以救末俗。两殿行礼之后,必至先贤位前行礼。先贤牌位中有严亲永宁公之名。壬子后,两次行礼必敬告兴亡之际,当发明正义,不敢辱亲。又每次到墓前祭奠,必告父母云将行此事。[①]

梁济直到1918年年底才实践死义的誓言,这显示了他死前的复杂心情和种种顾虑。可是他终于在几年后以身殉义,说明了他必死的决心。我将在后文进一步讨论他自杀的问题。

辛亥革命爆发后,"一些清朝遗老纷纷逃往日本"[②]。在走亡日本的遗老之中,罗振玉和王国维无疑是最受人注目和最有研究价值的两个人。

罗(1866~1940)是浙江上虞人,十六岁考中秀才。1904年入新成立的学部任参事厅行走,1909年出任京师大学堂农科监督。[③] 王(1877~1927)是浙江海宁人,也于十六岁考中秀才。因为罗振玉的推荐,于1907年入学部,在学部的总务司行走,担任学部图书馆编辑。1909年,学部设编定各词馆,严复任总纂,王担任名词馆协修。[④] 武昌起义后,罗、王和罗的已婚女儿三家人,立即走亡日本。他们对革命采取了明显的立场。王没有留下出走的记录,所以我们这里依赖罗振玉在自传中的记述:

武昌变起,[汪康年]君至津,招予往言,留屋三间相待。予是年夏即拟出京,而川资莫措。适东邦友人借所藏书画百轴往西京展览,彼邦友人有欲购者,予移书允之,欲以是办归装。乃至秋尚无消息……

武昌变起,都中人心惶惶,时亡友王忠悫公[王国维]亦在[学]部中。予与约各备米盐,誓不去,万一不幸死耳。及袁世凯再起,人心颇安,然予知危益迫矣。一日,日本本愿寺教主……遣在京本愿寺僧某君来,言其法主力劝予至海东……遂以十月初[阳历十一月下旬]出都门,往天津待船……予与忠悫及刘氏婿三家上下约二十人……七日乃达神户。[⑤]

---

① 梁济:《遗笔汇存》,第100~101页。

② 袁英光、刘寅生:《王国维年谱长编(1877~1927)》,天津人民出版社1996年版,第75页。

③ 有关罗的资料日多,我只列举两种,罗撰有自传《集蓼编》,收于《罗雪堂先生全集·续编》第2册,(台北)文华出版公司1969年版;甘孺[罗继祖]:《永丰乡人行年录:罗振玉年谱》,江苏人民出版社1980年版。

④ 除了上引的袁英光、刘寅生一书外,最早的年谱和以后其他年谱的基础,是赵万里《王静安先生年谱》,载《王观堂先生全集》第16册,(台北)文华出版公司1968年版,第7051~7104页。

⑤ 罗振玉:《集蓼编》,第754~755页。

我们以常理推断，三家二十口人，收拾妥当，办好居留外国的手续和安排抵达京都后的居住和生活问题，总需六七个星期，所以罗、王武昌起义之后立即作了出走日本的决定。罗继祖多年搜集他祖父和姻父王国维的资料，对他们以遗民的心情出走日本作了如下的分析：

> 武汉起义一举成功……而清政府方面，大局已无可挽回……唯一指望洹上[袁世凯]出山，当时几于朝野同声。祖父知道形势已迫，只有洁身引退。但引退到哪里去呢？淮安老家不想去了，在北京住了六年，人口增加，书籍古物又添了不少，不能委弃不顾，因之路费也成了问题……汪穰卿[康年]先去天津，说留几间房子相待，祖父想去而路费拿不出……袁世凯从彰德到京，人心一时安定，以为袁必能力拄危局，唯有祖父预知局势会变化更快……急于要出京而又出不成。知心朋友仅剩下王静安，便和王约，多备米盐，并作"效死勿去"之计。有一天，日本本愿寺教主……忽然派其在京僧侣某人来传其法主之命，劝祖父去日本，并愿……安眷属……正犹豫间，京都旧友……又联名来信，请去京都，并且说藏书可以寄存[京都]大学图书馆，京都寓所即为准备……
>
> 关于祖父东渡一事，有人做了种种揣测：一说袁世凯出山，立宪派大头目张謇和袁勾结得很紧，袁张得势对罗不利；二说刘鹗是罗的亲家，刘之被流放新疆，出于袁的诬陷。有此两点，故不得不远走高飞。其实这都不成为理由。张和祖父为素交，张在《日记》中提到祖父的地方不少。后来登报攻击，是否出于主动或受人唆使，不可知。不过，此后祖父和张未再打过交道。教育会尽管彼此意向不同，并未交锋。张对袁，初颇鄙视，后忽倾倒，而袁并未以心腹待张。祖父一个无权无势的人，何至怕遭袁张之忌而非远避不可呢？刘铁云的事，更扯不上了。[1]

所以罗、王去国，是因为清朝大势已去，而最有实力的袁世凯又绝不能信赖。他们走避日本，是很自然的选择。罗于1896年创"学农社"，1898年办"东文学社"，都雇用了日本人。又于1902年和1908年到日本考察教育。王在"东文学社"做过学生，社中的英、日文教师都是日人。1901年，庚子事变之后，王得到罗的资助，曾到日本短期留学。[2] 他们与日本有这些渊源，所以浮海东渡不是一项困难的决定。

---

① 罗继祖：《我的祖父罗振玉》，百花文艺出版社2007年版，第91～92页。

② 这些史实，均见于二人的年谱。

第二章 新思想的先锋

如果我们把这些遗老辛亥以前的思想和辛亥以后的立场作一对比，他们对辛亥革命的反应，便更显得不同寻常了。下文我仍以此四人为主，来看遗老在辛亥以前的思想。我无意讨论他们思想的全貌，而只想指出他们思想的特征和这些特征在中国思想现代化上的意义。

梁济，1859～1918

梁济是晚清眼光突出、不为时俗所囿的一个人。

梁在甲午战争之前，已决心研习西学。1892 年 5 月，他论读书次第缓急说，西学在当时“为清流所鄙，正人所斥”。可是，“洋务西学新出各书，深切时事，断不可以不看。盖天下无久而不变之局。我只力求实事，不能避世人讥讪也”①。因而他一有机会，便“访问通人，研究世界大势，随以所闻札记之”。科举制度在 1905 年废止，而梁却早在 1898 年便不要儿辈准备举业。他要他们受新式教育。梁济经常惋惜自己家贫，没有留学的机会，所以决心不惜费用，要孩子出洋。②

梁以行动将他的信仰付诸实现。次子漱溟 1898 年五岁开蒙念书。梁济请了老师教他《地球韵言》，用以了解世界大势。他一反常情，不但不要漱溟念《论语》、《孟子》、《大学》、《中庸》、《书经》、《诗经》、《礼记》、《易经》、《春秋》等书，连《三字经》和《百家姓》也没有教漱溟。古书之中，他只教漱溟读朱熹

---

① 梁焕鼐、梁焕鼎：《年谱》，第 19 页。

② 梁焕鼐、梁焕鼎：《年谱》，第 34 页。

的门人刘子澄所编的《小学》。漱溟八岁时，到“中西小学堂”开始学英文。梁济1918年自尽时，漱溟已二十五岁，然而仍没有念《论语》和《孟子》等基本古籍。他回忆说，他忙于“习英文、科学，于经书竟未一读。稍长，自取细译其义，而已不能熟诵也”①。1902年，梁济的好友彭诒孙创设“蒙养学堂”，采用新式教科书，他不但让漱溟到该校上学，而且还把两个女儿也一同送去。次年，清廷在北京设“译学馆”，梁济又命十六岁的焕鼐入学。他的经济虽然不好，可是三年后又把焕鼐送去日本留学。②

梁济是当时现代化运动的先进。他赞成1898年的维新运动，认为变法是维新之本。他写成了千余言的奏稿，主张传播新知，变法图强。然而奏稿还没有呈上，政变已发生了。③ 1902年，彭诒孙创办《启蒙画报》、《京话日报》和《中华报》。这些都是白话刊物，用以普及教育、传播新知和介绍浅近的科学知识。可是它们过于新奇，所以北京的居民，以“洋报”呼之。因为它们超越了时代，所以销路不好，开办不久，便赔累不堪。于是梁济典当了家物接济彭诒孙，前后千余金，他在借钱的折子上写道：“我们为开化社会，就是把这钱赔干净了也甘心。”④

梁济的自杀，是一个异乎寻常的举动。他死后，社会上有不少谈论的文字。对受新思想和新文化熏陶的人，他的行为尤其难于理解，所以讨论性的文字，多出自《新青年》的作者之笔。⑤ 在回应这些讨论时，梁漱溟特别提醒国人，他父亲在中国现代化的过程上的角色：

> 诸君在今日被一般人指而目之为新思想家，那里知道二十年前，我父亲也是受人指而目之为新思想家的呀？⑥

王国维，1877～1927

从思维方式和思考的范畴来看，王国维超脱中国思想的界域和接受西

① 梁焕鼐、梁焕鼎：《年谱》，第34页；梁漱溟：《通信：梁巨川先生的自杀》，载《新青年》6卷4号(1919年4月15日)，第480页。

② 梁焕鼐、梁焕鼎：《年谱》，第37～38、39、44、45页。

③ 梁焕鼐、梁焕鼎：《年谱》，第35页。

④ 梁漱溟：《通信：梁巨川先生的自杀》，第480页；梁焕鼐、梁焕鼎：《年谱》，第39～40、42页。

⑤ 见《新青年》6卷1号(1919年1月15日)及6卷4号(1919年4月15日)；《徐志摩全集》第3辑，蒋复璁、梁实秋主编，(台北)传记文学出版社1969年版，第141～167页。

⑥ 梁漱溟：《通信：梁巨川先生的自杀》，第480页。

方思想的程度,不但远过于戊戌一辈的人,而且也有过于五四一辈的许多人。我们可以说,他是辛亥以前中国思想现代化的过程上最"激进"的先驱之一。

王国维有关中国思想现代化的文字,都发表在1911年以前。这一点有略为解释的必要。第一,他的《宋元戏曲史》的构思和研究,大体在辛亥以前已完成,而全书写成则在走亡日本之后。第二,他于1907年以后,对思想性的问题逐渐失去兴趣,可是兴趣改变,并没有使他改变基本立场。辛亥以后,他开始否定他的过去,与新思想断绝。这个转变我在后文会有详细的分析。这里我只指出,我讨论王的思想时,是以1911年为界线。

王说,古代中国的思想,因为融入了佛教而得到新的活力;近代的中国,也需要从西方思想寻求新生的力量。汉代的儒家学者,在新遭秦火之后,"唯以抱残守缺为事……无创作之思想"。所以佛教东来时,便大受欢迎。到了宋代,儒学学者调和了儒佛两家的思想,中国文化逐渐有了创新的能力,然而"自宋以后以至本朝,思想之停滞,略同于两汉。至今日而第二之佛教又见告矣。西洋之思想是也"[①]。

20世纪初年谈西洋思想的人,已不在少数,所以王提出西洋思想,并没有任何特殊之处。可是他心中的西洋思想,与时人所感兴趣的西洋思想,很不相同。他说,当时的人,如康有为、严复、谭嗣同等,要用西洋思想来解决中国实际切身的问题。[②] 他则要吸收西洋思想,使中国人超越传统中国思想的限制,开辟一个新方向。他在1904年比较中西思想的特性时,说明了他的愿望:

> 我国人之特质,实际的也,通俗的也;西洋人之特质,思辨的也,科学的也,长于抽象而精于分类,对世界一切有形无形之事物,无往而不用综括(generalization)及分析(specification)之二法……吾国人之所长,宁在于实践之方面,而于理论之方面则以具体的知识为满足,至分类之事,则除迫于实际之需要外,殆不欲穷究之也……故我中国有辩论而无名学,有文学而无文法,足以见抽象与分类二者,皆我国人之所不长,而我国学术尚未达自觉(self-consciousness)之地位也。[③]

王氏提出这一看法,是一个世纪以前的事,所以我们今天重读这一段

① 王国维:《论近年之学术界》,载《王国维文学美学论著集》,北岳文艺出版社1987年版,第106页。此文写于1905年。此书在标点断句上有一些错误。

② 参见王国维《论近年之学术界》,第106~110页。

③ 王国维:《论新学语之输入》,载《王国维文学美学论著集》,第111~112页。

话，或许不感到它的新颖。然而他观察的深入，一百多年来已经一再得到肯定。近年从各种角度分析何以中国思想不善于抽象思考，何以中国缺乏逻辑和科学的传统的论著，为数不少。[①] 余英时所见和王所说的，尤其切近：

> 大体而言，中国思想确是比较实际的，贴切于人生的，有内在系统而无外在系统的。抽象化、理论化、逻辑化的思考方式不是中国的特色，也不受重视……由此可见中国之所以发展不出科学是具有文化背景的……西方的科学的突飞猛进虽是近两三百年的事，可是它的源头却必须上溯至希腊时代。[②]

王国维提倡西洋思想，便是要借它来矫正中国重实用而轻理论思考的缺点。他自己研究西洋思想时，也全注目在它的抽象和普遍的一面。我这里以他在哲学和逻辑方面的努力，为我讨论的重点。

王说，哲学是一种“无用之学”，然而它对人生却有最高的价值。除了基本的生活之外，人需要有感情上和知识上的满足，在知识上，我们“最高之满足，必求诸哲学。叔本华所以称人为形而上学的动物而有形而上学的需要者，为此故也”[③]。王所“酷嗜”的，便正是“伟大之形而上学，高严之伦理学，与纯粹之美学”[④]。他又进一步用西方哲学进行比照，而得到结论说：

> [中国]无纯粹之哲学。其最完备者，唯道德哲学与政治哲学耳。至于周、秦、两宋间之形而上学，不过欲固道德哲学之根柢。其对形而上学非有固有之兴味也。[⑤]

正因为如此，所以中国哲学需要从西方哲学中得到灵感而新生。王看到张之洞 1906 年新订的学堂章程之后，大为失望。张在章程中提出了建立现代式的学校制度和设有专业学院的高等教育制（也就是王所说的分科大学），来代替一年前废止的科举制度，可是在他所构想的经学科大学中，只有儒家

---

① 见 Toby E. Huff, *The Rise of Early Modern Science: Islam, China and the West*, Cambridge: Cambridge University Press, 1995. 该文从思考方式、逻辑传统、法律思想、社会结构、教育制度和文字等方面，比较中国、欧洲和伊斯兰文明的科学发展。另见 Derk Bodde, *Chinese Thought, Society, and Science: The Intellectual and Social Background of Science and Technology in Pre-modern China*, Honolulu: University of Hawaii Press, 1991. 该文强调文字、中国人的时空观念、关连式的思考方式（correlative thinking）、强烈的道德判断等为中国缺乏逻辑和科学的主因。

② 余英时：《从价值系统看中国文化的现代意义》，（台北）时报出版公司 1992 年版，第 68～69 页。

③ 王国维：《奏定经学科大学、文学科大学章程书后》，载《王国维文学美学论著集》，第 54～55 页。此文作于 1906 年。

④ 王国维：《自序二》，载《王国维文学美学论著集》，第 244 页。

⑤ 王国维：《论哲学家与美术家之天职》，载《王国维文学美学论著集》，第 35 页。

的经学而没有其他各种思想体系。显然张要继续维持儒学在中国思想界的垄断地位。王读了章程之后,以长文力评其中的缺点。他说,经学科大学的“根本之误……在缺哲学一科而已”。哲学是高等教育中不可少的学科,而罢斥百家,独尊儒家,绝不是发展哲学研究的正途。

> 周、秦诸子之说,虽若时与儒家相反对,然欲知儒家之价值,亦非尽知其反对诸家之说不可,况乎其各言之有故、持之成理者哉!今日之时代,已入研究自由之时代,而非教权专制之时代。苟儒家之说而有价值也,则因研究诸子之学而益明;其无价值也,虽罢斥百家,适足滋世人之疑惑耳……若夫西洋哲学之于中国哲学,其关系亦与诸子哲学之于儒教哲学等。今即不论西洋哲学自己之价值,而欲完全知此土之哲学,势不可不研究彼土之哲学。异日发明光大我国之学术者,必在兼通世界学术之人,而不在一孔之陋儒,固可决也。①

王国维自己便是从西方哲学而对中国哲学中的一些问题得出了与众不同的领悟。他在1901～1907年的六年中,阅读了一些重要的西洋哲学书籍。他先读的是Arthur Fairbanks(1864～1944,王译为“翻尔彭”)的《社会学》(*Introduction to Sociology*, 1896), William Stanley Jevons(1835～1882,王译为“及文”)的《逻辑》(*Elementary Lessons in Logic: Deductive and Inductive*, 1870), Harald Hoffding(1843～1931,王译为“海甫定”)的《心理学概论》(*Outlines of Psychology*, 1896)。随后,又续读了Friedrich Paulsen(1846～1908,王译为“巴尔善”)的《哲学概论》(*Introduction to Philosophy*, 1898),Wilhelm Windelband(1848～1915,王译为“文特尔彭”)的《哲学史》(*A History of Philosophy*, 1893)。此外,哲学家如洛克(John Locke, 1632～1704)和休姆(David Hume, 1711～1776)等的著作,他也都有所涉猎。② 这些读物,显示王是在用心汲取西方的哲学知识,而不是随兴浏览。心理学和逻辑是从哲学分出而建立的独立学科;社会学和哲学有密切的关连。所以这三方面的书,增加了王的哲学知识。此外,王所读的书,都是当时学术界的重要著作。Paulsen和Windelband是有影响的德国哲学家,很早便有讨论他们哲学的专著,哲学百科全书也有他们的传略。他们的一些著作,不但有英文译本,而且还在英语世界流传长久。Windelband的哲学史,到了1958年仍有美国出版商重印出版。Jevons因意外事件早逝,死时

① 王国维:《奏定经学科大学、文学科大学章程书后》,第56页。
② 参见王国维《自序》,载《王国维文学美学论著集》,第242页。

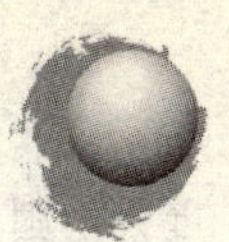

年不及五十，然而已经是英国逻辑学界和经济学界的主要人物。Hoffding是丹麦人，大部分著作都有英文和德文译本。[①]

王钻研西方哲学时，表现的最大的恒心和毅力，是在阅读康德（Immanuel Kant，1724～1804）的《纯理批判》（*Critique of Pure Reason*，1781）和叔本华（Arthur Schopenhauer，1788～1860）的《意志和表象之世界》（*The World as Will and Representation*，1819）。康德的第一批判，是一部极为艰深难读的哲学著作；而叔氏的书，则是一部一千多页的巨著。王在1904～1907年四读康书，终于能大体没有"窒碍"。叔氏的书，他也通读了两次。此外，康氏的第二批判（道德哲学）和第三批判（美学），以及叔本华的其他文字，王也在这几年读毕。[②]

王以西方的哲学概念而不以它可能致用的一面为主，为他在近代中国思想史上建立了一个独特的地位。他所看的书，本身并没有致用的内容，他也无意在其中寻找富国强兵的策略。与他同时代的严复，救亡心切，在他所翻译的经济、社会、政治、法律和逻辑等西方典籍中，触目所及都是他认为能使中国人退让消极的国民性变得进取积极的价值观念。[③] 多年以后，冯友兰回顾二十世纪中国的思想界时，对王、严不同形态的贡献提出了一个观点。他说，严是当时中国"西方思想"（western thought）的最大权威，可是严对"西方哲学"（western philosophy）的了解却很有限，所介绍的西方哲学也很少。王对西方哲学则有"较好的了解和较深的见识"（a better understanding and deeper insight）；他对西方哲学的"酸甜苦辣"能有所体会（what is sweet and what is bitter in it）。冯于1915年考入北京大学，想在哲学系专攻西洋哲学。北大其时已聘定一个在德国专修西洋哲学的留学生回北大任教。不幸此人在到校之前死去，所以冯只有专修中国哲学。[④] 所以在五四新文化运动前夕，全国专研西洋哲学的人仍然寥寥无几。这时王放弃西洋哲学已经好几年了。

在西方哲学的启发之下，王国维采取了一个与中国思辨方式完全不同的角度考虑"性"、"理"和"命"等三个问题。人性是千年来中国哲学中的一

---

① 这几人的生平、思想和著作，均见 *Encyclopedia of Philosophy*，8 vols.，New York：Macmillan Publishing Co.，1972.

② 参见王国维《自序》，第242～243页。

③ 见 Benjamin Schwartz，*In Search of Wealth and Power*：Yen Fu and *the West*，Cambridge：Harvard University Press，1964. 这是已故的 Schwartz 全书的主题。

④ Fung Yu-lan，*A Short History of Chinese Philosophy*，edited by Derk Bodde，New York：Free Press，1966，pp. 326-328.

个中心议题。它所引起的辩论,始终没有离开孟子的性善论、荀子的性恶论和告子的可善可恶论。王一反惯例,不问性的善恶问题,而只讨论解答这个问题的可能性。他下结论说:"性之为物……超乎吾人之知识外也。"康德把人的知识分为先验的(a priori)和经验的(a posteriori)。先验的知识,如空间、时间的形式和人的悟性的范畴,都不是由经验而来;它有普遍性(universality)和必然性(necessity),因而它只及于事物的形式而不能及于事物的内容。[①] 人性正是"先验之物"(thing-in-itself)。所以我们只能知道它的形式(form)而不能知道它的内容(content)。所谓内容,便是性善性恶的问题。王说:

> 性之为物,果得从先天中或后天中知之乎?先天中所能知者,知识之形式,而不及于知识之材质,而性固一知识之材质也。若谓于后天中知之,则所知者又非性,何则?吾人经验上所知之性,其受遗传与外部之影响者不少,则其非性之本来面目,固已久矣。故断言曰:性之为物,超乎吾人之知识外也。[②]

"理"是中外哲学上的另一个大问题。在西方哲学中,它自希腊时代起便有客观形上学的意义。所谓"天理","理即神也"是这时的观念。《乐记》上讨论"灭天理而穷人欲",所以在中国,"理"很早便有伦理学上的意义。宋儒不但强调天理、人欲,更赋予"理"以客观的形而上学的意义:"理"是"形而上之道……生物之本",而"气"是"形而下之器……生物之具"。他们认为"万物各具一理,而万理同出一原"。近人陈荣捷说,理是宋以来,几百年间中国哲学上最重大的问题。[③] 王国维从康德和叔本华的著作,对"理"得到了一个不同的了解。他因而跳出了中国传统的思辨范畴来讨论这一问题。他的辩论,取材于叔本华之处很多,所以我先简略介绍叔氏的立场。叔氏说,"理"有两个意义,一是理由,也就是"充足理由之原则"(Principle of sufficient reason)。每一件事必有一因,我们建立一个因果律,从这一因果律中得出一个充足的理由。可是这个因果律,只能通过我们自己的理解而得到,而且也只能存在于我们的理解之中。我们经由这一过程而得到的"真实"

---

① Immanuel Kant, *Critique of Pure Reason*, translated by Norman Kemp Smith, New York: St. Martin's Press, 1965, pp. 41-45.

② 王国维:《论性》,载《王国维文学美学论著集》,第115～126页。此文成于1904年。

③ Chan Wing-tsit, "The Evolution of the Neo-Confucian Concept of *Li* as Principle," *Tsing Hua Journal of Chinese Studies*, 1964, p. 123. 另外可以参考 Liu Shu-hsien, "*Li*: Principle, Pattern, Reason," 及 A. S. Cua, "Reason and Principle". 两文均见 *Encyclopedia of Chinese Philosophy*, Antonia S. Cua, Editor, New York: Routledge, 2003, pp. 364-370, 631-638.

(reality)可能与他人的真实并不全同。所以“理”只存在于“现象世界”(phenomenon)之中,无助于我们对宇宙的本质和“物之自身”(thing-in-itself)的了解。它既然不是永恒的真理,那么它就没有客观的形而上学的意义。如果它是不易的真理,那么为什么许多形而上学的问题(如宗教等)仍然引起无休无止的争论呢?① 理的第二个意义是人的理性思考能力。这种能力,只是我们思考的形式(也就是思考时所表现的逻辑过程)而不是我们的思想的内容,所以它同样也没有客观的或伦理学上的意义。一个宗教领袖,可以做许多牺牲,表现不凡的品德,然而他过的却不一定是“理性”的生活;聪明狡猾的人,可以想出很多理智的计策,损人利己,而他们的行为是不合乎道德的。②

王在《释理》一文中,详论了中西各家对“理”的解释。即使以今天的标准衡量,它也是一篇相当有分量的学术论文。然而我此处的目的,不是要讨论他的学术,而只是要指出他的立场,所以这里只引出他最适切的话,作为这一节的结束。

> 理之意义,以理由而言,为吾人知识之普遍之形式;以理性而言,则为吾人构造概念,及定概念间之关系之作用,而知力之一种也。故理之为物,但有主观的意义而无客观的意义……理性者,推理之能力也。为善由理性,为恶亦由理性。则理性之但为行为之形式,而不足为行为之标准,昭昭然矣。③

王所处理的第三个问题是“命”。所谓命不是命运,而是意志是否自由的问题。意志自由与否是中国哲学所不讨论的问题。王对它重视并进行了深入的讨论,因而更使我们看出西洋哲学对他的启发作用。

意志自由(freedom; free will)是西洋哲学中讨论极多而又极难的一个问题。所有的事物,都受前因的影响,而这些前因又另有前因。我们的一言一行之中,有无数的前因在无声地运作。那么我们究竟有没有完全的独立和自由呢?我们对自己的行为和决定是否应负全责呢?儒家思想认定人的

---

① Arthur Schopenhauer, *The World as Will and Representation*, 2 vols., translated from the German by E. F. J. Payne, New York: Dover Publications, Inc., 1969, 1:11,32; Arthur Schopenhauer, *On the Fourfold Root of the Principle of Sufficient Reason*, translated from the German by E. F. J. Payne, La Salle, Illinois: Open Court, 1988, pp. 175-176.

② Arthur Schopenhauer, *The World as Will and Representation*, 1:514-516; Arthur Schopenhauer, *On the Fourfold Root of the Principle of Sufficient Reason*, pp. 171-172.

③ 王国维:《释理》,载《王国维文学美学论著集》,第127～140页,引文见第136、140页。此文写于1904年。

意志是完全自由的,所以我们对自己的行为要负完全的道德责任。因为这一信念,所以中国哲学从来没有辩论意志自由的问题。[①] 可是西方哲学的知识,使王国维看到了这一个中国哲学从未注意的问题。他说:

> 通观我国哲学上,实无一人持定业论者,故其昌言意志自由论者,亦不数数观也。然我国伦理学无不预想此论者。[②]

然而我们能不能预存意志自由的信念而否定我们思想言行中过去的因素呢?意志自由与否是逻辑上最为棘手的一个问题。王对这一问题的各层面有很好的了解,可是他到最后仍然无法提出一个满意的正面解答。

上面简短的讨论,显示了王国维思想激进的一面。所谓激进,是指他与中国传统思维的距离和深入西方思想的程度,都超过了与他同时代的人。

王研究西方思想的另一个心得,是认识逻辑学(logic)的重要性。逻辑在西方文化中有悠久的历史传统。亚里士多德在公元前 4 世纪将逻辑创建成了一个有系统的学科。5、6 世纪时,拉丁学者开始将逻辑、文法、修辞、算学、音乐、几何和天文统称为"七术"(seven liberal arts)。这七门学科便是欧洲中世纪教育的基本课程。[③] 到了中世纪的全盛时期(High Middle Ages, 1000～1300),逻辑被视为是学术研究上具有"普遍性的方法"(universal method),是通达"所有的方法的原理"(principles of all methods)的门径,所以它是"艺术之艺术,科学之科学"(The art of arts and the science of sciences)[④]。19 世纪中期以来,逻辑和数学互相促进,使得逻辑的发展,更为快速而精密。现代逻辑,往往也能称为"数理逻辑"。

严复和王国维是晚清少数能阅读英文学术著作的两个人。与西方学术思想直接接触之后,他们对西方逻辑的体系和方法的精密,有了深切的感受。这一认识,也为他们决心介绍西方逻辑的意念,提供了必要的动力。严于 1900 年夏在上海成立"名学会",自任会长,并讲授逻辑。同时也开始翻译英国逻辑学家穆勒(John Stuart Mill, 1806～1873)的《逻辑学》(*A System of Logic*)。1905 年出版的《穆勒名学》,是该书前一部分的译文。1909 年,

---

① Chad Hansen, "Freedom and Moral Responsibility in Confucian Ethics," *Philosophy East and West*, 22. 2(April, 1972), pp. 169-186.

② 王国维:《原命》,载《王国维文学美学论著集》,第 142 页。此文写于 1906 年。

③ 有关七门学科的专章讨论,见 *The Seven Liberal Arts in the Middle Ages*, edited by David L. Wagner, Bloomington: Indiana University Press, 1986. 有关七术的历史,见书中 David L. Wagner, "The Seven Liberal Arts and Classical Scholarship," pp. 1-31;有关逻辑学的创立,发展和内容,见书中 Eleonore Stump, "Dialectic," pp. 125-146.

④ Toby E. Huff, *The Rise of Early Modern Science: Islam, China and the West*, p. 195.

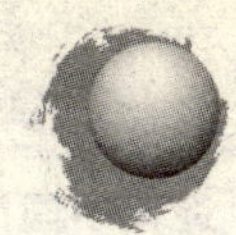

他又以自由体裁节译，并加添己意，出版另一英国逻辑学家耶方斯（William Stanley Jevons，1835～1882）的《名学浅说》（*Logic*），作为“师范学堂、中学堂”用书。[①] 王国维对西方长远的逻辑传统心向往之。他说，印度有因明学，欧洲的逻辑则上溯到亚里士多德。[②] 可是中国的“惠施、公孙龙等所谓名家者流，徒骋诡辩耳。其于辩论思想之法则，固彼等之所不论，而亦其所不欲论者也。故我中国有辩论而无名学”[③]。所以他的志愿是为中国打下一个逻辑学的基础。1905年春，他出版《周秦诸子之名学》；次年写成《墨子之学说》，在最后一节中讨论墨子的逻辑。[④] 这是中国人在西方逻辑学的基础上所写成的最早的两篇逻辑学的文字。1908年，王以《辩学》为书名，翻译出版了耶方斯（王译为“及文”）的 *Elementary Lessons in Logic: Deductive and Inductive*。[⑤] 这是中国第一本全译的西方逻辑著作。

严、王在逻辑方面的努力，为中国思想界开辟了一条新途径。当时中国的思想界有逻辑知识的人，寥若辰星。我再以冯友兰的经验来说明两人革命性的地位。冯于1912年进上海的中国公学。那时上海无一人够格教逻辑，所以学校几经心血才找到一个逻辑老师。然而这个新到的老师并不真懂逻辑。他令学生买耶方斯的 *Elementary Lessons in Logic* 做教本。因为他不懂逻辑，所以他把耶氏的书当作英文课本教学生读。读到“判断”的一章时，他要冯友兰拼“判断”一字的英文，以为“判断”只能拼为“judgment”而不知也可拼为“judgement”。不久学校换了一个老师，可是新老师同样不高明。冯做耶方斯书后的习题时，以一个习题去请教他。新老师思考半小时

---

① 参见孙应祥《严复年谱》，福建人民出版社2003年版；宋文坚《逻辑学的传入与研究》，福建人民出版社2005年版，第7～16页；《严复集》，中华书局1986年版。《名学浅说》于1909年由上海商务印书馆出版，封面有“师范学堂，中学堂用”八个字。此书原名 *Logic*，1876年出版，共128页，是一本浅近的入门书。《穆勒名学》原名是 *A System of Logic, Ratiocinative and Inductive, Being a Connected View of the Principles of Evidence and the Methods of Scientific Investigation*。

② 王国维：《论新学语之输入》，第111页。

③ 王国维：《论新学语之输入》，第111页。

④ 两文均收入《王国维哲学美学论文辑佚》，华东师范大学出版社1993年版，第123～138、139～147页。

⑤ 《辩学》存北京三联书店1959年重印本。耶氏原书的全名是 *Elementary Lessons in Logic: Deductive and Inductive, with Copious Questions and Examples, and a Vocabulary of Logical Terms*.

后仍不能解答,只好答应下次上课时回答。可是他以后没有再去学校了。[①]

严和王的贡献,虽然同属于开创性的,然而两人的取向和目的却有所不同。严在译介西方的逻辑之外,还要逻辑成为中国现代化的一股动力。穆勒所热衷的是归纳法(induction),而这也正是严所最感兴趣的。严认为从具体的个例寻求普遍性法则的归纳法,象征了高度的科学精神。它使我们能从掌握单独的个体进而达到对全体的掌握。这种科学的精神和方法大有助于我们了解和控制自然界。这种步步进取、由个体而得到整体的普遍性真理的求知的方法,含有一种坚忍不懈、勤劳奋进的精神。它对中国人惯于直觉的心理是一种排拒,而且也正可矫正国人被动惰怠的习性。[②]

介绍和研究逻辑的本身,便是王国维的目的。逻辑是否能使中国致富强是他所没有考虑的问题。他不但接受了西方思想的内容,而且还接受了西方思考的范畴。从这一角度看,他比严复和其他时人"西化"的程度更为彻底。

此外,王国维在美学、文学、心理学方面,都有突破性的成就。冯友兰称他为"中国近代美学的奠基人"[③]。叶嘉莹说:

> [王]能够把西方新观念融入中国旧传统,为中国旧文学开拓了一条前无古人的新的批评途径……静安先生早期所写的一些杂文,虽然今日从表面上看来只是属于启蒙时期的一些没有完整体系的琐杂概念而已,可是这些概念却无一不显示着他与西方思想接触以后,在另一种文化的光照中,要对中国传统文学之意义与价值重新加以衡定的觉醒。[④]

1907年,王从英文译出海甫定(Harald Hoffding,1843～1931)的《心理学概论》。海甫定是丹麦籍的哲学家和心理学家,在当时有全球性的学术地位。著作被译成多种文字。他的《心理学概论》于1881年问世,1891年有英译本。王的译本,便是由英文译本译出。此书的学术地位,已经得到肯定,而

---

① Fung Yu-lan, *A Short History of Chinese Philosophy*, p. 328. 冯误以为耶方斯书的书名是 *Lessons in Logic*,而实际上它便是王国维1908年所翻译的 *Elementary Lessons in Logic*。他又误以为此书是严复所节译。冯在《三松堂自序》(人民出版社1998年版,第35～36页)叙述进中国公学的经历。

② Benjamin Schwartz, *In Search of Wealth and Power*, pp. 189-196.

③ 冯友兰:《中国近代美学的奠基人——王国维》,载《中国哲学史新编》第6册,人民出版社1989年版,第177～201页。我这里只是借用冯文的篇名。此文是泛论王的思想,并没有深入讨论王的美学观念。

④ 叶嘉莹:《王国维及其文学批评》,香港中华书局1980年版,第127、128页。

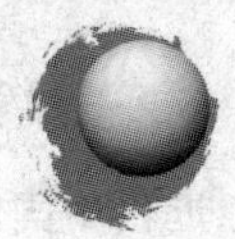

王的译本，是第一部汉译的西文心理学著作。所以王是介绍现代心理学到中国的一个功臣。①

我们可以说，王国维接受西方思想的范围之广和程度之深，在辛亥以前无出其右者。

罗振玉，1866～1940

罗振玉的青少年时代，正是中国的危机日深和价值观念急剧变化的时期。他是用思想的人，1895 年甲午战后，便决心研习西学。当时中国新败，"海内人心沸腾，予亦欲稍知外事，乃从友人借江南制造局译本书读之"。虽然他的母亲反对，可是他坚信"西人学术，未始不可资中学之助，时窃读焉"②。他更进而主张办新式学堂来开通民智。1896 年，他对父亲说：

> 近人谈及洋人，恨之入骨，绝不知西人法制之美，学业之精。安于固陋，人才日衰，皆由于不立学堂之故。③

他自己对举业，早已失去信心。那年他父亲要他参加科考，他回信说：

> [徐致祥]为守旧党之翘楚，谈及西学，则斥为用夷变夏。以前劾合肥[李鸿章]，张孝帅[张之洞]，皆以其崇尚西学。其不达世情如此。儿春间即往就试，亦必遭斥也。④

其实罗对未来，已经有了决定。他父亲要他参加浙江科考的前几个月，他已到了上海，热心阅读各种新知识的刊物，而不是科考的书籍。他尤其爱看汪康年办的《时务报》，认为它"切中时弊，为中国最佳之报纸，留心时事者必不可不读"⑤。他对康有为、梁启超的变法主张，是"满怀赞助的"⑥。

1896 年罗到上海后，即创办学农社，发行《农学报》；两年后，设立东文学社；1901 年，出版《教育世界》。学农社翻译欧美和日本的农书和杂志，介绍

---

① 海书的英译是 *Outlines of Psychology*, translated by Mary E. Lowndes, New York: Macmillan and Co., 1891. 有关海氏的生平和学术地位，见 *Encyclopedia of Philosophy*, 4:48-49. 有关王在中国心理学发展上的贡献，见高觉敷主编《中国心理学史》，人民教育出版社 1985 年版，第 35 页。

② 罗振玉：《集蓼编》，第 710 页。

③ 罗继祖：《我的祖父罗振玉》，第 22 页。

④ 罗继祖：《我的祖父罗振玉》，第 23 页。

⑤ 罗继祖：《我的祖父罗振玉》，第 25 页。

⑥ 罗继祖：《我的祖父罗振玉》，第 314 页。

现代农业技术,对中国农业现代化有一份贡献。① 它所发行的农书,销行极好,为罗打下了经济基础。② 东文学社的目的是培养翻译人才,训练有现代知识的青年。"时中国学校无授东文者。"然而入学的学生多,所以要请上海日本领事馆的副领事和书记担任义务教员才能应付需要。③ 创校后的第二年,罗又增加了数学、物理、化学和英文等课程。④ 东文学社是当时中国第一所教授日文的学校,也是少数教授科学和英文的学校之一。可惜它在庚子事变之后关闭,仅有短短两年的生命。⑤《教育世界》于 1901 年 5 月出刊,1908 年 1 月停刊,共出 166 期,是当时介绍西方和日本教育理论的最重要的刊物。王国维创见性的文字和罗振玉自己讨论教育和现代化诸问题的文字,都刊登在《教育世界》上。这一刊物在中国近代出版史和思想史上的地位,是不应被忽视的。⑥

罗在 1901 年说,他的教育构想是为科举废除之后的教育制度作准备。⑦ 所以他在科举制废止的四年之前,已经在期待那一天的到来。他认为科举的毒害是学校和教育衰退的原因。今后应将两者分开,使得"学校与科举截然为二途,不能合并"。学生毕业时,由学校考核而不另派考官;文凭也由学校颁发,而不由政府授予进士、举人等头衔。⑧

在这一前题之下,罗提出了一套从小学到大学的教育构想。在小学阶段,他强调平民化和普及化:小学的义务教育,经费由地方政府负担,务使学童有识字能力,并求得现代国民的知识。学生在中学开始学习外语,在英、日、德语中任选其一。学校教材尽量借助于外国;与历史文化有关的,则参

---

① 参见杨直民《中国传统农学与实验农学的重要交汇:就清末〈农学丛书〉谈起》,载《农业考古》1984 年第 1 期。

② 参见罗振玉《集蓼编》,第 717、722 页。

③ 参见罗振玉《集蓼编》,第 714～715 页。

④ 罗振玉在《集蓼编》第 715 页只说"历史、地理、理化"而不提英文。《集蓼编》是罗于 1930 年代初写的自传,这时他当遗老已经多年,极力反对西方文化。这可能是他不提教授英文的原因。可是我们确知东文学社增加了英文课程。王国维是社中的学生。他在《自序》第 242 页中说:"次年[1899]社中兼授数学、物理、化学、英文等。"他在社中学英文一年半,打下了很好的阅读能力的基础。罗继祖《我的祖父罗振玉》第 31 页说,社中的课程包括英文、物理、化学、数学等。

⑤ 参见罗振玉《集蓼编》,第 715 页;王国维《自序》,第 242 页。

⑥ 参见丁守和编《辛亥革命时期期刊介绍》第 1 集,人民出版社 1982 年版,第 114～140 页;《中国近代期刊篇目汇录》第 2 卷(上),上海人民出版社 1979 年版,列有《教育世界》1～51、53、56～89、93～166 期的全部目录。

⑦ 参见罗振玉《教育私议》,载《教育世界》第 1 期(1901 年 5 月)。

⑧ 参见罗振玉《教育赘言八则》,载《教育世界》第 21 期(1902 年 3 月);罗振玉:《学部设立后之教育管见(四)》,载《教育世界》第 128 期(1906 年 7 月)。

考外国教材的体例而不采用其内容。罗在中小学教育方面，另有很多主张。可是我的目的，不是要顾到他的见解的全貌。下面我将以他在大学教育、女子地位以及各种文化问题上的意见为我讨论的重点。

在罗振玉所设想的高等教育制度里，十七至十九岁是大学预科(即高等学校，包括高等专门学校和高等师范学校)阶段，二十至二十二岁是大学阶段，二十三至二十七岁为研究院(罗名之为“大学院”)阶段。他主张除在京师立大学之外，应将每省划为一大学区，在每一学区中立大学、武备学堂、高等师范等各一。这些想法中的一个重要部分，是在大学和大学预科中，设立文、理、法、医、农、工等六个学院，教授专业知识。[1]

专科学院，当时称为“分科大学”，在中国的教育制度上是一个新观念。戊戌时代，康有为、梁启超等人对高等教育依专门知识分科有了初步的认识；辛亥之后，张百熙、张之洞、张謇等人在专门教育方面，作了进一步的推动。北京大学的前身京师大学堂于1910年正式开办分科大学，陆续设置经、文、法政、格致、农、工、商七科。罗振玉在1902年提出在大学预科和大学设立专门学院，他是当时少数持有这种见解的一人。

中国传统时代的教育，是造就具通识眼光的人才。科举的目的，在使士子能用典雅的文字，在儒家道德观的指引之下，对天下大事提出合乎儒家道德的判断。这种教育，完全以熟诵儒家经典和文字的表达能力为主，所以西方史学界称中国的传统知识分子为“文士”(literati)。这种教育和欧洲中世纪的教育基本上是不同的。文法、修辞、逻辑、音乐、算学、几何、天文等“七术”范围远远超出了文学和先贤的经典。七术在拉丁文中被称为“自由学艺”(artes liberales)，“自由”(liberalis)一词，最初可能源于“liber”(free)，意思是，这七门学科不同于机械的和手操作的技艺，而是属于思想性的学问，而这种学问，是我们人性高尚一面的根源。[2]

中国的教育以道德理想和文字能力为主，对儒学以外的知识活动，多少心存轻视。士大夫以“业余理想”(amateur ideal)的心理对待它们，以之作为修养心性的消遣。这些活动的本身并没有独立的价值，而只有在依附于儒家的知识分子时，才受到某种程度的重视。[3] 中国文化中，有无数支持这一

---

① 参见罗振玉《学制私议》，载《教育世界》第24期(1902年4月)。

② Karl F. Morrison, “Incentives for Studying the Liberal Arts,” in *The Seven Liberal Arts in the Middle Ages*, pp. 32-57.

③ Joseph R. Levenson, *Confucian China and its Modern Fate*: *A Trilogy*, Berkeley: University of California Press, 1958-1965, 1: 15-43.

说法的例证。能书善画的士大夫,地位便更为社会所肯定,可是以画画为事业的,则只是"画师"而已。音乐是士大夫必不可少的消遣(琴棋书画),然而以音乐戏曲为生的,是不会为社会所尊敬的。[①] 这种价值观,是中国没有发展出专业学科的根本原因。

医学和法律是罗振玉所提议的六个学院中的两院,所以这里我以这两者为例作进一步的分析。传统的知识分子,熟读医书,能诊断病情的,颇不乏人。可是他们只是"业余"的"儒医"。他们在儒家经典之外,又有医学的"书本"知识,所以格外受到尊敬。然而专业行医的,却没有崇高的社会地位,因而传统的读书人,少有以医学为第一志向的。[②] 一般而言,医学始终没有被正式纳入帝制时代的教育系统。[③] 儒家的理想,是以"礼"来维护道德和社会秩序。"齐之以刑"当然是不能避免的。所以法律是儒家道德观的法典化,内容绝大部分是刑法,主要的作用在惩罚不良分子。因为法律处于一种消极和次要的地位,所以中国在传统时期,没有律师这一专门职业。地方官的法律知识亦很有限,判断案件时,他们都是以儒家道德观为出发点。清代虽有不少教授法律知识的方法,可是这些方法和管道,都是非正式的。[④]

医学和法律在传统中国的地位,和它们在中世欧洲的地位,是一个强烈的对比。欧洲的大学在12世纪末13世纪初初兴时,医学和法律便是正规教

---

① 见 Hu Shih, "A Historian Looks at Chinese Painting," *A Collection of Hu Shih's English Writings*, 3 vols., compiled by Chih-P'eng Chou, Taibei:Yuanliu, 1995,2:879-884.

② 参看 Angela Ki Che Leung, "Organized Medicine in Ming-Qing China: State and Private Medical Institutions in the Lower Yangzi Region,"in *Late Imperial China*, 8.1(June, 1987),pp. 134-166; Robert P. Hymes, "Not Quite Gentlemen? Doctors in Sung and Yuan," in *Chinese Science*, 8 (1987),pp. 9-76;Ralph C. Croizier, *Traditonal Medicine in Modern China: Science, Nationalism, and the Tensions of Cultural Change*, Cambridge: Harvard University Press, 1963. pp. 27-35.

③ Thomas H. C. Lee, *Education in Traditional China, A History*, Leiden, The Netherlands: Brill, 2000, p.519.

④ 参看 Derk Bodde, "Basic Concepts of Chinese Law: The Genesis and Evolution of Legal Thought in Traditional China," in Derk Bodde, *Essays on Chinese Civilization*, Edited and Introduced by Charles Le Blanc and Dorothy Borei, Princeton: Princeton University Press, 1981, pp. 171-194.有关传统时期的法律教育,参看 Chang Wejen,"Legal Education in Ch'ing Ching," in Benjamin A. Elman and Alexander Woodside, eds., *Education and Society in Late Imperial China*, 1600-1900, Berkeley: University of California Press, 1994, pp. 292-339; Brian KcKnight, "Mandarins as Legal Experts:Professional Learning in Sung Chilna," in William Theodore de Bary and John W. Chaffee, eds. , *Neo-Confucian Education:The Formative Stage*, Berkeley:University of California Press, 1989, pp. 493-516.

程中的科目。西方法律思想史上，以12世纪为“法学世纪”(the legal century)。而法学思想之所以能够成形，和大学的兴起有密切的关系。意大利的波隆尼亚大学(University of Bologna)是早期法学教育的领袖。其他许多大学的法学教育，都以其为蓝本。[①] 我们从意大利波多雅大学(University of Padua)的例子，可以看出当时法学教育的发达。该校的法学教授在14世纪结束以前，是校中权力最大、地位最高的一群教授，所以校中的医学和文科教授，往往联合与之对抗。[②] 法律也是近代西方文明发展的一股动力。从10到13世纪末，教会以外的地方社会(communities)开始在西欧逐渐发展，而法律在这一发展过程中，扮演了一个决定性的角色。[③] 法律有助于近代科学的兴起，这也是学术界所接受的看法。[④]

欧洲的医学教育和法学教育大致在同一时期发展。13世纪时，巴黎大学、蒙特佩里亚大学(University of Montpellier)和上述的波隆尼亚大学都已招收医科学生。当时规定，学士学位之后修医学士，两者共需七年；修医学博士，则共需时十年。[⑤] 波多雅大学在医科方面尤为出色。它很早便有内科医学和外科医学之分，第一任医学教授于1252年到任，到1350年时，有确切记录可查证的医学教授至少有十二人之多。[⑥]

罗振玉在20世纪初年，提出在中国的大学成立专业学院，其意义是十分明显的。他是当时国中少数对现代的教育制度略有了解的一人。1905年，罗主张“除大学专设医科外，现在所立之高等专门学校，亦必立医学一科”[⑦]。他所说的医科，是以西医为主的医学。他说，学校应讲求学生的卫生，建立

---

① 有关欧洲大学的兴起见 Charles Homer Haskins, *The Rise of Universities*, Ithaca, New York: Cornell University Press, 1984. 有关法学思想和法学教育的发展，见 Harold J. Berman, *Law and Revolution: The Formation of the Western Legal Tradition*, Cambridge Harvard University Press, 1983, pp. 120-131.

② Nancy G. Siraisi, *Arts and Science at Padua: The Stadium of Padua before* 1350, Toronto: Pontifical Institute of Mediaeval Studies, 1973, p. 10.

③ Susan Reynolds, *Kingdoms and Communities in Western Europe*, 900-1300, Second Edition, Oxford: Oxford University Press, 1997, pp. 12-66.

④ Toby E. Huff, *The Rise of Early Modern Science: Islam, China, and the West*, pp. 119-148.

⑤ Roy Porter, *The Greatest Benefit to Mankind: A Medical History of Humanity*, New York: W. W. Norton and Company, 1998, pp. 113-114.

⑥ Nancy G. Siraisi, Appendix, p. 176.

⑦ 罗振玉:《学部设立后之教育管见》，载《教育世界》第110期(1905年10月)。

校医制,而校医"必用外国医"[①]。罗不但要在大学设立"法律学校",而且认为:

> 每省应立高等法政学堂一所……其教习以外国法学士充之,而以外国高等法科卒业生为助教,选已通外国文字,能直接听受讲义者充学生。[②]

这些主张,没有有意反对儒家的含意,可是它们对儒家的教育理想,无疑是一个有力的冲击。罗不再认为儒家的经典和道德教训,足以应付现代社会的需要,所以中国今后的教育,势必要加入专门分科教育的成分。

罗振玉还提出了设立图书馆和博物馆的主张。这是一项跨越学制,以全体国民为目标的眼光。图书的收藏,在中国有久远的传统;明代中叶,学校图书馆十分普遍。[③] 可是传统时代的文库和藏书楼,多以版本的收藏为重点。到罗振玉的时代,中国的图书馆还没有进入一个现代化的过程。他看到"方今欧、美、日本各邦,图书馆之增设,与文明之进步相追逐,而中国则尚阒然无闻焉"[④]。他早在1901年即开始力倡现代图书馆的设立。他是中国图书馆现代化的先驱之一。他的有关开放对象和收藏内容方面的看法,给了他心中的图书馆一个"现代"的特性。

1902年4月,罗说:

> 京师大学校及各省会,各立大图书馆一所,各府、厅、州、县亦每处立一所,以藏中、东、欧、美新旧图籍,任人观看。凡欧美所出新书及民间新译新著,购入以期完备。[⑤]

"新旧图籍,任人观看"代表两个新观念。关于前一点,他在两年后有进一步的说明。他所提议的江苏图书馆,有"古籍、今籍两部。古籍部收集中国经、史、子、集各书。今籍部收集各国图书,已译未译,并列毋庸。逐年推广,以期完备"[⑥]。所以罗心中所构想的图书馆,在内容和方向上,与中国旧式的藏书楼已大不相同。他所要收集的,不仅是中文典籍或译著,更包括日文、英文和各种欧洲语文的重要书籍,这一点从"中、东、欧、美新旧图籍"和"收集

---

① 罗振玉:《学部设立后之教育管见(四)》,载《教育世界》第128期(1906年7月)。

② 罗振玉:《学部设立后之教育管见》,载《教育世界》第110期(1905年10月);罗振玉:《各省十年间教育之计划》,载《教育世界》第124期(1906年5月)。

③ Timothy Brooks, "Edifying Knowledge: The Building of School Libraries in Ming China," *Late Imperial China*, 17.1(June, 1996), pp. 93-119.

④ 罗振玉:《京师创设图书馆私议》,载《教育世界》第131期(1906年8月)。

⑤ 罗振玉:《学制私议》,载《教育世界》第24期(1902年4月)。

⑥ 罗振玉:《江苏学务管见》,载《教育世界》第76期(1904年6月)。

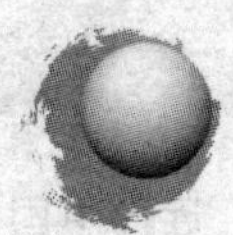

各国图书，已译未译，并列毋庸”等语，可以明显地看出。这是一种具有开放和平等精神的图书馆。建立一流的收藏的最终目的，是要“任人观看”。1905 年学部成立后，他即建议学部设一附属图书馆，“其地段宜在适中之地。庶各学堂教员、学生及部中编辑、课书员，往来均便。乃妙”[①]。现代图书馆的基本精神是广泛收藏各种语文的图书，使收藏随知识而进，同时又以一视同仁的态度方便读者。所以现代图书馆是普及知识和促进社会进步的一大动力。罗对图书馆的构想，是一副新颖现代的眼光。

罗在图书馆方面最具体的意见，是 1906 年建立京师图书馆的主张。他对现代性质的图书馆，有一套全面的看法。举凡建筑、用地、经费、中外图书的购置、私人捐赠制度以及图书的管理和借阅，他都投下了一番思考。最后，罗进一步说：

> 京师图书馆以外，各省城亦应各立图书馆一所，以为府、厅、州、县之倡。如是则二十年后，我国之图书馆，或稍有可观乎！[②]

他的这一篇议案，可以视为中国“近代图书馆的产生”的开始。[③]

罗振玉在呼吁建立图书馆的同时，也力主设置博物馆。博物馆是“人类文明最神圣的庙宇”(Civilization's most holy shrine)[④]。近代博物馆于 17 世纪时在欧洲兴起，19 世纪时开始迅速发展。到了 20 世纪初年，博物馆已十分普及。1900 年时，德国已有一百五十个自然(natural history)博物馆，英国和美国各有二百五十个，法国则有三百个。据 1901 年版的《大英百科全书》的统计，当时全球的科技博物馆(scientific museum)，为数已在两千以上。[⑤] 博物馆之所以日益受到重视，是因为它在心理、教育、文化和国际政治上有深远的意义。博物馆在传播知识、便利研究和引发学问的兴趣上，是一股强大的力量。博物馆是一个国家的文化遗产和成就的缩影，所以是一国人民的认同感和向心力的重要泉源，对人民有不可忽视的启发和教化作用。帝国主义国家的博物馆，是他们征服和海外拓殖的战利品的展现；他们的博

---

① 罗振玉：《学部设立后之教育管见（二）》，载《教育世界》第 120 期（1906 年 3 月）。

② 罗振玉：《京师创设图书馆私议》，载《教育世界》第 131 号（1906 年 8 月）。

③ 参见李希泌、张椒华编《中国古代藏书与近代图书馆史料（春秋至五四前后）》中华书局 1982 年版。在第三章“近代图书馆的产生”的篇名下，编者以罗的文章冠篇。

④ Lewis Pyenson and Susan Sheets-Pyenson, *Servants of Nature: A History of Scientific Institutions, Enterprises and Sensibilities*, New York: W. W. Norton and Company, 2000, p. 125.

⑤ Lewis Pyenson, pp. 129, 134.

物馆收藏的丰富、制度的完备是他们的进步和优越的最有力的说明。[①] 19 世纪博物馆迅速发展的时期,各国政府看出了它与国家的尊严(national prestige)和人民的自豪感(civic pride)的密切关联,所以都愿投以巨资,为博物馆修建堂皇而令人敬慕的馆址。[②]

19 世纪末,少数中国知识分子开始注意到博物馆多方面的作用。在张謇的努力之下,南通博物苑于 1905 年成立,这是中国最早的博物馆。[③] 故宫博物院,则要到 1925 年的 10 月才成立,在废帝溥仪被遂出宫禁之后的十一个月。罗振玉是当时少数对博物馆的性质有所了解的一人。他自 1901 年起,一再提出在大学、京师、各省会、州、县、府、厅设立博物馆的主张。[④] 1907 年,张之洞甫出任大学士,罗即向张进言,在各省设立国学馆,分为图书馆、博物馆和研究院等三个部门。[⑤] 这些都说明罗对博物馆的信念。

罗振玉的思想里,有两点与儒家的价值观念有最直接的关系:中国的新教育中儒学所应有的地位;女子教育和地位问题。前文已经指出,他的专门学科的观念,在某种程度上是对儒学在教育上的独揽权的否定。可是他并不是要全然排斥儒学。我们从他这几年的文字可以看出,他一方面仍然肯定儒学的价值和它在现代中国的意义,另一方面又放弃了独尊儒学的立场,而用极为开放的心情接受西方思想。

罗于 1901 年说:

> 今中国宜定孔教为国教,其他国各教,若不碍法令,亦得自由崇奉,但不得喧宾夺主。[⑥]

所以教育的宗旨,是"守儒教主义,使学与教合一"。在学校的礼堂内,应"设万岁牌及孔子木主为诸生参谒"[⑦]。这一点罗自己能够身体力行。1904 年他任江苏师范学校监督时,便令学生每月初一、十五对万岁牌和孔子像行三跪

---

① Lewis Pyenson, pp. 126-149; Amie E. Coombes, "Museums and the Formation of National and Cultural Identities," *Oxford Art Journal*, 11. 2(1988), pp. 57-68; Lisa Claypool, "Zhang Jian and China's First Museum," *Journal of Asian Studies*, 64. 4(August, 2005), pp. 567-604.

② Lewis Pyenson, p. 138; Walter Francis Bogner, "Museum Architecture," *Encyclopaedia Britannica* (1960), 15:982.

③ Lisa Claypool, "Zhang Jian and China's First Museum".

④ 参见罗振玉《教育私议》,载《教育世界》第 1 号(1901 年 5 月);罗振玉《学制私议》,载《教育世界》第 24 号(1902 年 4 月);罗振玉《学部设立后之教育管见》,载《教育世界》第 110 号(1905 年 10 月)。

⑤ 参见罗振玉《集蓼编》,第 742～743 页。张死于 1909 年 10 月。

⑥ 罗振玉:《教育五要》,载《教育世界》第 9 号(1901 年 9 月)。

⑦ 罗振玉:《学制私议》,载《教育世界》第 24 号(1902 年 4 月)。

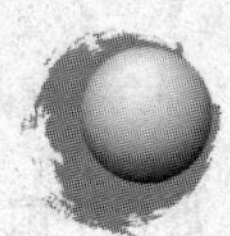

九叩礼。[1] 在教育内容上，他也有具体的主张。他说：

> [小学]应颁行《圣谕广训》。其在初等小学，除采取《四书》中忠孝大义，以浅语编入国文教科书，更授《圣谕》，以代读经功课。至高等小学则于《圣谕》以外，加授《孝经》、《论语》；于中学堂加授《孟子》、《礼记》等经。[2]

我们可以看出，罗的思想的一个重要泉源，仍是儒家的经典。他对儒学的时代意义，也仍然充满信心。可是在此同时，他的思想范围，已不再为儒学所界定了。他虽要学生读《圣谕》、《四书》等，然而这些课程并不足以造就现代的公民，所以西方思想是必不可少的。他说：

> 今中国议者，或曰形上为道，形下为气，西人明器不明道，以此东西各国之学科不能不加增损。其实今日各国教育最重德育，其修身诸书，多隐合我先哲之遗训，但必相儿童之年龄为深浅之程度，不以我之亟高深之圣训，施之亟幼稚之儿童耳……今宜从世界各国公用之学科，不加增損，而以先哲遗训别入中等以上之道德教育，而先刺取其精义为浅语，编高等小学国民读本以授幼学。[3]

所以他认为张之洞1906年的学堂章程不包括西洋的伦理学和哲学，是一大缺失。罗下面的话，再也不容我们怀疑他的思想趋向了。

> 不明哲学，则不能通教育学……哲学之范围至广，实非宋元以来理学所能代。今《定章》有教育无哲学，是犹不讲算数而学物理，不讲生理而习医学，未见其可也。至前此所以消除此科之故，殆由于误认近日自由平等之说出于哲学之故。其实此等放诞之说所自起，实出于时势之情感，非出于学术也……前次《定章》，不及外国伦理学，范围似太隘。实际道德，则中国孔孟之道，如日月经天，江河行地，固可决其万古不坠。至外国伦理学科，则条理密致，与中国学说，正可互相参考。况外国伦理学，绝无与中国道德相抵触之处。如西洋伦理史及欧美伦理学说，均应博采兼习，以推广其范围，而在师范学堂，则为尤要也。[4]

这里有两点值得注意：第一，师范生是未来的教师，罗要他们研读西方伦理学和哲学，表明他希望将西方的道德观念和哲学注入各级学校的课程之中。第二，他一再告诉国中的保守人士，中学和西学并无冲突，要他们不要心生戒惧，他自己对于未来中国文化和学术的方向，是毫不怀疑的：

---

① 参见罗振玉《集蓼编》，第728～729页。

② 罗振玉：《学部设立后之教育管见(二)》，载《教育世界》第120号(1906年3月)。

③ 罗振玉：《教育赘言八则》，载《教育世界》第21号(1902年3月)。

④ 罗振玉：《学部设立后之教育管见(二)》，载《教育世界》第120号(1906年3月)。

近年盛倡国粹保存之说,未始非知识上一进步。然所谓国粹者,道德、伦理、文艺、美术是也。此数者自应保存,此外则无所谓国粹。方今之所谓国粹,似范围太广,几乎将一切相承之积习癖性,亦加以国粹之名,可谓滥而不切矣。又方今科举骤停,颇有借保存之名以阴行其私者……曾见镇江士子,禀请援湖北之例,将各处书院悉改为存古学堂。观其所拟章程,全是书院之变相。如此之类,皆所以取便私图,实进取之大敌……鄙意方今以进取为最要。保存主义,当与进取主义并行,但不可以保存阻进取。日本当明治初纪,曾于大学设古典科矣。其与存古学堂之意正合,然终不敌欧化之势力,不久旋废。今日本古典科之废,已久且远,乃以新学愈昌明,而国粹愈得保存。盖果系国粹,自无废坠之理。初无庸鳃鳃过滤。此谋今日之教育者,第一当辨明者也。①

罗振玉的"进取主义"在他对妇女的立场上,表现得最为明显。他早在1901年便公开主张女子教育。女子占人口的半数,他们在社会上的重要性是不待言的。② 同年的12月,他奉湖广总督张之洞和两江总督刘坤一之命,到日本考察教育。③ 回国后,他的信念更坚定了,认为女子教育在中国"实为刻不可缓之务",而且"必令女子与男子教育程度相同。现虽不能遽臻此境,然将来必达。其宗旨可预卜也"。④ 罗的最终目的,是要使妇女得到独立自主的地位,而这里所说的教育,并不能照顾到所有的女子。下等社会的女子,如果没有男子赡养,"则不为婢妾,即穷困以死"。所以他要为穷苦的女子兴"手工传习所",她们有了简单的手艺之后,"得自赡其身。及初等小学卒业,再立职业学校……俾知识增进而德行修,乃可特立于社会,不至以遇人不淑,委身于沟渎而无所控诉"⑤。

改革妇女地位,更基本而有待解决的是婚姻和财产问题。罗振玉的时代,婚姻自主还是一个遥远的观念。罗没有要求男女自由恋爱,可是他对当时所实行的媒妁之言的婚姻,已无法接受了。当时的婚姻,多是"下等社会"的媒婆安排;而"媒婆者,殆以他人百年之大事,博一时有限之私利以为生活者也"⑥。这种不合理的制度,造成了无数的"百年无告之苦"。所以以后"非

---

① 罗振玉:《学部设立后之教育管见(二)》,载《教育世界》第120号(1906年3月)。

② 参见罗振玉《教育私议》,载《教育世界》第1号(1901年5月)。

③ 参见罗振玉《扶桑两月记》,上海教育世界社1902年版。

④ 罗振玉:《日本教育大旨》,载《教育世界》第23号(1902年4月)。

⑤ 罗振玉:《与友人论社会改良书一:女子教育》,载《教育世界》第88号(1904年12月)。

⑥ 罗振玉:《与友人论社会改良书二:女子结婚及析产》,载《教育世界》第89号(1904年12月)。

慎选合格之媒介，就友朋中之笃实忠信而深悉男女两家情事者，使之执柯不可。如是则幸福可期”。第二步是订婚格。媒人以及男女两家需慎重考虑双方的家教、性情、学力、年貌、体格和资产。“以上六者，详细书于结婚契约书而媒氏署名为之保证焉。如是则百年苦乐，稍可预期。”最后，罗振玉主张嫁娶一两年之前订婚，否则，订婚过早，日后的许多变化都无从预料，徒增痛苦和纠纷。①

罗的遗产观和他的婚姻观同样激进。他要女子得到遗产上的优待，用以维护她们的独立和自尊：

> 世之分析财产者，皆及男而不及女。此大缪也。揆之公理，人生当自食其力，本不合得祖父之赀财。然社会惯习，未能遽革，而合男女两者以比较之，则女子当得资产，较男儿之得资财，于理较合。男儿能自食其力，女子则从人者也……若女子遇人不淑，进既无以生存，退亦不能自给，则但有一死而已……故玉以为，为父母之于女子，虽已遣嫁，必与男子均分遗产。若产业未分析者，于女儿宜每年贮金，以为保险费。庶可以保父子之亲，笃天伦之爱，而不至以无辜弱质，展转沟壑中也。②

无论从思想的方向或内容看，我们都必须将罗振玉归入激进的阵营。王国维在《教育世界》上发表的文章，一部分已辑为《静安文集》出版，流传未曾间断，所以我们熟知他辛亥以前新的一面。然而罗在辛亥以后，绝口不谈他当年现代化的主张。又因为他的复辟活动和与日本勾结，所以他的早年活动没有引起学术界的注意。他在《教育世界》上的文字，因而湮没多年，使我们误以为他自始至终都是一个思想保守者。

郑孝胥，1860～1938

郑孝胥辛亥前后的思想形成了一个强烈的对照。1911 年以前，他向往西学，是虚君立宪运动的一个重要领袖。

郑前半生的经历，是传统时代知识分子的典型历程。他十二岁读毕《十三经》，二十二岁得正科乡试第一名，二十四岁被李鸿章聘为幕友。1891 年，

---

① 参见罗振玉《与友人论社会改良书二：女子结婚及析产》，载《教育世界》第 89 号（1904 年 12 月）。

② 罗振玉：《与友人论社会改良书二：女子结婚及析产》，载《教育世界》第 89 号（1904 年 12 月）。

郑往日本的清使馆任职,次年升任神户和大阪的总领事。甲午战争爆发的前夕,郑回国任张之洞幕友。

甲午战争使郑在思想上开始了一个新的路程。1897 年,他决定开始学英文。十一月底,他与一个美国女医生谈定,每日学一小时半。[①] 这时郑已三十七岁半,科举的废止还是八年以后的事,可是他已无意追求进士功名了。因为工作和家庭的责任,每日往返女医生处过于费时,郑乃改请一位中西书院的中国教习,每日在郑家教两小时,每周六次。这时他活跃于戊戌变法的活动中。1898 年 8 月初,他得到了光绪帝即将召他入京的消息,所以不得不停止英文课。可是他并没有放弃英文,遇有机会,仍然上课。[②]

1898 年 2 月初,郑开始向中西书院的老师学英文时,也亲送长子郑垂(1887～1933)到中西书院报名读英文。1899 年 10 月,他又将郑垂送至一女传教士处学英文。1902 年 5 月,郑垂转学到芳济书院;1903 年 4 月,郑垂第三次转学,这一次是到震旦学院。[③] 震旦便是那年刚在上海创校的天主教大学 Aurora University。

郑对英文的热衷,明白地表明了他的价值观。他将十二岁的儿子在科举废止的七年之前送到洋学堂专攻英文,可见他自己无意举业不是因为年龄的关系。他对科举显然已经失去信心,并且在急切地等待它的死亡。这一点我们从他对留学的主张可得到进一步的证实。早在 1902 年 1 月,他便向张之洞建议从在外国得到文凭的回国留学生中,“举二三十人,奏请赐以进士、举人出身,则天下必竞以出洋为劝矣”[④]。1904 年 5 月,郑积极准备将郑垂送往英国留学;几天之后,他又将十五岁的次子郑禹送到越南河内的法国学校念书。[⑤] 他对科举的前途,显然已经完全失去了信心。

郑在中西文化的问题上,很早便拿定了主意。我只以 1901 年 5 月他与岑春煊(陕西巡抚,1900～1901;山西巡抚,1901～1902)的过往为例。5 月 8 日,郑收到严复新译的苏格兰经济学家亚当·斯密(Adam Smith)的《原富》(*The Wealth of Nations*,1776)的前半(部甲)。此书对后来的经济思想有极大影响。同时也为斯密氏奠定了不朽的历史地位。严译此书,是要为中

---

① 参见《郑孝胥日记》第 2 册,第 623、630 页。

② 参见《郑孝胥日记》第 2 册,第 632、641、644、656、668～669 页。他在 1902 年 8 月 11 日和 15 日的日记中(第 2 册,第 841 页),便有“习英文”、“课英文”的记载。

③ 参见《郑孝胥日记》第 2 册第 641、642、738、832、873 页。

④ 《郑孝胥日记》第 2 册,第 819 页。

⑤ 参见《郑孝胥日记》第 2 册,第 939、941、943、953 页。

国找到致富的秘方。郑和严是福建同乡好友；我们从郑的日记，知道两人往来密切。两天后，岑春煊访郑，郑即以所收到的十册《原富》的一册见赠。这时，郑看到了宓昌樨(1852～1919)的《戊戌奏稿》，认为其中都是“空疏而守旧之言”。因而趁机向岑进言，要他不要被保守派说动：

> 所谓“守旧”者，皆苟且因循之宗旨，其说甚浅，不足穷也。中国政教中，自有不可磨灭者，非考求当世之学，则此理亦不得伸耳。[①]

郑孝胥有志将他的抱负付诸实行，可是他并没有得到真正的机会。戊戌维新时，他得到张之洞的推荐，被召入京，于1898年9月4日和5日，被光绪帝召见，并奉命在总理各国事务衙门章京上行走。十多天后，慈禧便发动了政变，所以郑没有任何实际作为的机会。[②] 可是他在政变之前和政变之后，立场都是明白无误的。慈禧在政变的前几个月已在作各种安排。6月17日，帝师翁同龢被开缺回籍，郑听到后，感叹道：

> 翁既逐出……度其情形，翁必力主上以变法自强，满洲人及守旧之党遂构于太后而去之。翁去则上孤，而太后之焰复炽。满朝皆伧楚，亡在旦夕矣。[③]

从此局势急转直下。9月21日，西太后开始第三次训政。9月26日，户部侍郎张荫桓遭受看管，侍读学士徐靖等人被革职拿办，由军机处和刑部会审。郑哀叹曰：“从此又是偷生世界，亡可立待矣。”[④]9月28日，慈禧杀害六君子。郑在第二天的日记中说，他作《感事》诗三首。这三首诗，《日记》和《海藏楼诗集》中均未收录。可是10月1日，张元济去拜访他，“零涕读三诗而去”。所以我们可以判断，三诗必是为哀悼六君子而作。[⑤] 他对光绪的同情和对慈禧的不满，从下面的事件可以看出。12月初，前湖南巡抚吴大澄和翁同龢同被革职，永不叙用。朱谕中有关翁的部分，尤其令郑气愤：

> 诋翁之辞甚多，使上失师傅之恩。君臣情谊，国家体统，扫地尽矣。呜呼，女德无极，妇怨无终，昌被至此，其能久乎！[⑥]

---

① 《郑孝胥日记》第2册，第793、794页。有关《原富》的撰写和历史背景，见 *Encyclopedia of Philosophy*, Vol. 7, pp. 461-463；有关严复对《原富》一书的解释，见 Benjamin Schwartz, *In Search of Wealth and Power*: *Yen Fu and the West*, pp. 113-129.

② 参见《郑孝胥日记》，第2册，第669、675～676、678页。郑在《海藏楼诗集》卷三有《召对纪恩》一诗，记述召对情形。

③ 《郑孝胥日记》第2册，第662页。

④ 《郑孝胥日记》第2册，第683页。

⑤ 参见徐临江《郑孝胥前半生评传》，第140页；《郑孝胥日记》第2册，第686页。

⑥ 《郑孝胥日记》第2册，第699页。

立宪运动是郑孝胥在辛亥以前参与最多的活动。从1905年年底到1910年年初,他大部分的精力都投注在立宪运动中。他是"预备立宪公会"的创始人,并于1906年12月、1907年11月、1908年12月连续当选公会的最先三任会长。以前我们以为张謇是预备立宪公会唯一的领袖,现在我们知道,郑在公会中的重要性不亚于张謇。[①]

1906年9月16日,郑应上海的报馆公会之邀,演说预备立宪事宜。关于宪法的基本精神,他说:

> 宪法之为物,无此爱彼憎之性情,无偏轻偏重之作用,一切有生命无生命,凡在宪法保护之下者,必不使有意外之危险。故立宪之国,必使全国人民皆有尊敬宪法之能力,皆有服从宪法之思想。如果全国人民之思想能力与宪法合为一体,然后其国之宪法乃为世界所公认,无论何国人民皆不得侵犯我国宪法之权利。既居吾国,必在吾国宪法约束保护之界内,无论何国人民其性命财产,皆可托庇于吾国宪法之下。其人为我之亲友以至于为我之仇敌,凡在吾国宪法之界内者,皆可得平等之利益。何以故?因此宪法中皆含有哲学、群学之公理,绝无种族门阀一切侵凌欺压之意气。[②]

1908年的8月上旬,郑又忽得灵感,偶书零纸云:"立宪有三德,抑私而扬公,屈已而伸人,损上而盖下。今之执政者固不解此,今之言新学者又乌足以语此乎?"[③]这两段话概括了郑对法律的性质的了解。他所说的法律,是西方的观念,所以我将他的理解,放在西方的法律思想范围内,略加讨论,以见他的思想的重要性。

西方法律的基本精神,在于它的普遍性(universality)和超越性(transcendence)。[④] 希腊的亚里士多德,早在公元前4世纪便曾说,所有的法律都应是普遍性的。法律只说普遍性的语言,只提供一般形式的指示(general forms of directions);立法的对象,是群体而不是个人,所以它有一种"超越

---

① 参见徐临江《郑孝胥前半生评传》(第158~219页)对立宪运动和郑在其中的地位,有详细的讨论。

② 转引自徐临江《郑孝胥前半生评传》,第171页。

③ 《郑孝胥日记》第2册,第1153页。

④ H. L. A. Hart, *The Concept of Law*, Oxford: Oxford Univerisity Press, 1992, pp. 21-25, 138-144; Harold J. Berman, *Law and Revolution: The Formation of the Western Legal Tradition*, Cambridge: Harvard University Press, 1983, pp. 9, 85-143, 292-294.

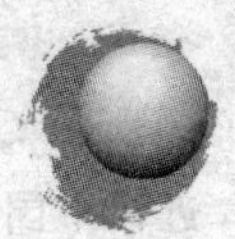

个体特性”(impersonality)的本质,以平等的原则对待社会中的每一分子。[①]这种法律之前人人平等的观念,在自然法的观念影响之下,缘起很早。远在柏拉图和亚里士多德之前,希腊便有“自然赋与人类平等权的法理”(nature gave men the law of equal rights)。到了近代,人人平等更成了人们心中不证自明的真理。1776年的美国《独立宣言》,宣称“人生而平等”;1789年的法国大革命,表达了同样的信念。

因为这些观念,所以法律在西方社会中有一个超然的地位。就内在而言,它是最高的权威;就外在而言,它是不受外力所左右的。法律的判决,是“最后定局”(finality)的力量,有“绝无谬误”(infallibility)的威严。[②] 这不是说,法律的判决是永远不错的;而是说,在法制社会中,法庭的判决具有“最后一言”的效力而不能为任何外力所改变。这一观念和法律神圣的信仰,为服从法律提供了一个文化和心理的基础。法律神圣的信仰,可上溯到古代的以色列。《旧约圣经》上记载说,上帝授意以色列的先知摩西(Moses)将法律带给上帝的子民。上帝是神圣的,所以他所交下的法律也是神圣的。所以犹太人认为遵奉上帝的法律,才能显出人之所以为人的本质。“法治”(rule of law)的观念,到中世纪的欧洲时已经成了一个普遍的信念。法律是神授的(divinely instituted),因而它超越政治和政权的转移。即使帝王,也在“上帝和法律的权威之下”(under God and the law)[③]。

我们从这一个角度看,知道郑孝胥对现代法律的精神,有一分基本的领悟。法律没有爱憎的观念,不认亲仇的关系,给所有的国民“平等之利益”。他心中无疑想的是法律的普遍性、超越性和法律之前人人平等的观念。中国人没有强烈的宗教意识,所以没有法律神授的信仰作为服从法律的心理基础。[④] 郑在这一方面也不例外。可是他说,法律中“含有哲学、群学之公

---

① H. L. A. Hart, *The Concept of Law*, p. 21; Milton R. Konvitz, “Equity in Law and Ethics,” *Dictionary of the History of Ideas*, 5 vols, Philip P. Wiener, editor in chief, New York: Charles Scribner's Sons, 1973, 2:149.

② H. L. A. Hart, *The Concept of Law*, pp. 24-25, 138-144.

③ Carl Joachim Friederich, “Law as the Will of God: The Heritage of the Old Testament,” in Carl Joachim Friederich, *The Philosophy of Law in Historical Perspective*, Chicago: University of Chicago Press, 1963, pp. 10-11; Harold J. Berman, *Law and Revolution: The Formation of the Western Legal Tradition*, pp. 292-294.

④ Derk Bodde认为,中国是唯一没有法律神圣起源观念的民族。见他的“Basic Concepts of Chinese Law: The Genesis and Evolution of Legal Thought in Traditional China,” in Derk Bodde, *Essays on Chinese Civilization*, pp. 173-175.

理”,所以能消弭种族和侵凌的气氛。人民得到了平等和公正的待遇,便自然地会尊敬和服从法律。所以法律是使中国打开困境、起死回生的法术。1906 年 12 月中旬,他在预备立宪公会的成立大会上说:

> 中国数千年以来皆是家天下之制度……考历代治与乱之相较,治之日甚短,乱之日甚长。治一而乱十。考全国人民常生于虐政恶俗之下,累世终身不知治世为何物。至大乱既起,人不聊生,于是望治之心更急。不问何人,但能稍得人心,举世之人即已倾心归往,颂之曰圣,尊之曰天。所以历世上英雄豪杰乘时得志者大抵看透此种人之身份,利用其饥者易为食,渴者易为饮之手段,一面解其倒悬,一面制其死命。遂使全国人民皆为一人之私产,与牛马奴隶无异。此等种因成果,皆由于千百年亿万之习惯,实无一人独任其[咎]者。①

中国的政权只有暴力夺取而没有和平转移,千年来治乱循环而不得安宁,然而“实无一人独任其咎者”。所以症结不在能不能得到仁君,而在进行制度上的改革。

郑的虚君立宪的信念,便是建立在这一认识上的。他说,设立责任内阁,实权为民选代表所有,便能打破暴君独裁和武力夺取政权的恶性循环。1911 年 1 月,郑对清政府的反复无常,表示不满。对锡良说:

> 专制之政,今日可许,明日可不许。不若是,何以为专制?若内阁国会既立,则此事不行矣。②

所以唯有宪法才能有“抑私而扬公”、“损上而益下”的力量。即使是帝王,也必须在上帝和法律的权威之下。代议立宪政治是“中世欧洲最伟大的成就之一”(one of the greatest achievements of the Middle Ages)③。代议政治的基本原则是:“凡是与每一个人有关的事,都要为每一个人所考虑,得到每一个人的同意。”(What concerns everyone ought to be considered and approved by everyone.)④可是没有一个社会,能达到全民直接参政的境界,所以要有代议的安排。在代议的制度之下,行政、立法和司法三权各自独立而又相互制衡和约束,使得权力不为一人专揽,减少了滥用职权的可能性。⑤

---

① 转引自徐临江《郑孝胥前半生评传》,第 177~178 页。

② 《郑孝胥日记》第 3 册,第 1301 页。

③ 转引自 S. E. Finer, *The History of Government*, vol. 2: *The Intermediate Ages*, Oxford: Oxford University Press, 1999, p. 1025.

④ 转引自 Harold Berman, *Law and Revolution*: *The Formation of the Western Legal Tradition*, p. 221.

⑤ Carl Joachim Friedrich, “Representation,” *Encyclopaedia Britannica*, 1960, 19:163-167.

郑孝胥所构想的虚君立宪制度中，立法（即民选的议会）是最重要的一环。他认为专制是中国积弱的主要原因，主张君主的行政权不但要有内阁来削弱，而且要有立法权予以钳制。可是他没有讨论三权中的司法权。他所关心的是中国的生死存亡问题。他讨论虚君立宪时，都以这一问题为他的起点和终点。他看到了立法权钳制君权的效力，然而没有认清独立的司法制度在三权分立制中的制衡作用，所以他始终没有在司法权上用心。

关于议会制度，郑于 1908 年 5 月提出了两院制的主张。他认为应先成立下议院，上议院则"待下议院成立后，再由众议承认"。此外，"选举权宜普及，宜宽，被选举者立格宜稍严，审查宜稍密"[①]。这两点都不失为有见之言。上院暂缓成立，可以让全国人民从容讨论它的组织和形式，并给下院一个运作和成长的时机。"普遍选举权"在 20 世纪初年已是一个普遍的观念。可是中国人民，不但缺乏现代知识，而且在长期专制政体之下养成了一种被动的性格。所以郑要投票权"宜普及，宜宽"的主张，含有一种鼓励作用。另一方面，在民智未开、没有议会经验的中国，对候选人的资格要求稍严，审查稍密，能减少虚君立宪过程中的种种弊端。

最后，我要指出，郑孝胥最初提出虚君立宪的动机，是要挽救中国的危亡。在他心中，挽救了中国，大清的生命自然也得到了延续，可是这不是他主张立宪的初衷。这时郑为几位重臣草拟奏章。在他起草的官文中，他常以立宪防止革命为主张虚君立宪的理由，然而我们仍不敢说，立宪防止革命是他思想的中心。1907 年 7 月中旬，他为两江总督端方拟稿，主张编撰宪法的一节说：

> 今宜利用多数希望立宪之人心，以制少数鼓动排满之乱党。各省所立立宪公会，如主持得人，则宗旨甚正，朝廷宜加考察，量与扶助，使信从渐广，亦可暗销乱党煽惑愚氓之力。[②]

这里暗销乱党对语，并不是郑主动提出的。端方示他《请化满汉界限》，并要郑"润色"。郑"乃另拟一片，请速将宪法及皇室典范二端提议编纂，布告天下"[③]。可见防止乱党，是郑的"方便"的辩论，而不是他的中心思想。

1910 年 11 月，郑又为东三省总督锡良代拟上军机处的电文，提出早开国会的理由：

> 近闻有主张仍欲先立内阁，俟宣统五年乃行召集国会……说者谓，

---

① 《郑孝胥日记》第 2 册，第 1142、1147 页。
② 《郑孝胥日记》第 2 册，第 1099 页。
③ 《郑孝胥日记》第 2 册，第 1099 页。

> 日本维新亦先立内阁,后开国会,遂欲取以为法。不知日本改革幕府之后,长、萨二藩握权专政,其基未固,故专用压力,缓开国会;民间积愤不平,第二倒幕之声已闻于全国。幸政党人才继起,国会旋开,仅保未乱……今中国民气奋发,视日本当年不啻过之,而朝中大臣,勋业才望较之长、萨二党,相去何如,岂可复袭其危险之政策哉!且国会既开,人心拥戴,皇室愈固,一切颠危倾侧意外之变,无自而生。所谓"周虽旧邦,其命维新",自有上下相维之气象……朝廷宜防官邪,不宜徒防民气……不知《宪法大纲》业已规定,新学良士未尽登庸,朝廷一视大公,天下自无偏党,在位者不必亲,在野者不必疏,其崇戴我大清则一也。[①]

这一段的主旨,是促清廷早开国会,不要因为惧怕失去政权而不敢行动。第二天,郑将起草的电文,抄寄了一分给友人孟森,并说:

> 先立内阁,缓开国会之事已急,此真最后之十五分钟矣。我将挟各督抚之力,为国民决一死战。[②]

所以到了辛亥革命的前夕,郑最关心的仍然是中国的法制问题。虚君立宪之后,清朝的生命也便得到了延续。可是这是立宪的一个自然的结果,不是郑主张立宪的主要动力。

清朝遗老开明的态度和改变的热情,因为辛亥革命而熄灭。我将在下一章分析这一转变的过程。

---

① 《郑孝胥日记》第3册,第1285～1286页。

② 《郑孝胥日记》,第3册,第1286页。

第三章 辛亥革命的催化作用

潜伏的忠和保守性格

遗老对中国的现代化，如此积极；对西方的思想，用如此开明的态度接受。可是为什么辛亥革命对他们会有如此巨大的冲击力呢？他们从此坚决反对民国，反对现代化，终其身而无憾。这是因为忠在遗老的心中，是一个根深蒂固的道德观。辛亥革命唤起了他们对亡清的忠的感情，并使他们怀疑现代化的方向和正确性。西化的结果，引起了民国革命，造成了种种破坏和动荡。他们决定在政治上恢复清朝，在文化上回到孔孟儒家的道德理想世界。

忠在中国的传统道德中，处于一个中心位置。它是"统摄诸德，而为诸德之指导"的最高德性。

> 自孔子作《春秋》，忠之理想已深入人心。数千年来，吾国历史事实至为繁颐，而于万变之中有不变之民族性在，即忠德是也。[①]

各代的君王和儒家，无不强调忠德；宋儒则更将忠在文化和政治上的重要性，推崇到了极致。萧公权说：

> 宋以后之儒者，每以臣下致忠君国，为绝对之义务，而谓其说本原于孔子。[②]

我们确知，孔子并没有主张臣下对君国有绝对效忠的义务[③]，可是宋代以后，

① 张其昀：《忠之理论与实践》，载《国立浙江大学文学院集刊》第1集（1941年6月）。

② 萧公权：《中国政治思想史》第1册，（台北）联经出版事业公司1982年版，第70页。

③ 萧公权：《中国政治思想史》第1册，（台北）联经出版事业公司1982年版，第70页。

绝对忠于君国的思想,在许多知识分子的意识之中,几乎到了牢不可破的地步。这种绝对的忠有两点特征:第一,它以败亡的朝代和亡国之君为对象,这种没有超出一代一君的具体忠贞观与整个国家的长远利益,常是相冲突的。第二,因为这是孔孟儒学名目下的观念,所以它在知识分子之间成了一个充满傲慢的义气,缺乏理智的直觉行为。[①] 我在后文将再回到这里的主题。

忠的一个重要的内涵,是它的文化成分。孔子论夷夏,是以文化为标准,而非以种族为界线。历代夷夏之分,都是以文化程度的高低为准。[②] 所以夷族建立政权之后,如用夏文化,便与夏无异,可同样得到臣民的忠心。当时的中国人,都不以异族看待元、清两朝。这里我无意将这一过程过分简单化。异族征服中国之后,初期的统治都免不了强制性的措施。然而一个异族能不能在中国长期而有效地统治,最后仍然取决于它的华化程度和文化水平。清朝统治中国,华化日深,早在辛亥革命以前便已赢得了汉人的忠心。有学者指出:

> 逊清遗老,绝大多数是汉人,仅有极少数的汉军旗人。民国初年,他们都深抱亡国之痛,散居于全国各地……悲愤的程度不下于丧失祖业的满洲人,对于清朝眷怀系念,无以复加。[③]

可是这种忠,在清朝当权时,只是一分潜伏而不自觉的心情。清朝败亡后,这种心情在惊恐之下觉醒而成为一股强烈的热情。他们所效忠的王朝死亡了,千年的文化传统遭受了摧残,旧的政治和文化秩序受到了破坏。在这种刺激之下,隐而不显的忠和保守性格,便积极地涌现出来了。遗老对自己忠的感情和保守性格,本来或许并没有明显的自觉。可是现在儒教文化和清朝的命运遇到了空前的危机,所以原来潜伏的情绪,便成了有意识的思想了。

对中国现代化的方向,遗老这时也开始采取不同的立场。西方文化引进了革命的观念和反传统的态度,导致了清朝的灭亡和中国文化价值的倾覆。在这里,遗老的忠和他们的保守思想合流了。民国革命,是西方文化下

---

① James T. C. Liu, "Yueh Fei and China's Heritage of Loyalty," *Journal of Asian Studies*, 31. 2(February 1972), pp. 291-297; Jennifer W. Jay, *A Change in Dynasties: Loyalism in Thirteenth-Century China*, Bellingham: Center for East Asian *Studies*, Western Washington University, 1991; Frederick W. Mote, "Confucian Eremitism in the Yuan Period," in *The Confucian Persuasion*, Edited by Arthur F. Wright, Stanford: Stanford University Press, 1960, pp. 202-240.

② 参见萧公权《中国政治思想史》第1册,第76～78页。

③ 胡平生:《民国初期的复辟派》,(台北)学生书局1985年版,第53～54页。

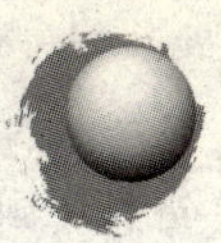

的产物；民国的许多制度和设施，是西方文化影响的结果。所以忠于清朝和反对民国及西化，实是一体之两面。遗老在辛亥以前是新思想的先锋，现在他们成了坚决的保守者。清朝和儒教面临生死存亡的威胁。他们立志要为恢复大清和重振儒教而奋斗。

我们在欧洲史中，看到了一个近似的历史现象。欧洲的保守思想在18世纪末期以前是潜伏性的。1789年的法国大革命使这一股潜伏的潮流，变成了一个自觉而有思想的意识。实际上，这些保守者在革命以前，大多是开明改革派的人。可是没有革命时，他们也没有危机感，所以他们的保守思想也停留在潜伏的阶段。法国大革命导致了根本的变化。保守者认为，法国革命对旧秩序和传统是一项彻底的破坏。在对抗和批评这一股革命浪潮时，他们原来潜伏的、缺乏系统和自觉的思想，现在终于演变成了一种保守的政治哲学。英国的Edmund Burke(1729～1797)是这一思想变化中最重要的人物。Burke受到法国革命的震撼，放弃了他原来改革开明的立场而转向保守。他于1790年底完成的《法国革命的评论》(*Reflections on the Revolution in France*)，是将潜伏的保守思想建成一个有系统、有自觉的哲学的开山之作，所以他也是近代保守思想的始祖。[①]

我提出欧洲18世纪的保守派，不是要以之与清遗老作直接的比较，而是希望用一个不同文化传统中的同类的事件，来增加我们对这一现象的了解。然而清遗老和欧洲的保守派，也确有他们相似之处。他们对逝去的秩序，怀有一分深厚的忠的感情；对革命所造成的新局面，极力批评和排拒。所不同的是，清朝遗老的保守思想，除了梁济之外，全属于具体性质。Burke的保守思想，因法国革命而生。他批评的对象，也以法国革命的理想和后果为主。可是他的思想，含有一分普遍性，而不限于法国革命的时空，这便是为什么他被认为是近代保守思想的创始者。清遗老的保守思想，则自始至终是具体的。他们有清朝和清帝为他们具体实在的效忠的对象；他们要达成的是恢复清朝和重建儒教的具体目的，只有梁济的忠，是超越性的眼光。我将在

---

① 关于18世纪欧洲保守主义的兴起，著作很多，我这里只列几种。Karl Mannheim, "Conservative Thought," in Karl Mannheim, *From Karl Mannheim*, edited with an Introduction by Kurt H. Wolff, New York: Oxford University Press, 1971, pp. 132-222; Samuel P. Huntington, "Conservatism as an Ideology," *American Political Science Review*, 51.2(June, 1957), pp. 454-473; Jerry Z. Muller, "Introduction: What is Conservative Social and Political Thought?" in *Conservatism: An Anthology of Social and Political Thought from David Hume to the Present*, edited by Jerry Z. Muller, Princeton: Princeton University Press, 1997, pp. 3-9; Peter L. Berger, *The Sacred Canopy: Elements of a* Sociological *Theory of Religion*, New York: Anchor Books, 1990, "Preface".

后文回到这一点上。

忠的再度肯定

清朝覆亡,遗老在悲痛的心情之下,一再肯定他们忠的立场。王国维叹息道:“汉土由来贵忠节,至今文谢安在哉?”他渴望有像南宋的文天祥和谢皋羽一样的忠臣再现。[①] 辛亥之后,他走亡海外,成了“亡国之民”[②]。郑孝胥在辛亥革命两周后,百般思考,决心“为清国遗老以没世矣”[③]。罗振玉在日本京都定居后,以“商遗”自号,将新居命名为“殷礼在斯堂”,庭园命名为“永慕园”。这些都是在表示他对清朝的忠贞情怀。[④] 劳乃宣(1843~1922)历任直隶知县、京师大学堂总监督和学部副大臣,于革命之后宣称,忠臣不事二君乃是“宇宙通理”,所以清朝的臣民应效法伯夷、叔齐,“义不食周粟”[⑤]。

可是遗老不能仅在感情上忠于清朝。他们有一连串的问题需要在理智上得出合理的解答:在什么情况之下,推翻前朝能得到正统的地位?中国历代的改朝换代,有哪些是他们认可的,有哪些在他们心中属于篡夺?如果民国不应推翻清朝,那么他们又如何将清推翻明、明推翻元合理化呢?这些问题,在思想上对遗老无疑是一项挑战。他们不能否定中国历代的朝代替换。因为否定任何一个,都会使清推翻明的正统性难以解释。辛亥革命,如果是改朝换代,便与清代明和明代元没有本质的不同;如果它是“革命”,那么否定它的合理和正统,便更加不易了。为了从这一困境中脱出,遗老想从传统的道德观点入手,寻求一个自圆其说的立场。他们在理论的层面上,承认朝代替换的正统性。具体的判断,则要看推翻前朝的人有无为国为民的纯正动机。可是他们对民国革命的正当与否,则避不作正面的断语。

王国维在京都定居之后,于1913年作有《咏史》诗五首。第二首如下:

① 参见王国维《送日本狩野博士游欧洲》,载《王国维诗词笺校》,湖南人民出版社1984年版,第46页。

② 王国维:《致铃木虎雄》,载《王国维全集:书信》,中华书局1984年版,第32页。

③ 《郑孝胥日记》第3册,第1352~1353页。

④ 参见罗继祖[甘孺]:《永丰乡人行年录:罗振玉年谱》,江苏人民出版社1980年版,第45页。

⑤ 劳乃宣:《明耻》,《刘伯宗先生年谱序》,载《桐乡劳先生乃宣遗稿》,(台北)文海出版社1966年版,1:115,201~202。

先王号圣贤，后王称英雄。
英雄与圣贤，心异术则同。
非仁民弗亲，非义士弗从。
智勇纵自天，饥溺思在躬。
要令天下肥，始觉一身崇。
百世十世量，早在缔构中。
黄屋何足娱，所娱以其功。
成家与仲家，奄忽随飘风。
所以曹孟德，犹以汉相终。[①]

所以王认为，以公益为动机的革命，应有正统的地位。可是这只是他对革命的一般性和抽象性的认可。他在一年前曾说："楚汉龙争元自可，师昭孤媚竟如何？"[②]叶嘉莹为王辩解：

[王]以为如楚、汉的敌对之争国，原是可以的。"楚汉龙争"自然乃是指革命的战争，至于"师昭狐媚"则是指袁世凯之窃国。[③]

楚汉之争是指两个英雄人物的争霸事业，而并没有对前朝忠与不忠和图谋不轨的含义。王的主题，是叹息中国只有窃国的袁世凯，而没有项羽、刘邦一类的英雄豪杰。他一提再提的，都是司马氏和袁氏的篡谋野心。叶嘉莹苦心维护王国维，可是也只能说楚汉龙争是指"革命的战争"，而不能说它是指"民国"的革命。王在理论上，当然不能不承认某些革命的合法性，然而自辛亥革命至1927年6月自沉，他从没有接受民国的正统地位。

可是遗老能完全回避共和革命而不表示任何态度吗？共和革命是建立在一个全新的政治理想和价值观念上的；它是中国历史上第一次真正的革命，不是以往的朝代兴替所能相提并论的。现在革命的第一步已经完成，中国的未来有了一个新的可能。遗老们对于这些，当然有所了解，那么他们究竟应该如何面对这一新现实呢？这是一个他们无法两全的难题。辛亥革命爆发后两周，孟森见郑孝胥，为民国发言。郑也向孟表明他的立场，说：

世界者，有情之质；人类者，有义之物。吾于君国，不能公然为无情无义之举也。共和者，佳名美事，公等好为之。吾为人臣，惟有以遗老终耳。[④]

---

① 王国维：《咏史五首》，载《王国维诗词笺校》，第51页。

② 王国维：《读史二首》，载《王国维诗词笺校》，第40页。

③ 叶嘉莹：《王国维及其文学批评》，第84～85页。

④ 《郑孝胥日记》第3册，第1356页。

郑在现代化观念的压力之下,作出了一个巨大的让步,承认共和是佳名美事,然而他同时又感到了忠从相反的方向来的压力。他决定听从忠的引导,做清朝的遗老。孟森第二天去信,劝他“无庸再蹈谢皋羽、汪水云之成迹”[①],可是不能动摇他的决心。次日,郑以《哀沈瀛》诗,再一次表明他的心情。12月18日,郑深夜起床,抄写《伯夷列传》。[②]

然而郑和其他遗老,并没有心情赞扬共和;他们只是无法在理论上反驳共和革命本身,所以他们转而批评“辛亥”革命。他们在理论上不能否定清朝是可以被推翻的,因而从实际方面入手,强调清朝的作为纵有令人不满之处,也绝没有达到足以应被推翻的程度。郑孝胥在革命之后,痛定思痛,最后下结论说:

> 政府之失,在于纪纲不振,苟安偷活;若毒痡天下,暴虐苛政,则未之闻也,故今日犹是改革行政之时代,未遽为覆灭宗祀之时代。彼倡乱者,反流毒全国,以利他族,非仁义之事也。[③]

清代最后大半个世纪朝政的败坏是遗老所承认的,可是他们一方面接受了这一事实,而一方面又为清朝作最终的辩护。我们从王国维辛亥前后态度的改变,可以看出遗老的心情。王在1900年的《八月十五夜月》一诗中,指责慈禧将自身利益置于国家前途之上:

> 一点灵药便长生,眼见山河几变更。
> 留得当年好颜色,嫦娥底事太无情。

罗继祖说,王诗“写得含蓄委婉,得风人微旨”。罗振玉在王死后,为王编遗书时,“把这首诗给删去了,因为骂了慈禧”[④]。1900年时,王热心开放改革,也没有清朝和儒教面临危亡的危机感,因此他在心理上没有负担而能指责慈禧。辛亥使他的心情改变了。这时他将清朝朝政败坏的责任,全归之于清朝的官吏,而将慈禧等清室的人轻易开脱,他在1912年的诗中形容清朝官吏的腐败忙碌:

> 颇忆长安昔相见,当时朝野同欢宴。
> 百僚师师学奔走,大官诺诺兢圆转。
> 庙堂已见纲纪弛,城阙还看士风变,

---

① 《郑孝胥日记》第3册,第1356页。

② 《郑孝胥日记》(第3册,第1356~1357页)抄录了《民立报》所记湖南长沙沈瀛为清死难的经过。郑的《哀沈瀛》未收入《海藏楼诗集》。书《伯夷列传》一节,见《郑孝胥日记》第3册,第1372页。

③ 《郑孝胥日记》第3册,第1352页。

④ 罗继祖:《我的祖父罗振玉》,第328~329页。

食肉偏云马肝美，取鱼坐觉熊蹯贱。①

可是慈禧是超然于这些败政之上的。现在王不但不责备她，而且更在《颐和园词》中赞扬她才略兼备，在历史上有“五十年间天下母，后来无继前无偶”的不朽地位。②

王国维完成《颐和园词》之后，罗振玉“见而激赏之，为手写付石印。其后又改订数处，而以夏秋间所作《送狩野博士游欧洲》及《蜀道难》二首附录于《颐和园词》后，署名《壬子三诗》”③。这三首1912年的诗，主题都是哀清之亡。罗为之付印发行，可见他完全同意王的心情和立场。

王极力歌颂慈禧而没有明说清朝是否应被推翻，可是他的结论已尽在不言中了。王的想法，也正是多数遗老的立场。他们避而不论辛亥革命有无立足的根据，而从清朝应否被推翻为辩论的重点。劳乃宣在这一问题上，把郑孝胥和王国维的论点，作了进一步的推演。他首先将革命的条件提升到了一个不可能企及的高度，说：

世主之暴必如桀纣，兴王之盛必如汤武，乃足以当之。今之朝廷，果有桀纣之暴乎？今之党人，果有汤武之圣乎？不待智者而知其不然矣。④

劳的第二步是减轻清朝朝政败坏的程度，并将之与清帝和帝王制分开。他说：

大清列祖列宗，深仁厚泽，沦浃海内。洪扬捻回之乱，扰攘十余年，蔓延十余省，而民心未尝稍去……光宣之际，亲贵用事，佥壬在朝，致滋民怨，然德宗恭默无为，冲主专心典学，未尝躬为得罪于民之事。故怨者政府，非怨君上。革命变起，民皆痛恨党人。⑤

劳的心中，已经预存了这些结论，所以他认为辛亥革命发生后，人民便表示了痛恨的心情。他声言：

近者革命之风，四方蜂起，一似人心皆同然者。实则为少数无知妄人所煽动，不轨军队所劫持耳。昧者不察，遽谓民主之制可以实行。亦愚甚矣。⑥

---

① 王国维：《送日本狩野博士游欧洲》，载《王国维诗词笺校》，第45页。

② 参见《王国维诗词笺校》，第42页。

③ 赵万里：《王静安先生年谱》，载《王观堂先生全集》第16册，(台北)文华出版公司1968年版，第7066页。

④ 《桐乡劳先生乃宣遗稿》卷四《示儿书》，(台北)文海出版社1966年版。

⑤ 《桐乡劳先生乃宣遗稿》卷一《君主民主平议》。

⑥ 《桐乡劳先生乃宣遗稿》卷一《共和正解》。此文作于1911年冬。

他这里只说党人为无知妄人,民主制不能实行,并不触及革命和民主制度的本身。郑孝胥于1911年11月22日,武昌起义后一个半月说:

> 南方士大夫毫无操守,提倡革命,附和共和。彼于共和,实无所解。鄙语有所谓"失心疯"者,殆近之矣。以利己损人久成习惯之社会,而欲高谈共和。共和者,公理之至也,矜而不争,群而不党之效也,此岂时人所能希望乎!君子一言以为智,一言以为不智,扰乱天下,能发而不能收,其祸能胜言乎![①]

郑对共和,在理论上作了最基本的让步,所以他能批评的,只有党人的疯狂和中国的民智不开两点。劳和郑对辛亥所下的断语,当然都是他们预存的偏见,因为没有人可能在武昌起义后几周之内,便看出共和革命在中国的成败和未来。

遗老在为清朝辩护和批评革命时,遭遇到了一些他们不能交代的困难,所以他们有时要采用迂回的逻辑进行。对于袁世凯,他们却能无所顾忌,作最严厉的谴责。王国维在《颐和园词》中的控诉,可以作为代表:

> 那知此日新朝主,便是当时顾命臣。
>
> ……
>
> 宣室遗言犹在耳,山河盟誓期终始。
>
> 寡妇孤儿要易欺,讴歌狱讼终何是。[②]

袁是清朝兵力最强的重臣,清室和革命党人的成败存亡,大半取决于他的意向。可是在关键时刻,他不但出卖了清君,而且还欺弄孤儿寡妇。[③] 遗老不仅耻于袁没有忠君的道德,而且还痛恨他一手造成了清朝的覆亡。

上文所讨论的是表达忠的一种方式。郑孝胥、劳乃宣、王国维和罗振玉等人,以坚决而不妥协的立场,面对辛亥革命和清的败亡。可是这不是忠于清朝的人唯一可能的选择。有的遗老,对清的感情,不亚于罗、郑、王、劳等人,可是却用很不相同的方式来表达他们的忠诚。这里我以梁济为例,来看忠这一问题的复杂性。

梁在辛亥之后,誓以一死以报清朝。他在七年多的岁月中,多方思索忠的意义,终于于1918年11月10日,在北京的积水潭投水自尽。我们从他所

---

① 《郑孝胥日记》第3册。

② 《王国维诗词笺校》,第43页。

③ "寡妇"是指隆裕皇太后,"孤儿"是指宣统帝溥仪。隆裕是光绪帝后。溥仪是"兼祧",被同时过继给同治和光绪两帝为嗣子。光绪于1908年死后,隆裕成了寡妇,而溥仪在名义上也成为孤儿。

留下的文字记录，可以看出他的思想过程。梁说，世人应从“推类观之”和“分别观之”两个不同的角度来了解他的自沉。[①] 所谓推类观之的忠，是一种具有普遍性质的忠；分别观之的忠，则是有具体对象的忠。[②] 他叹息道，清亡之后，居然“无人肯殉”，所以他宣称他的死，“系殉清朝而死也”。[③] 可是他立即补充说：

> 效忠于一家一姓之义狭；效忠于世界之义广。鄙人虽为清朝而死，而自以为忠于世界。[④]

这不是说，他以全世界为他忠的对象，而是说，他有一个具有普遍性的道德观为他忠的依据。因为他“身值清朝之末，故云殉清，其实非以清朝为本位，而以幼年所学为本位。吾国数千年先圣之诗礼纲常……幼年所闻，以对于世道有责任为主义。此主义深印于吾脑中。即以此主义为本位，故不容不殉”[⑤]。既然梁不以清朝为本位，而是服从一个更高的原则，所以他没有武断的心情，也不坚持己见。每个人都应忠于自己的朝代，然而同时“对于敌国或过去之正义，与我身现行之正义为对待敬礼的，不为寇仇”[⑥]。他心中明白，“我之爱清国与人之爱民国，是一心，非两心也”。他希望“世人各各忠于职事，俾心在事上，然后万事有效，国不断绝”。[⑦] 在这一信念之下，他决定不反对共和，“抱定不忍妨害社会共同生活之心”。一切的行为，都“求与共和之理不抵触”。[⑧] 这便是梁济的忠的最终表现。他这几年中的痛苦是可以想见的。清朝亡了，而民国的种种，又令他深为失望。在此一道德沦丧、世教凌夷的危亡时刻，他要在天理和先圣遗训的指导之下，以一死来哀清之亡和

---

① 梁济：《遗笔汇存》，载梁焕鼐、梁漱溟编《桂林梁先生遗著》，（台北）华文书局，无出版年，第111页。我这里的主题，不是要研究梁自杀的动机，而是想分析他对忠的看法。关于他的自杀，读者可以参阅 Lin Yu-sheng, “The Suicide of Liang Chi: An Ambiguous Case of Moral Conservatism,” in *The Limits of Change: Essays on Conservative Alternatives in Republican China*, edited by Charlotte Furth, Cambridge: Harvard University Press, 1976, pp. 151-168.

② 参见 Josiah Royce, *The Philosophy of Loyalty*, New York: Hafner Publishing Company, 1971. Royce 认为，我们在一个原则性的动力驱使之下，为某人或某事献身，便是忠的表现。忠是有社会性的品德，所以我们效忠的对象，必定是具体的，而不可能全然是一个抽象体。Royce 的分析，有助于我们了解梁的“推类观之”和“分别观之”的说法。

③ 梁济：《遗笔汇存》，第81、110页。

④ 梁济：《遗笔汇存》，第02～03页。

⑤ 梁济：《遗笔汇存》，第82页。

⑥ 梁济：《伏卵录》，载《桂林梁先生遗著》，第400～401页。

⑦ 梁济：《遗笔汇存》，第96、116页。

⑧ 梁济：《遗笔汇存》，第118页；梁济：《别竹辞花记》，载《桂林梁先生遗著》，第438页。

唤醒国人。所以他的死,从"推类观之"的角度看,"可以谓之殉清,亦可以谓之殉中国也……殉清国而不止于殉清国,兼中国亦包括在内也"[①]。

其他的遗老和梁济没有来往,也不知悉他的立场。可是梁所挣扎求解的问题,他们也曾面临,只是他们心中已经有了结论,所以稍一考虑,便将之断然拒绝了。劳乃宣的思想可为代表:

> 为人臣者,不二于君,此宇宙通义也。自有史册以来,莫不于一代绝续之交,备载其洁身完节之士,以为竹帛光,所以存天理民彝于不敝。固亘古及今所莫能异议者也。而今之论者,乃谓仁人以天下民生为重。一姓之兴亡不足计。是以夷、齐为匹夫之谅,而冯道为圣人也。[②]

今是昨非:对过去的自我的否定

遗老在遭受了辛亥革命的打击之后,开始悔恨过去的错误。他们在这种心情之下,决定重新调整他们的思想信仰。这不是兴趣的改变,而是人生观和价值观的再界定。王国维和罗振玉为这一转变留下了可贵的史料。

王国维在革命之后,出走日本京都做亡国之民,深悔以往提倡西学的错误。1912 年 9 月底,他在给日本友人狩野直喜的送别诗中说:

> 我亦半生苦泛滥,异同坚白随所攻。
> 多更忧患阅陵谷,始知斯道齐衡嵩。[③]

这是他在忏悔过去和宣布新的信仰。异同和坚白是先秦论著中的逻辑理论。《庄子》记载惠施的"异同"论如下:

> 天与地卑,山与泽平;日方中方睨,物方生方死;大同而与小同异,此之谓小同异;万物毕同毕异,此之谓大同异。南方无穷而有穷。今日适越而昔来。连环可解也。[④]

公孙龙辩论"坚"、"白"和"石"说:

> "坚,白,石三,可乎?"

---

① 梁济:《遗笔汇存》,第 112、113 页。Josiah Royce 在 *The Philosophy of Loyalty* 中说,我们所献身的理想,不但应对我们自己有意义,而且应对人类有共同的意义,应能帮助他人增进忠德。(pp. 118-146)能忠于这种理想时,便达到了人类道德的最高的"忠于忠"(loyalty to loyalty)的境界。梁济在遗书中,也有一分以全中国和全世界为怀的心情。

② 《桐乡劳先生乃宣遗稿》卷二《刘伯宗先生年谱序》。

③ 王国维:《送日本狩野博士游欧洲》,载《王国维诗词笺校》,第 46 页。

④ 《庄子·天下》。

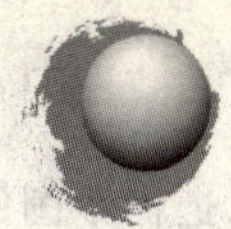

"曰:不可。"

"曰:二,可乎?"

"曰:可。"

"曰:何哉?"

"曰:无坚得白,其举也二;无白得坚,其举也二。"

"曰:得其所白,不可谓无白;得其所坚,不可谓无坚。而之石也,之于然也,非三也?"

"曰:视不得其所坚,而得其所白者,无坚也;拊不得其所白,而得其所坚者,无白也。"①

这里我们可以清楚地看到王国维1911年前后价值观念的根本变化。王是近代中国最早发表有关先秦逻辑的学术论文的人。他在1905的《周秦诸子之名学》中说:

学问之发达其必自争论始矣,况学术之为争论之武器者乎?其在印度,则自数论声论之争,而因明之学起。在希腊,则哀利亚派(Elea)之芝诺(Zeno)因驳额拉吉来图(Heraclitus)……之万物流转说,而创辩证论。至诡辩学派起,而希腊学术上之争论益烈,不三四传,遂成雅里大德勒(Aristotle)完备之名学。我国名学之祖是为墨子。墨子之所以研究名学,亦因欲持其兼爱、节葬、非乐之说,以反对儒家故也。荀子疾邓[析]、惠[施]之诡辩,淑孔子之遗言,而作《正名》一篇,中国名学于斯为盛。暴秦燔书,学问之途绝。至汉武之世,罢斥百家,而天下之学术定于一尊,学术之争绝于此矣。辩论之事绝,而欲求辩论之术之发达,是欲购今日之巨炮坚舰于华胥之国,夫固不可得已。然勿以吾国名学发达之止于此,而遂谓此数子者无研究之价值也。如《墨子》……荀子及公孙龙子……虽不足以比雅里大德勒,固吾国古典中最可宝贵之一部,亦名学史上最有兴味之事实也。②

王对于汉武帝罢斥百家、独尊儒家的政策,颇不以为然。只有自由风气之下的学术争论,才是发展逻辑的先决条件。他对于诡辩也没有恶意,因为它是逻辑发展过程中一个很自然的阶段。他唯一觉得可惜的是,"墨子之后,如惠施、公孙龙等,徒驰骋诡辩而不能发挥其推理论,遂使名学史上殆无我中国人可占之位置"③。

---

① 栾星:《公孙龙子长笺》,中州书画社1982年版,第32～33页。

② 《王国维哲学美学论文辑佚》,华东师范大学出版社1993年版,第139页。

③ 王国维:《墨子之学说》,载《王国维哲学美学论文辑佚》,第138页。

然而江山易色之后,逻辑的意义也随之发生了改变。以前可以问天与地孰卑,山与泽孰平;可以辩论眼看石头时,只见其白而不见其坚,手触石头时,只觉其坚而不觉其白。可是现在这些都成了无意义的诡辩了。在所有的学术思想之中,只有孔孟之道能比美衡嵩,所以自由开放的学术风气也不需要了。

王在辛亥之后,也拒绝了西洋哲学。日本友人狩野直喜回忆说:

> 从来京都时开始,王君在学问上的倾向似有所改变。这是说,王君似乎想更新中国经学的研究,有志于创立新见解。例如在谈说中,我提到西洋哲学,王君总是苦笑着说,他不懂西洋哲学。[①]

王在清末研究西洋哲学的人之中,是最有深度的一人。他对自己也深具信心。他1907年决定放弃哲学,因为他自认"感情苦多而知力苦寡",而哲学则完全是一种知力的活动;而且想"自立一新系统,自创一新哲学",不是常人所能企及的。可是即使如此,他对哲学,也并没有全然绝望。如果他真能"积毕生之力,安知于哲学上不有所得"。[②] 那么王为什么说他不懂西洋哲学,而且要苦笑回答呢?因为他深悔自己在辛亥以前所作的选择,现在在今是昨非的心情之下,他要极力否定过去的自我。

1921年,王国维将历年的文字,选出若干,辑为《观堂集林》,由友人蒋汝藻出资印行。全书于1923年6月出齐。王的内侄赵万里说,王选辑《集林》时,"去取至严,凡一切酬应之作,及少作之无关宏旨者,悉淘去不存。旧作如《魏石经考》、《汉魏博士考》、《尔雅草木虫鱼鸟兽释例》,亦只存其一部分而已"[③]。《集林》共二十卷,文十九卷,诗和词共一卷。所有的文和诗,都是1911年以后的作品;词是1905~1909年的作品,也是全书唯一辛亥以前的文字。

《集林》的选辑,又一次显示了王的改变。他在辛亥以前所珍惜的哲学、美学、文学批评和一般的思想性文字,现在都成了无关宏旨之作。唯一收入的辛亥以前的文字,是二十三首词。然而这些长短句,是感怀身世、伤春悲秋之作,所以它们是王的感情生命的一部分,而与各种现代化的思想无关。罗振玉知王最深。他说,王选辑《集林》时,对辛亥以前的文字,"弃之如土苴

---

① 狩野直喜:《王静安思む忆ふ》,载《艺文》18.8(1927年8月),第40~41页。译文见王德毅《王国维年谱》,(台北)中国学术著作奖助委员会1967年版,第77页。

② 王国维:《自序二》,载《王国维文学美学论著集》,第244~245页。

③ 赵万里:《王静安先生年谱》,第7091页。

……盖公居东后，为学之旨，与前此琼殊也”[1]。可谓一语道出了王的心情。

罗振玉自己所走的，也是相同的道路。罗在戊戌后不久，便奠定了他在中国现代化上的地位，然而辛亥以后，他却大半是一分忏悔的心情。东渡日本后，罗与王深谈，力劝王以拯救中国的文化和学术自任。中国在“贱仁义，薄谦逊，非节制”的西方文化的冲击之下，面临空前的危机，如今唯有“反经信古”，才能将中国从这一横流中救出。[2] 我们在罗 1931 年、1932 年的自传《集蓼编》中，能一再看到他对自己辛亥之前立场的悔恨。他在回顾自己在甲午战后热心新知的情形时说：

> 时我国兵事新挫，海内人心沸腾，予亦欲稍知外事，乃从友人借江南制造局译本书读之。先妣斥之曰，汝曹读圣贤书，岂尚有不足。何必是。且我幼年闻长老言五口通商事，至今愤痛。我实不愿汝曹观此等书也。予窃意西人学术，未始不可资中学之助，时窃读焉。而由今观之，今日之伦纪荡尽，邪说横行，民生况瘁，未始不由崇拜欧美学说，变本加厉所致。乃知吾母真具过人之识也。[3]

罗的母亲是从长老处“听”到五口通商事，所以她很可能是不识字的妇人。即使她的确训斥过罗，罗也没有听从。他不但继续阅读西书，而且去了上海，创办了东文学社、学农社、《农学报》和《教育世界》等事业。辛亥之痛，使罗决定彻底否定过去的自我。

罗到上海之后，在农业现代化和译印农业书籍的事业上，投注了十年的心血。他的事业和经济基础，是靠这些活动奠定的。如今他痛定思痛，决心重写自己这一段经历。

> 念农为邦本，古人不仕则农，于是有学稼之志。既服习《齐民要术》、《农政全书》、《授时通考》等书，又读欧人农书译本，谓新法可增收获，恨其言不详，乃……于上海创学农社，购欧美日本农书移译，以资考究……以丙申春至上海，设农报馆，聘译人译农书及杂志……先后垂十年，译农书百余种。始知其精奥处，我古籍固已先言之。且欧美人多肉食乳食，习惯不同，惟日本与我相类。其可补我所不足者，惟选种除虫及以显微镜验病菌，不过数事而已。至是益恍然于一切学术，求之古人记述已足，固无待旁求也。[4]

---

① 罗振玉:《海宁王忠悫公传》，载《海宁王忠悫公遗书初集》，1928 年印行。

② 参见罗振玉《海宁王忠悫公传》。

③ 罗振玉:《集蓼编》，第 710 页。

④ 罗振玉,《集蓼编》，第 710～711 页。

辛亥以前,罗是新教育的领袖。在他提出的改革方案中,小学教育居于一个中心地位,而发展小学教育,首要之务是培养教师和提供免费的小学义务教育。辛亥以后,他深悔往日的主张,于是掩改事实,企图说服世人他自始便反对义务教育。他说:

[辛亥以前,前东文学社的学生王国维和樊炳清]移译东西教育规制学说,为教育杂志,以资考证,先后凡五年。予始知外国教育与中国教育不能一致。外国地小,故可行义务教育。中国则壤地占亚洲之半,人民四万万,势必不可行。故古者四民分职,各世其业,以君子治野人,以野人养君子。而所以化天下者,如春风之长养百物,上老老而民兴孝,上长长而民兴悌,上恤孤而民不悖。尧舜帅天下以仁而民从之,桀纣帅天下以暴而民从之。风行草偃而天下已无不治矣。乃当世论教育者,必欲强行义务教育,于是各省苛捐日出,民不堪命。谋之不臧,卒陷国家于危地。哀哉![①]

罗反对义务教育是因为这时他认为新式的义务教育加速了传统伦常的败坏。罗继祖说:

[祖父]辛亥以前颇热心学堂教育,以后才觉悟学堂仿佛是专为革命制造人才的地方,深恶痛绝,不许自家子弟入学堂。所以我家三、四、五叔到我,都没进过学堂。以后对"教育"绝口不谈,即偶而谈起,又走回头路追溯到封建时代去了。这是祖父经历辛亥革命,思想上一个急转直下的变化。[②]

这便是罗振玉多年来不停为自己辛亥以前的种种洗刷的动力来源。

文化和学术的重建

遗老面临清朝灭亡和儒教式微之际,决心为中国文化的前途尽一分心力。我们可以将他们分为两类。一类以王国维和罗振玉为代表。王罗要从学术下手,重整乾嘉时代的经世考证的务实学风,以抵制西方势力的入侵。我在后面一章对这一方式将作深入的分析。另一类遗老要由恢复儒教的纲常伦理来力挽狂澜。

① 罗振玉:《集蓼编》,第 721~722 页。

② 罗继祖:《我的祖父罗振玉》,第 335 页。

后一类的遗老认为，儒教的式微直接导致了清朝的覆亡。章梫（1861～1949）1913 年的话最具代表性：

> 自光绪庚子而后，国人群怵于外患之乘而奋然变计，内讧益剧，遂成宣统辛亥之大变。缙绅儒族咸入异流，礼教法物一切荡然。积愤之士则谓国非其国，人类尽矣。[①]

他们以亡国之民的心情，开始组织读经会和孔教会。1912 年 7 月中旬，郑孝胥和上海诸遗老成立"读经会"，每周聚读经书，会员有时亦携儿子一同参加。[②] 同年的夏秋之间，沈曾植、梁鼎芬等多人在上海组织"孔教会"，以"倡明孔教，救济社会"为宗旨。[③] 劳乃宣力言应该实行纲常名教，"以安天下"。

> 夫纲常名数，中国数千年相传之国粹，立国之大本也。有之则人，无之则兽；崇之则治，蔑之则乱。[④]

可是在现代化思想当道的时代，遗老并没有很多知音。他们虽然以高远的目标为号召，而实际所得到的，则以个人心理的安慰居多。劳乃宣的心情，从保守的外国人士处得到了很大的满足。1912 年，他特别接见了日本大阪朝日新闻社的社员一宫房次郎，因为一宫"笃志孔孟之学。吾国革命后来游，将访求遗老，传述于故国，以维纲常也"[⑤]。同时，劳又与同情复辟的德国人卫礼贤（Richard Wilhelm，1873～1930）合作。卫于 1899 年来华，1911 年与劳结识。1913～1921 年，劳为卫讲解《易经》，并帮助他将之译为德文，于 1923 年完成。[⑥] 劳说：

> 山东青岛为德国租借地，国变后，中国遗老多往居之。德人尉礼贤

---

① 章梫：《周母陈孺人八十寿叙》，载其《一山文存》，（台北）文海出版社 1966 年版，第 433 页。

② 参见《郑孝胥日记》3：1424（1912 年 7 月 15 日）及以后几年的记载。郑并于 1913 年有《病起读经会》述说他的心情。

③ 参见胡平生《民国初期的复辟派》，第 58 页。

④ 《桐乡劳先生乃宣遗稿》卷一《读共和正解》。

⑤ 劳乃宣：《韧安老人自订年谱》，（台北）文海出版社 1966 年版，第 48 页。

⑥ 有关卫的生平和《易经》的德译，见"Richard Wilhelm：The Marco Polo of the Inner World of China，" in www. schoolofwisdom. com/wilhelm. html. 这是敬慕卫的西方人士为卫所编的电脑资料。卫礼贤能将《易经》德译，是因为有劳乃宣毫无保留的指导。卫听劳讲解后，将全书译为德文，再将德文的译文还原为中文。劳改正中文稿之后，由卫再写回德文的最后定稿。因为译文的内容实际上是劳乃宣的意思，所以它的正确性，超出其他各种西文的译本；几十年来，它是最受读者欢迎的译本。德译本 1950 年被译为英文出版；到 1990 年时，共印行二十四次。见 Richard Wilhelm，"Preface，" *The I ching，or Book of Changes*，The Richard Wilhelm Translation rendered into English by Cary F. Baynes，Princeton：Princeton University Press，1967，pp. xlv-xlvi. 卫于 1924 年回德出任 University of Frankfurt 的教授职。

> 笃志中国孔孟之道,讲求经学,设书院于岛境有年,与吾国诸寓公立"尊孔文社"。浼周玉山制军来函见招,主持社事。适馆授餐,情意优渥。于十月移家至岛……日与尉君讲论经义,诸寓公子弟,亦有来受业者。[①]

这时劳住河北涞水。卫经过晚清的重臣周馥(玉山,1837～1921),请劳回青岛主持卫所创设的"礼贤书院"(Confucius Society)。劳在青岛时所讲的经义,便包括了《易经》。1917年劳短期离开,参与张勋的复辟运动。复辟失败后,劳再回青岛,"居礼贤书院,复与卫君理讲经旧业"[②]。遗老在沧海桑田的巨变之后,能在外国人中遇到知音,他们的快慰是可以想见的。

① 劳乃宣:《韧安老人自订年谱》,第49页。

② 劳乃宣:《韧安老人自订年谱》,第52页。

第四章　遗老的生活

租界，辫子，儿女婚姻

辛亥之后，遗老多在上海、青岛和天津的租界定居。劳乃宣说："山东青岛为德国租借地，国变后，中国遗老多往居之。"[①]劳本人有一段时间便住卫礼贤在租界中的"礼贤书院"，"与卫君理讲经旧业"。这一节我在上一章已有所讨论。郑孝胥在武昌起义后，决定不回湖南出任布政使，而到上海的租界中隐居。他本想于安顿之后，再赴汉口与革命军作战，结果因为友人的劝告而没有成行。[②] 沈曾植在1910年秋辞官迁至上海，住开封路；1912年7月移居麦根路11号；1914年再搬到麦根路44号。这两个麦根路的地址都在租界内。[③] 王国维于1916年2月从京都回上海定居，住爱文义路和大通路，这是租界内横直交叉之处，与沈的住处只有一箭之遥。王的海宁同乡，另一个遗老章梫以及罗振玉的女婿也有意与王结邻。[④] 罗振玉本人在1919年自京都回国后，先住天津友人在英租界的房子，次年在天津的法租界自建房子。[⑤]

租界的环境、治安和政治、法律上的保护，不是清朝或民国政府所能提

---

① 劳乃宣：《韧安老人自定年谱》，第49页。

② 《郑孝胥日记》第3册，第1351～1354页。我们确知郑是住在上海租界，因为他的友人进一步劝说，他"虽居租界内，亦防匪党干涉"。

③ 参见王遽常《沈寐叟年谱》，第59、61页；《上海城市租借全图》，载《上海指南》，（上海）商务印书馆1929年版。

④ 参见《罗振玉王国维往来书信》，东方出版社2000年版，第38页。

⑤ 参见罗振玉《集蓼编》，第765页。

供的。因此想在租界定居的中国人,为数颇多。可是遗老住租界,可能另有一分心理上的满足。劳乃宣说,许多遗老在国变之后才迁居青岛的德国租借地。身在租界,使遗老能拒不承认民国的正统而同时又有置身于民国的法律之外的满足。

遗老住租界,是他们在忠于清朝的心情之下而作的决定,可是这一决定并不是忠的直接表现。辛亥之后继续留辫则是他们以一种外在的方式直接表示对清朝的忠。

罗继祖回忆说,他的祖父"终身蓄辫发"[①]。梁鼎芬(1859~1919)一直留辫,1914年初发辫被学生剪去,以后便"安一假辫"。梁的两个友人,沈曾植和曾任两湖书院山长的曹元弼,也留发辫,因为梁被剪辫,所以他们此时避不出户,"故幸免"[②]。王国维直到1927年6月自沉时,仍留有发辫。我将在后面一章中详细讨论他的例案。郑孝胥是少数几个剪了辫子的遗老之一。

辫子到了晚清与社会潮流已经全然不合。1911年12月7日,清廷下令准臣民"自由剪发"。这实是势在必行之举。早在辛亥以前,中国人已不再以传统价值观念作为判断和取舍的主要依据。辫子是装束之中最显目的一种。西人讥之为"猪尾"(pigtail),而国人也视之为一项难堪的负担。到了清朝最后几年,剪辫的人逐渐增加,所以"自由剪发"的诏令实际上是承认一项既成事实。

可是在遗老的眼中,自由发式是清朝的又一次退却和中国文化危机的深化。所以保留辫发不但是表示他们的忠而且象征他们个人的节操。这两者都是不容妥协的。废帝溥仪的例子让我们看到了他们态度的坚决。溥仪生于1906年,1919年初,英人庄士敦(Reginald F. Johnston)入宫担任他的英文师傅。在庄的影响之下,他热衷于西方文化,不久便要剪除辫子。这时他的叔伯辈和其他许多皇亲都已剪辫,可是因为他的皇帝身份,宫中上下都反对他剪。最后他终于力排众议,于1922年初自己亲自动手剪去辫子。溥仪剪辫之后,一个月内宫中其他一千多人也剪去了辫子。[③] 民国已经十年出头,皇帝和王公等人也已去除了辫子,然而忠心的遗老却仍然坚守立场。前

---

① 罗继祖:《我的祖父罗振玉》,第334页。

② 《罗振玉王国维往来书信》,第12页。

③ Reginald F. Johnston, *Twilight in the Forbidden City*, London: Victor Gollancy LTD., 1934, pp.273-274.庄说,宫中本有一千五百多条辫子,溥仪剪辫之后,这一千五百多条都不见了。另见溥仪《我的前半生》,(香港)广角镜出版社1988年版,第94页。该处载文曰:"经庄士敦一宣传,我首先剪了辫子。我这一剪,几天功夫千把条辫子全不见了。"我们从中可以看出当时的风尚。

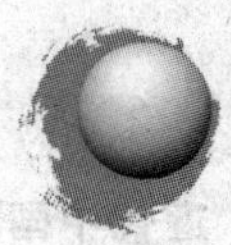

文已经说过，罗振玉和王国维终身留辫。溥仪的两个汉文师傅陈宝琛、朱益藩，满文师傅伊克坦，在溥仪剪辫之后，仍然继续留辫。①

郑孝胥对“自由剪发”的诏令，作了明快果断的决定。他在1911年12月9日读到诏令，当天下午便将辫发剪去。② 他的行动如此之快，可见剪辫的念头，早已存在心中了。可是这一决定，纯粹是为了自身的方便。他对于留辫所象征的节操和代表的道德意义，是没有怀疑的。我们看他1912年5月28日的一则日记：

> 陈伯严[三立]来谈。陈犹辫发，尝至张园，有革党欲强剪之。伯严叱曰：“必致若于捕房，囚半年乃释！”其人逡巡逸去。闻朱古微[祖谋]亦留辫，往来苏沪。此亦硕果之憖遗者乎。③

辫子对郑孝胥不再是一个问题，可是对继续留辫的某些遗老，它是一个无法摆脱的困扰。我将在后面回到这一点来。

遗老儿女的婚姻，都是遗老亲自安排。在作安排时，他们所关切的是哪些问题？他们所考虑的是哪些因素？

辛亥之后，媒妁之言的婚姻，仍然相当普遍，所以遗老为儿女安排终身大事，没有不寻常之处。然而他们的具体决定，却有值得我们注意的地方。遗老子女所嫁娶的，多为遗老的子女。1919年5月，王国维的长子王潜明和罗振玉的三女罗孝纯结婚。④ 1920年8月，沈曾植过继的儿子与劳乃宣的幼女结婚。⑤ 沈和劳都是1917年张勋复辟时的活跃人物。1922年5月，郑孝胥的侄儿和罗振常的女儿结婚。罗振常也是忠于清室的。这时他正在为响应郑恢复清室优待条件的活动而努力。⑥ 1923年，罗的五子罗福颐与商衍瀛的次女完婚。商从张勋的时代，直到满洲国成立，始终忠于溥仪和清朝。⑦

遗老促成这些婚姻，不仅仅是因为他们之间的社交关系。更有决定性的是他们志同道合的心情和观点。1917年9月4日，王国维写信给罗振玉说：

---

① Reginald F. Johnston, p. 274. 另见溥仪《我的前半生》，第94页。

② 《郑孝胥日记》第3册，第1368页。

③ 《郑孝胥日记》第3册，第1417页。

④ 参见罗继祖《永丰乡人行年录：罗振玉年谱》，第76页。

⑤ 参见王蘧常《沈寐叟年谱》，第73页；劳乃宣《韧庵老人自订年谱》，第54页。

⑥ 参见《郑孝胥日记》第4册，第1906～1907、1912～1917页。

⑦ 参见罗继祖《永丰乡人行年录：罗振玉年谱》，第86页。商的传略，见《罗振玉王国维往来书信》第396页罗继祖的注解。商的复辟活动，见胡平生《民国初期的复辟派》，第106、109、110、360、394、452、466、467、484、489、492页。

张孟劬(采田;尔田)之弟[张东荪],本党人,而近与政界接近者也。不知长儿已定亲,乃欲以其妻妹字之。由孟劬托孙隘庵作媒。此种事多不可解。吾辈简单人,苦无解剖之能力也。①

王的态度,十足地说明了思想意识在他心中的重要性。他所讥讽的,是张东荪而非张尔田。张氏兄弟也是浙江人。辛亥之后,张尔田任《清史稿》纂修,写成《乐志稿》和《后妃列传别稿》,又应沈曾植之邀,参与《浙江通志》的编修工作。他是思想保守的人,所以与遗老相处融洽。王自日本回国后,两人订交,在上海的住处,相距"不数武……无十日不见,见则上下古今纵谭忘晷"②。1918 年,嘉业堂的堂主刘承翰为张刻印《玉谿生年谱会笺》。印好之前,张请王作序,王欣然应允。王的序言,一面在表明自己的立场,一面在引申张的用意:

孟子……曰:"诵其诗,读其书,不知其人可乎?是以论其世也。"是故由其世以知其人,由其人以逆其志,则古人之诗,虽有不能解者,寡矣……谱也者,所以论古人之世也;笺也者,所以逆古人之志也……故郑君序《诗谱》曰:"欲知源流清浊之所处,则循其上下而省之;欲知风化芳臭气泽之所及,则旁行而观之。"治古诗如是,治后世诗,亦何独不然?余读吾友张君孟劬《玉谿生年谱会笺》而益信此法之不可易也。③

可是王不因他与张尔田的交情而对张东荪有好评语。1916 年 11 月,他提到张尔田时,也顺笔论及乃弟:

乃党中文豪,现为上院秘书长。渠本在史馆,近又将入京,其人无定见可知。然以学问文章论,尚当为沪上所谓名人之冠。④

王一面承认张东荪的才气,一面又只给他有所保留的赞语,说他是"所谓"的名人之冠。"无定见"则更是王所强调的重点。罗王两家已经定亲,所以张家提亲已无可能。可是王仍要借此表示他对新派的不满。罗继祖对此事下评语说:

[王]不愿与民国政界人士接近,主要是在坚持自己的遗老立场。道理简单,所以王先生自命是简单人,怪人家不理解自己,而自己也不

---

① 《罗振玉王国维往来书信》,第 277 页。

② 袁英光、刘寅生:《王国维年谱长编(1877~1927)》,第 193 页。

③ 王国维:《序》,载张采田《玉谿生年谱会笺(外一种)》,中华书局 1965 年版。

④ 《罗振玉王国维往来书信》,第 186 页。

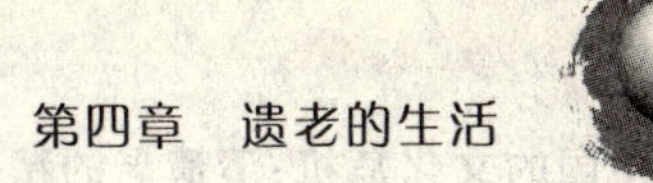

能理解人家。[①]

张东荪既然提亲，则他显然不认为两家的政治立场与儿女的婚姻有关。这一点王国维是万万不能同意的。

罗振玉的弟弟罗振常（子经）也是主张复辟的保守派。他反对废止皇室优待条件，对于复辟也十分热心。[②] 他与郑孝胥过往密切，所以两个女儿的婚事，都要郑为媒介。1919年3月25日，郑在日记中说：

> 子经自言，长女择婿未定，托为物色读书人。自言，女孝甚，已绝爱之，不愿以嫁新学生也。[③]

罗的想法，又给我们提供了一个遗老的政治保守观和文化保守观合流的例证。两年之后，罗又为了二女儿的婚事访郑。郑说，1921年5月，"罗子经来，示其女公子三人影片，托为蹇修"[④]。6月中旬，郑拜访陈姓友人，"托作合于罗子经，为十四[按，指郑之侄儿]求其次女"。1922年5月下旬，郑罗两家结为亲家。[⑤]

以上是遗老生活的几个方面。遗老之中，以郑孝胥、王国维和罗振玉留下的资料最多。

下面我以此三人为主，进一步分析遗老的选择。

郑孝胥的经营

郑是遗老之中最富有的人，因而有很大的独立性和取舍选择的自由。辛亥之后，他在上海租界，生活十分悠闲。然而同时，他的心思也随时关注清室的安危福祉，所以溥仪召他入宫时，他立即应命北上。

郑在商业方面的收入和卖字所得，是他经济上的两个主要来源。他在辛亥以前，已经是商务印书馆的股东。1912年7月，他开始在商务的董事会上班，每日三小时，每月领车马费一百两。[⑥] 这只是他在商务印书馆中的一

① 罗继祖：《王国维先生的政治思想》，载《王国维学术研究论集》第1辑，华东师范大学出版社1983年版，1:403。

② 参见《郑孝胥日记》第4册，第1912～1913页。

③ 《郑孝胥日记》第4册，第1775～1776页。

④ 《郑孝胥日记》第4册，第1867页。

⑤ 参见《郑孝胥日记》第4册，第1871、1907页。

⑥ 参见《郑孝胥日记》第3册，第1422页。

小部分活动。1914 年 5 月,他当选商务的董事之一。[①] 以后他不但多次当选董事,更在 1919 年 5 月和 1920 年 5 月两次当选董事会会长。[②] 这些位置,提高了他的社会地位和影响,所以也无疑有助于他的经济利益。我们从他 1916 年 5 月 4 日的一则日记,可以知道他从商务和其他活动上所得到的利润。那一天,他"至印书馆,取银七千六百九十九两。买道胜银行俄国国债票二万罗布,每银百两得二百五十罗布,每罗布值洋五角有余,九五扣,利息五厘五……十年后还本"[③]。

郑是清末民初的一个书法家,经常有人请他题字。不少请求题字的人,都有相当的社会地位和经济能力,所以润笔费是郑的一笔可观的收入。不久他便决定将题字变成一项固定收入。1914 年 5 月 10 日,他"拟定卖字笔单"[④]。他几次将全年的卖字所得,载入日记。1917 年 2 月 6 日,他"结算丙辰年[1916 年]卖字所得,凡二千七百四十五元七角,又银二百两"[⑤]。1920 年 11 月 29 日夜,他"核卖字所入,自正月至今日,已及七千一百零九元"[⑥]。

上面所讨论的,只是郑孝胥的经济活动的一部分。我们仅就这些不完全的数字,放在当时的生活指数之下作一比较来看它们所代表的意义。郑告诉我们,1917 年底,广东省"交涉署一席,月薪百元";1920 年,在盐务处的一份工作,也是月薪百元。[⑦] 这些无疑都是社会上所羡慕的高薪职。从下面的例子,可以看出当时等而下之的就业情形。郑说,1920 年的 12 月 25 日,他的友人"陈子言[诗]来,赠诗一首:极誉庄吕尘之才。庄,松江奉贤人,才二十岁,在中华书局,月十元;投诗于拔可[李宣龚],子言为之力托,荐入商务馆,月二十元"[⑧]。

所以郑一年的润笔费,是一个商务印书馆职工的年薪的一百多倍,然而他绝不以在上海租界做寓公而满足。1923 年 8 月,溥仪命郑入宫召对,深为他的眼光和见解所动。1924 年 3 月初,郑被任命为总理内务府大臣,立即应命北上。从这时起,他的生命进入了一个全新的阶段。

---

① 参见《郑孝胥日记》第 3 册,第 1515 页。
② 参见《郑孝胥日记》第 4 册,第 1781、1826 页。
③ 参见《郑孝胥日记》第 3 册,第 1608 页。
④ 《郑孝胥日记》第 3 册,第 1515 页。
⑤ 《郑孝胥日记》第 3 册,第 1645 页。
⑥ 《郑孝胥日记》第 4 页,第 1850 页。
⑦ 参见《郑孝胥日记》第 3 册,第 1697 页;第 4 册,第 1833 页。
⑧ 《郑孝胥日记》第 4 册,第 1852 页。

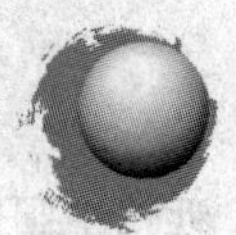

王国维的选择

王国维的个性、能力和经济条件，与郑孝胥的都不同；他所走的遗老的道路也迥异。研究保守主义的学者指出，保守主义者的思想行为中，常有“不合理的”、“缺乏理智的”成分。王所作的选择，便是这种倾向的一个具体例证。

王随罗振玉到京都后，大部分的生活费用，都依靠罗的资助。初到时，他一家与罗同住。因为“屋狭人众”，所以不久罗另租了房子，让王迁入居住。另外罗每月赠送王生活费百元，以后增为每月二百元。[①] 可是日本的生活昂贵，王乃于1916年2月初返国，至上海富商哈同处工作。[②] 哈同(Silas Aaron Hardoon，1851～1931)是英籍的叙利亚犹太人，最初在沙逊洋行(David Sassoon and Company)任低级职员，因为善于经营，终于成了外商在中国的巨富。[③] 哈同致富之后，以奖掖中国学术自任，于1915年创设仓圣明智大学和广仓学会，并计划编印《学术丛编》和《艺术丛编》。1916年，王的友人邹寿祺受聘为《艺术丛编》的编辑，王因邹的推荐出任《学术丛编》的编辑。

王于1916年2月9日抵达上海，当即对哈同的总办姬觉弥(佛陀)和哈园中的一切大为失望而予以最严厉的批评。他在2月11日给罗振玉的长信中说：

> 姬君为人，至沪见敌，抗二公，即略闻其不妥……及晤乙老[沈曾植]，又道其详。外间或云哈同夫人罗女士之干儿，乙老则直云罗氏嬖人也。而罗氏者，或云出于上海娼寮，或云广东咸水妹，其名誉颇不甚佳。姬则本姓潘，后改姓，皆谓系下等人……乙老并言其刻薄倾险……乙老谓欲与此种人共事，非与哈同亲立合同不可。又谓其人为善不足，为恶有余。看来此人非可与共事者。[④]

几天后，王与姬

---

① 参见罗振玉《集蓼编》，第755、756、757页。

② 参见赵万里《王静安先生年谱》，载《王观堂先生全集》第16册，第7072页。

③ Chiara Betta, "Silas Aaron Hardoon and Cross-Cultural Adaptation in Shanghai," in *The Jews of China*, Vol. 1: *Historical and Comparative Perspectives*, Edited and with an Introduction by Jonathan Goldstein, Armonk, New York: M. E. Sharpe, 1999, pp. 216-229；潘光、王健：《一个半世纪以来的上海犹太人：犹太民族史上的东方一页》，社会科学文献出版社2002年版。

④ 《罗振玉王国维往来书信》，第28～29页。

同至哈同花园,导观各处,并所谓"仓圣明智大学"者。其中仅有中学二年级并小学也。

姬君为人,昨相处数日,已能知其概,大约乙老及诸人之言不谬。其人随处自显势力,一无学术及办事用人方法,而主意绝多,复随时变易。昨即欲延维为该校教务长,观其校事绝不合理,即设词谢之。语及学术,随口胡诌,语语出人意外……年不过三十许,一面挥金如土……一面有陵藉一切之意。我辈处今日,固不必深问其人品学术,然以一小人而复多变易,且未受社会陶融,此等人殆难共处……

姬谓维云,每日须入编辑处(然其处空无所有)因有事会议。故今日尚须一往。看来此局久则三个月,速则敷衍至月杪……以返海宁一行或他事为辞,要其答书。如能允此,或可敷二三月,以后则不可知也。盖我辈如能委蛇取容,则辛亥以前早可得意,壬子以后,又何事不可处乎?[①]

王与哈园接触几次之后,便要离去,我们可以想见他灰心失望的程度。哈园办的大学,只有初二的程度;姬觉弥是一个三十岁,"刻薄倾险"的"下等人";哈同夫人则出身娼寮。所以王不免叹息,在哈园谋生活,未必胜过在民国"委蛇取容"呢!他在2月18日的信中说:

哈同花园连往二日,见其办事毫不合法,而某君[姬觉弥]之言尤散无友纪。其欲刊行月报,曰欲提创仓教也,而所谓仓教(仓颉之教)者,又全为荒谬不经随口胡诌之说……

……吾辈此数年中作理想之生活,一入社会便到处扞格,然如某君亦社会中所仅见者。其学校亦奇甚,且所延教习,月脩均在三十五元以下,又须住堂食素,人苟在下中以上,谁肯应之!其程度亦可知矣。[②]

因为罗振玉的劝说,王乃决定留下,而以"强硬"的态度交涉。后双方定约由他主编《学术丛编》,《艺术丛编》等则由他人负责。[③] 可是王在哈园的处境,我们除了"委蛇取容"之外,实在没有更恰当的文字足以形容了。签约后的几天,便是仓圣大学的开学典礼。王被"约往与典礼,并见哈君夫妇。乙老之言,视某君若蛇蝎,或有为言之乎"[④]。

1916年4月26日,王又以长信抱怨道:

---

① 《罗振玉王国维往来书信》,第31~32页。
② 《罗振玉王国维往来书信》,第34页。
③ 《罗振玉王国维往来书信》,第40页。
④ 《罗振玉王国维往来书信》,第41页。

姬之办事，迥出情理之外，无论何人，不能测其是何命意。今日方君言，此人惟浑蛋及骗钱者可与相处，即被骗亦不知。稍具人格者，与之经手未有不受其累。诚哉是言也……

此月二十八，云是仓颉生辰，其日该校行礼尚不足怪，而姬之生日亦即此日，奇妙之至！姬今年三十，帐房为之醵资，各人自十元至二元分为四等（写字人薪水十元左右者亦令出二元）……须演戏二日，仓颉前行礼。有单来通知，势不能不往，并为之拜寿；其日必有大笑话可观可听。始知外人所言，殆皆有原因也。[①]

王在哈园所做的学术编辑工作，又是什么意义呢？我们看他 1916 年 9 月 30 日给罗振玉的信：

《学术丛编》三期已钉成样本。而今晨景叔[邹寿祺]来言，某君[姬觉弥]见此期，谓中无字学（此次维所撰者乃《乐诗考略》，并无仓颉），景叔告以原定章程本不须每期有字学，且自三期至六期目录均已奉告……渠坚请其与维商，并云渠今年用钱不少……而所欲为之事终未做到（所欲为之事，即其欲人代鼓吹其所谓仓教也），务请必添入云云。景以相告，乃钞公《流沙坠简》中之《仓颉篇残简考释》，得三纸，并加一跋与之。[②]

王不但要各方面应付姬觉弥，并且还要满足哈同夫妇的虚荣心。他在姬的授意之下，用他与姬之名和他与哈同夫人之名，写成序文两篇，为《学术丛编》冠首。在与姬合写的序中，他极力颂扬哈同夫妇之德：

爱俪园主人，产自西土，久客东方。每发思古之情，深知为善之乐。德配罗夫人，夙皈正觉，兼嗜外典。二乘秘文，复兹结集。三苍横舍，于焉宏开。[③]

可是即使如此，王所最需要的基本安全感也不能在哈园得到。他是一介穷书生，每月靠薪水度日，他在 1916 年 9 月 30 日的信中，道出窘困之状：邹寿祺将于“下月返杭，让其席于六十老翁……若渠果行，则维亦恐不能待至满一年之约矣（因景去后，薪水等项亦无从催。现在每月薪水，恒至下月初五六日以后发也）”[④]。王不但不能每月按时领到薪水，而且几乎年年都需

① 《罗振玉王国维往来书信》，第 69 页。

② 《罗振玉王国维往来书信》，第 159 页。

③ 王国维：《学术丛编序》，载《王观堂先生全集》第 4 册，第 1451～1452 页。他与哈同夫人合写的序，在第 4 册第 1452～1453 页。

④ 《罗振玉王国维往来书信》，第 160 页。

要为下一年哈园是否仍有工作而担忧。他到任半年多,便面临了这一难题。1916年9月下旬,邹寿祺"言及哈园帐房往彼处,言经费太大,有裁人之意。景叔告以,渠无成约,可裁,余皆有一年之约云云……维明年私计,拟逐渐图之"①。以后王再三疑问,哈园是否会继续刊行《学术丛编》以及他在哈园工作的稳定性。

哈园的情况,无一令王满意,所以王到后不久,便积极动念离去。罗振玉在京都也一再为他献策。1916年9月24日,罗问他在上海"每月须用若干,祈示知"②。10月7日,罗劝王与哈园断绝,并再赴京都与罗为邻。

> 因此辈小人,愈周旋愈麻木……我辈胸中,不能容此龌龊,又不足与较,则舍决绝,无第二策。既决绝之,则愈早愈妙也。
>
> 此事解决后,则为公生计问题,此事弟早言之,祈公勿存疑贰。……弟之私意……公仍以来此卜邻为最上策。③

哈园的经费及其他细节,经邹寿祺交涉后,稍有改善,然而哈园仍然不是可以久留之地。三天之后,罗又写信劝王,说:

> 但可敷衍此数月者(即以后与邹交涉,不与哈园直接),即敷衍了此残局;不可敷衍者,即一刀两断,绝此葛藤。④

王国维与哈园的关系,前后共七年又三个月,直到1923年5月他应溥仪之命北上出任南书房行走时才告结束。王在哈园一段时间之后,哈园的经费和工作条件渐有改善;随着他在国内外学术声誉的提升,他在哈园的地位也有了提高。可是哈园的种种,并没有本质上的改变,而王对哈园的怨言,也没有终止。那么他为什么有机会而不一走了之呢?罗振玉曾一再邀他重回京都,两人共享海外问学之乐。王动心而没有成行,因为他有子女教育和远道移居海外的种种考虑。他离开京都回上海,是要减少对罗的经济依赖。如果回京都,他便又要依靠罗的接济。这一点是王心中的另一点顾虑。

不回京都依罗为生,我们是否同意是另一问题,可是我们可以承认,它是一项"理性"思考的结果。然而推辞北京大学的聘请,却是一个违反理智的决定。北大从1917年8月初开始向王发出邀请,遭到他一再拒绝。直到1922年年初,前后坚持五年,他才终于以函授导师的身份接受聘请。坚不接受,而最后又部分地接受,在理智上是否能自圆其说呢?王已经承认,到民

---

① 《罗振玉王国维往来书信》,第156页。

② 《罗振玉王国维往来书信》,第157页。

③ 《罗振玉王国维往来书信》,第165~166页。

④ 《罗振玉王国维往来书信》,第167~168页。

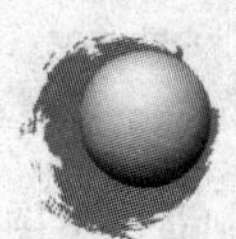

国和在哈园，都免不了“委蛇取容”的心情，那么两方面并没有本质上的差异。大学教职，是现代社会中的自由职业，所以到北大任教与入仕民国政府并不相同。可是王拒绝了北大的第一聘之后，却接受了哈园的仓圣明智大学的教授职。如果北大的常任教授职不能接受，为什么函授教授职却能接受呢？所以王在这五年中与北大周旋时的心情和思想，必须要有一个交代。

1917年8月4日，王国维函告罗振玉说：

> 前日蔡元培忽致书某乡人，欲延永为京师大学教授，即以他辞谢之。[①]

这是北大校长蔡元培，经过浙江同乡，在北大考古系任教的马衡，转达给王的第一次聘请。被王辞谢之后，蔡又于1918年6月下旬和1920年6月下旬，重提前议，也都遭王回绝。1922年3月，北大再邀请王担任函授导师，可以不必到校，王考虑后终于应允。[②]

在所有王国维考虑过的可能性之中，北大是唯一合理的去处。他到哈园不久，曾打算回家乡浙江海宁参与《海宁县志》的编纂工作。可是这只是短期的工作。县志编好后，他便需另谋出路。所以1916年10月21日，罗振玉建议他说：

> 公明岁之事，弟意故乡不可居，上海[哈园]则人间地狱也……弟意但以全眷来此[京都]为宜。[③]

然而王不愿又依靠罗，而且举家迁往日本，绝不容易，所以回京都也不是可行之道。罗住日本，大部分收入都靠书画生意。他一再提京都，使王也动念想以书画生意谋生，可是罗对王了解深刻，知道王绝无经营的能力，做书画生意只是山穷水尽时的奇想。12月中旬，他去信劝王：

> 古人有言，“狡兔有三窟，仅得免其死”，处此乱世者，一日当三复斯言。贩鬻书画以求赢利，非公所长。悬此为第三窟。[④]

我说王在1917年8月初旬推辞北大第一次邀聘时，已经是一个山穷水尽的地步，绝没有过甚其词。他各处谋出路，是因为哈园的事，毫无把握。可是他却正是在走投无路的局面下辞绝北大的。两个月后，他去信告诉罗：

> 哈园《学术丛编》明年拟停办。此事自在意中。渠辈对此兴味已倦

---

① 《罗振玉王国维往来书信》，第277页。

② 参见《罗振玉王国维往来书信》，第325、380、384、385～386、389、394、501～502、510、525、544页。

③ 《罗振玉王国维往来书信》，第173页。

④ 《罗振玉王国维往来书信》，第214页。

……明年生事又成一问题。[①]

罗得信后,大为焦虑,说:"公之生计,亟待筹划。"这时商务印书馆可以给王一个低微的职位。然而这是唯一的出路,所以罗怂恿他接受。10月15日,罗提醒王:"舍此处,无他处可安贤者,在彼处尚有书可读,不入工厂,想公尚可强诺。"两天后,又去一信催促:

哈园知非常局,公明岁之计,宜早为筹划。弟意万不得已,仍是商务权行托足,但不入工厂。[②]

王没有就商务,显然是因为它给王的位置低微,而且要出卖劳力。入工厂绝不是王的个性和体力所能承担的。所以罗又在1917年10月末,以长信至浙江同乡、嘉业堂的刘承干(翰怡),托刘为王安排工作:

鄙友王静安征君者,今之亭林、梨洲也……辛亥冬与弟同渡海……今年上海哈同洋行主人聘静公任学报事,弟知哈同非能知礼贤者。及其行,静翁则以弟典鬻琴书,以给朝夕,重为弟累,乃毅然赴哈同之约。今以哈同不可相处,于明春谢编报之职。弟约征君仍为海外之游。昨得来书,其不欲重为弟累,犹初心也。……公若聘请司纂辑校雠之事,俾不至困乏……[③]

可是罗、王的各项努力,都没有得到满意的结果。王也年复一年,继续留在哈园。可是他在哈园的大部分时间,都在为工作是否稳定而担扰。迟至1920年6月末,罗振玉仍问:"哈园之局如何,明岁可不动摇否?"[④]

王既不愿就北大,哈园以外又无去处,所以只有尽力在哈园继续聘约,并且为自己留任哈园,在心理上将之合理化。罗一开始便劝王不要有在哈园委蛇取容的心理负担,他在回王的信中说:

至所云"委蛇取容,则辛亥以前早可得意,壬子以后又何事不可处"云云,此又不然,因与姬共事,本无用其委蛇者也。[⑤]

王在谢绝北大和各处谋职不遂以后,显然也逐渐说服了自己,作序、祝寿与出身娼寮的人为伍,与刻薄倾险的人周旋,年年为衣食担忧,都不再是"委蛇取容"了。他对哈园仍然心存轻视,然而他心情已经平静,并且愿意妥协了。1917年12月末,王拒绝北大第一聘之后的五个月,却决定接受哈园的仓圣

① 《罗振玉王国维往来书信》,第296页。
② 《罗振玉王国维往来书信》,第299~300、302页。
③ 《罗振玉王国维往来书信》,第307~308页。
④ 《罗振玉王国维往来书信》,第500页。
⑤ 《罗振玉王国维往来书信》,第36~37页。

明智大学的教授职。他函告罗说：

> 哈园馆事今年彼此均未谈及。昨届中学毕业之期，姬君留维共谈，言及明年开办预科，经学教授极难其选，坚嘱维担任此事。维亦微闻姬君有亏累，将来节简经费必自不要者始，而印书之事终不能开办。去年虽编数书，势成闲散，前日属维物色经学教员时，曾怀此意，因有此请，遂亟允之。惟要以功课排在上半日，并令备车迎送各节。姬亦允之。明年之局如无大枝节横生，可云固定矣。[①]

这是说，如果没有大的枝节，他下一年在哈园的工作可以固定了。但是这只是一个教中小学生的临时性的教职。它与北大的教学、研究和终生俸的保障，当然是不可同日而语的。那么王留在哈园，所得究竟是什么呢？哈园对于维持他的节操、品格，究竟有何意义呢？如果就了北大，他的忠德和理想，会受到怎样的妥协呢？王的行动告诉我们，他在心理上为自己强加了一层道德观，让这个他认为是万世不易的至理主宰他的心情。不就北大，不是理性的决定，而是心情的交代。可是他在道德上找不出一个他应该拒绝北大的理由，在心情上他也无法忘记北大的聘请。所以他辞谢马衡之后，为日后留了"余地"。罗振玉也没有从道德的立场提出反对王就北大的理由。他知道王辞谢北大之后，要他征求沈曾植的意见。所以两人在以后的几年中犹豫于去就北大之间，大部分都是感情和心理作用的运作。1917 年 12 月 31 日，王在回罗的信中说：

> 北学之事，若询之寐叟[沈曾植]，必劝永行，然我辈乃永抱悲观者，则殊觉无谓也。[②]

这里寥寥数语的重要性，是不可忽视的。如果王不就北大的决定，真的是义无反顾的决心，那么为什么还要问沈的意见呢？他在问以前，已经断言沈会"必劝永行"，所以从清遗臣的观点看，就北大并不相当于背弃清朝。王本人也无一语触及忠德的问题。他觉得北大的事没有意义，因为他是一个"永抱悲观者"。所谓"永抱悲观"，是说他对中国的前途已不存希望，还是说清朝复辟遥遥无期，令他悲观，我们无法下一判断。然而永抱悲观，并不是说，如就北大便是背弃清朝，则是可以确定的。王真的觉得北大的教职"无谓"吗？他既已断言沈必定劝他就北大，那么问沈岂不是多余吗？然而他写信给罗振玉说，第二天早上，他便"往寐叟处长谈……北学事，寐谓其可允，

---

① 《罗振玉王国维往来书信》，第 321 页。

② 《罗振玉王国维往来书信》，第 325 页。

其如有研究或著述事嘱托,可以应命,并谓可乘此机北行做二月句留。果不出永所料也。公谓此事何如?"①

王对北大的兴趣,真是欲盖弥彰了。沈不是当事人,所以能从一个适当的距离权衡北大,而且他的看法是始终一致的,这便是为什么王问他之前,已断定他"必劝永行"的立场。王既然已知答案,而仍与沈长谈,则显然是希望自己心中所想,能在沈的口中得到肯定。果然,沈劝他接受,而且往北京一行,趁机建立日后进一步发展的关系。所以从沈的眼光看,就不就北大,并不涉及忠德的问题。王确知沈的意见后,立即问罗:"公谓此事何如?"他不是要在沈之外,也得到罗的肯定吗?

那么为什么王没有早就北大呢?北大为王一再辞谢后,开始向罗、王两人同时进行,希望王因罗的影响而接受。1922 年 3 月,罗接受北大之聘,担任通讯导师。同年 8 月下旬,王也接受通讯导师职。王五年不就北大,又终于步罗之后接受。这正反两个决定,有多少是罗的影响所促成的?这一问题我将在下文详细讨论,这里先看王的内在因素。王在理智上已经确认,北大的取舍,不是忠与不忠的选择,然而在心情上,他仍感到,就北大是一种妥协。他本不要加入北大,不欲与民国和民国的人士往来。如果现在为了要逃避哈园而进入民国的机构,与民国的新学人士为伍,那岂不是没有坚定既定的原则吗?1918 年 8 月 25 日,他谢绝北大一年以后,写信给罗说:

> 知陈松山[陈田]给事亦在北京,盖湘省被兵,不能安居所致……其入[清]史馆,想系凤老[柯劭忞]为之也……如大学之事,我辈原不愿就,然如凤老、松老,绝不因其入史馆而减其敬爱,若如缪种[缪荃孙],诚不足齿耳。②

在王的眼中,陈和柯是有骨气的人,入民国的清史馆无损于他们的品格。王和罗对缪则极端轻视,在书信中均以"缪种"称之。他入清史馆,虽然可以保存清朝的历史,可是却是令人不齿的,因为他的动机必定不纯。我们从王的强烈的道德裁判,对他对北大的取舍有了进一步的了解。王在哈园各处求职时,回乡参加编纂《海宁县志》也在他的考虑之中。海宁县和北京大学都是民国政府中的一个单位。编县志是保存中国的地方文史;就北大是培育中国的人才。可是两者在王的心中是有大分别的。他与海宁,没有对立的心情,编县志是回海宁与思想保守、背景相似的同乡为俦。他没有回海宁,

① 《罗振玉王国维往来书信》,第 325 页。
② 《罗振玉王国维往来书信》,第 406 页。

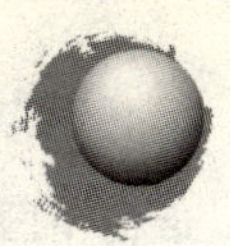

纯粹是实际的考虑，而绝不含有思想问题。北大是王“原不愿就”的地方，所以一开始便在他的排斥之列，如果现在为了生活而改变初衷，与宗旨不合、思想异趣的人共事，那岂不是违背了“忠”的最基本的要求吗？

所以王在考虑去取北大时，忠在他心中所起的作用仍是问题的中心。追本溯源，这里忠所给他的困扰，是由于他对清室的忠而引起的，那么这两处的忠，实是一个不可分割的因果关系。王最后虽然以函授导师衔应北大之聘，可是此事的过程却留下了许多问题。王因为“原不愿就”的决心，所以与北大坚持了五年之久。然而陈田、柯劭忞可以入清史馆而无损他们的清白，为什么王就不能就北大而保持他的品格呢？他为了不就北大，而将哈园的一切都在心中合理化。然而他又无法在心中完全根除北大的可能性。他最后终于以折中的方式接受了北大。“函授导师”满足了他心理上的要求，让他可以告诉自己，他并没有真正地接受北大。如果我们问他，担任常任导师与担任函授导师，在道德意义上究竟有何分别，不知他会如何回应。总之，我们从王处理北大聘约的过程中，得到一个无可避免的结论：他在考虑北大时，始终让他的理智为感情所驾驭。

王初次辞谢北大之后，在书信中便随时与罗振玉互通北大邀聘的消息，罗也一再表示他的意见。北大知道两人的友好关系，所以曾托罗劝驾。1922年春，北大成立研究所，分为自然科学、社会科学、国学和外国文学四个学门，并礼聘罗、王为函授导师。罗于3月下旬接受，王也随之同意。因此我们不免要问，他当初辞谢北大，一部分的原因，是不是由于罗的无形的压力呢？他终于接受，一部分原因是不是因为罗一接受，压力便不存在了？我们知道，南宋的遗老在政治上最大的影响是他们之间相互的约制作用。一些有意入仕元政府的遗臣，因为不愿冒不忠的罪名而裹足不前。[①] 清遗老之间，有没有这种约制力量呢？罗意志的坚强和行事的果断，与王内向而遇事不确的个性，是一个强烈的对比。那么罗在北大的聘事上，有没有在有形无形之中对王施加压力呢？王是不是怕罗会批评他意志不坚、友好新派而不愿接受呢？

辛亥以后，这种忠的约制力量减退了。这时绝大多数的中国人所面临的，不再是两个朝代之间的选择，而是过时的旧王朝和新政体之间的取舍。支持共和的人，自认是与一个新的政治和文化认同，对一朝一代的忠贞观

① Frederick W. Mote, “Confucian Eremitism in the Yuan Period”, in *The Confucian Persuasion*, edited by Arthur F. Wright, Stanford: Stanford University Press, 1960, p. 236.

念,对他们失去了约束力量。忠于清朝的遗臣,已经在新旧政体和文化之间作了明确的选择,所以他们已经无可回头,无须互相约制了。辛亥之后,王随罗到日本定居,便是明白表示他的清遗民的情怀,我们从他抵日后哀悼清亡的诗,可以看出他对清朝感情的深厚。这种心情,更使得他对自己辛亥以前的醉心西学,深自忏悔。他对复辟的愿望,尤其是对1917年7月张勋复辟所投入的希望,绝不下于任何一个遗老。[①] 北大开始邀聘时,罗、王相知近二十年,所以我们可以推断,罗对王的个性和忠心,不会有疑问,也不至于担心王会因北大而改变初衷。

可是罗是不希望王就北大的。他为王的生活作了各种打算,然而北大都不在内。罗本人对北大却并非全无兴趣。北大一再邀聘后,他终于接受。王看到罗的决定后,即不再对北大坚持。所以罗在整个事件上,对王有决定性的影响。我们从两人商议和最后接受北大的过程上,对他们的思想和心情,有了更进一步的了解。

北大初次聘王时,正在张勋复辟失败后的两个月,王没有与罗或其他任何人商量,"即以他辞谢之"。我们不知辞谢北大与复辟失败有无关联,不过我们从他的信看出,他并没有认真考虑北大便予以推辞。罗在两周后,提出了他对王的前途的打算:

> 此间东西两大学皆托弟转聘公任嘱托教授,一教支那[中国]文学史,一教韵学小学,岁俸皆三千元,每星期钟点甚少,大约均两点钟。弟以公在沪甚安,至今未尝以此语奉商。昨东京林[泰辅,浩卿]博士又来问此事,且言明岁教授目下即须□定,若承诺,宜在阳历年内,故飞函奉商。弟前风闻哈园明岁停止学报,不知信否?已函询景叔兄,尚未得复报。合先商公,以便复前途。至北京大学,公谢不就,弟甚谓然。鄙意若哈园停报,公便来此,何如?沪上亦有托弟聘公者(姑暂不言其人)。就沪就东请公自酌。私意深盼公来此,仍可续往岁赏析之乐也。[②]

罗的两个建议,一是留在哈园,一是回京都。北大在他眼中,绝不是一个可能。哈园的根本问题,是没有稳定性,而不是有"委蛇取容"的必要。在王最气愤苦恼、亟欲离去的时候,罗去信劝说:

> 至所云"委蛇取容,则辛亥以前早可得意,壬子以后又何事不可处"云云,此又不然。因与姬[觉弥]共事,本无用其委蛇者也……但有以正

① 王对清的感情和自我的忏悔,第三章已有讨论,所以此处不再涉及。他对张勋复辟的热望,我将在下一章中讨论。

② 《罗振玉王国维往来书信》,第281~282页。

义处之……正义之谓何？即孔子所谓直道是也（自反而缩，何用委蛇）……至公谓敷衍云云，似无容为此。且公不云不能委蛇乎？云不能委蛇（敷衍即委蛇也），而又决此委蛇之策，则又何也？①

与姬觉弥可以用直道应付而将一切困难化解，可是对待北大，却没有直道相处的可能，这当然是因为罗已有了既定的立场。如果哈园停断，王可举家迁回京都，两人继续往岁赏析之乐。罗对于王任教京都大学或东京大学的可能，也不热心，可是这显然是基于实际的考虑，与思想问题没有直接关系。②

北大遭王辞谢之后，并没有断绝聘王的念头。遇有时机，北大便重提前议。1918 年 6 月中旬，蔡元培与罗联系时，即属罗转达北大的聘请。罗在给王的信中说：

北京邀公任教授事，弟于前致函蔡鹤卿时，附告以前嘱致语静安征君，已遵致意，随后或有书致公云云。此事忘告先生。或于致凤老［柯劭忞］书中表明不就，并属柯燕舲［昌泗］转达蔡，何如？③

北大的聘请，不是等闲的事，而罗又是精明能干的人，何以竟忘记转告呢？现在他提起并非他忽然想起，而是他知道北大要与王联络了。可是他又要王经过柯氏父子转达他谢绝北大的决定。所以罗不仅不欲王就北大，甚至不希望他与北大直接交通。可是王因为已经决定不就北大，所以丝毫不以罗的手法为怪。他在 6 月 26 日回信说：

京师大学昨有使者到此，仍申教授古物学及宋元以后文学之请。永对以与哈园有成约，并一时不能离沪情形。闻尚有第二次人来。将来拟以哈园一信复之，其措词若永商之哈园，而哈园不允者。又使者嘱

---

① 《罗振玉王国维往来书信》，第 36～37 页。

② 王往日本东西两大学中的任何一个，都能从此解决生活问题；如赴京都大学，罗更能与他常有“赏析之乐”，那么他为什么不赞同呢？这显然是因为这时罗已有回国定居的念头。一次大战期间，日本物价日贵，生活渐难。罗在 1917 年元旦说：“此间商业，大者益富，小者益贫。愈富愈吝，愈贫物价愈昂，我辈寓公大受影响。”（《罗振玉王国维往来书信》，第 226 页）罗继祖在按语中说：“札中所言‘此间商业’以下数语即公不能久居东之因缘，因书画古物无受主则生活为难，书亦不能印矣。”（第 226 页）所以如果王重返京都，与罗共同问学读书，则两人必要时可以一同回国；如王到京都或东京大学任教，便无此可能了。王本人对于离开哈园到日本任教，兴趣极大，他 1918 年 8 月底的信说：“内藤［虎次郎；湖南］博士有欲延维至［京都］大学之意，盖山丁相慕之真意。渠于近数年维所作之书，无不读者，且时用维说。但虽有此意，亦未必能通过耳。”（《罗振玉王国维往来书信》，第 408～409 页）京都早在一年以前，已要王去任教，为什么他现在仍说未必能通过呢？王或许是要得到罗的帮助，促成京大之聘，或许是要罗赞同他赴京大任教。可是罗对王任教京大，毫无兴趣。

③ 《罗振玉王国维往来书信》，第 380 页。

永转劝公,殊可笑。哈园与永感情尚佳,非分之干涉近亦无有。[1]

王在哈园已经两年,早将该处的一切都在心中内在化而不再轻视怨愤哈园的人事。哈园没有长期的稳定性,现在已不重要。所以他不赴北大是因为与哈园有"成约"。更重要的是,他与哈园"感情尚佳",所以在上海并无大不如意之处。王想即以这一说词再一次推辞北大,不意罗却另有计算。他在一周后回信说:

> 北学事,弟意兄可谢其北行,而议以在沪撰述则可,如此则可行可止(以哈园信复,弟不甚同意,但以眷属书卷在沪,不能北上为词可矣)。弟则为条议一篇以塞责。蔡之宗旨与我辈不合,其虚衷则可嘉,故处之之法,如此最妥。弟之条议以流传责之,而撰述为其中大要。若果听此言,则公任编辑,未始于学术无补。尊意如何?条议成,当奉览。此事彼之力可做到。弟以前深悔以西陲古籍及大库秘书付诸东流,今拟借彼之力创一古物研究所,异日幸得重见天日,则今日犹外府尔。[2]

这一段话说明了罗对北大的兴趣。他以长篇文字,劝蔡元培发展考古学术。[3] 他不但要王与北大建立研究著述的关系,而且为日后"可行可止"的进一步发展留下了一条后路。

我们从罗应付北大的方式上,更能看出他对北大重视的程度。他要王不以哈园为由,而以迁移不易为由来推辞北大。王因为在思想意识上与民国不合,所以留哈园而不就北大。他在与哈园周旋时,罗要他"以正义处之",以"直道"面对困难。现在面对北大一再的聘请,罗为什么不让王说出哈园,以正义和直道打发北大,而要有所隐瞒呢?罗声言蔡元培的宗旨与他不合,然而蔡和北大的人,却并不因他们忠于清室,仇视民国,而对他们怀有任何敌意,他们始终不愿放弃聘到两人任教的可能。罗在北大如此垂青的情况之下,而仍然不愿王将自己不欲去哈园而就北大的心情直言不讳,可见北大的关系对他的重要性。可是罗在忠的道德观念下,只能对北大作部分的接受。他以"条议"与蔡接触,要王与北大作在沪撰述的安排,同时俟机出任北大的编辑。罗采取的是严格的道德立场。这种半途接受北大的方式,他又如何自圆其说呢?如果王被安排为北大撰述,并出任编辑,他们能说没有接受北大吗?

---

① 《罗振玉王国维往来书信》,第 384 页。

② 《罗振玉王国维往来书信》,第 385~386 页。

③ 他在信中所说的"条议",是指他给蔡的回应《与友人论古器物学书》,载《罗雪堂先生全集》第 1 册,(台北)文华出版公司 1968 年版,第 75~85 页。

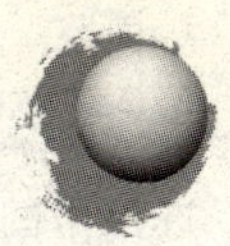

王收到罗的信后，立即表示同意罗的方法，说：

北学事，当如公书答之。永前此亦屡以已不能离沪为辞，未尝言及哈园事也。[①]

果然北大考古系的马衡要王答复。王于1918年7月18日说："北学所遣马君又来，已如公所云复之。"[②]显然王接信以后，同意罗的眼光，所以依言回复马衡，从而为自己与北大日后的关系留下了一条后路。

罗振玉于1919年5月回国，在天津的租界定居，并与北大的马衡等人有直接来往。马遂借机重提前议，请罗转告王北大敦请的诚意。1920年7月1日，罗在给王的信中说：

顷与马叔翁晚饮……

叔平兄复将大学之意，欲延从者入都讲授，托弟劝驾至诚恳。叔兄明日即南旋，欲持书趋前，弟告以公有难于北上者数端，而叔兄坚属切实奉劝，故谨达叔兄之意，敬荷鉴许。[③]

第二天，罗立即又去一信，解释他前一信的动机：

马叔平求弟致书左右，劝应大学之聘，不得不以一纸塞责。北方风云甚急，且此非公素志，请设辞谢绝。昨夕之书，公必知非弟意，仍作此者，疑公或以弟为亦有劝驾之意，借此为商量旧学之计，故特声明。[④]

7月10日，又去第三封信，说：

马叔平当已见过，此人至愚，岂有引鸾凤入鸡鹅群之理耶？[⑤]

罗早先已鼓励王与北大商讨留在上海为北大撰述的可能性，并希望王有机会担任北大的编辑。这两项安排与到北大授课，是五十步与百步的关系，从此罗要从道德立场拒绝北大便不易立足了。那么为什么罗的态度忽然变得强硬了呢？他居然连续三信，为王拿定了主意，声称就北大不是王的"素志"，要王"设辞谢绝"。更难解的是，这时哈园的工作，仍无长期的保障。罗与马衡晚饮的前一日，曾在给王的信中问："哈园之局如何，明岁可不动摇否？念念。"[⑥]如果这时罗怂恿王就了北大，则王的生活问题，从此可得到解决，他们两人亦可以在北京、天津之间经常得到赏析问学之乐。罗的态度，

---

① 《罗振玉王国维往来书信》，第389页。
② 《罗振玉王国维往来书信》，第394页。
③ 《罗振玉王国维往来书信》，第501页。
④ 《罗振玉王国维往来书信》，第501页。
⑤ 《罗振玉王国维往来书信》，第502页。
⑥ 《罗振玉王国维往来书信》，第500页。

为什么会有如此强烈的转变,我们不容易决定,可是他的立场,则是显而易见的。[①] 他的固执之中,充满了意气和不理智的情绪。哈园可以以正义和直道相待,而就北大则是入鸡鹅群。这绝不是罗对马一人的不满,而是对整个北大群体的敌意。

罗的立场,显然王都采纳了,也很可能有信辞谢马衡。马乃于半年之后,转以函授教授相聘。这时罗又另有想法,而认为函授的方式可以接受。然而王却没有表示兴趣。1921 年 1 月 28 日,他对罗说:

> 马叔翁及大学雅意,与公相劝勉之厚,敢不敬承。惟旅沪日久,与各处关系甚多,经手未了之件与日俱增。儿辈学业多在南方。维亦有怀土之意,以迁地为畏事。前年已与马叔翁面言,而近岁与外界关系较前尤多,更觉难以摆脱。仍希将此情形转告叔翁为荷。[②]

几天后,又回信马衡,以搬动不易为由,辞退函授之聘。

> 来书述及大学函授之约,孟劬[张尔田]南来亦转述令兄雅意。惟近体稍孱,而沪事又复烦颐,是以一时尚[不]得暇晷。俟南方诸家书略正顿后再北上,略酬诸君雅意耳。[③]

这时王究竟真正地考虑了哪些问题,我们在文献不足的情形下,无法提出一个满意的答案。

北大评议会在 1922 年 1 月决定成立研究所。国学门的委员会成立后,蔡元培和马衡等又与罗振玉接洽商讨任教的事。1922 年 3 月 21 日,罗在给王的信中说:

> 去冬法国博士院属弟为考古学通信员,因此北京大学又理前约。弟谢之再三,乃允以不受职位,不责到校,当以局外人而尽指导之任。蔡[元培]、马[衡]并当面许诺。因又托弟致意于公,不必来京从事指导。乃昨忽有聘书至,仍立考古学导师之名,于是却其聘书。盖有聘书

---

① 我在这时只能提出一些推测性的看法。罗、王对欧洲、苏俄和中国社会政治的动乱,到 1919 年和 1920 年时,感到益为不安。他们对 1917 年苏俄的共产革命及 1918 年欧战结束后欧洲的社会动乱和思想的动荡时有评论。1919 年 5 月的五四学潮、工运以及北方军阀的混战,更加深了罗王对"危险思想"和社会秩序的败坏的恐惧和仇恨。而北大正是新文化运动和新思想的中心,北京又是各种战乱首当其冲之地。罗在信中说的"北方风云甚急"是指直系和皖系的冲突所造成的混乱以及学生运动、示威等所带来的不安。因为"北方风云甚急,且此非公素志,请设辞谢绝",所以新文化运动和学生运动加深了罗对北大的反感而反对王就北大。然而我在两者之间无法建立直接的关联,所以读者只应将这一解释视为推测性的看法。

② 《罗振玉王国维往来书信》,第 510 页。

③ 《王国维全集·书信》,中华书局 1984 年版,第 313 页。

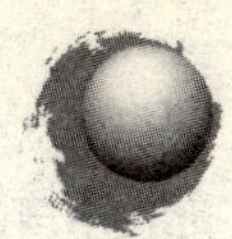

则将来必有薪金，非我志也。若有书致公，请早为预计。[①]

马与罗会见是3月11日，因为3月12日，马致信王国维道：

大学新设研究所国学门，请溆蕴先生为导师，昨已得其许可。蔡元培先生并拟要求先生担任指导，嘱为函恳，好在研究所导师不在讲授，研究问题尽可通信。为先生计，固无所不便。为中国学术计，尤当额手称庆者也。[②]

3月14日，北大的国学门又去信恳请，说：

校长蔡元培先生思欲重申前请……先生以提倡学术为己任，必能乐从所请。[③]

马衡的记载让我们对此事的过程有了一个很好的了解。罗如果没有同意担任函授导师，马绝不会说"昨已得其许可"。可是罗在给王的信中所强调的是"却其聘书"、"不受职位"、"不责到校"，以"局外人"的身份指导，而接受考古学导师却是交代语焉不详。研究所国学门聘定罗、王之后，以重要纪事的方式宣布：

至于校外学者，则已聘请罗振玉、王国维两先生为函授导师。[④]

罗与北大接触了好几年，对北大也有一分兴趣，现在终于对北大作出了某种程度上的认同。然而这种局部的认同，显然仍然引起了一分敏感的心情，所以他在给王的信中，所提的多为消极的一面。

罗接受北大，使王消除了心理上的迟疑。1922年4月，北大派顾颉刚和郑介石两助教南下面请王就北大；稍后，马衡又托人代交手书及薪水二百元给王。8月1日，王致信马说：

前者大学屡次相招……今年又辱以研究科导师见委……本不敢应命。惟惧重拂诸公雅意，又私心以为此名誉职也，故敢函允。不谓大学雅意又予以束脩……深所不安……故已将脩金托交张君带还。[⑤]

可是北大的关系，王已决定不再轻易地放弃了。一星期后，他作书告诉罗振玉：

大学竟送来两月薪水二百元，即令其人携归，并作书致叔平[马衡]

---

① 《罗振玉王国维往来书信》，第525页。

② 转引自刘烜《王国维与罗振玉来往书信手稿述评》，载《中国文艺思想史论丛》第2辑，北京大学出版社1985年版，第345页。

③ 转引自刘烜《王国维与罗振玉来往书信手稿述评》，第345页。

④ 《研究所国学门重要纪事》，载《国学季刊》第1卷第1号（1923年1月），第196页。

⑤ 《王国维全集·书信》，第323、324页。顾与王会面后，曾与王通信。见《顾颉刚致王国维的三封信》，载《文献》第15辑（1983年3月），第11～13页。

婉谢之,仍许留名去实,不与决绝,保此一线关系,或有益也。[1]

几天之后,马又将二百元送去,王不再拒绝,而以“诸公词意殷拳,敢不暂存”的方式收下。[2] 8月底,王对罗说明了他的动机:

前日叔平来函,又将北大研究科之款送来。使者委之,不肯带回,只得收之。维知不与说明真因,终不肯休止,而此际碍难说明。又,此地位将来或有可以利用之处,故今日已复函允之。[3]

王国维与北大五年的往还,有几点值得我们注意。第一,罗振玉对他一再辞谢而终于接受北大,的确有决定性的影响,可是罗的影响都属于实际性质而不是出于思想意识的顾虑。罗要王问沈曾植意见,所以一开始便接受了就北大的可能性;以后他又要王为北大撰述,希望王有机会为北大担任编辑及函授导师。然而罗也在不同的心情之下,采取了反复不同的立场,劝阻王就北大。在实际事务上,王是一个消极被动、缺乏果断的人,所以五年之中,与北大的交涉和决定,都由罗代做而毫无怨言。罗一接受,他便也接受了。

第二,罗王反复考虑北大的心情,充分显露了他们的忠在现实环境之下所面临的挑战。他们在充满了道德傲慢、缺乏理智和计算的心情之下与北大周旋了五年之久。王辞谢了北大而又为自己留下了后路;罗在谢绝、撰述、编辑和函授的可能性之间犹豫。就北大是入鸡鹅群而又就了;接受了北大而又说就北大“非我志也”。王直言不与北大决绝是为了日后的利益。如果王为了要“利用”北大的名誉、地位和资源而早就了北大,那么他的决定便是一项理智而合乎常态的思考。现在他以半就的方式接受北大,而说这是为了“将来或有可以利用之处”。北大除了教学和研究,还有什么可以“利用”之处呢?如果是为了“利用”北大教学和研究的环境,等到“将来”有什么特殊的意义呢?罗、王最大的弱点是他们始终不能启口明言,他们是由于忠于清朝、反对民国而不就北大。罗不要王以哈园为由辞退北大;王到最后,仍有“不与说明真因,终不肯休止”的感叹。他们的立场,是人人所熟知的,为什么又“碍难说明”呢?

王虽然远在上海,可是对于出任北大的导师,仍怀有一份兴奋的心情。他不就北大,是他的道德观和罗振玉的阻力,而不是理智判断的结果。1922年7月,王见过顾颉刚和郑介石后,对马衡说:“二君皆沈静有学者气象,诚佳

---

① 《罗振玉王国维往来书信》,第544页。

② 《王国维全集·书信》,第327页。

③ 《罗振玉王国维往来书信》,第544页。

士也。”[①]他在接受两百元薪水的同一封信中问马：

> 研究科有章程否？研究生若干人？其研究事项想由诸生自行认定？弟于经、小学及秦汉以上事（就所知者）或能略备诸生顾问；至平生愿学事项，力有未暇者尚有数种，甚冀有人为之，异日当写出以备采择耳。
>
> 《国学季刊》索文，弟有《五代监本考》一篇，录出奉寄。扇面收到，写就后当同寄上。[②]

同年的12月，王应国学门主任沈兼士之请，为研究生提出四个研究题目，并以他的新作赠沈。[③] 他对北大的关切，是广泛而全面的。他将致沈的信，给马衡转交，并顺便问马：

> 现在大学是否有满、蒙、藏文讲座？此在我国所不可不设者。其次则东方古国文字学并关紧要。研究生有愿研究者，能资遣法、德各国学之甚善，惟须择史学有根柢者乃可耳。此事兄何不建议，亦与古物学大有关系也。[④]

北大的学生以王所拟的四项研究题目问难，王都及时回复。[⑤]

我们从王与北大的往还可以确定，他对北大绝不是一个局外人的心情。然而王并无意趁机与北大建立进一步的关系，为自己开辟一条新的道路。1923年4月，他奉召入宫任南书房行走。以前北大一再聘请时，他都以久居上海迁动不易为由而辞谢。可是接到溥仪之命以后，他在两月之内，便将一切安排妥当北上应命。他对清室的忠，仍然一如往昔。我们从他处理北上的过程，可以看出这种忠坚所造成的孤傲和毫不变通的态度。他在给罗振玉的信中说，金梁可以让他“暂寓伊处。维颇虑大学中人出为照料，致多不便，若舍馆一定，则一切可以婉谢，故颇思以暂在息侯［金梁］处下榻为宜……一则可与此辈隔远，一则将来觅寓亦属自由”[⑥]。两天后，他便决定暂住金梁处，“因恐大学中人欢迎，筹办既有所主，则不至有争（暂住数日，则择地均属自由矣）”[⑦]。王不仅是要避免与北大有过于亲近的关系；他实是不要有

---

① 《王国维全集·书信》，第324页。王在给罗的信中，也称赞两人，说郑介石“为学尚有条理，又有顾颉刚者（亦助教）亦来，亦能用功”（《罗振玉王国维往来书信》，第544页）。

② 《王国维全集·书信》，第328页。

③ 参见《王国维全集·书信》，第332～336页。

④ 《王国维全集·书信》，第336页。

⑤ 参见《王国维全集·书信》，第337～338、339～340页。

⑥ 《罗振玉王国维往来书信》，第565页。

⑦ 《罗振玉王国维往来书信》，第567页。

任何接触。北大得知他要北上定居,要略尽地主之谊,可是他毫无兴趣,他说:

> 大学本拟开欢迎会,经维力辞,乃改为二十余人之茶话会,其势不能再辞,当一往也。[①]

王任南书房行走,俸禄“不薄”,因此他北上到任后不久,便不再拿北大的薪水。[②] 北大有意请他主持国学门的行政,可是他无意接受,对于如何物色人选也不愿参与意见。然而与北大的一线关系,他仍要继续保留。1924年4月上旬,他在给蒋汝藻的信中,透露了他的思想:

> 东人所办文化事业,彼邦友人颇欲弟为之帮助。此间大学诸人,亦希其意,推荐弟为此间研究所主任(此说闻之日人),但弟以绝无党派之人,与此事则可不愿有所濡染,故一切置诸不问。大学询弟此事办法意见,弟亦不复措一词。观北大与研究所均有包揽之意,亦互相恶。弟不欲与任何方面有所接近。近东人谈论亦知包揽之不妥,将来总是兼容办法。兄言甚是,但任其自然进行可耳。弟去年于大学已辞其脩,而尚挂一空名,即以远近之间处之最妥也。[③]

王到北京后,与北大的关系起了微妙而重要的变化。以前他只是清朝的遗民;奉召入宫之后,他成了清朝的忠臣,与溥仪也有了直接的君臣关系。他在上海时,一面取哈园的薪水,一面领北大的薪水。可是入南书房后,便决定不食民国的俸禄,停止接受北大之薪了。1924年8月,王的忠德受到了严重的考验,决定与北大断绝关系。

1924年5月,北京大学研究所国学门成立考古学会。[④] 8月初,该会发表《保存大宫山古迹宣言》,宣称:

> 亡清遗孽,既擅将历代相传之古器物据为己有;甚且押售外人,罔恤议论。近更有强占官产,毁坏大宫山古迹之一事。大宫山在京西大觉寺南偏,旧传为明刘瑾自营生圹……乃溥仪竟于民国时代,擅将此官

---

① 《罗振玉王国维往来书信》,第569页。

② 王到任以前,罗振玉已打听出南书房的月俸“不薄”,见《罗振玉王国维往来书信》,第562页。蔡元培怕王不肯接受薪水,决定向王“每月致送百金,仅供邮资而已,不是言束脩”。见刘烜《王国维与罗振玉来往书信述评》,第345页。可是王心中明白,这实是月俸,所以他在信中说“已辞其脩”。

③ 《王国维全集·书信》,第394页。为什么王对日人在华的机构也不愿介入呢?我的推测是,这一方面是由于他个性内向,一方面是他从保守的道德心情出发,对他人的动机都存一分疑心。我在后面一章会回头讨论这种道德心情。

④ 参见《研究所国学门考古学会开会纪事》,载1924年6月12日《北京大学日刊》。

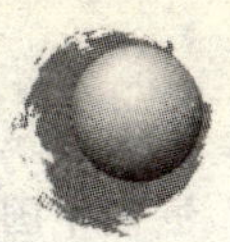

产据为己有。[1]

这一份宣言，激起了王的义愤，他立即以长信向沈兼士和马衡提出抗议。他说，宣言中所指的都是清皇室的私产，既是私产，所以“皇室未尝据为己有也”。遗老对公产、私产的看法，我将在后面一章讨论。第二，王认为宣言没有以国君之礼敬待溥仪，犯了犯上之罪，后一点的重要性，绝不亚于前一点。他说：

> 优待条件载民国人民待大清皇帝以外国君主之礼，今《宣言》中指斥御名至于再三，不审世界何国对外国君主用此礼也？诸君苟已取消民国而别建一新国家则已，若犹是中华民国之国立大学也，则于民国所以成立之条件与其保护财产之法律，必有遵守之义务……
>
> ……弟此书，乃以考古学者之资格敬告我同治此学之友，非以皇室侍从之资格先大学中之一团体也。[2]

王考虑之后，在同信的“再启”中，声明与北大断绝一切关系：

> 弟近来身体孱弱，又心绪甚为恶劣，所有二兄前所属研究生至敝寓咨询一事，乞饬知停止。又研究所国学门导师名义，亦乞取消。又前胡君适之索取弟所作《书戴校水经注后》一篇，又容君希白钞去金石文跋尾若干篇，均拟登大学《国学季刊》。此数文弟尚拟修正，乞饬主者停止排印。[3]

王同时亦将此信寄罗振玉过目。罗在1924年9月上旬回函说：

> 尊致马、沈书，严正和平，不知已发否？若尚未发，请勿犹豫。惟登报一节，则可不必，诚如尊虑也。此辈顽梗，非时加警惕不可。若谢绝大学各种关系，则以婉词谢之。有此书，则彼亦知所以辞谢之故矣。[4]

罗劝王不登报，与北大断绝时，“以婉词谢之”。这是罗老于世故的手腕，可是它与基本原则无涉。忠于清朝和溥仪是王的最终的行为指针。他在心中已有了主张，所以没有在决定与北大决绝之前征询罗的意见。这时王身在宫中，深为溥仪的利益操心。宫中裁员和整顿的各问题，他都有明显的立场。1924年5月，他上呈了《筹建皇室博物馆奏折》，要靠列强的力量将书画古器分出另建博物馆。同一月内，又上呈《论政学疏》，力言帝制及周孔文化的无价地位。我在后面一章会详细讨论王在这些问题上的观点。这里只需

---

① 《研究所国学门考古学会保存大宫山古迹宣言》，载1924年8月9日《北京大学日刊》。

② 《王国维全集·书信》，第405～407页。

③ 《王国维全集·书信》，第407页。

④ 《罗振玉王国维往来书信》，第635页。

指出,他在报上看到北大考古学会的宣言时,正在上呈这些奏折后的两三个月。所以与北大断绝,是他自己的主意,而不是罗的影响。然而在处理实际事务上,王对罗的手眼,大多是言听计从的。罗认为不应登报,王果然采纳而没有登报。

王国维既已接受北大,而到北京后,却又要与北大的人"隔远"。他为了一个欢迎会而需要"力辞"。北大问他办学的意见,他竟不肯"措一词"。这些行为,我们不可能在他孤僻内向的个性中求得一个合理的解释;它们是他孤傲、冷僻和缺乏理智的反映。他以一种黑白分明而极端的态度处理北大的宣言。考古学会是一个学生组织;它的宣言和活动,都不出于北大的授意,也不代表北大的立场。可是王的心思和眼光,都已受到蒙蔽,他决绝的方法,使得双方互相了解和沟通的可能性都不存在了。他在言行之中,义愤远多于理智的谋略。[①]

王与北大断绝两个多月之后,溥仪便被逐出宫禁,王的生活也因而进入了另一阶段。这是我后一章讨论的重点。

罗振玉的海外生涯

罗于辛亥后走亡日本,1919 年春回天津定居。出亡日本是抗议清朝的沦亡和儒教的式微,要在海外为复辟和振兴中国文化而努力。在振兴传统学术方面,罗有相当的成绩。我会在下章讨论。可是罗的缺乏理智分析的信仰,没有给他一个明确的方向。在为清朝和儒教文化尽忠时,他把当初的目标失去了一大半。他在京都七年半的生活,大半靠卖古物书画维持,所以他一面声称忠于中国文化,一面又将中国的文化宝藏卖到外人手中,加速了中国文化的没落。

罗到日本后,继续坚持毫不妥协的遗臣心态。1914 年清史馆成立,赵尔巽(1844～1927)为总裁,负责全书的筹划。他邀请罗为编撰。罗回忆他拒绝时的情景说:

> [京都]宅中有小池,落成日,都中适有书为赵尔巽聘予任清史馆撰修,既焚其书,因颜池曰洗耳池。[②]

---

① 关于各朝遗老绝对忠君和缺乏理智判断的个性,我在前一章中已列有 Mote, Liu 及 Jay 等三人的文字,读者自行参看。

② 罗振玉:《集蓼编》,第 756 页。

罗的姻伯缪荃孙(1844～1919)已同意出任总撰,而罗尚不知。拒赵之后,罗写信告诉缪说:

都中亦有召玉入史馆者,垂白老妪,不胜粉黛,已谢媒人矣。[①]

罗以入清史馆为粉黛屈身,更用洗耳的典故以示清白。可是赵和缪才是真正的七十垂白老翁,然而他们对于加入清史的撰修却抱一份积极的态度。夏孙桐在缪的《行状》中说:

甲寅[1914年]清史馆开,赵次珊尚书聘为总撰。先生身为旧史,生平网罗文献,有遗山[元好问]、石园[万斯同]之志。欣然应召,先为修举大纲,贻书商榷。及至馆,与同人集议;开馆之始,多所赞划……而时局日纷,牵于生计……仅脱稿十之六七,每自引以为憾。[②]

因为赵和缪的参与,所以他们对清史的内容和撰写,有一份发言权和贡献。而罗则自动放弃了一个能为清朝尽忠尽力的机会。

罗初到日本时,负担四家的生活。他的女儿和弟弟两家回国后,他仍有自己一家和王国维一家的负担。罗本有不错的经济基础,可是他在日本从来没有工作,如何维持几家的开销呢?罗继祖说:

[初到京都时]我家的经济,主要靠卖古物书画来过活。本来未东渡之先,就有日本朋友借去书画百帧去京都展览,有人要买,祖父也想借此作出京旅费,后日久无信。既到京都后,一切旅费和长物运输费以及日常生活费,包括三家在内……都借此来支付。[③]

在京都安顿之后,罗、王两家的"衣食日用全靠出售古物书画来维持"[④]。

我们从罗、王的往来书信,能领略到罗出众的经营才略。王在沈曾植上海租界的寓所,看到许多各方带去出卖的书画古物。他将消息传递给远在京都的罗振玉后,罗往往能在千里之外,决定是否买下。罗在买卖书画时,纯以经济交易的态度处理,而将个人的喜好,减少到最低程度。王衷心同意罗的手法,认为这是他成功的要诀之一。他听了罗的理论之后,于1916年7月下旬自我检讨说:

购画,维意亦以购极精者为宜。明年哈处事究未知何如,故不能不

---

① 缪荃孙:《艺风堂友朋书札》第2册,上海古籍出版社1983年版,第1011页。

② 夏孙桐:《缪艺风先生行状》,载缪荃孙《艺风老人日记》第8册,北京大学出版社1986年版,第3441～3442页。

③ 罗继祖:《我的祖父罗振玉》,第93页。罗振玉对这一段的自述,见《集蓼编》,第754页。初到京都时,他给女儿女婿、振常弟和王国维"三宅月饩各百元"(第755、756页)。

④ 罗继祖:《我的祖父罗振玉》,第99页。

为豫备。至于佳画,虽或入手,却无所爱惜。[1]

这时王到哈园已半年左右,可是心情极度不安。罗也希望为他另外打开一条出路。8月中旬,罗进一步说出了他做书画生意的经验:

公商务股票已售出,甚善,欲以此资购书画,为异日之地,亦至善……哈同之事,亦但是二三年间之近局。故未雨之计,不可不早设法也。弟意购书画,须购有价值之品(此弟数十年来之经验),其廉者终不可期,其精善若培老[沈曾植]之唐卷,亦十年间不可遇一二者耳……弟意公为此事,不难于购入,而难于售出。售出仍有望诸东邻。佳品往往不忍售,此亦吾人一痴性,愿公暂捐此意,展转营运二三次后,即可以所赢之款充营运之用,其本金可收回,以后再有佳品,可以酌留以自娱矣,不知公意云何。缘以购书画为后备,不能急切,俟用时方谋售也。[2]

所以画要买佳品。到手之后,一方面不能眷恋不舍,一方面不要急于脱手。要得厚利,便必须等待时机,在日本出售。总之,"购书画本买卖事也"[3]。这些都是罗的夫子自道。然而王国维既无资本,又乏经验,所以只能"以购书画为后备",而绝不能用来作为养家活口的手段。在罗、王的意识之中,书画交易纯是生意而并没有特殊的文化意义。只是他们身在其中,所以对这一点从没有产生过明确的自觉。

罗展转营运的结果,是使自己成了中国20世纪有数的书画商和收藏家。1916年10月1日,他告诉王国维说:

昨检点藏画,尚得六百余帧,较未售以前所藏,有过之无不及。其尤精者三之一,尚得二百帧,足以娱老矣。[4]

1917年的元旦又说:

闷坐无聊,每展观一二小画以自娱,明春拟写定《书画录》矣(并拟编藏帖目)。展观草目,虽斥鬻糊口之余,尚存书画八百品,其佳者约三百以上,亦可止足。[5]

到了1918年6月,他的大云书库所收藏的书画,"斥鬻之余,尚存千二百帧"[6]。罗能在几年中,累积足够的资本,建立如此的私人收藏,则他在日本

---

① 《罗振玉王国维往来书信》,第120~121页。

② 《罗振玉王国维往来书信》,第137页。

③ 《罗振玉王国维往来书信》,第202页。

④ 《罗振玉王国维往来书信》,第161页。

⑤ 《罗振玉王国维往来书信》,第225页。

⑥ 《罗振玉王国维往来书信》,第374页。

的古物书画生意,数量是极其惊人的。

可是在海外出售中国的古物书画,不但丝毫无助于恢复清朝和振兴儒学,而且有损于中国的利益和心理的健全。这正是罗自己在辛亥以前便已得出的结论。他于1906年入学部之后不久,欧洲古董商人何乐模“至西安,欲窃取唐景教流行中国碑。复刻一本,将以易原碑”。经过罗的多方奔走设法,“何乐模乃不得篡取,运复刻以去。当予以此陈,当事颇以为多事,强而后可。然我国之古物流出者多矣。此特千百之一。国家不加意保护,亦无从禁其输出也”[①]。罗到日本后,对历史文物在一个国家生命的重要性,有了更为深切的体认。1916年5月,他说:

> 古人不能见我之所见,而古人所见,至于今日散佚转徙之余,我之所不得见者亦多矣。即出于我之同时而好事家之秘藏,与夫舶载从航海外者,又不知几许。凡是者,虽未即澌灭亦与澌灭等耳。念之滋惧……艺术者,非供耳目之近玩已也。狭而言之,为学者游艺之助,以考见古人伎巧之美、制作之精。广其义言之,则三古以来之制度文物系焉矣。凡载籍之阙遗,文质之递嬗,人才之兴替,政俗之隆污,莫不于是觇之。其所关至重要,而为体至繁赜。[②]

罗对文化遗产的了解,在他亲身的经历中也经常表现出来。1917年8月,他的日本友人黑川出所藏平底爵一枚(传世器)见示,“制造、花纹、颜色精绝……乃久传海东者。然则古器之流失海外,我辈所不及见者,不知凡几矣”[③]。

同一天,日本三原洋行的主人持[内藤]湖南博士介绍书来,“并挟簠斋所藏十钟至,则此物已归东瀛矣!惟彼亦仓卒不得受主,其意望弟之揄扬,可笑也。尚赖彼邦富人无学识,否则我邦古器尽矣”[④]。

罗在后半生中,费了很多心血抢救、保护和整理甲骨、敦煌和内阁大库等史料文物。他工作的动力,有很大一部分便出于这种心情。然而这只是罗的精神面貌的一方面。他虽然一再叹息中国的无价之宝大量流失海外,然而他自己却从没有考虑停止出售古物书画的活动。相反,他只惋惜不能卖得更多更快。1917年新年,他向王国维诉说生意的苦经:

> 阪商竟无多购画者,今年较往岁不及五之一,东京则略活动。此事

① 罗振玉,《集蓼编》,第740页。
② 罗振玉:《贞松老人外集》卷一《艺术丛编序》。
③ 《罗振玉王国维往来书信》,第283页。
④ 《罗振玉王国维往来书信》,第283页。

本不可常……盖博文主人年已六十余……以后更无如彼有力之介绍人矣。[①]

我们从罗的书信可以看出,他1919年春回国定居的主要原因,是因为日本战后经济不景气,书画生意难以继续。他从没有因为把国宝送入外人手中而有任何内疚。他叹息中国的古物流失国外时,都将自己置之度外,只看到他人的作为,而不见自己的身影。辛亥之后,罗托日本友人代卖书画,作为赴日本的路费和生活费。现在要回国,他想的也是同一方法。1918年12月末,他语王国维说,他回国的"行资难措,此邦人求弟不售之品甚切,恐异日即以此办装矣"[②]。

罗自以为他是在儒教的最高道德原则下,对清朝和中国文化尽忠,而没有觉悟到他行为中之不理智之处,也不知他在尽忠的过程中所损伤的,不但是他所痛恨的民国,而且也是全体中国的文化遗产。

① 《罗振玉王国维往来书信》,第225页。

② 《罗振玉王国维往来书信》,第431页。

第五章　遗老的复辟活动

张勋复辟

从辛亥革命到1945年8月满洲国败亡，遗老为恢复清朝而努力，三十多年不曾间断。无论他们身在何处，他们所系念的，都是亡清的恢复问题。罗继祖说，他祖父在京都的七年多时间里，"表面上看，身心完全沉浸在传古著书上，实质他一天也没有忘怀国事，只是苦于无可借手"[①]。身在国内的，则可以见诸行动。沈曾植成了上海遗老复辟的领袖，而劳乃宣则是青岛的显要人物。[②]

然而遗老手无寸铁，所以他们自始便将希望寄托在有实力的武人身上，以后又逐渐开始寻求外援。在国内的实力派中，安徽督军、长江巡阅使张勋(1854～1923)最为众望所归。早在他发动政变的一年多前，遗老已经风闻他的意图，所以都在急切地期待他早日起事。郑孝胥于1916年4月初"闻张勋欲举龙旗，宣言复辟。彼谓，若用共和之名，他日难于反正，其意……颇老当"[③]。王国维在同年的4月下旬，心情已相当急躁，责怪张勋"至今未见其一话一言，殆持老氏之见乎?"[④]到了8月中旬，王的心情转好，因为他听说张"联合诸校，自为祭酒，亦时势使然"[⑤]。可是遗老们等到1917年2月，仍然

---

① 罗继祖:《我的祖父罗振玉》，第112页。
② 参见罗继祖《我的祖父罗振玉》，第112页。
③ 《郑孝胥日记》第3册，第1603～1604页。
④ 《罗振玉王国维往来书信》，第65页。
⑤ 《罗振玉王国维往来书信》，第136页。

不见行动。罗振玉一心想看到"春雷启蛰,一扫沉闷"。现在乃决定"劝素[升允]告黄楼[张勋]以机不可失,若黄楼仍不决,素可向黄楼借兵自发。以此激之,或有万一之动机耳"[①]。罗、王和其他的遗老,一直到张勋发动复辟的前夕,都是以一份焦虑的心情在等待"听榜"的"佳耗"。[②]

复辟的时代错误性

张勋终于在1917年7月1日宣布恢复清室,可是到了7月12日,他便溃败不支,逃入荷兰公使馆,结束了不到两周的政变。

时代错误(anachronism)是说一个历史事件发生在一个不该发生的时代。张勋复辟之所以只有昙花一现,短短几天的生命,是因为它是一个不折不扣的时代错误。张和其他参与的人,没有看清时代的风向和思想潮流,误以为复辟是众生所归之举。事实上,当时中国的思想、心理和价值观念,早已超越了复辟的阶段,主张和愿意参与复辟的,是极少数的一群人。

复辟后的第二天,郑孝胥在上海买各报看之。"各报皆反对。唯《国事极》为康氏之机关。《申报》亦作旁观之论。"[③]两天之后,情势更形恶劣,"报纸大肆讹言,谓各省不愿复辟,张勋将奉上往热河"[④]。郑说报纸讹言,是因为报纸的报道都是他所不愿听的,可是这些报道并无讹言。我们从胡平生逐省讨论各地对复辟的反应,知道复辟只得到一些微弱的响应[⑤],而同时几个清室以为心向复辟、举足轻重的人物,在复辟一宣布之后,便纷纷公然反对。段祺瑞于7月3日通电讨伐张勋,并以讨逆军总司令的名义布告天下。冯国璋在同一天通电讨伐张勋,徐世昌于7月4日通电反对复辟。[⑥] 张作霖在清末曾和张勋在奉天共事,又是儿女亲家,可是复辟后,张作霖非但没有响应,而且通电反对。[⑦] 至于主张现代化、赞成共和政体的人,反对复辟当然更是坚决。所以在几天之内,复辟失败的命运便注定了。

---

① 《罗振玉王国维往来书信》,第234、235页。

② 这是罗振玉1917年6月25日信中的话,见《罗振玉王国维往来书信》,第263页。

③ 《郑孝胥日记》第3册,第1670页。

④ 《郑孝胥日记》第3册,第1670页。

⑤ 胡平生:《民国初期的复辟派》,第267～308页。

⑥ 参见郭廷以《中华民国史事日志》第1册,台湾"中央研究院"近代史研究所,1979～1985,第312～313页。

⑦ 胡平生:《民国初期的复辟派》,第355页。

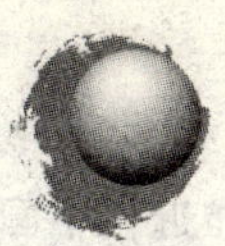

复辟不得人心,至少有两个明显的原因。第一,民国已经是一个既成事实。希望中国能稳定发展的人,都不愿再看到中国内部纷乱。即使最初对共和政体有所保留的人和对民国的政治没有十足信心的人,也怕复辟会导致中国的内争,使中国陷入长期的分裂。冯国璋反对复辟的声明所反映的便是这种心情。冯时为民国副总统、江苏督军。他听到复辟的消息后,于7月2日上午召集军事会议,发表反对复辟的通电。虽然他的动机复杂,可是他声明全文最大的重点,是中国的统一和稳定。他自谓:

在前清时代,本非主张革命之人。迨辛亥事起,大势所趋,造成民国。孝定景皇后禅让于前,优待条件保障于后,共和国体,民已安之。约法谋叛民国者,虽大总统不能免于裁判。……诚以民生不可复扰,国基不可再摇……国璋今日之不赞成复辟,亦犹前日之不主张革命,所以保民国,亦所以安清室……自民国成立,延及三年,方得各国之承认,变更国体,是何等事。今以各国承认之民国,变而为非国际团体之帝国……是谓不智。[①]

第二,民国初年是新思潮汹涌澎湃的时期,而民主共和正是新思想中的一大支柱。在新思想的影响之下,绝大多数的中国人不再能接受帝王制了。人们拒绝帝制的决心,并不因为对民国政治的失望而动摇。共和政治代表开明和进步,是中国未来的希生之所系,而帝制则象征保守、落伍和反现代。这种信念,在当时形成了一个无人能抵御的风尚(climate of opinion)[②],连主张复辟的保守人士,也受到它的冲击而感到很大的困扰。前文已经说过,郑孝胥在1911年11月中旬,武昌起义后不久,曾经承认"共和者,佳名美事"[③]。我们可以说,这是当时自命为知识分子者的一般立场,余英时说:

基本上中国近百年来是以"变":变革,变动,革命作为基本价值的……

到五四运动……基本上是要以西方现代化来代替中国旧的文化,这就是五四新文化运动的基本意义……在西方,例如英国有保守党,它

---

① 转引自胡平生《民国初期的复辟派》,第267～268页。

② 所谓思想的风尚,是指某一时期里对社会趋向有决定作用的强大信念。20世纪的科学、民主、自由等观念,古代的妇女忠节观等,都有这种力量。一种思想,能在社会上形成一种气象(climate),可以出自逻辑的推理,也可以全出自我们的信念。思想的风尚,原是17世纪的观念。20世纪的怀海德(Alfred North Whitehead)和Carl Becker用它来讨论近代思想上的问题。见Carl L. Becker, *The Heavenly City of the Eighteenth-Century Philosophers*, New Haven: Yale University Press, 1978, pp. 1-31.

③ 《郑孝胥日记》第3册,第1356页。

并不以“保守”为可耻。但在中国,我却未碰过人会称自己为保守党。中国人如果对旧东西有些留恋,说话时就总带几分抱歉的意思;虽然他心里并不是真的抱歉,因他总觉得保守、落伍是说不出口的。只有前进、创新,才是革命真正价值的所在。[①]

余英时这一段文字,是思想风尚的威势最有力的注解;它也十足地说明了何以复辟在几天之内便土崩瓦解。共和的观念,在复辟后一两年,不但在知识界得到普遍的接受,而且居然也深入到了军人武夫的意识之中。复辟失败三年之后,张勋不再以复辟为荣。1920 年 7 月下旬,他在报上发表声明,以明心迹:

各报馆均鉴:阅报载定国军檄文,乃有“曹锟等私勾张勋出京,重谋复辟”等语,不胜诧异。窃勋自丁巳以还,杜门却扫,三载于兹,不闻外事。近日段氏称兵,京师震动,室家迁徙,比户皆然。勋既无在京安置之文,讵有私自出京之罪?所称“勾引”,何据云然?至于己事,在勋感受旧恩,思图报称,博浪之椎,止于一击。古之君子,容尚不以为非……勋……以于夙志为已偿,于君恩为已报,成败利钝,不以尤人。自知众意所趋,更非一人所能拂。勋年将七十,但得作太平之民,永拜共和之赐,于愿已足,尚复何求!檄文诬蔑,本无足辩,第恐远近传闻,惑于流言,特此电布,伏希鉴察。[②]

这时张作霖是北方最有实力的人,所以关于他想复辟的流言也多。20 年代初期,他被迫几次公开声明,说明立场。1920 年 8 月初,他入北京后,便有他要复辟的传闻。他立即否认:“夫帝制之不可复存,此稍具常识者皆能知之。凡我同志,皆属共和功首,岂肯生此拙谋。奸徒穷蹙无聊,乃造作诬蔑之语。”[③]1921 年 3 月,奉军入关,复辟的流言又起,张又再次辩明无复辟之举。[④] 不久南方的报纸大说张有复辟的心意。张乃于 1923 年 4 月致电孙中山,请孙代为否认奉省有任何图谋复辟之意:“此种无意识之谣诼,在稍有常识者见之,不值一哂……作霖素性光明磊落,但知爱护共和,顾念大局。”[⑤]

---

① 余英时:《现代儒学的回顾与展望》,载《中国近代思想史上的激进与保守》,三联书店 2004 年版,第 17 页。

② 转引自《郑孝胥日记》第 4 册,第 1835 页。

③ 张作霖:《张作霖揭破段派阴谋通电》,载国史编辑社编《吴佩孚正传》,(台北)文海出版社 1967 年版,第 170 页。

④ 参见《郑孝胥日记》第 4 册,第 1863 页。

⑤ 张作霖:《奉天张作霖来大元帅蒸电》(1923 年 4 月 27 日),载《陆海军大元帅大本营公报(民国十二年四月至十二年六月)》,(台北)文海出版社 1985 年版,第 67 页。

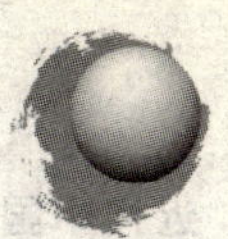

张勋和张作霖的声明,为当时的思想风尚提出了最有力的见证。他们有无复辟之心,这里没有深究的必要。他们一再以共和的名目为自己辩解,则是我们所要强调的。因为它说明了,复辟的观念这时早已被中国人所抛弃了。

复辟是一个时代错误,最有力的证据来自溥仪本人。张勋 1917 年发动复辟时,溥仪是一个十一岁的学童,对复辟谈不上了解,所以绝不会有自己的主张。1919 年初,李鸿章之子李经迈推荐苏格兰人庄士敦(Reginald F. Johnston, 1874～1938)入宫担任溥仪的英文师傅。庄是宫中唯一的西方人,代表的是当时中国人所最向往的英美文明。他 3 月初到任后不久,便成了溥仪最信赖和亲近的臣下。溥仪说,庄成了他的"灵魂的重要部分"。他在庄的影响之下,精神和思想都进入了另一个世界。他对复辟、皇帝尊号和优待条件都没有兴趣,只一心想脱离孤单寂寞的宫廷生活,远到英美去做留学生。[1] 这些我在后面会有进一步的讨论。这里我只要指出,主张复辟的遗老完全没有考虑到溥仪的心情和需要。

下面还有几个现象需要分析。它们从不同的角度说明,复辟在当时并没有是到广泛的支持。第一,张勋在复辟事败后坚称,复辟在当时的军政界有广泛的支持。段祺瑞、冯国璋等人都是赞成复辟的,可是事发之后反悔,致使复辟失败。如果段、冯等人的确在事前赞同,那么他们事后的行为正是复辟不得人心的最有力的证据。因为复辟一发动,他们便看出了全国的风向而急流勇退。段并出任讨逆军总司令,在南池子予张勋以致命的一击。其实张本人,也走了同一条路。他在 1920 年的电文中,声明要"永拜共和之赐"。只是他的觉悟晚了几年而已。

第二,当时社会上,仍有人以帝王之礼对待溥仪,行跪拜礼的也不乏人。这一现象使得许多遗老以为,这是感戴君恩、心怀恢复的反映。事实上,这是对具有特殊身份的人的威严(charisma)所产生的敬畏心情。在中国最具威严的莫过于帝王。中国的皇帝,既是政治上的最高领袖,又是承受天命的天子。他同时具有"世俗界的"和"精神界的"权威(secular and spiritual authority)是一个"具有神授的权力的君王(monarch by divine right)和无上权

---

① Reginald Johnston 对他与溥仪的关系和宫中内情有详细的叙述。有关庄的生平和事略,见 Shiona Airlie, *Reginald Johnston, Chinese Mandarin*, Glasgow: National Museums of Scotland Publishing Limited, 2001;溥仪《我的前半生》,香港广角镜出版社 1988 年版,第 88～95 页。庄于 1919 年 3 月 3 日觐见溥仪之后,即向英政府呈送书面报告。溥仪说,两人初见是 3 月 4 日显然记忆有误。

威的教宗”(the supreme pontifex)。① 中国人经历了两千年帝制的统治。如今帝制虽然已被推翻,然而帝王的威严却并没有在中国人的意识之中完全消逝。

这种对帝王的敬畏感,是超越身份、思想和政治信仰的。我以四个例子来说明。溥仪受了庄士敦和五四运动的影响,心仪欧美文明和新思想。他于1922年5月下旬以电话邀胡适入宫会见。见面时,胡对溥仪行鞠躬礼,称溥仪“皇上”。6月7日,胡去信庄士敦,坦然承认他深为这次会见所感动,因为他居然有机会亲见伟大的中国帝王系统的最后一任皇帝。②

溥仪于1922年12月1日结婚,各方纷来祝贺和致送礼物。他说:

> 民国派来总统府侍从武官长荫昌,以对外国君主之礼正式祝贺。他向我鞠躬以后,忽然宣布:“刚才那是代表民国的,现在奴才自己给皇上行礼。”说罢,跪在地下磕起头来。③

张作霖是复辟派多年来寄托厚望的人。张勋失败后,他在复辟派心中的地位又提高了。溥仪于1925年2月潜逃天津之后,更是积极笼络张作霖。1925年6月,溥仪在王公大臣和师傅的指点下,亲赴张在天津的行馆会面。溥仪说,他下了汽车,看到迎面走来一个身材矮小的人,“我立刻认出这是张作霖。我迟疑着不知应用什么仪式对待他——这是我第一次外出会见民国的大人物,而荣源[溥仪的岳父]却没有事先指点给我——出乎意外的是,他毫不迟疑地走到我面前,趴在砖地上就向我磕了一个头,同时问:‘皇上好?’”④

庄士敦在回忆录中记载了他目击康有为向溥仪下跪的经过。1927年2月14日是溥仪二十一岁生日。那天康一早去见庄,两人同去日本租界拜谒溥仪。这时康已六十九岁,可是一见溥仪,便下跪行礼。下跪之后,溥仪起

---

① Max Weber, *The Religion of China: Confucianism and Taoism*, translated and edited by Hans H. Gerth, New York: The Free Press, 1968, pp. 30-32, 109-115, 140-141; Max Weber, “The Sociology of Charismatic Authority,” in *From Max Weber: Essays in Sociology*, translated, edited, and with an introduction by H. H. Gerth and C. Wright Mills, New York: Oxford University Press, 1970, pp. 245-252。后者对威严的观念和中国帝王的威严有深入的讨论。

② 胡给庄的信,见 Reginald Johnston, p. 276. 胡说:“I must confess that I was deeply touched by this little event. Here I was, standing and sitting in front of the last of the emperors of my country, the last representative of a long line of great monarchs!”胡和溥仪会见时的礼仪和谈话的内容,见胡适《宣统与胡适》,载《努力周报》第十二号(1922年7月23日)。

③ 《我的前半生》,第99页。

④ 《我的前半生》,第154页。

坐，以手触康肩赐坐。①

这几个事件说明了中国的帝王在帝制被消灭之后仍有无比的威严和震慑力。可是另一方面，鞠躬、下跪和磕头，都与复辟无关。胡适和溥仪见面时，胡是留学美国，三十一岁的大学教授，而溥仪则是一个高中生的年龄。胡被溥仪的身份和这次会面的历史意义所感动，然而他绝无丝毫复辟的想法。荫昌在辛亥前夕任清政府的陆军大臣，溥仪结婚时，他吃民国的俸禄已经多年。他对故君，仍有一份心情，所以以"自己个人"的身份向溥仪下跪磕头。

张作霖向溥仪行跪拜礼，没有丝毫的迟疑，可见他在清亡多年之后，对于皇帝仍有一份敬畏的真情，可是敬畏之情并没有使他产生复辟的想法。我在上文已经指出，张曾一再否认有任何复辟的企图。然而王公遗老，对他始终不能死心。所以我这里将1924年以后的发展略为讨论。1924年11月5日，溥仪被冯玉祥的国民军逐出宫禁，移居到他父亲的北府后，手下即与北方的两个最重要的人物——段祺瑞和张作霖——联系。段和张分别于1924年11月22日和23日回到北京城。段于24日就任北京政府执政。与清室见面后，他交代总统府侍从长官荫昌，准许溥仪的人员及庄士敦自由出入北府。② 可是除此以外，段并没有其他的行动。溥仪的人对张所抱的希望更大，然而张无意为溥仪效力而只想为自己的前途铺路。他到北京后，不见溥仪，也不见王公大臣和遗老，而要与庄士敦立即见面。两人于11月25日会面后，张要庄转告各国公使，他有意为溥仪恢复优待条件。可是此事要由遗老和王公大臣发动，他则仅在幕后出力。他约好与庄几天后再见，由庄转告他各公使对他的态度。然而清室的人认为情势危急，乃由庄等人于11月29日将溥仪移送北京日本公使馆。张得到消息后，与庄第二次会面时大怒，不再提及优待条件，并即时起身送走庄士敦。③ 列强在华的公使团，有意保护溥仪。荷兰、日本、英国更曾为了溥仪的安全直接出面干涉。所以张认为，他表示愿意恢复对清室的优待条件，可以赢得列强的好感，增加他角逐霸权的资本。庄士敦是宫中唯一在外国人面前有发言权和信誉的人，所以张进北京城之后，不见溥仪和王公大臣而只要见庄。他一面想从庄的身上探听列强的意向，一面想利用庄做他传话的工具。溥仪进了北府，张向庄发怒，并下逐客令，是因为他失去了一个向列强示好的机会。遗老在事后才对张

---

① Reginald Johnston, pp. 442-443.

② 参见《郑孝胥日记》第4册，第2029页。

③ Reginald Johnston, pp. 412-425.

的动机有一些了解。满人金梁(1878～1962)在事后补写的《遇变日记》中说:

> 盖自段[祺瑞]、张[作霖]到京后,皆空言示好,实无办法。众为所欺,以为恢复即在目前,于是事实未见而意见已生。[①]

张作霖1925年6月与溥仪见面时,心中也绝无复辟的思想。溥仪记述了张行了跪拜礼之后两人谈话的场景:

> 他带着见怪的口气说,我不该在他带兵到了北京之后,还向日本使馆里跑,而他是有足够力量保护我的。他问我出来之后的生活,问我缺什么东西,尽管告诉他。……
>
> "皇上要是乐意,到咱奉天去,住在宫殿里,有我在,怎么都行。"
>
> "张上将军真是太好了。……"
>
> 但是这位张上将军却没有接着再说这类话,就把话题转到我的生活上去了:"以后缺什么,就给我来信。"
>
> 我缺什么?缺的是一个宝座,可是这天晚上我无法把它明说出来,这是显然的事。[②]

康有为在1927年3月底——会见溥仪以后的一个半月身死。康的弟子徐良为康请求溥仪赐以谥法,结果因为遗老的反对而没有成功。[③] 康的宗旨,始终是"保中国不保大清",1898年戊戌变法时他首要的考虑便是保中国。如果大清在保中国时得到新生,那它只是这一过程中没有预计到的结果。他说,他在1898年到1911年间,是一个君主共和派,1911年以后,他变成了一个虚君共和派;他要一个没有实权的虚君做中国象征性的领袖,使中国人断绝争夺王位的野心。1917年,康与沈曾植等人一同北上参与复辟。然而他此举是为虚君共和制而努力。他忠的对象和要拯救的目标是中国,而遗老忠的对象和要恢复的是亡清。所以康的立场与复辟派格格不入。他的建议,也全没有被复辟派所采纳。1923年,康为虚君共和的理想作了最后一次努力,这时距离他的死只有四年了。所以徐良的请求,在宫中遇到了阻力。溥仪误以为康是真心复辟的忠臣,他说:

> 给以谥法是很应当的,但是[太傅]陈宝琛出来反对了。这时候在他看来,分辨忠奸不仅不能只看辫子,就连复辟的实际行动也不足为据。他说:"康有为的宗旨不纯,曾有保中国不保大清之说。且当年忤

① 金梁:《遇变日记》,载《文史资料选辑》第13辑,第104页。

② 《我的前半生》,第154页。

③ 参见《我的前半生》,第188页。

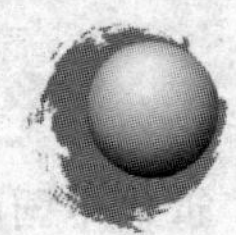

逆孝钦太皇太后……”[1]

陈对康，可谓知之甚深。复辟的实际行动也不足为据，因为陈知道，康要复的，是一个面目大异的虚君制，而不是清朝和溥仪的王位。

最后，我们必须把复辟的思想与对清室和对溥仪的关怀分开。溥仪三岁登基，六岁辞位，1917 年复辟的阴谋与他全无关系。复辟以后的几年，他仍受人左右，身不由已。所以他的遭遇，引起了一些人的同情。胡适是有这种心情的人之中最为人知的一个例子。另外，一些前清官员和一些关心国事的人，也主张维护清室的安全和尊严。前者有此主张，是因为他们与清室有一份感情，后者是因为维护清室的尊严也是在维护民国的尊严。可是同情溥仪也好，同情清室也好，他们都不是在主张复辟。我以徐世昌和胡适来说明这种心情。张勋举事后，徐即去电指责。他在长文中说：

> 知执事于复辟之举降心悔祸，内疚神明，但事已至此，要不[在]急求解决之方，将上贻故主之隐忧，下为国家之首祸……执事仓卒发难，遽更国体，假托名义号召全国，断无倖成之理。迨各军齐集……执事固负一隅，进退失据，徒使幼主忧危，外人诘责，京师数百万生命财产皆有朝不保夕之势……昌对于国家，对于皇室，素以竭力维持为本旨。即对于执事，十余年来同袍谊重，断不忍坐视执事危及国家，害贻清室，犯国家之不韪而不顾，且执事虽以复辟为本怀，其实此事之发生，亦只为二三佥壬所强迫，此可为痛哭者也。现在事机日迫，为国家计，惟有迅复共和；为皇室计，惟维持优待条件……至于室家财产，已与段[祺瑞]总理商明，亦决不为已甚，昌当力为保护……大英雄作事，磊落光明，既已铸成大错，便当及早回头。[2]

徐接着又手书一函，派人面交张勋。他在信中以兄长自居，以“仁弟”称呼张，他说：

> [弟]既效忠清室，万不应使有震惊宫廷、糜烂市廛之举。大丈夫作事委曲求全，所保者大，此心亦可照千古矣，望弟曲从。弟之室家，兄必竭力保护。言尽于斯，掷笔悲感。[3]

---

① Hsiao Kung-chuan, *A Modern China and a New World: Kang Yu-wei, Reformer and Utopian*, 1858-1927, Seattle: University of Washington Press, 1975, pp. 231-261. 萧公权说，康不怀有真正的为满清恢复的热情。亦见马洪林《康有为评传》，南京大学出版社 1998 年版，第 428～429 页。陈宝琛和溥仪的对话，见《我的前半生》，第 188 页。

② 贺培新辑：《徐世昌年谱》，载《近代史资料》总 70 号(1988 年 9 月)卷下，第 26～27 页。

③ 《徐世昌年谱》，卷下，第 27 页。

徐这是真情流露。他告诉我们,复辟只是"二三佥壬所强迫",根本没有广泛的支持。他认为清朝的旧臣,应该保护清室,维持优待条件。这才是在大方向上照顾清室的利益。他在两信中保证了张勋的财产和安全,所以他在1918年10月10日就任民国总统后,即于10月23日准张免予通缉。徐的立场,使一些人认为他对清室态度暧昧,赦免张勋,更是心怀复辟的明证。

胡适对溥仪有很深的同情心,他于1922年5月30日应溥仪的邀约入宫会见。他事后在短文中说:

> [溥仪]样子很清秀,但颇单薄;他虽只十七岁,但眼睛的近视,比我还利害……
>
> 清宫里这位十七岁的少年,处的境地是很寂寞的,很可怜的;他在寂寞之中,想寻一个比较也可算得是一个少年人来谈谈,这也是人情上很平常的事。[①]

胡对溥仪愿意认错,并且有出国留学的心愿,也很称赞。1924年11月5日,溥仪被冯玉祥的国民军逐出宫禁,胡即时在当天去信外交部长王正廷抗议。信中说:

> 外间纷纷传说冯军包围清宫;我初不信,后来打听,才知道是真事。我是不赞成清室保存帝号的,但清室的优待乃是一种国际的信义、条约的关系。条约可以修正,可以废止,但堂堂的民国,欺人之弱,乘人之丧,以强暴行之,这真是民国史上的一件最不名誉的事。

胡要民国信守诺言,履行优待条件中的内容。几天之后,胡并赴溥仪父亲的北府探望溥仪。这一点我在下文会简短讨论。[②]

很明显,胡适所表现的这种心情,是对溥仪个人遭遇的同情;他要求民国履行优待条件,是基于道德立场的一种自我检讨和约束。胡对溥仪和优待条件的态度,受到不少指责和批评,可是我们绝不能说,他有一丝一毫恢复清朝的心思。

反对多而主张少

研究西方保守者的人说,保守者知道他们所要反对的,可是不知如何提

① 胡适:《宣统与胡适》,载《努力周报》第十二号(1922年7月23日)。

② 参见《胡适来往书信选》上册,中华书局1979年版,第268页。

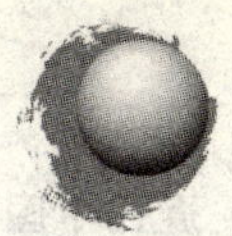

出一个明白具体的建设方案。他们的目的,是保存旧制度,至于旧制度的内容和价值何在,则没有深切的关心。所以保守者的弱点,是缺少一个"有实际内容的理想"(a substantire ideal)[①]。这些特征也正是清遗老的一个恰当的写照。

遗老之中,只有郑孝胥有一些计划。他的构想,是在担任满洲国总理时提出的。它虽嫌简略,可是终究是郑与其他遗老不同之处。其他的人,都谈不上有任何有系统的想法。他们极度地热心于复辟,然而却没有为参与复辟作准备;至于复辟以后的重建工作,也全然没有进行过思考。我以沈曾植和王乃徵为例。王在辛亥以前曾任湖北布政使。复辟前几日,王、沈和康有为同车北上。复辟后,沈被任命为学部尚书,王为法部右侍郎。[②] 事败之后,王不告而南归。沈在家书中说:

> 病山[王乃徵]极力劝我北来,今渠南归,竟无一字通知我。患难之际,绝不相顾,可为一慨。我不愿得尚书,亦病与陈仁先[陈曾寿]力阻我辞。留此话把,今渠等归,竟弃我老人不顾矣。[③]

王为什么用如此轻率的态度处理如此的大事呢?他对国内的新形势,毫无认识,眼光早已与现实脱节,以为举国怀念清朝,复辟是一蹴而就的事。他没有准备,与两个老人同行,不是去布置计划,而是去入宫上任。及至复辟失败,他于惊惶失望之余,不告而别,把沈一人留在北方。

沈在溥仪复位的十几天中,做了些什么事呢?他起草了一份《复位奏稿》。奏稿只有三百三十多字,然而遗老共同看法的精髓,尽在其中了。其言曰:

> 窃惟国于天地,必有与立。所以立者非他,则君臣大义,尊卑上下,定位而已矣。有史以来,吾中华国民以五伦五常建邦保□也,而父子、夫妇、兄弟、朋友之达道,要必借君臣道立,而后四者得有所依而不紊,五常得有所统而可推。……廿载以来,学者醉心欧化,奸民结集潢池,两者相资,遂成辛亥之变……五载于兹,海内沸腾,迄无宁岁。生民凋瘵,逃死无门,在国者思旧而不敢言,在野者徯苏而无由达。臣等蒿目时

---

① Samuel P. Huntington,"Conservatism as an Ideology,"*American Political Science Review*, 51.2 (June, 1957), pp. 457-458, 463; Rudolf Vierhaus, "Conservatism," *Dictionary of the History of Ideas*, 1:483; Franklin Beumer, "Romanticism (1780-1830)," *Dictionary of the History of Ideas*, 4:199.

② 复辟后的人事命令,见胡平生《民国初期的复辟派》,第224~228页。

③ 《沈曾植函稿·沈曾植家书》,载《近代史资料》总35号,第108页。

艰,病心无祸,外察各国旁观之论,内察国民真实之情,靡不谓共和政体,不适吾民……臣勋等恭请我皇上升太和殿,收还政权,复位宸极,为五族子民之主,定统一宇内之基。①

复位之后的一切,应该如何处理呢?沈也写好一份《行政大略》,作为建设新政府的整体计划的参考。全文如下:

草创时,暂时不设内阁。置议政大臣(四至六人不拘)于外朝,置军机大臣于内庭(二三人,宜少不宜多),随时诏授,不必定额(特招)。各部长均改为尚、侍;督军、省长改为督抚,藩司(其下庶仔,由所习逐渐规复),以改易海内视听。桓侯统环卫之任,定武军选数营为侍卫军,桓侯仍为议政大臣、军机大臣之首席。征召遗老,以电令行之,可分数次,每次数十人。复翰林院、两书房、修史馆为实录国史馆(本纪埭实录,志传埭国史)。议院封闭(恐其犹未散也),其诸会不散者,军警监视,不必下明诏。凡诸措施,皆可以简单谕旨行之,不必事事详言其所以。凡今秘书之职,实为政治枢机,不可诿之他人。诸公不可不置身其间,握其关辖。尚、侍皆虚车耳,以尊有功,以待耆旧。②

这两份文件说明了以朝代为对象的忠贞观和保守思想的互为表里的性质。在遗老的心中,恢复清朝和振兴儒学所代表的是同样的意义。遗老的文化观,我将在下文讨论,这里只以他们在政治上的见解为重点。沈曾植代表遗老所写的文件,可说是反映了他们的集体愿望,可是这个愿望,始终仅停留在愿望的阶段,而没有成为有内容的具体计划。《复位奏稿》都是传统的道德话语;《行政大略》寥寥数语,不能视为是复辟后的政治结构和行政组织的纲领。沈说:

灯下书此,目眵神疲,不及详委……闻一知十可也。③

其实这与他的身体状况无关。《大略》是在重复传统的制度,它没有解释为什么这些传统的制度在20世纪的环境之下仍能适用。而清朝败亡的原因,即使只有一小部分是由于内部的积弱,那么沈也应有三言两语的简略交代。可是他一心只要恢复旧制。他思想的始点和终点,全在复辟一点上,而无任何别的内容。他的思路已定,所以即使他没有"目眵神疲",最多也只能在《大略》里增加一些枝叶性的细节而已。

总之,在整个复辟过程中,我们很容易看出他们所反对的。至于复辟后

① 《沈曾植函稿·复位奏稿》,载《近代史资料》总35号,第89~90页。
② 《沈曾植函稿·行政大略》,载《近代史资料》总35号,第90页。
③ 《沈曾植函稿·行政大略书后》,载《近代史资料》总35号,第90页。

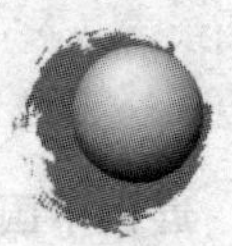

的政治、经济、外交、思想等的重建工作，他们却没有提出有内容的构想。他们显然认为，一旦复辟成功，其余便都迎刃而解了。

动机的政治观

我们从遗老的言行可以看出，他们认为动机是一切判断的最高依据。纯正的动机将使得任何方法都变得合理。所以一旦照顾到了动机便无须顾虑后果了。只讲动机的基督徒甚至说，他们一切都照纯正的动机做事，而将后果留给上帝处理（"The Christian acts rightly and leaves the outcome to God"）。韦伯把这种只顾动机不顾后果的态度称之为"动机的道德观"（ethics of intention）。如果用之于政治，它便构成一种"全然不理智的"（totally irrational）做法。政治的运作，离不开实际情况，所以它必须考虑人性的弱点和各种现实的力量。抱"责任道德观"（ethics of responsibility）的人，是以理智和负责的态度，将具体情况和可能的后果分析之后，选取一个他认为是最好的办法贯彻实行。政治上最好的结果，有时是由模棱两可的道德方式达成的，与最初的动机往往全无关系。①

遗老总认为自己的动机纯正无私，为的是百世不易的道德原则，所考虑的都不含政治性的动机。有了这种信念，所以他们自以为是，而对与自己看法不同的人，则抱一种怀疑和谴责的态度。② 即使对同路人的居心，他们也以严格的态度推测。这里我以他们对张勋复辟的反应为例。在这一个事件上，王国维和罗振玉留下的史料最多。罗听到复辟成功的消息之后，于1917年7月4日从京都写信给王，对沈曾植主持复辟后的行政，多所批评：

> 乙老[沈曾植]等以前执迷不悟，今柄政矣，恐方针益惑。弟初欲与面陈此利弊，又恐有猎官之嫌（在弟自问虽无嫌，此老终不知我，或以为借此求出，亦未可知），又不忍不言。若公肯作书复阐明此旨，尤佳。公无所嫌也。

---

① Max Weber, "Politics as a Vocation," *Max Weber: Selections in Translation*, Edited by W. G. Runciman, translated by Eric Matthews, Cambridge, Cambridge University Press, 1985, pp. 212-225. 亦见韦氏同书中的"Value-judgments in Social Science"一文（pp. 81-89）。

② 西方的政治理论，将遗老这一类人归为自认为超越政治的保守者，见 Bernand Crick, *In Defence of Politics*, Baltimore: Penguin Books, 1969, pp. 111-123. 这一类人，对自己和与自己同派的人的立场最为信任，而对所有其他的人，则持最怀疑的态度，p. 112.

乙老果长学部,不出所料。弟意中兴诸臣,当以让德先天下,乃竟不能。弟幸免为之佐,乃深得前日面争之力,不然殆矣(若发表而不就,其怨弟尤甚矣……各部尚、侍,颇多不妥,此老赞划居多)。然弟独不敢入都者,因彼必以大学总长或国子监丞、图书馆长诸职相牢范,则去留都难。素公[升允]在政府,不过伴食,然此老虚心毅力,必不肯自认伴食,或就弟质询行政,若采择二三,乙等必以弟为素党。门户水火,将于此始,党祸必不免。①

罗在这封信中,无一处不在谈动机。他劝诫中兴大臣以让德先天下,不要存有任何做官的念头。沈在《行政大略》中,设有一些虚位。众人之中,只有升允没有不良的动机,不会愿意长久伴食。罗看到《大略》中有缺点而不敢明言,因为怕沈怀疑他的动机。可是罗一再强调动机,得到的反而是欲盖弥彰的效果。他再三声明没有出仕的愿望。然而他想得到大学校长、国子监丞和国立图书馆长的欲望,真是呼之欲出了。罗在旅顺做遗老时,曾对长孙罗继祖说:

我如不当遗老,去到民国做官,教育总长也是有份的。范源濂是个什么人,居然也能当上民国的教育总长。②

国子监丞一职,更是可惜。1909 年时,担任协办大学士和学部尚书的荣庆,已向罗提出推荐国子监丞事,因荣庆生病离去而未成。③ 现在清朝中兴,机会再度出现了。罗晚年向罗继祖说:

如果辛亥我不去日本,国子监丞这一职,很可能落到我的头上。④

王国维强调动机的程度,不下于罗振玉。复辟瓦解之后,王于 7 月 14 日,以严厉的谴责口气说:

此次之变,段[祺瑞]、冯[国璋]、梁[启超]三人实为元恶,冯思为总统,段则欲乘此机恢复其已失之势力,梁为幕中划策之人。……人心险诈,乃至无理尽绝。……此次负责乃受职诸公,如再觍然南归,真所谓不值一文钱矣……素公[升允]、玉老[劳乃宣]当能不忘久要,寐叟[沈曾植]于前日已有传其南归者,此恐不确也。止庵[瞿鸿禨]乃无心肝,竟有电辨明心迹,甘与犬羊为伍,岂不痛哉!⑤

① 《罗振王王国维往来书信》,第 267 页。
② 罗继祖:《我的祖父罗振玉》,第 166 页。
③ 参见罗振玉《集蓼编》,第 744~745 页。
④ 罗继祖:《我的祖父罗振玉》,第 316 页。
⑤ 《罗振玉王国维往来书信》,第 270~271 页。

段、冯、梁各怀心事，不支持复辟；瞿于 7 月 2 日被溥仪任命为大学士，可是 7 月 6 日便声明他与复辟无关。王说他们险诈，没有心肝，可见他所见全是心术和动机的问题，而且动机是否纯正，完全取决于是否支持复辟一点上。

王和罗在评论张勋时，将他的一切行为都合理化了。1917 年 7 月 17 日，复辟已经失败，王在给罗的信中说：

> 黄楼[张勋]赴荷使馆署，报言系西人迎之，殆信。又言其志在必死，甚详，此恰公道。三百年来乃得此人，庶足饰此历史。余人亦无从得消息。此等均须为之表彰，否则天理人道均绝矣。[①]

到了 7 月 23 日，他知悉张并无意以死明志。可是王渴望复辟，所以张“不践小节，亦未始非福也”[②]。他对张的历史地位的信心也没有因为张不自杀而动摇。1918 年 7 月 4 日，他说他“拟为南轩[张勋]作《南池篇》长篇一章，未识能成否”[③]。南池是指南池子大街，在北京城的东南方。张勋在此溃败，复辟也随之瓦解。《南池篇》当然是要歌颂张的功德，为他建立清朝三百年来第一人的不朽地位。罗听到之后，大为兴奋，在 7 月中旬和 7 月末，两次问王《南池篇》是否已成，他要“先睹为快”[④]。罗本人对张，当然也是充满了敬佩之情。复辟失败后一年，他仍认为只有张和升允，算得上是“当代男子”。[⑤] 1920 年 3 月初，罗入宫向溥仪祝寿，初次见到张勋，“其人果亢爽男子也”[⑥]。

张于 1923 年 9 月病卒。这时王国维已在宫中任南书房行走。1924 年 7 月，王代溥仪起草《谕葬张勋碑文》。文曰：

> 欲申大义于天下，乃忘一身之安危。已而同盟来攻，众寡悬绝，尔巷战终日，勇气弥历，阖门百口，誓以同殉。乃宾馆迎以辎车，同时雠对，犹惊扩廓之奇，异国士夫争状王琳之节……功庸著于中外，忠诚贯于日月。[⑦]

王的文字，无一语不是张勋的忠诚的动机。可是张没有忘记自身的安危，也没有殉节的决心。其实在王写碑文四年之前，张已声明无心再为复辟努力，而要“永拜共和之赐”。然而王沉醉在复辟的愿望中，所以将张的行为理想

---

① 《罗振玉王国维往来书信》，第 271～272 页。

② 《罗振玉王国维往来书信》，第 273 页。

③ 《罗振玉王国维往来书信》，第 387 页。

④ 《罗振玉王国维往来书信》，第 393、400 页。

⑤ 《罗振玉王国维往来书信》，第 389 页。

⑥ 《罗振玉王国维往来书信》，第 493 页。

⑦ 转引自周一平《1917 年前后王国维的政治思想》，载《王国维学术研究论集》第 3 辑，第 218 页。

化,全部纳入他已定好了的规范之内。凡是不合他心中的纯正忠诚的动机的作为,他都将之轻易地化解了。

在现实世界里,什么是纯正的动机是一个主观的判断。这便是为什么王的《谕葬张勋碑文》,即使在遗老之中也遭到反对而没有被采用。我们知道,至少溥仪的两个师傅,朱益藩和陈宝琛,对其中的一些要点有异议。① 所以两方可以同样强调忠的动机而得出不同的结论。

朱、陈只在评定张勋的地位上持不同的看法;梁济则在方向和原则上与其他的遗老分歧。从他忠于清朝的动机和对国家社会的责任感,梁始终极力反对复辟。梁风闻张勋有复辟的怀抱,在1917年6月底及7月初,以"无求"的笔名,四度去信张,力劝不可复辟。梁于6月28日发出第一信时,尚不知张已下了复辟的决心。梁说:

> 效忠清廷,需计久长,勿为复位……惟严格责民党遵辛亥改组诏书;行真共和,使人民真得安舒……务使禅让之心大明,共和渐能实现,此即真正忠于清室,万年不朽之业也……发辫不剪终非久长……总以勿招形式上之疑忌。②

可是两天之后,复辟便发动了。梁乃于7月4日发出第二函,劝张以"改为虚君共和"为目标。次日,梁又送出第三信,劝张应"力辞王爵"。他的目的,"实为救民起见,故无须一姓制度龙族等类"。③

张发动复辟之后,即扬言有誓死的决心。梁对张的忠义,十分赞赏。他自己也已下了必死的决定。所以在7月9日给张的最后一信中,梁称:

> [公]言肯誓死,甚善甚佩。无论谁劝均勿改易。此死关系绝大。临死宜有宣言。千方以死为妙。④

然而事败之后,张勋却逃入荷兰使馆。梁失望之余,说:

> 吾终怪其不死,虽曰洋人强来救去,然死在自己心中,曷难断。或曰张留身仍有所图。余谓此则真不知世界之势矣。此时一死则于四面八方有益者大。(不独于清有益,且于民国、世界全有益。)失此不死,虽曰再欲有为,何以自明。……吾不信其再有为也。⑤

---

① 《罗振玉王国维往来书信》,第629页。王说,朱"意亦不以维文为然",所以反对的不止一人。同页的第二封信中,他说他怕"二叔之为难也"。这两人之中,一是朱,另一多半是陈。

② 梁济:《伏卵录》,载《桂林梁先生遗著》,第397～398页。

③ 梁济:《伏卵录》,载《桂林梁先生遗著》,第398页。

④ 梁济:《伏卵录》,载《桂林梁先生遗著》,第398页。

⑤ 梁济:《伏卵录》,载《桂林梁先生遗著》,第396页。

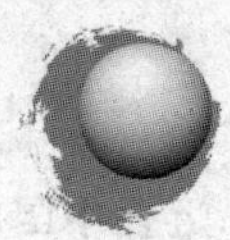

梁认为张的死对清和民国都会大有益处。梁是指“推类观之”的死。他希望张会用和他一样的心情面对死亡。梁说：

> 希望世上人，各各打消侥幸诈伪之心，以忠于职事为务，将以殉清为起点也。吾对于清朝，以死为当尽，赴之如饴。然丁巳五月初十，曾有信（署名无求）致张绍帅，力言不可复辟，宜……监督民国，实行仁义之政，以符禅让之心。盖望吾君为尧舜，不望吾君享目前之尊荣，致后来之颠覆也。我爱清之心与大多数人爱清之心，相异者在此。[①]

梁本于这一动机，十天之内，四次投书张勋，“仓卒之期，迫促构思，慌忙焦灼。抚衷自问，对于国家人民之责任心，亦可告天地鬼神矣”[②]。

然而梁济没有找到一个知音。张勋没有听从他的劝谏。多数遗老与梁都没有交往。1919 年 5 月 19 日，梁自杀半年后，罗振玉才在给王国维的信中说，“惟知有粤梁巨川者，名济，六十老人，曾官翰林，去岁愤于时局，投积水潭而死”[③]。所以这是罗初次听到梁之名。看他信的语气，很可能王也是第一次知道梁是何人。这是不足为奇的。他们与梁志不同、道不合，根本没有往来的必要。

外国势力和复辟运动

复辟派的遗老，知道外援对复辟的成效是极重要的。他们有的在张勋失败之后得到这一结论，有的则在复辟以前已经看出这一点。这一信念，随时间而日形坚定。到了 20 世纪 20 年代中期，他们终于将溥仪和复辟的命运，全部交入日本的手中。这里我以张勋复辟前后的一段时间为限，讨论遗老对外援的看法。

1916 年 5 月下旬，郑孝胥在日记中记曰：

> 语许鲁山曰：“升吉甫[升允]逃窜亡命，奔日年余，而日人举国重其忠义，称其道德，今乃借其政府之力，归图复辟。孰谓中国无人！……”日人自谓，赞助复辟之举乃道德干涉，非权利干涉也。余谓，华人宜有一部自倡道德主持，则彼不能不受道德之拘束力，以义始者，必不至以

---

① 梁济：《遗笔汇存》，载《桂林梁先生遗著》，第 96 页。

② 梁济：《伏卵录》，载《桂林梁先生遗著》，第 397 页。

③ 《罗振玉王国维往来书信》，第 454 页。

利终矣。[①]

郑居然认为日本是站在道义立场支持复辟。既然如此,中国人唯一需要做的便是紧守道德原则。只要以义为动机,后果是无需担扰的。复辟失败后,日人对复辟和复辟后的重建工作,都没有足够的信心,然而郑则表示,一旦复辟成功,其余的都不困难。1917 年 11 月下旬,卸任的日本公使日置益和林出资次郎访郑,"谈甚久。彼终疑复辟之难,改易政治尤难;余告以得权诚难,治理非难"[②]。

郑没有参与张勋的复辟;张勋失败后,郑感到他有继续为复辟尽力的责任。1918 年 3 月 9 日,日人心桥荣次郎问他,冯玉祥、段祺瑞、孙中山和陆荣廷四人之中,谁最有统一中国的能力。

> 余曰:"彼等皆伪共和,决无统一之日。"
>
> 问:"必若何而后可以统一?"
>
> 余曰:"非兵力不能。以兵力伪共和,依然不能。惟挟兵力而行复辟之事,名正言顺,乱者自灭。且必以专制之政行之十余年,宪法根基既定,然后可言统一。……"
>
> 问:"兵力虽足,而无人主张复辟,奈何?"
>
> 曰:"明目张胆斥共和者为乱臣贼子,则吾能为之,惜无力耳。"
>
> 曰:"此我之责也。伺机会生时,吾当求助于日本,虽无济,亦不以为耻。"
>
> 新桥乃曰:"善……归国之日,当为公觅机会,可乎?"
>
> 余曰:"感子厚意,毋忘今日之言!"[③]

郑想依赖的外国势力,并不限于日本和日本人。凡是他认为有利于复辟的力量,他都设法建立关系。我们看他 1917 年 6 月 3 日复辟之前几周活动的记录。

> 司格礼来,余与吉甫[升允]、赋秋[姚文藻]同见之。司出约字一纸,其文曰,"承认帝国新政府。新政府成立后,首宜开复中某国交,仍严守中立。用文由司某代达克某转致某政府,商允后即速回文承认新政府"。[④]

司格礼是德国人。郑对他说,希望得到德国支持复辟。事成之后,恢复了的

① 《郑孝胥日记》第 3 册,第 1611 页。

② 《郑孝胥日记》第 3 册,第 1694 页。

③ 《郑孝胥日记》第 3 册,第 1716 页。

④ 《郑孝胥日记》第 3 册,第 1666 页。

清政府即与德国复交。

王国维对复辟没有任何贡献，然而他希望复辟得到外力支持的心愿，则与其他遗老的同样强烈。复辟前三个月，他观察大局说：

> 今晨晤耄[沈曾植]，知黄楼[张勋]一局已大有进步，曼倩[日本]亦相敦促，以期另造成一世界潮流。乃为自保计，未必遽怀野意。曼意欲于二十日内为之，以转移内潮，故耄近日心绪又甚活泼。①

所以他和沈曾植，对日本都不怀介心。

遗老之中，罗振玉是唯一对日本的干涉持保留态度的人。张勋发动复辟的一年以前，罗在京都已听到遗老寻求日本助力的消息。他对此颇不以为然，说：

> 诸人竟入海求不死之药，恐亦无效果。诸君仍执迷不悟，何耶？②

1917年7月4日，罗以为复辟成功，清室得以恢复了，他以乐观的口气说：

> 此次我邦成功，不借东力，彼邦人士凡所以诅咒诱诋，无所不至。然则借彼力而成功，为彼所至快，可知。易地以思，利害可想。③

可是三天之后，情势急转直下，张勋已经不支，据说并有意求援于日本。罗听到后，很不以为然，认为："[此举无异]引虎自卫。以后事事受人干涉，甚或南北从此遂成两截，分裂之祸，不成于袁世凯时代而成于今日，岂不可痛哭流涕长太息乎？"④

然而罗对日本的顾忌，并不反映他在与外国结盟问题上的一般态度。他并不反对利用日本以外的势力来达到复辟的目的。复辟发动前一年，他写信给王国维讨论联日和联德的长短：

> 时局又似有导人入梦之意……惟曼倩不可信，将来必败吾事，此则始终坚持者也(此语唯公能深信，他人必以我为坚执也)……
>
> 哀家非旧欲借汶以自保，弟虽嫌其非我族类，然犹愈于借曼倩之力。⑤

可是罗依靠德国而不依靠日本的立场不久便开始改变了。张勋复辟失败后，遗老仍把希望寄托在徐世昌、陆荣廷、段祺瑞、冯国璋等前清官吏的身

---

① 《罗振玉王国维往来书信》，第253～254页。

② 《罗振玉王国维往来书信》，第92页。

③ 《罗振玉王国维往来书信》，第266～267页。

④ 《罗振玉王国维往来书信》，第269页。

⑤ 《罗振玉王国维往来书信》，第117页。罗继祖于此信之后附按语说，"哀家"以下"似指据青岛之德人言，以为胜于日本"。

上。在此同时,张的失败,使罗另外也取得一点教训,就是“军阀都是利禄之徒,不可恃,必须假借外力”[1]。而日本正是强大而有兴趣干预的一个外力。不过罗对日本态度的改变,不是旦夕之间的事。复辟失败一年以后,他仍对日本好友藤田丰八说,日本有很多“失中国人心之处”,对中国有“种种侵削欺侮”(如侵占山东),所以罗在感情上是一个“排日党”。[2] 可是几年之后,他便开始积极争取日本的支援。自20世纪20年代中期起,他和郑孝胥为了赢得外国势力的援助,展开了激烈的竞争。

遗老在寻求外援尤其在结盟日本的态度上,说明了以朝代为对象的忠贞感对他们有超越一切的强大力量。日本是20世纪中国最可畏的外敌。甲午之战时,他们已是成年人;1915年1月的“二十一条”,更是近在眼前的巨难。为什么遗老居然如此健忘,转身便向日本求援呢?郑孝胥当过前清的驻日外交官,现在却认为日本会受遗老的“道德之拘束力”。与郑长谈的日置益,正是两年前向袁世凯和外交部递交“二十一条”的日本公使。可是郑要借助日本的援助来完成复辟。如果他原来对日本有一分戒心,现在已经丢弃了。罗振玉不久也走上了联日的道路。他和郑终于成了日本最亲密的盟友。遗老这时和以后所考虑的,是如何而不是应不应该联络中国的外敌来达成复辟的目的。

---

① 罗继祖:《我的祖父罗振玉》,第114页。

② 参见《罗振玉王国维往来书信》,第388页。

第六章 保护和整顿宫廷

溥仪的心情

复辟失败之后，溥仪的左右决意为他聘请一个西洋师傅。此举的动机之一，是援引西方的势力做他的“保镖”。[①] 请洋老师也是新上任的总统徐世昌(1855～1939)的想法。徐是光绪朝的进士，辛亥前曾任军机大臣、民政部尚书、首任东三省总督、邮传部尚书和内阁协理大臣。所以很自然的，他对溥仪有一份关切的心情。徐于1918年9月当选民国总统，10月10日就职。上任以后，他想让溥仪学英文，受西式教育。徐在张勋复辟后的第三天，便通电反对，而且不应溥仪之召。现在他又就任了民国总统，所以他不是想为复辟铺路，而是要帮助安排溥仪的前途。[②]

此事实际的安排，由李鸿章的次子李经迈负责。李在1905～1907年时任驻奥国公使，辛亥时避地英国租借地威海卫，所以他有西方知识，与西方人士也有多年的接触。他的原意是要推荐美国人，可是他心中的人选，即将出任美国驻华文化参事，所以他推荐了第二人选庄士敦。庄是英国苏格兰人，1898年卒业于牛津大学历史系，同年入英政府的殖民部，被派送到英属香港服务。1904年，庄转威海卫任职。李辛亥在威海卫避难时，两人相识，

---

① 参见《我的前半生》，第91页。

② Reginald Johnston, pp. 163-164. 庄说，徐的构想，不是一项复辟的阴谋，而是一个大方向的准备。徐的想法是，万一共和失败，中国决定走君宪的道路，有了英文能力和现代知识的溥仪，或许有被推戴出任虚君的可能。

庄当时是该地的行政长官(district officer and magistrate)。[①]

李经迈得到清室的同意后,于 1918 年 11 月末向庄士敦发出邀请,然而庄要英国的殖民部(Colonial Office)和驻华使节的允可后才肯接受。于是徐世昌出面,通过英国驻华公使朱尔典爵士(Sir John Jordan),得到英国官方的同意,聘定庄为溥仪的"帝师"(Imperial Tutor),薪金是庄任威海卫行政长官时的四倍。[②]

庄士敦于 1919 年 3 月 3 日开始为溥仪上课。1925 年 2 月溥仪从日本的北京公使馆逃至天津的日本租界后,庄在名义上虽然仍是帝师,可是实际上已经结束了与溥仪的关系。[③] 庄对溥仪的影响的深远是难以估计的。他是英国贵族知识阶层的产物,所代表的是国人艳羡向往的英美文明。他任帝师的六年,正是溥仪从十三岁的童年成长到十九岁的青年的成型期。庄替他开辟了一个崭新的世界。

庄从一开始,便有与众不同的身份。他第一次见溥仪时,溥仪与他行握手礼,他们每天上两小时英文课,而实际上他们所谈论的题目,几乎无所不包。庄在短期内便成了溥仪最信赖和亲近的人,他无须定时上课和出勤,也不必拘守正式的礼节形式。溥仪在这几年里,始终没有用心学英文,可是对于庄的看法和建议,则是言听计从。[④]

溥仪说:

> 陈宝琛本来是我唯一的灵魂,不过自从来了庄士敦,我又多了一个灵魂。[⑤]

从服饰、剪辫,到生活的各方面,他无一不受庄的影响。这不仅是皮毛的西化,更是他全体价值观西方化的一部分。溥仪告诉我们:

> [我和庄]谈论课外问题,越来越多地占用着上课时间。他给我讲

---

① Reginald Johneton, pp. 163-164. Shiona Airlie, *Reginald Johnston*, *Chinese Mandarin*,对庄的生平和前期事业,有简明的介绍。

② Reginald Johnston, pp. 162～165; Shiona Airlie, *Reginald Johnston*, *Chinese Madarin*, pp. 56-57;《我的前半生》,第 91 页。溥仪说,庄是得到李的推荐之后,"经徐世昌总统代向英国公使馆交涉,正式被清室聘来的"。徐世昌的日记,没有大帮助,他只说,1918 年 11 月 18 日,"英国公使朱尔典觐见,又谈公事良久"。我们推想,谈的公事中,很可能有溥仪帝师的事。见徐世昌《韬养斋日记》,中国书店 2005 年版。

③ Reginald Johnston, pp. 164-165, 442.

④ Reginald Johnston, pp. 165-179, 232-245, 296, 344-345. 这些地方对他们师生的关系,有很详细的叙述。

⑤ 《我的前半生》,第 90 页。

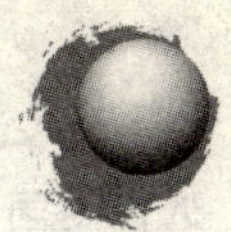

过英国王室的生活、各国的政体国情、大战后的列强实力、世界各地风光……中国的内战局势、中国的"白话文运动"(他这样称呼五四新文化运动)和西方文明的关系。[①]

庄替溥仪开了许多窗子，现在他可以看到外面的世界了。在这个新世界的比照之下，宫中的旧世界变得完全无法令人接受了。溥仪说：

自从庄士敦入宫以后，由于他给我灌输的西洋文明的知识，也由于少年人好奇心理的发展，我一天比一天不满意我的环境，觉得自己受着拘束，我很同意庄士敦做出的分析，这是由于王公大臣们的因循守旧。[②]

溥仪最大的愿望，是脱离孤寂拘束的深宫，远走欧美，做一个自由自在的青年人。在他的坚持之下，宫中终于给他装了电话。1922 年 5 月 30 日，胡适应他的电话邀约入宫会见。胡看到他的炕几上有报十余种，包括《晨报》和英文《快报》，另有康白情的《草儿》、《西游记》等书。说话时，溥仪问起康白情、俞平伯等人，表示很想找到新出版的书籍阅读。胡适说：

[溥仪]近来也试作新诗。他说他也赞成白话。他谈及他出洋留学的事。[③]

胡适用轻淡的口气说，溥仪"谈及他出洋留学的事"。其实溥仪这时已经到了十分焦躁痛苦的地步。这时他对"周围的一切"，包括他自己的父亲，早已"越来越看不顺眼"[④]。1922 年 6 月 3 日，也就是与胡见面之后的第四天，他的心情激动，决定一走了之。他令庄士敦备好汽车，与他同赴英国公使馆，想在英国的外交保护下，宣布放弃帝位的尊号和一切特权，包括民国政府每年四百万的岁用和居住故宫的权利。他要即时搬出故宫，在英使馆等待手续完成后，即赴欧洲游历。庄对溥仪的想法，在原则上是完全赞同的。他认为溥仪不可无功受禄，所以应该放弃民国的岁费和帝王特权，而且溥仪应以友善和主动的方式提出，以表示他的诚意。清皇室有相当的动产和不动产，足够一个辞位了的帝王所需。故宫是一个严峻的深宫，不适于一个十九岁的少年人的健康成长，所以溥仪应及早迁居颐和园，安定之后，作游历欧美和留学的准备。[⑤]

---

① 《我的前半生》，第 94～95 页。

② 《我的前半生》，第 101～102 页。

③ 《胡适日记》第 3 册，安徽教育出版社 2001 年版，第 680 页。

④ 《我的前半生》，第 101 页。

⑤ Reginald Johnston, pp. 286-296. 庄于 1922 年 6 月 8 日给李经迈的长信中，详述了溥仪打算出走的过程和庄对溥仪的计划及未来的看法。

可是庄对溥仪要立即出去的打算却不同意。他认为溥仪放弃帝号和岁用的方式和时机都有问题。英国公使当然不会冒干涉中国内政之名让溥仪在英使馆内发表声明。在中国内部方面,庄担心内务府的人会对溥仪采取不利的行动,又怕溥仪出宫之后,受到复辟派的包围和压力。因此庄提议溥仪立刻在宫中召集会议,商讨迁居颐和园、成立清理皇室财政委员会、减裁宫中开支、改革内务府等事宜。搬迁颐和园之后,即与民国政府讨论放弃特权和修订优待条件的细节及作出国游历、留学的安排。[①]

溥仪没有达到解脱的目的,但他在此后的几年中,始终不能放弃这一愿望。1923 年 3 月,他令弟弟溥杰与荷兰使馆联系,企图逃出宫禁,不意 3 月 25 日临行时,事机外泄,两人被搁阻于宫门之内。[②] 1924 年 11 月 5 日,国民军驱逐他出宫时,他对带队的鹿钟麟说,废止优待条件,也正是他的意愿,而不当皇帝,正可以使他得到自由。[③] 几天后,胡适到北府去看望溥仪,问溥仪日后的打算。溥仪说:

> 王公大臣们都在活动恢复原状。我对那些毫无兴趣。
> 我希望能独立生活,求些学问。[④]

他接着又说,"我想出洋留学",所以求些学问,便是指此。

最能表达溥仪的心情的,是他几星期以后所发表的一次公开演说。1924 年 11 月 29 日,他的手下将他潜送入北京的日本公使馆,1925 年的 2 月 7 日是他虚岁二十岁的生日。各地赶去为他祝寿的有好几百人。他回忆说:

> 那天我穿的是蓝花丝葛长袍、黑缎马褂,王公大臣和各地遗老们也是这种装束。除了这点以外,仪节上就和在宫里的区别不大了。明黄色辫子、三跪九叩交织成的气氛,使我不禁伤感万分……仪式完毕之后,在某种冲动之下,我在院子里对这五六百人发表了一个即席演说。这个演说在当时的上海报纸上刊载过……
>
> "余今年二十岁……照世界大势,皇帝之不能存在,余亦深知,决不愿冒此危险,平日深居大内,无异囚犯,诸多不能自由,尤非余所乐为。余早有出洋求学之心,所以平日专心研究英文,原为出洋之预备……至

---

① Reginald Johnston, pp. 296-297.

② Reginald Johnston, pp. 324-334. 庄的叙述包括他与荷兰公使和英国公使往来信函的一部分。溥仪自己的记载,在《我的前半生》第 104～107 页。

③ 参见《我的前半生》,第 120～123 页。

④ 《我的前半生》,第 131 页。胡的日记没有两人见面的记录。《胡适年谱》说:"溥仪出宫后,胡适曾特地到醇王府去看望。"(四川人民出版社 1989 年版,第 133 页)《郑孝胥日记》说,陈宝琛 1924 年 11 月 11 日告诉他,那天胡适之入见。

优待条件存在与否，在余视之，无关轻重，不过此事在余自动取消则可，在他人强迫则不可……"①

留学问题

可是溥仪的愿望，没有一样得到实现。多数的王公大臣和遗老，对溥仪出洋留学，都持消极和保留的态度。如果溥仪长期留学欧美，则优待条件中大部分的内容都将失去意义，宫廷将名存实亡，而复辟的凭藉也将为之不存。溥仪是王公大臣的衣食父母；遗老的关怀，是复辟问题，而不是溥仪的愿望和身心健康的问题。在讨论溥仪出国的问题时，王公大臣和遗老都不能离开他们既定的立场。王公大臣不是我研究的对象，所以这里的讨论都以遗老为中心。

遗老在20年代的初年开始认真讨论溥仪出洋留学的事。这是内外情势改变的结果。王国维于1923年5月奉命入值南书房；郑孝胥在同年的8月入宫召对，1924年3月受命总理内务府；罗振玉也于1924年8月入值南书房。所以三人都有机会直接参与意见了。这几年中，外界的局势也有了显著的变化。徐世昌于1918年10月就任民国总统。他是主张履行优待条件、维护清室的，所以他当总统，清室有一分安全感。然而徐在1922年6月初被迫辞职。旧国会复会，优待条件的未来又成了问题。在这一情形之下，遗老很自然地开始考虑溥仪是否应在此时出国。

1923年10月8日，郑孝胥入宫召对后不久，表示要倡议报效溥仪出洋游历经费，"请照寻常贵族费用：上及后、妃三人，臧师傅[庄士敦]及从臣三人，女官一人，侍卫一人，由日本至美洲、欧洲，约计川资二万元；于瑞士乡间赁一宅，上留学于彼，每年用费约四万元。集数十人，每年担任，存于银行。使[二子]小七以语罗叔蕴[罗振玉]、全锡侯[金梁]等"②。郑自己也同时在各方设法。几天以后他与罗振常见面时，托罗向嘉业堂的刘承幹捐集。③ 12月初旬，上海的遗老草拟信函，要请张作霖为溥仪每年筹集三百万元。郑在日记中记述说：

"此近儿戏，张必以无可设法置不答而已。"众请余改之……改曰：

① 《我的前半生》，第139页。

② 《郑孝胥日记》第4册，第1965页。

③ 参见《郑孝胥日记》第4册，第1968页。

"每年均筹皇室经费……但能得按月的款,使皇室不至束手无策,暂为维持,再图久计。某等以空言而怀奢望,虽觉惭惶,想公鉴其苦衷,必不忍以无可设法谢之也。"

得[长子]大七二十七日书,于二十六日与庄士敦晤谈,庄允将大意即告英公使,并作书以告伦敦。大七十廿八日将再往访。①

郑没有说明溥仪留学的年限。可是每年的费用可观,需要多人分担。然而郑心中明白,不但找到几十个遗老不易,连复辟派寄托厚望的张作霖,也不会响应。遗老之中,最持异议的是罗振玉和王国维,罗一听到郑的留学主张便立即表示反对。他对王说,郑的想法"虽未必尽做到,然此等徒乱人意,匪徒无益之事(此事或已面陈亦未可知)。今之鼎鼎盛名者,终恐害事,不知是何心肝。真可浩叹"②。这时郑还未入内务府,可是他和帝师陈宝琛是福建同乡好友,所以罗担心郑的意见或已面陈,很可能是指此而言。罗这时也尚未入宫,然而王已是南书房行走。他们两人为了宫中的事,信件往来很勤。我们可以将王1924年5月18日的奏折视为罗王的共同看法。

窃自辛亥以后,人民涂炭,邦域分崩,救民之望非皇上莫属,而非置宫廷于万全之地无以安圣躬,非置圣躬于万全之地无以救天下,此不独臣子之于君父必首计及此,即为天下苍生计,亦不能不先图其本者也。近者颇有人主张游历之说,臣深知其不妥,何者?刍秣之资未易筹措,疏附先后、奔走御侮之才未易取求,且皇上一出国门,则宗庙宫室,民国不待占而自占,位号不待削而自削,宫中重器拱手而让之民国,未有所得而全尽失,是使皇上有去之日无归之年也。又欧洲经济之紊乱,工资之激争,日甚一日,爆发而成大乱之日不远,是欲避祸而反速祸也。故臣以为游历之事,有百害而无一利。③

罗、王认为,溥仪一旦出国,清室便失去了优待条件和复辟的可能,而郑却居然主张溥仪长期留学。郑显然认为,见识世界和研求现代知识对溥仪是有益的,所以至少他一部分的动机是为了溥仪的前途。这是罗、王从没有考虑的。他们一切的所作所为,都是为了满足自己的心情,而不是为了溥仪的健康和幸福。

然而郑最终的目的,也不是要溥仪摆脱束缚,做一个自由独立的现代公

① 《郑孝胥日记》第4册,第1973页。

② 《罗振玉王国维往来书信》,第595页。

③ 王国维:《筹建皇室博物馆奏折》,转引自袁英光、刘寅生《王国维年谱长编(1877～1927)》,第416～417页。

民。他主张溥仪留学，最重要的原因，是要为异日复兴清朝作预备。他比罗、王有眼光之处，是他看到了现代的君主需要有现代知识。郑从辛亥退隐上海之后，始终不忘清朝的复兴。他于1923年8月22日应命入宫与溥仪召对。回上海后，作有《纪恩诗》。第二天，8月29日，他百感交集，又作七律一首。序和诗的全文如下：

孝胥以戊戌[1898年]九月出京，至庚戌[1910年]七月入京，凡十三年，有诗纪之。辛亥九月出京，至癸亥[1923年]入京，亦十三年。且出京皆以九月，入京皆以七月，悟而嗟叹。自念生逢世乱，穷老无所就，复为此诗，后世或有悲之者。

世弃无留等可哀，黍离荆棘更能来。
还从铜辇寻残梦，早向昆明辨劫灰。
吞炭漆身殊未避，触山逐日漫相猜。
两朝国士虚名在，骏骨聊堪比郭隗。[①]

郭隗是战国时代的燕国人，燕昭王招用他，是要报齐国之仇。郑自比于郭隗，所以他的心情是很明显的。10月8日，他便提出报效溥仪出洋游历和留学经费的议案。

1924年3月3日，郑接到上谕，被派为宫中的总理内务府大臣。[②] 内务府大臣是清宫中最有实权的职位，而郑又是第一个出任内务府大臣的汉人，所以这是一项难得的殊荣。郑对溥仪和清朝感恩图报的心情是非常明显的。[③] 我这里不再多作讨论，而只以他1924年11月23日的日记来说明他的忠坚。这时溥仪已被迫迁出宫禁，住进北府。郑说：

曹缫蘅电话云："段[祺瑞]欲公为阁员，今日请过其居商之。"答之曰："不能就，请代辞。若晤面，恐致龃龉。"至北府，入对。泽公[载泽]、伒贝子、耆寿民[耆龄]询余，"就段否？"余曰："拟就其顾问犹虑损名，苟不能复辟，何以自解于天下！"伒贝子曰："有利于皇室，虽为总统可害！"[④]

段要郑出任的，是交通部长一职。[⑤]

---

① 《郑孝胥日记》第4册，第1961页；郑孝胥：《海藏楼诗集》卷一〇。

② 《郑孝胥日记》第4册，第1987页。

③ 我们从《海藏楼诗集》卷一〇癸亥(1923)年和甲子(1924)年的各诗中，可以看出他的心情。

④ 《郑孝胥日记》第4册，第2028～2029页。

⑤ 《郑孝胥日记》第4册，第2029页；郭廷以：《中华民国史事日志》第1册，台湾"中央研究院"近代史研究所1979～1985年版，第845页。

所以无论郑主张溥仪出洋或是为了溥仪的身心发展,或是为了国内的时局,或是基于其他的原因,它们只是外在的和部分的动机。郑最大的希望,是以留学作为恢复的预备。

优待条件

从民国的观点看,优待清室的目的,是要早日解除双方的争斗,开始国家的建设工作。在遗老和王公大臣的心中,它却为恢复帝制留下了一个根基;对王公大臣和宫中的人员,它更是他们衣食生活的来源。

民国的参议院在1912年2月12日通过优待清室条件。其中最重要的条例如下:

> 甲:关于大清皇帝辞位之后优待之条件:今因大清皇帝宣布赞成共和国体,中华民国于大清皇帝辞退之后,优待条件如左:
>
> 第一款:大清皇帝辞位之后尊号仍存不废,中华民国以待各外国君主之礼相待。
>
> 第二款:大清皇帝辞位之后岁用四百万两,俟改铸新币后改为四百万圆,此款由中华民国拨用。
>
> 第三款:大清皇帝辞位之后暂居宫禁,日后移居颐和园,侍卫人等照常留用。
>
> 第四款:大清皇帝辞位之后,其宗庙陵寝永远奉祀,由中华民国酌设卫兵妥慎保护。
>
> 第五款:德宗崇陵未完工程如制妥修,其奉安典礼仍如旧制,所有实用经费均由中华民国支出。
>
> 第七款:大清皇室辞位之后,其原有之私产由中华民国特别保护。
>
> 乙:关于清皇族待遇之条件:
>
> 三、清皇族私产一体保护。[①]

协定之后,双方又有几次修订和界定的尝试。1914年5月1日,袁世凯所公布的《中华民国约法》第六十六条说:"优待条件、清皇族待遇条件、满蒙回藏各族待遇条件永不变更其效力。"这是因为袁心怀称帝的野心,要以此

---

① 《临时公报》,载罗家伦主编《中华民国史料丛编》,中国国民党中央委员会党史史料编纂委员会1968年版。

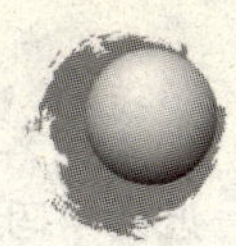

示好清室，减少反对的阻力。同年12月26日，北京政府与清室商订善后办法七条，要清皇室“尊重中华民国国家统治权……凡一切行为与现行法令抵触者，概行废止”。最重要的是，清方的文书契约“通用民国纪年，不适用旧历及旧时年号”。溥仪对民国官员不得赐谥及给予其他荣典，宫中的人员犯刑法的，应由民国司法处理。1915年12月，袁氏接受帝制，准备登基。清室于几天之后，咨文民国参议院，声明赞成袁氏帝制，袁即于当天申令优待条件载在约法，永不变更，将来制定宪法时将附列宪法，继续有效。1916年8月1日，国会在北京召开，宪法会议也在9月初继续开会。清室即请将优待条件列入宪法。因为各团体反对，国会只允将之“设法于宪法会议中再通过一次，以示不忘清室禅让之美德”。1917年2月末，副总统冯国璋请参议院将优待条件列入宪法，以杜复辟者口实。参议院没有接受冯的议案。张勋复辟失败之后，经各方辩论，北京政府决定继续遵守优待条件。这一局面一直维持到1922年徐世昌被迫辞总统职。1922年6月，旧国会恢复，提出修改优待条件。这时国内要求南北统一的呼声日高，1924年10月下旬，冯玉祥被推举为国民军总司令。11月5日，摄政内阁在冯的提议之下，通过修正清室优待条件。国民军并强令溥仪迁出宫禁。[①]

优待条件是一份关系国家主权利益的协定，然而它的粗略草率，可谓到了无以复加的地步。这份政府的文书，既没有顾到大原则，也没有仔细思考时限和界定等问题。中华民国以待外国国君之礼对待退了位的清帝，并任由溥仪保留帝王尊号。这是让一个被推翻了的政权在中国的国境内保有一个独立的身份，并与民国有一个对等对立的地位。溥仪是一个六岁的幼童，他是否终身都要有外国国君的礼遇呢？第二，清帝仍可“暂居”宫禁，“日后”移居颐和园。“暂居”是多久，“日后”又是何年何月？颐和园的财产权属谁？第三，岁用四百万，这是一笔当时的政府无力负担的庞大数目。优待条件中没有说明付款的年限，也没有要求清室在开源和节流方面负任何责任。内务府中有一千多名宦官和其他工作人员；宫中的支出，可谓毫无节制。我在后面会讨论这一点。公产和私产，也是一个重大的问题，而优待条件却只以一句笼统性的文字概括。一个现代国家应该如何规定何者是国家财产，何者是一个被征服的王朝所有。当事人对这些都没有想到。优待条件中奉祀和修护清帝的陵寝以及保护历史文物一项，关系清朝和民国的尊严，所以是

① 参见胡平生《民国初期的复辟派》，第382～411页。该处对优待条件的始末，包括溥仪迁出宫禁的经过，有详细的叙述。

最没有争议性的,可是此处无一语说明何时以及如何开始历史文物的定义工作以及修建陵寝的方针。

民国初年,中国中枢无主,民国又急于要结束内战,使国家得到安定。这是优待条件之所以对清室如此宽大优待的一个原因。可是这不能说明为什么各款如此空洞而缺乏内容。此后的十多年中,有人主张继续优待条件,有人主张废止,然而却没有人提出从具体的方面充实和修订优待条件的内容。

民国和逊清,因为不同的原因,都没有完全遵守优待条件的约定。民国方面,第一年尚能拨出四百万两的岁用。可是以后财政日紧,所以逐年减少,到了1919年时,政府只拨出了一百多万元。[①] 与民国的实际困难相比,清室不遵行优待条件的约定,是因为基本的立场问题。

庄士敦从1919年3月入宫担任帝师起,便极力劝说溥仪放弃优待条件。几年之中,他曾与溥仪多次讨论优待条件和溥仪的前途问题。1922年6月溥仪企图出走失败后,庄将他几年来的意见作了一次详细的叙述。庄劝溥仪放弃帝号和赐官赐爵的旧习,不拿民国的岁用,整顿宫廷,迁居颐和园,并在适当的时机出国求学。溥仪已不是皇帝,不应继续使用帝号或任何与帝王有关的常例。民国不能稳定有许多原因,而清室虽已退位却拒绝放弃各项特权,正是民国纷乱不能稳定的一个主因。为了国家的统一和发展,民国迟早会提出优待条件的修改。所以溥仪应在民国行动之前,以友善的态度,主动提出放弃全部的优待条件,包括四百万元的岁用。清室有可观的动产和不动产,只要善自经营,便能得到经济的独立。庄提议将颐和园辟为游览区,对外开放,收取门票,颐和园、静明园、玉泉山的渔产、林产,三处的各种租金和开办工厂的利润,足够清室世代之所需。庄更进一步说,放弃岁用,应是一个原则性的决定。溥仪即使没有足够的费用,仍应立即放弃这一特权。四百万元远远超过溥仪正常生活的需要,而又是民国所无力负担的。最后庄说,溥仪逐渐成人,应该求取现代新知,可是王公大臣只为自己的私利打算,而宫中的师傅又食古不化,早已与时代脱节,所以不可能给溥仪任何有启发性的教导。因此,为了身心的发展和避开宫中的不良影响,溥仪应即时迁居颐和园,成立皇室财产清理委员会,裁减宫中的开支和人员,在适当的时候,赴欧美留学,走上一个现代公民的道路。[②]

---

① 参见国立故宫博物院编撰《故宫七十星霜》,台湾商务印书馆1995年版,第8页。

② Reginald Johnston, pp. 286-303.

庄所提出的各点，也正是溥仪心中所期望的，所以他们两人的立场是一致的，然而溥仪宫内宫外的臣下，却绝不能接受庄的议案。遗老不能接受清朝败亡的事实，更不愿承认民国的正统地位。优待条件不但让清室继续维持帝王的威仪，而且也是日后复辟的资本。至于清室继续存在，是否延长了中国的内争和分裂，则根本不是遗老所考虑的。溥仪在1922年告诉庄士敦，他对他的一个汉人师傅说，鉴于民国财政艰难和百姓生活困苦，他想放弃优待条件中的岁用。可是师傅说，他不用为民国和百姓操心。中国人民将他推翻，所以他实应视中国人民为敌。①

宫廷以外的遗老，也同样坚决。罗振玉在1922年6月徐世昌辞总统职后，听说民国有废止优待条件的想法。于是他写信要王国维打听，有无"名誉、道德、学术"都好的律师，可以从法律途径解决这一问题。② 王则认为列强干涉更有力量。他说：

> 维意此事诉之法律效力甚少，可属飞鸿多作数文，于外纸上造成舆论，并令外节主张公道，较为有效。③

这时郑孝胥也听到了同样的消息。他联合了上海、北京、天津"旧臣之不忘皇帝者"联名抗议，1922年6月29日，由他执笔拟好一份"公启"。这一公启，有两重意义：一是从道德的立场，谴责民国"不仁不义"的动机；二是要引起国际的视听。郑颇有自信地说："此函一出，外报必论其事。否则，不置议耳。"④8月1日，旧国会复会，果然提出废止优待条件。郑认为旧臣之中，只有徐世昌或能尽一份力量维持优待条件。所以由他起草给徐的电文，说：

> 国会议员大抵不识立国体统，诚恐一倡百和竟成事实……公素以保护皇室自任，今虽去职，众望犹属于公，发言亦较有力；若能抗言力阻，并商之各国公使，出为证人，则议案纵得通过，事实不能照行，即为有效。⑤

所以郑真正有求于徐的，是要徐以前任总统的身份，邀请列强干涉。在这一

---

① Reginald Johnston, p. 295. 庄的文字是，"his tutor assured him that he need not concern himself with the difficulties of government or people, inasmuch as he should look upon the people of China, who had dethroned him, as his enemies"。庄只说溥仪说话的对象是汉文师傅中之一（"one of his Chinese tutors"）。这时的汉文师傅是陈宝琛和朱益藩，而陈比朱更接近溥仪。所以庄所指，很可能是陈宝琛。

② 参见《罗振玉王国维往来书信》，第536页。

③ 《罗振玉王国维往来书信》，第539页。

④ 《郑孝胥日记》第4册，第1911、1912页。

⑤ 《郑孝胥日记》第4册，第1916～1917页。

点上,郑和王国维的看法是完全一致的。民国惧外,没有独立的主权可言,所以外国的干涉是中国一切事务的最后决定因素。这一份电文,有五六十人联名。郑怕电报局不肯发,于是抄录电文之后,用快信寄出。[①]

可是遗老的行为是单方面的。他们要民国履行义务,而自身的活动则早已将优待条件的精神和内容彻底地破坏了。1924年11月5日,国民军驱逐溥仪出宫,摄政内阁要求清室同意优待条件的修改。清室认为优待条件是孙中山任临时大总统时订定的,所以要孙主持公道。孙在1925年1月6日回信,指出清室自己早已破坏了优待条件的有效性:

> 民国元年之所以有优待条件者,盖以当时清室既允放弃政权,赞成民治,销除兵事,厚恤民生,故有优待条件之崇报……
>
> 乃自建国以来,清既始终未践移宫之约,而于文书契券,仍沿用宣统年号,对于官吏之颁给荣典赐谥等,亦复相沿弗改。是于民国元年优待条件,及民国三年优待条件善后办法中清室应履行之各款,已悉行破弃。逮民国六年复辟之举,乃实犯破坏国体之大者,优待条件之效用,至是乃完全毁弃无余,清室乃无再请民国政府践履优待条件之理。虽清室于复辟失败以后,自承斯举为张勋迫胁而成。斯言若信,则张勋乃为清室之罪人。然张勋既死,清室又予以忠武之谥……明示国人以张勋之大有造于清室,而复辟之举实清室所乐从……
>
> 综斯数端,则民国政府对于优待条件势难再继续履行。吾所以认十一月间摄政内阁之修改优待条件及促清室移宫之举,按之情理法律,皆无可议。[②]

孙中山所指出的各点,不但都有历史证据,而且只是清室违反优待条件的精神和内容的一部分。自从溥仪退位,遗老便无时不在为复辟策划和努力。早在溥仪出宫以前,他们已决定与中国的外敌结盟来达成复辟的愿望。孙写信时,溥仪已在郑孝胥和罗振玉等人的安排下,住进了日本使馆,几周之后,他们又将溥仪潜送到了天津的日本租界。

任用新血

这几年中,清室并非完全没有行动。为了自保和发展,他们在选拔新

① 参见《郑孝胥日记》第4册,第1917页。

② 转引自《故宫七十星霜》,第22~23页。

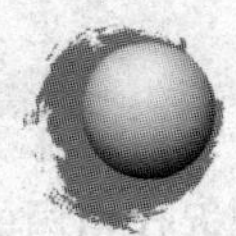

人、移宫颐和园、整顿内务府和争取私产方面，曾作了一些努力。

溥仪于1922年12月1日结婚。他说：

> [婚礼过后，]最先运用我当家作主之权的，是从参加婚礼的遗老里，挑选了几个我认为最忠心的、最有才干的人，作为我的股肱之臣。被选中的又推荐了他们的好友，这样，紫禁城里一共增加了十二三条辫子。这就是：郑孝胥、罗振玉、景方昶、温肃、柯劭忞、杨钟羲、朱汝珍、王国维、商衍瀛等。我分别给了他们南书房（皇帝书房）行走、懋勤殿（管皇帝读书文具的地方）行走的名衔。另外我还用了两名旗人……金梁和我的岳父荣源，派为内务府大臣。[①]

召用这一批股肱之臣，更增强了溥仪身边保守和复辟的势力。所谓当家作主，是溥仪自己的说词。这时他还不满十七岁，没有独当一面的性格。他的判断能力和宫廷以外的知识阅历，也极为有限。如果不是师傅进言，溥仪怎么会知道有这些人，又怎么会知道在这一批人中选用哪几个人？所以选用股肱之臣，他究竟作了多少主，是很值得怀疑的。这些人接受任命和入宫，前后费时一年多。任命郑孝胥时，庄士敦有机会进言；其余的任命，则都是保守势力和复辟派的进一步得势。这十几个人之中，郑是唯一略具现代眼光的人。1922年9月5日，郑和友人志赞羲谈话，“余谓宜于南书房选年壮通西文者二人为上侍从，从其所向而匡正之；赞羲谓：‘与弢庵[陈宝琛]商之，必可办到，但其人难得耳。’”[②]这时庄士敦任帝师已经三年半，为什么郑要为溥仪再添加两个通西文的人呢？他是要进一步加强溥仪的现代教育，还是认为溥仪过分西化，想找两个新人，提供一分平衡的力量呢？这是一个无法回答的问题。郑这时还没有入宫，所以没有直接进言的机会，而必须由任太傅的同乡好友陈宝琛设法。我们不能确定郑、陈有没有为此事商讨，可是在以后的一年多里，溥仪的身边又增加了一群保守的儒教信徒。

清室征召这些遗老，并不是仔细思考之后的行动。此举使清室在困难的情况下，又为自己加添了一分财政负担。溥仪给这些南书房行走和懋勤殿行走的“月俸……不薄”[③]。然而他并没有能力如此做。王国维说：

> 因上面念寒儒之寒，故库藏虽支绌，仍按月给发。[④]

---

① 《我的前半生》，第113页。

② 《郑孝胥日记》第4册，第1921页。

③ 这是罗振玉给王国维的信中的话，见《罗振玉王国维往来书信》，第562页。当然这些行走的俸给，不论出自何处，都是中国国家的总财富的负担。

④ 《王国维全集·书信》，第376页。

这绝不是俗套话,因为郑孝胥入宫之后,发现宫中根本无款可以支用。我们试看这些遗老在宫中的作用,不得不说召聘他们入宫是一个无谓的浪费。除了郑以外,其他的遗老都无事可做,他们甚至于每天入宫都不受欢迎。不仅如此,他们的思想由于被既定的立场占据而失去了灵活性和判断能力。所以他们虽然名为股肱之臣,实际却是一股改革的阻力。

1923年4月16日,溥仪颁谕旨,令王国维、杨钟羲、温肃、景方昶等四人为南书房行走。[①] 王得到故君的宠召,感激之情溢于言表。他在给罗振玉的信中说:

> 南斋之命,惶悚无地。适是晨子勤(杨钟羲)来告,知恩命渠亦未得其详……此次之命,出于不次,断无俟驾之理,而维私事家事尚须稍行料理……大约四月中或五月初当可北上。[②]

在清朝,只有出身翰林甲科的人才有资格入南书房。[③] 王以前只有朱彝尊(1629~1709)以布衣应征。所以罗振玉说王是"身膺二百余年未有之恩遇"[④]。不仅如此,三个月之后,溥仪又给王"加恩赏给五品衔,并赏食五品俸"。王感到这是他毕生的殊荣,即请罗的五子福颐代刻"王国维印"(白文方印)和"文学侍从"(朱文方印)两颗图章。8月15日收到后,王极为满意,说:

> 所需二印章,五世兄已刻就,多谢多谢。白文印,曩多见之,纯似汉人;朱文尤精雅,虽仿明人,实在明人之上。其所作印谱,是否即仿古之本?便时请携一部来,当为作序也。[⑤]

1924年1月7日,溥仪再以"在紫禁城骑马"的身份授王。王三度受到恩典,感慨不已。两天后,他对罗振玉说:

> 维于初二日与杨[钟羲]、景[方昶]同拜朝马之赏。此事在康熙间乃时有之……然此后则内廷虽至二品亦有不得者,辛亥以后,此恩稍滥。若以承平时制度言之,在杨、景已为特恩,若维则特之又特矣。报

---

① 参见赵万里《王静安先生年谱》第16册,第7094页。

② 转引自罗继祖《王国维先生的政治思想》,第404~405页。文中的四月中和五月初,都是指阴历。

③ 参见罗继祖《王国维先生的政治思想》,第405页。关于南书房的建置及历史,见吴秀良《南书房之建置及其前期发展》,载《思与言》第5期(1968年3月)。

④ 《罗振玉王国维往来书信》,第568页。

⑤ 《罗振玉王国维往来书信》,第579~580页。赏五品衔和五品俸,见赵万里《王静安先生年谱》第16册,第7094页。

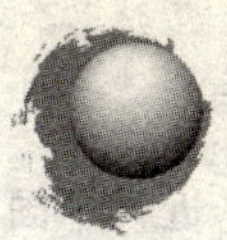

称之艰，公将何以教之？[①]

王自杀后，遗物中有一手书的小条，记有溥仪赐他的四件恩宠。除了南书房行走、五品俸和紫禁城骑马外，另有1923年11月1日派他清查景阳宫等处书籍的谕旨。[②] 王显然认为这四条谕旨是他一生中最有意义的记忆。

可是王国维心中的南书房行走和实际的南书房行走是大相径庭的。清室中的南书房行走，是一个没有内容的空衔；师傅和大臣都以冷漠的态度看待它。而王则是满腔热忱，以为他从此开始报效君主了。然而他报到之后，发现想象和现实大有差距。他在1923年6月7日给罗振玉的信中说：

维谢恩时，奉每日进来入直之谕……即出与二傅及瑞老言之，而三老均不在意，仍谓俟温[肃]到再定入直办法。午后往访弢老[陈宝琛]决此事，不值。次早因即入内，而南斋宫监等似以此举为多事(原来无人到)，告以面谕所谓指将来言之。出神武门时，正遇朱傅[朱益藩]下轿，告以遵谕进内而同列皆未来，不入则违谕，入则无所事事，请示办法。朱亦谓面谕系指将来言之，现可不必进内。维即请其代奏明此事。维思面谕之意，或当如朱傅所说，如仍日日往南斋，则与二傅及同列间感情必大生阻隔，故自昨日后即不复往之(鸣九[景方昶]、子勤[杨钟羲]皆不往)，亦无所事也。[③]

可是这些南书房行走已经入宫，不能完全无所事事。于是朱益藩师傅决定，要他们向溥仪进讲一些文史知识：

不以分书为然，但以每人所长者上闻，由上随意发问，即亦闲谈一切，亦无不可。盖即以此意定局也。[④]

7月末时，宫中规定他们“每六日入内一次，他无所事”[⑤]。11月1日，王接到谕旨，令他清查景阳宫等处的书籍。1924年11月5日，溥仪被逐出宫，南书房行走一职，自然便不存在了。王的任期，前后一年半左右。

罗振玉于1924年入宫，这达到了他多年的愿望。可是他也是改革宫廷、为溥仪的前途寻求一个合理的安排的最大的阻力。宫中无事可做，所以他所有的心思都用在了策划复辟和反对改革上。这里先讨论他入宫的一段。

罗自1919年从京都回国在天津定居后，每年溥仪生日时都入宫拜寿。

---

① 《罗振玉王国维往来书信》，第603页。

② 参见刘烜《王国维与罗振玉来往书信手稿述评》，第348～349页。

③ 《罗振玉王国维往来书信》，第569页。

④ 《王国维全集·书信》，第359页。

⑤ 《王国维全集·书信》，第360页。

1922 年 12 月,溥仪大婚后,他又经升允介绍而被召见。罗自己说:

大婚礼成,乃蒙召见于养心殿东暖阁,奏对颇久,温谕周至。①

罗继祖对这一段有更完备的记载:

溥仪大婚,海内遗臣乘“入贺”的机会,纷纷请求晋见。……祖父如按旧日制度,一个实任五品官不可能有“单独召对”的资格,但经升允面奏介绍了,也居然被召见。溥仪很赏面子,并且叫遇事可以随时上陈,也就是旧制度所说的允许“专折奏事”,并赏了“贞心古松”四字匾额和“福”字。祖父非常感激恩遇,把溥仪的照片弄来悬挂。见到比较相知的人,大夸溥仪圣明天纵,将来一定是中兴之主,于是把自己的后半生岁月完全寄托到溥仪身上,积极参加“复辟”活动。②

从此,罗便以“贞松老人”自号,书斋也以“贞松堂”名之。溥仪在 12 月 1 日结婚,罗于 12 月 12 日去信王国维说:

此次蒙恩赏“贞心古松”四字匾,故拟名敝斋曰贞松堂,以纪宠遇。公能为作《贞松堂记》,则至感矣。③

王入南书房,罗当然是十分羡慕的。不过升允替他在宫中活动,很快也有了结果。1924 年 8 月末,溥仪决定在宫中再增加两人,而罗便是两个新人之一。罗在给王的信中说:

[上问:]“闻罗现亦在京,已行未?”素[升允]答已行,上令面达我意。闻之至惶悚。上云:“罗某前次见面,其所奏陈,颇有见解独高之处。”闻之尤为惶悚。无论才德,皆不克副……万一命下,又不敢辞,如何如何……若竟命下,但有惶恐受命而已。弟此次闻素相传谕,方寸之惶恐,殆与公[王国维]往日得弟书时情形正同,此公所经历,当能推知也。④

三天之后,金梁传达溥仪的谕旨,派罗为懋勤殿行走,要他即日入都。⑤

然而罗并没有即日入都。王国维已先一年多入宫,所以罗早知宫中无事可做。他想入宫,一方面是要满足虚荣心。他过分的谦卑,反而是欲盖弥彰的效果。另一方面,入宫可以使他更深入一步为复辟努力。罗活动的结

---

① 罗振玉:《集蓼编》,第 770 页。

② 罗继祖:《我的祖父罗振玉》,第 119 页。

③ 《罗振玉王国维往来书信》,第 553 页。

④ 《罗振玉王国维往来书信》,第 634 页。在这以前三个月,罗也得到了“紫禁城骑马”的荣誉。见罗振玉《集蓼编》,第 770 页。

⑤ 参见《罗振玉王国维往来书信》,第 634 页。

果，得到了一个两全之法。他说：

> ［得到恩命后，］熟筹进退，颇有顾虑，意欲恳辞，商之升吉甫相国，相国谓义不可辞。然方寸仍不能无虑。乃先作书致螺江陈［宝琛］太傅，请先代奏，以京旗生计会须料理，以后拟半月在京供职，半月乞假理会事，预为日后求退地。螺江许之。乃以八日入都，具指谢恩，蒙赐对、赐餐，谕京旗事，不必每月请假，务留京供职，且谕令即检查审定内府古彝器。既退，谒陈、朱两傅，螺江太傅谓，所托已代奏；朱傅谓，南斋现已有六人，事务至简，已代为恳辞，今既入谢，以后不必按日入直，随时可返津也。已而又亲访忠愨［王国维］，属劝予不必留京。[①]

陈宝琛和朱益藩两师傅，的确不愿外人分任他们的权责，所以不希望王、罗等人每日入直。溥仪召用遗老，可以增加威信，因而陈、朱并无异议。然而遗老到了，他们的心情也变了。他们阻挠的结果，正好给罗提供了　个方便的借口。罗不愿长住北京，每日入直。他有多方面的考虑。他在天津的法租界，不久前刚造好新居，书画生意也以天津为基地。另一方面，既然已有了南书房的身份，便没有每日入直的需要了。罗对宫中的政治，尤其是复辟的前途，有浓厚的兴趣和强烈的立场。然而王国维已在宫中走动，可以为他的耳目和喉舌。

任命南书房行走和懋勤殿行走，是要表示溥仪已经成年，已能当家作主，同时也是清室内部改革的一部分。然而它带来的，却全是反面的效果。溥仪不但没有因此得到独立，反而多了一群与现代思想脱节、与中国现实脱节的复辟党人包围他；宫中的人事斗争更加剧了；民国想与清室取得谅解，结束中国的分裂，可能性也更小了。

在任命郑孝胥负责内务府时，溥仪表现了一份主动的能力和改革的决心。自从庄士敦1919年入宫以来，他无时不在批评内务府的腐败，力言整顿内务府是改革宫廷的急务。溥仪说：

> 伊克坦师傅在去世前(我结婚前一年)不久，曾因为陈师傅不肯向我揭发内务府的弊端，说陈师傅犯了“欺君之罪”，不配当“太傅”。至于庄师傅就更不用说了。内务府在他看来就是“吸血鬼”的化身。他对内务府的看法促成了我整顿内务府的决心。[②]

溥仪对郑的忠心，早已有所听闻。1917年12月，他以“贞风淩俗”四字

---

① 罗振玉：《集蓼编》，第771页。

② 《我的前半生》，第113页。庄说，内务府是“饮尽清朝的生命之源的吸血鬼”(a vampire draining the life-blood of the dynasty)，Reginald Johnston，p. 210.

匾赐郑。[①] 1923 年 8 月上旬,溥仪考虑整顿内务府时,有意重用郑。在陈宝琛的安排下,郑于 8 月末入宫召对,溥仪对他印象极好。他对陈说,郑的言论"使我气壮,吾目中未尝见如此人"[②]。溥仪又命庄士敦与郑相识。两人讨论内务府及清室各事后,庄声称郑是他旅华二十五年来最敬重的中国人。[③]

1923 年 12 月末,溥仪决定召郑北上,出任内务府主管。陈宝琛传话说:

> 主人晤接后,极致倾倒,以为任重致远,舍是莫属。近正整顿家居,于左右举无所信,欲待驾来商榷倚办,且意足下之必来。[④]

1924 年 3 月 3 日,溥仪下令:"特派郑孝胥为总理内务大臣,畀以全权,以资整顿。"溥仪的原意,是要任命郑为总理内务府全权大臣,因为他父亲争取,请求去除"全权"两字,溥仪乃决定将此两字移下。[⑤] 这一任命,使郑成为清朝唯一汉籍的总理内务府大臣。

可是虽然溥仪对郑表现了不同寻常的信心,他的重托却仍然不能使郑达成任务。阻碍他的,不但是宫中的积弊和王公大臣的抗拒,而且是新进宫的遗老,如罗振玉和王国维等人的反对。郑在 3 月 3 日得到谕旨,6 月 25 日便知难辞职,在任不足四个月。

移宫颐和园

移宫的问题,从议定优待条件到溥仪被迫出宫的前夕,十多年中没有得到解决。第一,移宫将使清室远离权力中心,对复辟是绝对不利的。第二,移居颐和园,与遣散人员、缩减开销是相关联的。这些都会涉及宫中许多人的切身利益。第三,移宫之后,旧有的宫廷制度、许多仪式及惯例便不能维持了。所以清室的人,绝大多数是反对移宫的。

清室在民国初年,曾有迁出宫禁的想法。袁世凯当政时,表面对清室尊重,暗中却多方压抑。清室在袁的压力之下,颇为不安,在 1913 年 4 月时,曾同意迁往颐和园。可是因为隆裕太后新丧不久,所以请求从缓。1915 年 12

---

① 参见《郑孝胥日记》第 3 册,第 1697 页;第 4 册,第 1886~1887 页。

② 《郑孝胥日记》第 4 册,第 1958、1959、1960 页。郑受到召对的恩宠,事后作有纪恩诗感怀,见《郑孝胥日记》第 4 册,第 1961 页;郑孝胥:《海藏楼诗集》,第 311~312 页。我在前面曾将全诗引出,所以此处不再讨论。

③ Reginald Johnston, p. 342.

④ 《郑孝胥日记》第 4 册,第 1977 页。

⑤ 参见《郑孝胥日记》第 4 册,第 1987 页。

月，袁接受帝制，清室不敢仍以皇帝自居，愿意即时迁移颐和园以避嫌疑。然而袁另有计算，要清室暂缓移动。[①] 袁死后，民国方面没有强人使清室有所顾忌，所以移宫也没有迫切的需要了。

迁居颐和园再次被提出是1919年3月庄士敦入宫后不久的事。庄一入宫，便看清了移住颐和园的益处，所以即向英政府和溥仪叔父的友人提出这一主张。[②] 庄得到溥仪的信任之后，更一再提议清室移宫颐和园。1922年6月，溥仪企图出走失败后，庄又提议迁居。1923年，庄与内务府大臣耆龄长谈，力言溥仪应即迁移，可是耆龄和其他宫中的人坚称颐和园不够宫中官员和内务府员工之用，而裁减人员和经费正是庄主张移宫的一个主要原因。耆龄的动机和目标如此不同，当然不愿支持庄的意见。[③]

大多数遗老也是反对移宫的。他们不但为清室的远景担忧，而且还以极端保守和恐惧的态度对待溥仪游颐和园和各种少年人的活动，他们认为这些有损帝王的尊严和威仪。太傅陈宝琛告诫溥仪说，中国历代的帝王都与外界隔绝，居住深宫禁地，严守祖宗的礼仪。[④] 王国维在1924年4月下旬给罗振玉的信中说：

> [上]此次赴园，亦通知当事[指民国当局]，彼即派人保卫，实亦监察，至园乘船赴玉泉，又乘自行车，行从者皆不能及，随者惟庄[士敦]则已……榘步行二三十里而不能近前，心亦甚以为危。总之，不去庆父，鲁难未已。然如之何去之，须筹一善法也。[⑤]

王和罗都认为，去除使鲁国不安的庆父，才是打消移宫念头的根本办法。

王、罗不但对庄不满，而且深以为骑自行车、游园等都是有违体制和损害帝王尊严的。王说：

> 今晨内直，见[南书房太监]朱珰又泣，谓欲求退，又谓事由于庄……昨日内中又将各门木槛尽行截去，门阶本稍高，则铺以土坡，欲以习练自行车，此种用意，亦可窥见。[⑥]

郑孝胥是唯一看法不同的遗老。他要把颐和园整理好，作为狡兔之一窟，并且在整顿的过程中削弱内务府中的既得势力。颐和园原由内务府管

---

① 参见胡平生《民国初期的复辟派》，第388～389页。

② Reginald Johnston, p.167.

③ Reginald Johnston, pp.298-299,354-356.

④ 这是庄士敦的记载，见Reginald Johnston, p.291.

⑤ 《罗振玉王国维往来书信》，第616页。

⑥ 《罗振玉王国维往来书信》，第617页。

理。郑在1924年3月受命为总理内务府大臣之后,即推荐庄士敦接管。内务府和王公大臣虽然极力反对,可是溥仪态度坚决。他不但任命庄"管理颐和园、静明园、玉泉山事务",并且当天便与庄同游颐和园,以表示他对庄绝对支持和信任。[①] 郑认为清理财产,包括整顿颐和园,是清室长治久安所必须做的事,可是在他心中,这是一项久远的计划。1923年5月中旬,他入宫前不久时说:

> [如果民国]催迁,皇室惟有以索还历年所欠经费为抵抗第一步,以颐和园保护难周为抵抗第二步。能于王、聂、冯三处疏通同意,则彼族驱逐之举或难实行。此为苟延之下策。至自行清理财产乃切已持久之计;今则置若不急。虽有智者,不能善其后矣。诸公愦愦如故,一旦祸发,何以处皇上!此仆所为腐心丧气者也。[②]

这是郑比其他遗老眼光高明之处。他有一分其他遗老所没有的理智分析。然而他仍然是遗老的立场,心中仍然充满了党见。所以他不把迁移颐和园视为履行优待条件的一部分,而把优待条件签订十多年以后民国的要求视为"驱逐"。

庄士敦出任颐和园、静明园、玉泉山的主管之后,便与郑商讨移宫的事。郑在原则上同意移宫是无可避免的,可是他坚持此举需要长期的准备工作。他要先整修颐和园,改组颐和园的人事和行政,裁减三处的工作人员,以及整顿宫廷的财政。[③] 可是他没有解释,为什么各项改革不能与移宫同时进行,甚至于在移宫之后实行。所以我们不能确定他究竟有多大的迁移的决心。

1924年11月5日,国民军开进紫禁城,将溥仪驱逐出宫,解决了优待条件中"暂居宫禁"的要求。

裁减人员

辛亥之后,清室不再有收入,所以裁减人员和开销是清室必须采取的措施。可是并非所有的遗老都认清了这一点。在改革声中,也有极力反对的。清室虽小,然而它的财政却是一个十分复杂的问题。这里我无意全面讨论

---

① Reginald Johnston, pp. 357-360. 溥仪的谕旨,附在庄书的第358~359页。

② 《郑孝胥日记》第4册,第1948~1949页。

③ Reginald Johnston, p. 357.

清室财政改革的内容,而将仅以裁减人员为题来看遗老的立场。

所谓改革,主要是以内务府为对象。宫中的大部分人事、经费和管理都在内务府的掌握之中。前面已经指出,溥仪在庄士敦的游说之下,逐渐开始有了改革的决心。1922 年 6 月,溥仪出走失败以后,庄趁机进言,推荐由李经迈和李的刘姓同乡出面整顿内务府。李托病不就,而刘在职三个月便知难而退。[①] 李曾为此事致书问徐世昌:“久不至京华,忽有恩命,可谓无端,至清产一事,我应否就差,请示。”徐答说:“非其时,可不来。”[②]李和徐对清室有一份关怀,可是不是复辟派。他们知道内务府的积弊和抗拒改革的心情,所以不愿应命。

然而反对改革的,并不限于内务府中的既得利益者,也包括了遗老中的一些人。我们看 1922 年 7 月 26 日罗振玉给王国维的信:

> 裁员一节,闻上驷銮仪裁十之九,内官裁半,卫士裁十之六,内侍尚未着手,即日执行。鄙意此必出贡父条陈,而耆[龄]、邵[英]辈为之奴隶也。沪上诸公欲作一书请代奏……弟极赞成。[③]

罗继祖在前一信的注解里说,贡父是指刘廷琛。[④] 所以宫廷以外维护清室的人,也认清了改革的必要,而两个内务府的大臣在压力之下也不得不同意。可是罗却在清亡十年之后,仍然反对一切裁减,连废除掌管马驼饲养的上驷院和负责天子后妃车驾的銮仪卫他也不愿赞同。几天之后,他致书清宗室宝熙说:

> 辛亥以来,生机仅存一线,今之裁汰,宜于节用之中兼厚爱人之意……以丰镐旧民,穷饿以死者相枕藉,民国不愿恤也。此少数在内府充下执事者,幸得缓须臾之死……今遽令赋闲,舍束手待毙,将无他策。前致书寿民[耆龄],请照中兴裁兵之例,给以数月恩饷……今闻又将裁内侍矣。内侍之裁,谁曰不宜?然实亦穷民无告者之一……若省有限之财而敛无穷之怨,非老成谋国之道者也。前援裁兵恩饷之例,乃于万不得一之中为两权之计。[⑤]

罗的信无一语涉及哪些机构应该裁减以及如何进行裁减工作。他为了

---

① Reginald Johnston, pp. 321-322;《我的前半生》,第 115 页。

② 转引自《罗振玉王国维往来书信》,第 542 页。罗继祖在注解中说,李是李经羲,可是根据两个当事人(庄士敦和溥仪),此人乃是李经迈。

③ 《罗振玉王国维往来书信》,第 540 页。

④ 参见《罗振玉王国维往来书信》,第 536 页。刘在张勋复辟时被溥仪授为内阁议政大臣。

⑤ 《罗振玉王国维往来书信》,第 543 页附致宝熙函。

宫中冗员的生机,要宫中的一切继续维持现状。因为他心中已经打定了主意,所以他说裁员只能"省有限之财"。可是这实是他在既定立场之下所下的结论。据庄士敦的观察,1923年7月溥仪遣散太监之前,宫中太监的人数在一千以上。① 在同一时间,罗看到报上报导"两千余太监悉数逐出"。他将剪报附于致王国维的信中,并问道:

> 今日报章所载确否?望迅示。前之所陈,又恐不幸而中,不知能忆及曲突徙薪之说,而为事后之补救否。天下事,非无可为,而为此肉食者败坏,必不可收拾而后已。可为切齿。②

为什么罗在清室到如此田地时,仍要溥仪维持一两千个太监呢?为什么他连上驷院和銮仪卫等都没有提出废止的主张呢?罗的心思,全在清朝的恢复大业上,而宦官制、銮仪卫、上驷院等,都是帝王制度中的环节,所以他是反对裁减任何清室的机构的。一个月之后,罗在致王的信中叹息道:

> 诸老心死已久……弟谓将来之望,仅得一人又半,则素相[升允]与南轩[张勋]是也。素相宏逸诚毅,自不待言,弟平生第一服膺者;南轩亦能知大体,此外未见其可也。③

所谓将来之望,是指复辟。在罗的心中,升允和张勋是最忠于清室的。可是复辟没有得到广泛的支持,这里又是一条证据。罗各方联络的结果,只找到一个六十五岁的升允和半个六十九岁的张勋。罗写毕这一段话的三周之后,张便身死。

罗深恐裁减会削弱复辟的生机,所以凡是减政的策略,都遭到他的反对。另外一批人,如郑孝胥、金梁等,则认为裁减是培养复辟的实力。1924年3月初旬,郑出掌内务府,以金梁为辅。郑于3月5日以《筹办说帖》进呈。④ 溥仪说,郑要将内务府裁并为四个科:

> 大批的人要裁去,大批的开支要减去,不仅能杜绝流失,更有开源之策。总之,他的整顿计划如果能够实现,复辟首先就有了财务上的保证。⑤

金梁也上条陈说:

> [恢复的手段]当先保护宫廷,以固根本;其次清理财产,以维财政,

---

① Reginald Johnston, p. 222.

② 《罗振玉王国维往来书信》,第575~576页。

③ 《罗振玉王国维往来书信》,第584页。

④ 参见《郑孝胥日记》第4册,第1988页。

⑤ 《我的前半生》,第116页。

盖必有以自养然后有以自保。能自养自保然后可密图恢复。三者相连本为一事，不能分也。[①]

所以郑、金等人的目标与罗、王的并无二致，只是双方的方法不同。罗和郑从这时起成为政敌。罗的竞争心和看法使他反对郑的态度更加强硬而不愿妥协。郑一开始进行裁减，罗、王便希望他早日失败。罗从金梁处听到金和郑已经"拜命"，大不以为然，说：

高密[郑]为人粗心喜事，得意未必有裨（且甚可虑），而彼当事之铜墙铁壁，亦可畏矣。[②]

王对郑的裁减政策，也无一赞同之语。他以幸灾乐祸的口气说：

高密于此事已栽一大跟斗，日䃅[金梁]亦必随之而倒。故前日素[升允]意俟其自败，不必加功……窃意高密减政之策，本不期实行，但以掩人耳目，其大计划既败，则亦自必求去……目下急务在善后之策。[③]

郑在职三个多月便被迫去职，而他的改革早在这之前已经死亡。宫中没有固定的收入，可是溥仪却挥霍如常；吃闲饭的内务府人员对郑的裁减计划千方百计地加以阻挠。此外，罗、王等遗老各种形式的抵抗，也是郑失败的助成因素。

郑和金梁于 1924 年 3 月 9 日到内务府行到任礼。他们立即发觉事不可为。4 月 29 日，金梁请开缺。[④] 实际上，他是受排挤而去。郑告诉罗振玉说：

息侯[金梁]已被逐，胥方羡之不暇，约计十旬以后，或可求去，私愿如此。[⑤]

郑自谓羡慕金梁去职，绝不是谦词。郑上任几天之后，便收到两封恐吓信，以暗杀威胁，要他立即去职。[⑥] 4 月 16 日，他与庄士敦晤面时，又"交匿名信一封"[⑦]。他原以为百日之后，便能急流勇退，可是两个月之后，已知事不可

---

① 《甲子清室密谋复辟文证》，（台北）文海出版社 1981 年版，第 154 页。

② 《罗振玉王国维往来书信》，第 605 页。此书编者将此函系于 1924 年 1 月 19 日，然而郑在 1924 年 2 月 16 日的日记中说，溥仪面谕云，"将以尔管理内务府，将以金梁助尔"。则罗给王的信，应为 2 月 18 日（罗信中的阴历十四日）。

③ 《罗振玉王国维往来书信》，第 605 页。王已提出裁减失败之后的善后之策，所以此信应写于 1924 年 4 月初旬或中旬。

④ 参见《郑孝胥日记》第 4 册，第 1996 页。

⑤ 《罗振玉王国维往来书信》，第 611～612 页。

⑥ Reginald Johnston, p. 343. 郑与庄在餐会上见面，以两信见示。

⑦ 参见《郑孝胥日记》第 4 册，第 1994 页。王国维在致罗振玉的信中说，郑"所得之恐吓信，亦非一次"。见《罗振玉王国维往来书信》，第 606 页。

为。5月10日,他趁溥仪召见时,"陈不能整顿之状,求去,上不许,曰:'过端午节再议此事。若即去,适坠彼等计中矣。'"[①]6月7日,端午之后几天,郑"奏请病假十日"。当然他并非真病,郑的日记中记述道:

上自致电话,云:"明日召见。"

复奏:"臣方请假,未便出门。"

上云:"无害。可于午后一时入宫,有所面语。"

奏云:"谨遵旨。"[②]

6月18日,假满之后,郑又"奏请续假十日"。6月25日,续假期满之前,他再次"奏请开缺"。溥仪终于以"旧疾复作,难胜繁剧"为由,准郑辞退。[③]

郑在巨大的压力之下知难而退,这对清室中大多数人是大快人心的事。遗老之中,罗振玉和王国维最乐于听到郑失败的消息。罗给他下了一个严厉的历史判断:

裁减案已揭晓,因郑请假未实行,大约就此下场,郑亦恐从此不振,轩然大波,如此结果,亦不幸之幸也。……郑之荒唐,更远在对山[康有为]之上,从前两海[康南海和海藏楼]并称,恐且后来居上矣。[④]

溥仪开去郑孝胥总理内务府大臣之缺以后,仍令他"在懋勤殿行走,俾得随时襄赞,借资调理,以节劳勋"[⑤]。1924年6月28日,郑入内谢恩,奏云:

今所拟缓减办法乃不得已之策,若有机会可乘,仍请乾断施行。臣在闲散之列,反便于进言。伏望圣躬以忧勤惕厉自处,使人心渐归,则天命自集矣。[⑥]

所以郑对溥仪和清室的关怀依旧,对恢复清朝的大目标,也绝对没有放弃。

私有财产

优待条件说:"大清皇帝辞位之后,其原有之私产由中华民国特别保

---

① 参见《郑孝胥日记》第4册,第1998页。

② 参见《郑孝胥日记》第4册,第2002、2003页。

③ 参见《郑孝胥日记》第4册,第2004、2005页。

④ 《罗振玉王国维往来书信》,第623~624页。在郑辞职的前夕,王在致蒋汝藻的信中说:"海藏办事卤莽灭裂,与前此之因循腐败者正各趋一极端,可虑之至。此数月中,心绪至为不安,然无补救之法,如何?如何?"见《王国维全集·书信》,第399页。我们可以由此想象郑去职时王的心情。

⑤ 参见《郑孝胥日记》第4册,第2005页。

⑥ 参见《郑孝胥日记》第4册,第2005页。

护。"一个胜利的新政权,让被征服的王朝保有它的私产,是一个极不寻常的安排,而究竟哪些是清室的私产,民国方面没有任何概念。因此这个优待条件为清室留下了一个极大的伸缩余地。财产不但可使清室延续生命,而且还是恢复的基础,所以遗老在为清室争取私产上,费尽了心机。

郑孝胥说,他于1922年9月7日与溥侗见面,溥侗对他说:"北京议员或谓皇室不应有私产,除颐和园外皆当充公。此议颇难于辨难。"郑曰:"不然。有地丁钱粮者为公产,无者皆为私产,此易辨也。"[①]这一段对话让我们明白地看到优待条件中有关私产的文字所造成的心理。北京的议员显然因为颐和园大部分的修建是清代完成的,所以愿意将它的所有权交给清室。然而这不是一个理智的结论。如果根据这种逻辑,隋唐的运河,明代的长城,清代的铁路、陆海军,以及历代所拓殖的疆域,岂不都属于各朝各代所有吗?这些建设和事功,是统治者的构想,可是它们的完成,都出自人民的血汗、赋税和力役。新建立的政权,接收前朝所遗留下来的所有资产,使一个有组织的政治群体(organized political society)的生命得以延续不绝。可是郑孝胥并没有因为能轻易得到颐和园而感到幸运。民国既然没有给"私产"一词下任何定义,那么现在他就要在这一漏洞下,为清室争取最大的利益。他要所有没有地丁钱粮的,也就是说,一切没有赋税义务的国家产业、建筑、公共事业,全归清室所有。

郑这时还在上海,一年多以后才入内务府。人既不在宫中,声音也不易响亮,这可能是他的私有财产观没有得到广泛流传的一个原因。

罗振玉和王国维是对清室私产极为关切的另外两个遗老。他们的想法远较郑为具体。罗是二人中的主脑。在他的策划之下,他们以取得宫中的宝物和书画为目标。他们的活动,在20年代初期转为积极。徐世昌在1922年6月2日辞总统职,清室少了一个同情的人,优待条件将更不可依靠了。罗的计划,是在北京东交民巷的使馆区设立一个博物馆和图书馆,收纳宫中的金玉宝物、艺术品、历代名画和善本书籍,并且即时对外开放,则这些书画宝物,既在使馆区,又有国际的注目,民国方面便不可能夺取了。罗在1922年7月26日致王国维的信中,说明了他的主张和反对者的顾虑:

> 两馆之设,恐成画饼,因当道虑将来必有移室之举(殆内府及傅,弟书恐未必上达),以两馆设都城,不弃委之不顾,故不能遽行云云(以开放为保存六字竟未入目。……)

① 参见《郑孝胥日记》第4册,第1921页。

鄙意即将来有迁徙,两馆亦可同迁,主权既定,何施不可? 矧弟等之意,即在以开放为保存。换言之,则舍开放将无保存之法也……但请发一朱谕,著于内府设一两馆筹备处,改异日所谓校理为筹备员,则基础定矣,若强权者启齿,可以已经自行筹备谢之。①

然而罗绝不气馁。1923 年 7 月起,他经德人卫礼贤向德国驻华公使游说,要列强帮助设立两馆。德使同意出力,并与驻华使节的首席代表荷兰公使欧登科(W. J. Oudendijk)商议。奥国在华的使馆,这时正空置;德国在北京有一练兵操场。德、荷两使愿将两处提供为清室建馆之用(这时奥国没有驻华使节,奥国在华的权益,由荷兰公使全权处理)。可是罗的计划,不但受到宫中许多人的反对,而且连王国维也不全同意。这时王已任南书房行走,罗在 1923 年 7 月 27 日给他的信中说:

奥馆一节,万不可删,此要紧关节,删去则成空旷语矣。时事甚亟,卜筑万来不及,卜筑能省,岂不更好? 移置不过一二年间事耳,租价何妨太贵? 若无奥馆,即批准亦属空言,兄所见正与弟相反也。早移一日好一日,一也。奥馆租值虽昂,我辈力不足,而非所论于县官,二也……凡文内诸语皆经千思百虑,而后出之,但可润色辞藻,不可删节。②

罗虽然一再施加压力,却始终没有完全说动王国维。1924 年 5 月 8 日,王在一份长的奏折中说明了他的立场。他同意罗的看法,认为"保安皇室之利而无其害者",是设立博物馆保全清室的宝物财产。可是在具体内容上,他并不完全信从罗的主张。他在奏折中说:

[皇室应该]开放禁城离宫之一部为皇室博物馆,而以内府所藏之古器、书画陈列其中,使中外人民皆得观览,如此则禁城之内,民国所辖地面,既有文渊阁之《四库全书》,文华、武英诸殿之古器、书画,皆我皇室之重器,而皇室所辖地面,复有皇室博物馆陈列内府之重器,是禁城一隅实为全国古今文化之所萃,即与世界文化有至大之关系,一旦京师有事,万国皆有保卫之责。夫日本岁掷庚子赔款四百万以经营东方文化事业,既成事实矣,英法诸国行且继之,彼于散逸之文物,犹不惜巨款以搜集之,岂于固有之文物有事之时,乃惜千百之兵力而不加以保卫。皇上如以事为可行,可遣人先与英日二使接洽,如得其赞助,即下明诏以建立皇室博物馆事宣告中外,一面指定地点,先设筹备处,一面清查

① 《罗振玉王国维往来书信》,第 540、541 页。

② 《罗振玉王国维往来书信》,第 577 页。

古器、书画、书籍，分别应否陈列之物，若借用原有宫殿至中严警卫，建筑界垣，以使博物馆地带自为一区域，与宫禁尽而为二，可令内务府谨慎筹议，则年之内即可开馆，如此则京师虽有事变，而皇室有磐石之固，无匕鬯之惊，皇上自此，益崇圣德务广圣学……①

所以王主张在宫中建立博物馆，而不借用奥馆，他认为应与英日接洽来达到目的。我们不应忽视王、罗在这两点上立场不同的重要性，可是他们尽管在某些问题上各有主张，但他们在大原则和大目标上，都是完全一致的。罗、王都要在中国的国境内另立一个主权单位。这个主权，在中国的法治之外，是在外国的保护之下生存的。

王没有全力协助，只是罗不能实现他的理想的一个次要因素。罗更大的阻力来自宫中的人对他的不信任。罗动辄怀疑与他意见相左的人，现在宫中的人也怀疑他建馆的动机。罗长期以经营书画古物为生。宫中自然有人认为，他是在以建馆为借口，企图将宫中的珍宝运出，转为己有。罗一提出在东交民巷使馆区建馆之议时，便立即察觉到他所引起的疑心。他对王国维说：

弟不应再建言，若强聒不已，或且疑弟为别有怀抱矣。②

罗既然自己提出“别有怀抱”之说，则很可能流言已经存在了。罗有没有盗窃宫中的宝物，不是我们需要在此解决的问题。我只是指出，流言一有了，便无孔不入，甚至在宫廷以外都有所听闻。王国维的友人张尔田写信说：

国亡之谓，何又因以为利。君子爱人以德，当劝其辞。即兄亦宜脱然其间，一生大节不可不兢兢业业。噫！考古之祸竟至于此，令人不忍言学。③

张接着说，清室的臣下在如此危难的处境之下，唯有“草间伏处，但有祈死”，万不能有“分君父财产”之心。④ 罗在这种有形无形的庞大压力之下，心生戒惧，决定不再追求他建馆的目标。他回忆说：

[荷使]为予言：奥国自大战后未派遣使臣，以后且无派遣之日，其馆地甚大，由荷使代管，现方间旷。若皇室定计，即由荷使电商奥国，借

① 王国维：《筹建皇室博物馆奏折》，转引自袁英光、刘寅生《王国维年谱长编(1877～1927)》，第416～417页。

② 《罗振玉王国维往来书信》，第541页。

③ 转引自刘烜《王国维与罗振玉来往书信手稿述评》，第351页。

④ 转引自刘烜《王国维与罗振玉来往书信手稿述评》，第351页。

为两馆筹备处,奥必允诺。至以后建造两馆,德使愿将彼国在京兵房操场捐为馆地。皇室若无建筑费及维持费,当由使国在各国捐募,不难集事。属予以此陈之皇室。予闻之欣然,乃据情作函,请师傅及内务府大臣代陈,乃久无复音。升相国[升允]闻之,复据予函所言,以封事上陈,亦无效。且有谣言,谓予与时流某,将借此谋盗窃者。知阻力甚深,乃谢卫[礼贤]君。①

德国和荷兰公使能不能做到为亡清在中国境内设立两个独立于中国主权之外的机构,我们今天已经不可能回答这一问题。可是这两个公使的确与一个中华民国的公民直接办理交涉,而他们交涉的内容,又是明显地伤害中国的主权独立的事宜。然而民国政府,或是不知情,或是无力阻止。所以罗振玉放弃建馆的阴谋,不是因为缺少列强的支持,更不是因为民国的反对,而是由于清室自身的内讧。

优待条件的修订

1924～1925 年,优待条件中的公产私产问题、溥仪迁出宫禁的问题以及民国补助清室的岁用等问题,得到了部分的解决,可是民国与清室的关系,仍然没有得到改善。

1924 年 11 月 2 日,曹锟辞总统职,由代理国务总理黄郛摄行大总统职务,是为"摄政内阁"。摄政内阁接受了冯玉祥的提议,于 11 月 5 日令溥仪迁出宫禁,溥仪于当天移居到他父亲的北府。所以当初"暂居宫禁"的协议,一共延续了十二年九个月之久。摄政内阁提出了优待条件的五点修订。这五点是:(1)溥仪自即日起"永远废除皇帝尊号,与中华民国国民在法律上享有同等一切之权利";(2)以后民国"每年补助清室家用五十万元",并且另以二百万元收容旗籍贫民;(3)溥仪迁出宫禁之后,可以自由选择居住,他的安全,则仍由民国保护;(4)清室的宗庙陵寝,永远奉祀,并由民国保护;(5)"清室私产,归清室完全享有,民国政府当为特别保护。其一切公产,应归民国政府所有"。②

这一份修订的条件,仍然十分简略而不够周全,可是它至少看到了 1912

① 罗振玉:《集蓼编》,第 769～770 页。

② 《政府公报(1912～1924 年)》,(台北)文海出版社 1971 年版,1924 年 11 月 6 日命令 3097 号。溥仪出宫和修订优待条件的经过及内容,见胡平生《民国初期的复辟派》,第 397～411 页。

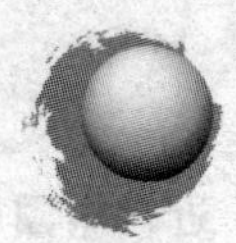

年优待条件中的一些严重疏忽。溥仪在左右不断的挑拨之下，对于优待条件的修订，最初不免有一分恐惧的心情。等到看到了修正条件的内容之后，才知道“这个新修正条件并没有我原先想象的那么可怕”[1]。英文师傅庄士敦也认为，修订后的优待条件，在本质上没有可以令他不满意之处；它与1912年的优待条件相比，实是一个绝大的改进。[2] 民国是胜利者，在取得政权多年之后，仍然以如此的优待条件对待亡清，所以连溥仪本人和庄师傅也没有任何反对之处。可是这仅是就修订条件的内容而言。在方法上，民国则受到一些批评。民国在1912年的优待条件上，铸下了大错。加以内忧外患，十多年来，败亡的清室久踞象征权力中心的宫禁，谋划复辟活动，而民国丝毫无能为力。所以冯玉祥和摄政内阁在危机感的驱使之下，将溥仪逐出宫禁，并以强制的方法修正优待条件。前文已经说过，事件发生之后，胡适立即提出指责，认为此举有伤民国的尊严。溥仪也因而产生了一分抗拒的心情。他在1925年2月二十虚岁生日时说：

> 优待条件存在与否，在余视之，无关轻重，不过此事在余自动取消则可，在他人强迫则不可。[3]

可是这个问题，在胡适的批评和溥仪的怨言之外，还有另外一面。溥仪说，优待条件只能由他自动取消。然而我们回顾亡清的历史，知道清室从来没有自动取消优待条件的意念。中国历史上各朝遗老的抵抗，最后都是得胜的王朝以武力解决的。以朝代为对象的忠贞观念，在这些遗老的意识中，已经牢不可破，他们无法从中解脱。溥仪被迫出宫时，遗老和王公大臣并没有移宫的计划，更不愿他放弃皇帝尊号和其他特权。他们都正忙于为复辟而奔走。所以民国清点财产的工作，他们也没有参与的诚意。

1924年11月14日，内阁会议宣布成立清室善后委员会。该会除委员长之外，有委员十四人，其中五人由清室指派。委员会的工作是决定宫中财产的“公私之性质，以定收回国有或交还清室，如遇必要时，得指定顾问或助理员若干人审查之”。清室的五个代表绍英、耆龄、载润、宝熙和罗振玉却另有怀抱。他们不信任民国的意图，也绝不同意委员会所订的目标。溥仪出宫后，罗振玉和郑孝胥等人于11月29日将他潜送到日本使馆。12月20日清室善后委员会召开第一次全体会议时，清室的五个代表因为主人已在日本的保护之下，所以态度极为强硬，都拒不出席，并且不承认该委员会所有

① 溥仪：《我的前半生》，第122页。

② Reginald Johnston, p. 395.

③ 溥仪：《我的前半生》，第139页。

议决事项的有效性。委员会通过《点清清宫物件规则》十八条,规定点查人员应聘请专家和事务人员担任。1925 年 1 月,善后委员会发送聘书五件,由内务部转交清室。绍英当即将聘书退回,并致函抗议委员会的工作。[①]

清室善后委员会在极度困难的环境之下,做了初步的清点工作。民国政府唯恐夜长梦多,即于 1925 年 10 月 10 日在清宫的原址成立故宫博物院,这是中国有国立博物馆的开始。[②]

① 参见《故宫七十星霜》,第 14～24 页;胡平生《民国初期的复辟派》,第 425～427 页;溥仪《我的前半生》,第 137 页。

② 《故宫七十星霜》第 25～27 页对当时清点工作的实况有简略的讨论。

第七章　遗老与日本

溥仪在 1924 年 11 月 5 日被迫迁出宫禁后，移居他父亲醇亲王载沣的北府。11 月 29 日，他逃入东交民巷的日本公使馆。1925 年 2 月 23 日，又逃到天津，定居日本租界。这两次潜逃，一次是郑孝胥的功劳，一次是罗振玉的策划。他们把溥仪送进了虎口而不自知。在日本的保护之下，他们从此不必再为溥仪的安全担忧，所以更积极地以全力为复辟努力。

护驾出宫

溥仪被迫出宫，是亡清自辛亥以来少有的一次危机。鹿钟麟进入宫禁的前几天，宫中的人已经有所警觉。他入宫时，只带了军、警各二十人，可是他限令溥仪在当天迁出，所以溥仪和宫中上下，仍然免不了有一些紧张失措。遗老如何应付这一事件？他们对清室的前途有何看法？

遗老用双管齐下的方式，为溥仪的安全努力。他们一方面与北方的军政要人联系，务使溥仪不受伤害；可是另一方面他们认为，溥仪的幸福和清室的前途，最终是操之于列强手中的。我们可以通过郑孝胥和罗振玉的活动，很明显地看出这种立场。郑在冯玉祥十月底进京时，知道事态将有变化。10 月 28 日，太傅陈宝琛咨宫中保护之策。郑回答说：

“试求英、日二国，得数十人驻神武门，足矣。”①

逼宫的前三天，溥仪召集岳父荣源、郑、庄士敦三人商议，“议定明日十

① 《郑孝胥日记》第 4 册，第 2022 页。

时,上往东交民巷荷兰使馆”[①]。荷兰公使是外国驻华使节团的首席代表,所以送溥仪到荷兰使馆,在外交上更有效果。郑和庄想直接寻求列强的干涉,求得问题的一劳永逸的解决。

郑和庄的提议,遭到师傅和王公的反对而没有被溥仪采纳,我在下文会论述到这一点。11月5日逼宫之后,庄立即赴使馆区活动,而郑则与他的多年同僚段祺瑞联系,请求其保护溥仪的安全。段回电说,已交代冯玉祥。郑又再去一电,提出溥仪移居东交民巷使馆区的要求:

> 昨午后三点钟,冯军押皇上出宫,送至醇王府,派兵监禁。现在只求自由居住,勿视同罪人,以伤忠义之气。望公再致电冯等,许上移居东交民巷,暂避意外危险。[②]

次日清早,郑将电报交日本公使馆的守备队队长竹本多吉大佐,请竹本代发,这无疑是要增加对段的压力。[③]

罗振玉是另一个为了溥仪出宫的事奔走不休的遗老。他说,他在冯玉祥入京的前几天,即主张宫中积极戒备,可是内务府大臣绍英以等闲的态度对待之。罗与竹本多吉也为了清室而有联系。11月5日,他在天津寓所时,得到竹本经天津日军司令部转告的溥仪出宫的消息,乃即经由司令部的介绍,往见在天津的段祺瑞。段拒不见面,然而答应发电给冯玉祥,保护溥仪。

> [罗不放心,乃]分电两傅[陈宝琛、朱益藩]及内务府大臣,电既发乃归,夜不成寐,坐以待旦。翌晨附车入都……始知圣驾已出,幸醇邸矣……侵晨乃得展观,上慰勉周挚,为之泣下。[④]

这时端康太妃初丧,金棺仍停放在宫中,而敬懿和荣惠两太妃,又拒不肯出宫。于是罗与鹿钟麟交涉,约定三点,不但带出的服用器物不得检查,而且要遵守男女之防的礼仪,太妃出宫时,民国方面的人“均须屏退”,出宫的日期,也由太妃自择。宫中的妇女,到11月21日方才迁出。[⑤] 罗说,鹿钟麟将溥仪逐出宫禁之后,即将坤宁宫后藏御宝室封闭,他气愤之下,“欲投御河自沉”。太妃端康的葬仪于11月19日结束后,罗在当晚“夜起作遗嘱”,并

---

① 《郑孝胥日记》第4册,第2025页;Reginald Johnston, p. 383.

② 《郑孝胥日记》第4册,第2026页。

③ “天明,送竹本求代发。”参见《郑孝胥日记》第4册,第2026页。

④ 罗振玉:《集蓼编》,第772～773页。

⑤ 参见罗振玉《集蓼编》,第774～775页。庄士敦说,端康的葬仪在1924年11月19日结束。敬懿和荣惠在溥仪的劝说下于11月21日出宫。Reginald Johnston, pp. 409-410。

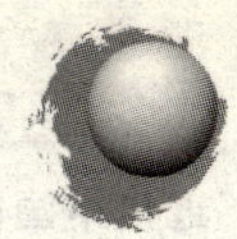

交给好友升允的长子,“语以俟有变故,即授于家人”。[①]

王国维没有郑孝胥的才能和谋略,可是他对清室的忠,绝不下于任何人。溥仪出宫的先后几个月中,王“日在忧患中”[②]。11 月 5 日,他正在南书房入直,所以溥仪离开宫禁时,他是伴护的人员之一。事后他在致狩野直喜的信中说:

> 一月以来,日在惊涛骇浪间。[阴历]十月九日之变,维等随车驾出宫,白刃炸弹,夹车而行,比至潜邸,守以兵卒,近段,张入都,始行撤去。[③]

王认为民国此举,是对君上最大的侮辱。潘夫人说,王“于逼宫之役,即有死志”,因为“家人严视得免”。[④]

郑、罗、王的活动,又一次表现了他们不屈不挠的忠义之气。然而他们的努力,并不是最具决定性的因素,更重要的是庄士敦从列强处得到的保证。亡清多年来不与民国妥协,主要的原因是他们有列强的支持而有恃无恐。1917 年的张勋复辟和 1924 年的溥仪出宫,是最明显的例子。张勋失败后,于 7 月 12 日逃入荷兰使馆,万绳栻则避入法国使馆。中国政府自知实力不够,所以根本没有提出引渡张的要求,而只要求荷兰公使禁止张在使馆停留期间继续从事颠覆民国的活动。荷使提出将张送往荷兰长期居留或转交另一中立国家,双方对这两个建议可能没有继续商议。荷使最后决定让张继续居留使馆。荷兰是一个小国,为了援引列强中的大国为后盾,乃声称张勋虽然身在荷兰使馆,而实是受在华外交使节团的共同保护(under the protection of the Diplomatic Corps)。外交部又与驻华公使团的首席代表——英国公使朱尔典(Sir John Jordan)交涉。1917 年 11 月 27 日,朱尔典以简慢而直截了当的态度说,外交团已决定将张勋置于中国政府的法权之外,给予安全通行的许可(safe conduct beyond the limits of the jurisdiction of the Chinese Government)[⑤]。

英、荷公使,能在外交使节团的集体名义之下,以如此强硬傲慢的态度对待地主国,清室的人当然都已看在眼中。郑孝胥说,只要英日的士兵数十

---

① 罗振玉:《集蓼编》,第 773～774、775 页,遗嘱见罗振玉《甲子岁谕儿辈》,载其《贞松老人外集》卷三。

② 王国维:《王国维全集・书信》,第 409 页。

③ [日]狩野直喜:《王静安君を忆ふ》,载《艺文》第 18 卷第 8 号,1927 年 8 月。

④ 转引自孙敦恒《王国维年谱新编》,中国文史出版社 1991 年版,第 136 页。

⑤ 《张勋逃匿荷兰使馆案》,载外交部刊行《外交文牍(民国元年至十年)》,(台北)文海出版社 1966 年版。该书收有有关张案的中外文字的交涉文件。

人守神武门,便足以抵御中国军队,便是这种心理的反映。鹿钟麟迫令溥仪出宫的当天,中国政府在列强处又受到一次屈辱。庄士敦听到逼宫的消息之后,立即与载涛驱车直驰使馆区。这时到任不久的荷兰公使欧登科已接任使节团的首席代表。庄到荷兰使馆时,英国公使也在场。庄说明来意后,三人即决定邀约日本公使加入,共同会见中国外交部长王正廷,要求中国政府保证溥仪的安全。欧登科说王最初以傲慢和沉默(arrogant and reticent)的态度相对,说这是中国的内政问题,与外交无关,所以公使团无干涉的立足点(locus standi)。三公使便出言威胁,声称如果溥仪受到任何伤害或不得体的待遇,三国政府便将以"严重不悦"(grave displeasure)的态度处置此一事件。至此王正廷便只有让步之一途,向三公使保证,溥仪不但不会受到任何不妥当的待遇,而且今后将是一个中国的自由公民。[①]

日本使馆

溥仪在北府居留了二十四天,于 1924 年 11 月 29 日被潜送到东交民巷的日本公使馆。亡清与民国的敌对,从此更加尖锐了。

溥仪抵达北府之后,面临几个选择:一是放弃帝号和恢复的意图,以颐和园和各项皇室私产度日;二是通过各种关系,试图恢复最初的优待条件;三是东渡日本,培养实力,作复辟的准备。第一个可能的出路,没有被清室中任何人认真考虑过。[②] 亡清现在虽然到了北府,可是态度依然极为顽固,绝无妥协交涉的意愿。1924 年 11 月 28 日,内务府以公函致民国的内务部,断然拒绝修正的优待条件:

> 查法理原则关于刑律之规定,凡以强暴胁迫人者,应负加害之责任,其民法原则凡出于强暴胁迫,欺罔恐吓之行为,法律上不能发生效力。兹特专函声明:所有摄阁任意修正之五条件,清室依照法理不能认为有效。[③]

溥仪移居后的三个星期中,各方的局势都有迅速的变化。清室当天便从公使馆得到安全的保证。1924 年 11 月 23 日,黄郛的摄政内阁总辞,第二天由段祺瑞出任临时执政。同一天,冯玉祥通电下野,并撤走监视北府的军

① Reginald Johnston, pp. 385-388. Locus Standi 是外交上的拉丁文用语,王用以辩论立场。
② 参见溥仪《我的前半生》,第 129 页。
③ 转引自溥仪《我的前半生》,第 128 页。

队。11月25日，冯出北京赴西山，并再向段辞职。[①] 冯是清室的心腹之患，而段和张作霖则被他们误以为是救星。[②] 他们受到了这些情势发展的鼓励，加以列强的保护，所以以理直气壮的口气，将修正的优待条件拒绝。

然而不承认修改的优待条件，只是一种立场而不是行动。拒绝之后，溥仪是继续留在北府，还是出洋，还是躲入东交民巷呢？从庄士敦1919年入宫以来，溥仪对欧美文明就向往不已。现在他出了宫禁，出洋的心情又复活了。1924年11月11日，溥仪到北府一周之后，胡适去探望他，问他日后的打算，他说：

> 王公大臣们在活动恢复原状，我对那些毫无兴趣，我希望能独立生活，求些学问。……我想出洋留学，可是很困难。……王公大臣们不放我，特别是王爷。[③]

可是他虽知阻力大，却并没有完全放弃出国的希望。两周后，他令郑孝胥起草《赐张作霖诏》。其中一段说：

> 予数年以来，困守宫中，囿于闻见，乘此时会，拟为出洋之行，惟筹备尚须时日，日内欲择暂驻之所，即行移出醇邸。俟料理粗定，先往盛京恭谒陵寝；事竣之日，再谋游学海外，以补不足。所有详情已属庄士敦面述。[④]

除了庄士敦之外，金梁和罗振玉也是主张溥仪出洋的。庄心中的目的地是美国或英国；金梁认为出洋以"赴英为宜"，显然是为了庄的英国身份的便利。[⑤] 罗想要溥仪去的，则是日本。可是他们的想法并不要紧，因为溥仪的父亲，很快便将他们一一击退了。载沣看到金梁的条陈后大怒，称他"疯子"，并不许他再进北府。溥仪说：

> 我父亲赶走金梁之后，为了防范别人对我的影响，每逢有他认为靠不住的人来访我，他不是加以拦阻，就是立在一边看守着，因此另一个

---

① 这些事实均见郭廷以《中华民国史事日志》第1册。《郑孝胥日记》第4册第2029页记载，1924年11月24日，"段派荫昌来，守卫兵得其长官令，不禁止洋员入见"，另外载涛也对郑说，"顷已见段，求撤卫兵，但留警察"，所以冯撤兵不是郭书所说的11月28日。

② 段、张是民国数一数二的强人，当然绝无企图恢复空无所有的亡清的念头。金梁在事后说："自段、张到京后，皆空言示好，实无办法。众为所欺，以为恢复即在目前，于是事实未见，而意见已生。"见金梁《遇变日记》，载《文史资料选辑》第13辑，中国文史出版社出版（下引该书，版本同此），第104页。

③ 溥仪：《我的前半生》，第131页。

④ 《郑孝胥日记》第4册，第2029页。

⑤ 参见金梁《遇变日记》，第103页。

主张出洋的罗振玉被他弄得无法跟我说话。我父亲的"王爷"威风只有对庄士敦不敢使用,但是门口上的大兵无形中帮了父亲的忙。庄士敦从第二天起就进不来了。所以我父亲这一次在对付出洋派上,已成了胜利者。[①]

庄希望溥仪留学,回国后成为一个自由的现代公民。罗和金梁是要溥仪到海外培养实力,等待恢复的时机。所以他们两人和载沣等人,实际上是殊途而同归。金梁的议论如下:

上能再入宫乎?……事已至此,假皇帝必不可做,要做必做真皇帝;盖必能敝屣今日之假皇帝,始可希望将来之真皇帝……今为上计,唯有速发宣言,收人心以挽议论。托内事于忠贞之士,而先出洋游学。图其大者远者,尽人事以待天命。一旦有机可乘,立即归国。臣意乱极必治,其机已动,必不远也。[②]

逼宫的几天之前,清室已在讨论何去何从的问题。迁入北府之后,这一问题变得更为迫切了。出洋之议,不但遭到强大的阻力,而且这不是短时间内所能做到的。所以他们先要决定,是让溥仪长住北府,还是迁入东交民巷使馆区。溥仪如果长住北府,载沣的影响力便会增加,所以他是不希望溥仪他迁的。另一方面,郑孝胥等遗老,则是主张移居使馆区的。1924 年 11 月 29 日,溥仪在郑孝胥、陈宝琛、庄士敦的安排下,被送进了日本使馆。

1924 年 11 月 28 日,郑孝胥和陈宝琛往访庄士敦。他们认为局势日紧,赤化运动加剧,冯玉祥也有三度入京的可能,所以应将溥仪立即送往使馆区。庄同意他们的看法。三人乃决定次日开始行动。同一天,郑也将局势的变化向溥仪报告。溥仪也心生警觉,令郑到使馆区"速觅屋"。[③] 11 月 29 日,庄和陈将溥仪潜送上车。到了使馆区,庄将溥仪带到德国医院后,即赴英国使馆,请求收容。英使不愿冒公然干涉中国内政之名,予以婉拒。庄乃赴荷兰使馆,荷使对待王正廷虽然傲慢,可是收容中国的废帝是一件严重的外交事件,所以也不愿接受庄的请求。这时,郑孝胥也赶到了,他以为众人都在德国医院。可是到了医院,情况却并非如此。

登楼,上徘徊窗下,独弢庵[陈宝琛]从,告孝胥曰:"庄士敦已往荷兰,英吉利使馆;张文治[载沣的北府总管]奔告醇王,且复来。"孝胥请幸日本使馆。上命孝胥先告日人。即访竹本[多吉],告以皇帝已来。

① 溥仪:《我的前半生》,第 130 页。

② 金梁:《遇变日记》,第 102 页。

③ Reginald Johnston, pp. 416-417.《郑孝胥日记》第 4 册,第 2030 页。

> 竹本白其公使芳泽[谦吉]。乃语孝胥，请皇帝自决行止。……日本公使芳泽以所居大楼三屋为上内寝。[1]

在德国医院和英、荷使馆办交涉，都是庄士敦一手处理的。郑孝胥和陈宝琛不谙西语，在西方使节团面前发言，也绝没有庄的分量。庄是英国人，多年来希望溥仪赴英、美留学。现在安排为溥仪避难，英国无疑是他的第一选择。因为英使不收容，所以庄去公使团首席代表荷兰公使馆求情。实际上，荷兰使馆是溥仪被迫出宫以前他们议定的避难之地。1924 年 11 月 2 日，溥仪召见岳父荣源、庄和郑三人，“议幸荷兰使馆”。

> 庄士敦以为可，而避有与谋之嫌。荣源语多阴阻。上初意甚决，后亦稍顾虑，使荣告朱益藩，朱复沮之。及载涛入见，以为时机未至；万一有急，彼必能出上于险。上信之，遂辍不行。[2]

庄士敦在两馆交涉碰壁，耽误了不少时间。郑孝胥下午赶到德国医院时，陈宝琛说庄仍在英、荷使馆。溥仪说，庄将他送到德国医院后，“不敢放松时间，立刻去英国使馆办交涉。谁知他这一去就杳无音信，等得我好不心焦。……正在焦躁不安的功夫，陈宝琛和郑孝胥相继到了”[3]。

那么庄为什么在《紫禁城的黄昏》一书中说，他最先到日本使馆，再去荷兰使馆，最后才去英国使馆呢？[4] 他显然是要改写这一段历史，来掩饰他的失望。溥仪进了日本使馆后，他的情况有了进一步的转变。离开了西方的语言文化环境，庄便失去了许多原有的优势，对溥仪进言的机会和影响，也迅速减少。庄显然认为没有说动英荷两使，是一场败仗，所以 20 世纪 30 年代初写回忆录时，仍然不愿明言英荷两使不愿收容溥仪的真因。[5]

溥仪潜逃的过程，说明投寄日本使馆，不是预谋的结果。到北府后，罗振玉曾计划将溥仪送入日本使馆。他说：

> 当上未莅日馆之前，予与滕卅柯学士劭忞，忧北府危地，不可久居，乃同访日本公使商假馆事。公使谓，由使馆往迓种种未便。若诸君能卫上莅此，当竭诚保卫。及上莅使馆界，庄傅先至英使馆，商税驾。英

---

① 郑孝胥：《十一月初三日奉乘舆幸日本使馆》，载其《海藏楼诗集》卷一〇；又见《郑孝胥日记》第 4 册，第 2030～2031 页。两处的记载有很小的出入，我的引文出自前者。

② 《郑孝胥日记》第 4 册，第 2025 页。

③ 溥仪：《我的前半生》，第 133 页。

④ Reginald Johnston, pp. 416-423.

⑤ 参见溥仪《我的前半生》，第 134 页。溥仪认为，庄不说实话，是因为他在这次争夺战中败给了郑孝胥，所以心中忿忿不乐。

使以未使辞,乃仍至日使馆。[①]

潜逃的那一天,罗事先不知情,没有参与,所以对溥仪的行止也没有左右的可能。前文已经交代,郑于 1924 年 11 月 2 日与庄士敦、荣源等议定移居荷兰使馆的计策。11 月 5 日被迫出宫的当天,郑与竹本多吉"密谋以医生往视上,称疾移入病院,或可脱险。竹本遣其副官中平常松同访村田医生。约六时半,驰至北府,上出视,初欲即行;见弢庵、泽公、价贝子、绍越千、庄士敦、醇王、溥杰、载涛等皆在,议久之,皆沮止,勿出,遂退"[②]。所以郑想将溥仪潜送到日本使馆的愿望,最初也没有达成。11 月 29 日,溥仪潜逃的那一天,郑迟到了。到了北府后,听说陈宝琛等去了苏州胡同,于是郑"驰至苏州胡同,无所见",方才去德国医院。这时已是下午了。[③] 如果这时英国或荷兰公使同意收留溥仪,则郑到时,一切便都已定案了。可是现在为时已晚,而溥仪的何去何从,仍未决定,所以郑定议,送溥仪至日本使馆。

郑得到溥仪的同意后,即将他送到竹本的兵营。竹本当即表示收留。庄士敦也同时与芳泽公使交涉。英国和荷兰公使所不愿做的,日本公使却没有顾虑。芳泽谦吉在使华回忆录中说:

宣统帝的老师英人庄士敦来访我,请求庇护。我来不及向政府请示,不过对外国政治犯的外国人,我有庇护权……我当即予以承诺。[④]

溥仪逃入日本使馆,虽然不是郑、罗蓄意安排的结果,可是他们对溥仪出走的结局,却是极其满意的。然而把溥仪交给日本,岂不是将他送入虎口?岂不是轻易地牺牲中国国家的利益?当时很多人都看到了投靠列强的不智。1924 年 11 月 7 日,溥仪到北府两天之后,段祺瑞回复郑求援的电报,说:

皇室事,余全力维持保护,并保全财产,但宣统皇帝入交民巷之意宜中止。[⑤]

段不希望溥仪入使馆区,一部分动机,显然是怕列强用他来牵制中国的政局和他的行动。11 月 30 日,庄士敦应张作霖之邀在张的寓所会面。会见时:

张怒庄以上适日馆,斥责甚厉,且云:"他使馆犹可,何故独往

---

① 罗振玉:《集蓼编》,第 776 页。

② 《郑孝胥日记》第 4 册,第 2025～2026 页。

③ 参见《郑孝胥日记》第 4 册,第 2030 页。

④ [日]芳泽谦吉著,陈天鸥译:《芳泽谦吉在华回忆》,载《传记文学》第 1 卷第 6 期,1962 年 11 月。

⑤ 《郑孝胥日记》第 4 册,第 2026 页。

日馆!"[①]

并力言溥仪应回北府。无论张的动机有多复杂,他的话却是切中要害的。日本是20世纪中国最大的外患,把溥仪送入日人的手中,对中国将会造成难以补救的伤害。

同一天,溥仪的父亲和其他的王公,也劝他搬回北府。他们对溥仪的安全问题,有不同的看法。段祺瑞和张作霖,都已保证溥仪的安全。溥仪到了日使馆之后,执政府不但向芳泽谦吉公使保证溥仪的安全,并且派了陆军中将曲同丰亲到日本公使馆守卫队队长竹本多吉大佐的兵营,再次表示:

> 执政府极愿尊重逊帝的自由意志,并于可能范围内,保护其生命财产及其关系者之安全。[②]

载沣要溥仪回北府,显然他认为没有危险。如果溥仪在北府时受到伤害,他个人也必然会受到波及,所以劝溥仪回北府,说明他对溥仪和自己在北府的安全,都有信心。

可是郑孝胥和罗振玉却另有打算。为了清室,他们愿意与日本或其他列强建立任何关系。所以他们对段、张和王爷的看法,绝对不同意。罗说,一切保证都是假的,唯有使馆区才有真正的安全。[③] 郑说:

> 摄政[载沣]及[载]涛等求上从张作霖意,再归北府;余请上万不可动。[④]

郑自命护送溥仪脱险安抵日本使馆是他不朽的功业,现在他如何肯将溥仪送回北府呢?我们看他《十一月初三日奉乘舆幸日本使馆》一诗中所流露的踌躇满志的心情:

> 乘回风兮载云旗,纵横无人神鬼驰。
> 手持帝子出虎穴,青史茫茫无此奇。
> 是日何来蒙古风,天倾地坼见共工。
> 休嗟猛士不可得,犹有人间一秃翁。[⑤]

郑要以日本使馆为基地,先恢复旧的优待条件,再谋进一步的发展。

罗振玉虽然没有机会亲自护送溥仪入日本使馆,可是这一发展,正合他的心意。他认为在日人的保护下,溥仪可以断然拒绝新的优待条件,继续维

---

① 《郑孝胥日记》第4册,第2031页。
② 溥仪:《我的前半生》,第137页。
③ 参见溥仪《我的前半生》,第137页。
④ 《郑孝胥日记》第4册,第2031页。
⑤ 郑孝胥:《海藏楼诗集》卷一〇。

持帝王尊号,最后达到恢复的目的。他说:

> 上莅使馆之翌晨,予奏:国民军以暴力逼改优待条件,当时处危地不可以理喻。今既出险,若仍不言,是默认也。宜向各邦宣告当日以暴力迫胁,由片面擅改优待条件情形。并预拟一谕旨纳袖中。上曰:连日廷议,各执极端……其说均不可行。今向各国宣布,将何以为辞乎?予启,但言暴力迫胁,由片面擅改条约,于法律不能生效力,矢不承认可矣。并出袖中拟旨上呈。上以为然。乃……先传达段祺瑞,寻函告驻京各国公使,俾转报政府。于是持自消尊号者始结舌,而自谓能令段祺瑞恢复优待者,以不能实其言,亦不告而南归矣。[①]

所谓不能实其言而南归,是指郑孝胥而言。这点我在下文将会讨论。罗的复辟的决心和信心,是遗老之中最坚定不移的。他认为溥仪臣下的各种廷议都不值一顾,他所积极努力的,是与日本进一步联盟,早日完成恢复大业。

天津日本租界

溥仪在日本公使馆共住了八十多天,于1925年2月23日在日本的掩护下,逃到天津的日本租界。避入公使馆,是郑孝胥的功劳;逃到天津,则是罗振玉在日本公使馆积极活动而一手完成的。

溥仪这时刚满十九足岁。他虽然身在日本使馆,可是心中最向往的,仍然是去英美留学。1925年2月7日,他在使馆中庆祝虚岁二十整寿。他说:

> 明黄色辫子,三跪九叩交织成的气氛,使我不禁伤感万分,愁肠百结。仪式完毕之后,在某种冲动之下,我在院子里对这五六百人发表了一个即席演说……“余今年二十岁……平日深居大内,无异囚犯,诸多不能自由,尤非余所乐为。余早有出洋求学之心,所以平日专心研究英文,原为出洋之预备,只以其中牵掣太多,是以急切不能实行。”[②]

他重申,他对皇帝和优待条件都没有兴趣。他在短短几个月中,两度忙于迁居,然而在没有预稿的即席演说中,又提出学英文和留学,所以这是他不能忘情的心愿。

可是这时外界的情况更不利了。庄士敦原是力主溥仪留学英美的。现

---

① 罗振玉:《集蓼编》,第776~777页。

② 溥仪:《我的前半生》,第139页。

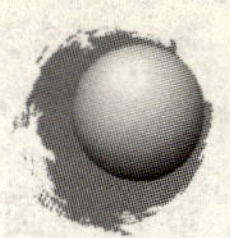

在英国公使不愿过分卷入中国的政争，而且溥仪进入日本使馆，使得英国在华的外交形势更为复杂了。所以庄从此“不宣传去伦敦做客”的可能性了。[①]溥仪潜往天津时，庄没有随行，并提出了辞呈。1925 年 3 月 3 日，郑孝胥的长子“入京，劝庄士敦勿辞”[②]。1926 年，庄回英国办理英国庚子赔款的退款事宜；1927 年初，他出任英国驻威海卫的主任委员。[③] 所以清室里唯一真心希望溥仪留学的人也离他而去了。以后溥仪没有再提留学英美的愿望。

溥仪出洋的愿望，也没有得到郑孝胥的支持。郑对溥仪赴英美或日本的想法，都不热衷。他自信能通过段祺瑞，将优待条件恢复，然后再作长期恢复的打算。前文已经交代，溥仪出宫之后，段应郑的请求，答应保护溥仪和保全清室财产。1924 年 11 月 23 日，段就任临时执政的前一天，示意要郑出掌交通部。此外，郑和段的几个亲信幕僚有很深的渊源。这些因素使郑深信，恢复优待条件，是指日之间的事。可是段是在纵横捭阖，为自己的事业部署，而不是要恢复优待。郑用他自己的心情，推测段的用心，所以大大地失算了。溥仪说：

> 郑孝胥曾经拍过胸脯，说以他和段的关系，一定可以把优待条件恢复过来。段的亲信幕僚曾毓隽、梁鸿志都是他的同乡，王揖唐等人跟他半师半友，这些人从旁出力，更不在话下。后来段祺瑞许下的空口愿不能兑现，使郑孝胥大为狼狈。对郑孝胥的微词就在我耳边出现了。[④]

郑遭受了这一个重大的挫折和罗振玉等人的攻击，所以决定急流勇退。溥仪在 1924 年 11 月 29 日进入日本使馆，郑在 12 月 5 日便“决计出京”，第二天清早，便动身回上海了。等他次年 2 月底与溥仪再见时，溥仪已经到了天津了。[⑤]

日本公使馆的局面，使溥仪局促不安，所以他出国的心愿格外强烈。可是他能依赖的三个重臣，去掉了两个，所以他的选择是极其明白的。他说：

> 那时我一心想出洋，郑孝胥并没有支持我，在庄士敦已经不宣传去伦敦作客的情形下，主张“东幸”的罗振玉自然更受到我的重视。[⑥]

罗的计划是，先送溥仪到天津，从天津渡海，到了日本以后，与日本合

---

① 参见溥仪《我的前半生》，第 142 页。

② 参见《郑孝胥日记》第 4 册，第 2043 页。

③ Reginald Johnston, pp. 442-443.

④ 溥仪：《我的前半生》，第 141～142 页。段出任执政后，任命王揖唐为安徽省长，兼督办军事善后事宜。

⑤ 参见《郑孝胥日记》第 4 册，第 2032、2043 页。

⑥ 溥仪：《我的前半生》，第 142 页。

作,完成恢复清朝的事业。可是这是他一厢情愿的想法。他一着手进行,才发现其中的阻碍。他说:

> 车驾幸日使馆后,王公师傅及内务府、南书房诸人,分班入侍。既月余,上与诸老臣谋他徙,皆不可。与[日本]公使商之,公使碍于邦交,亦有难色,谓兹事体大,容详图。最后上乃派柯[劭忞]学士偕[日本公使馆书记官]池部[政次]君往商之段祺瑞,言,上意既愿他徙,不敢违,然须伺相当时机,妥为保护乃可,幸勿造次。盖段意实不欲上他徙,姑以此塞责也。于是移跸之事,乃益梗矣。①

其实罗并没有坦然说明他所遭遇的一切阻力。我们从陈宝琛1925年1月中旬致郑孝胥的信中,可以看出溥仪东渡的复杂性。

> 日来上意急于东游,而段[祺瑞]坚欲先将条件议定。日使亦以为言,且合英、荷二使忠告。是行止处于两难。上以此事非足下即来与之辩论议决,则行计无由定,再三命即函请。亟盼玉趾早临。②

段祺瑞和英、荷、日三国的立场,是他们各方考虑之后所得出的结论。如果段让溥仪远走日本,一方面他会受到国人的严厉指责,另一方面他在与日本的关系中,将会处于更为不利的地位,所以他要"先将条件议定"。日使芳泽不愿轻易许诺,因为把一个中国的退位皇帝偷运出境,是一件严重的国际外交事件,所以他不愿承担这一份责任。英国和荷兰,当然不愿溥仪从此落入日本的手中,成为日本在华进一步进取的资本。我们可以断言,这不但是英、荷的立场,也必定是美、法、俄等列强的立场。芳泽谨慎从事,怕他一人不能说服溥仪,所以"合英、荷二使忠告",劝他打消赴日的念头。

可是段祺瑞、日、英、荷所看到的,都不是罗振玉有兴趣的事。他只见到恢复清朝的不朽功业,其他的都不在他的考虑之内。因为有这么多阻力,现在他决定改变策略,暂时不提东渡日本的计划,而只要池部政次告知芳泽公使,溥仪已决定出京赴津,并已得到段的默认,所以溥仪唯一需要的,是日方在京津途中的保护。日方因为不需负溥仪离开北京的责任,所以答应沿途护送。罗振玉回忆此事的经过如下:

> 予自随侍入使馆后,见池部君为人有风力,能断事,乃推诚结纳,池部君亦推诚相接。因密与商上行止。池部君谓,异日中国之乱,非上不能定,宜早他去,以就宏图。于是两人契益深。乙丑二月朔[1925年2

---

① 罗振玉:《集蓼编》,第777页。

② 《郑孝胥日记》第4册,第2037页。

> 月23日]上密招予，商去使馆赴日本，令予随从。以公使碍于邦交，欲自动出京，不复商之。予谓……出京正值其时，然出京后，即须由日本保卫，仍非得公使同意不可，请招池部君谋之。池部至极赞同，亦谓非得公使同意不可，但非解除邦交困难，不能得同意。知必有以处此。予谓但有以权辞告公使，谓上自动出京，事已密商段[祺瑞]，段默认，亦请公使默认。如是公使或不至为难。池部君称善。乃由渠商之公使。公使诺焉。遂以晚八时，由池部君卫上出前门登车。予与儿子福葆随从，一夜，遂安抵津站。日本总领事已密在站迎迓，为备大和旅馆驻跸。诘晨，池部君夫妇亦侍皇后由京至天津，乃移寓前湖北提督张彪别墅。[①]

溥仪的记载，让我们对他出走的内情，有一份更全面的了解。

> [罗振玉]来告诉我说：他和池部已商量妥当，出洋的事应该到天津去作准备……到天津，最好还是在日本租界里找一所房子，早先买好的那房子在英租界，地点很不适合。我听他说得有理……我派"南书房行走"朱汝珍去天津日租界找房子，结果看中了"张园"。不多天，罗振玉又说……可以立即动身。我向芳泽公使说了，他表示了同意我去天津，为了我这次转移，他派人通知了段祺瑞，段表示同意，还要派军队护送。芳泽……决定由天津日本总领事馆的警察署长和便衣警察来京，由他们先护送我去，然后婉容他们再去……
>
> 民国十四年二月二十三日下午七时，我向芳泽公使夫妇辞行……然后由池部和便衣日警们陪着……我在火车上找到了罗振玉父子……每逢到站停车，就上来几个穿黑便衣的日本警察和特务，车到了天津……日本驻天津总领事吉田茂和驻屯军的军官士兵们，大约有几十名，把我接下了车。[②]

日本等列强虽然处心积虑地要在华图利，可是他们遇有重大事件时，仍然不得不作多方面的考虑。遗老在为清室效命时，却少有顾忌，将溥仪送入日本的北京使馆和天津租界，都是他们积极行动的结果。罗振玉不但一再向日本公使求援，而且决定溥仪到天津后应住日租界而不住英租界。显然他认为列强之间的均势和日本以外的列强的支持已无意义，而将溥仪和恢复的前途，全部投注于日本。他在心中编织了一片美景，坚信日本是以道义为出发点，必定会为清室复辟尽力。他对池部政次，尤具一往情深，感恩图

① 罗振玉：《集蓼编》，第777～778页。

② 溥仪：《我的前半生》，第142～143页。

报。池部安排溥仪潜逃后,被调任驻宜昌总领事,不久便病卒于任内。罗闻讯后,立即奏请溥仪:

> 厚恤其遗孤,予亦为位哭之。每念往日患难中竭诚相助,虽骨肉不能逾。感谢之忱,毕吾生不能忘,即吾子孙,亦当世世尸祝者也。[①]

天津七年

罗振玉说,溥仪到了天津,"初拟小憩数日即东渡",池部政次已在准备船位了。

> 京、津诸臣,乃谓东渡不如在津之安……南中诸遗臣,又有以函电阻行者,因是乘舆遂滞津不去。[②]

结果溥仪在天津,一直住到1931年11月10日,前后几乎达七年之久。

到天津后人事上最重要的变动,是英国师傅庄士敦的逐渐疏远和去职。庄是唯一一个有不同思想背景和识见的臣下,也是唯一一个提出过对溥仪有利的建议的人。他的疏远和去职,使溥仪从此失去了一个通向外在世界的窗口;溥仪留学英美的可能性更渺茫难求了。今后他的身边,都是思想陈旧、坚持复辟的人。溥仪这时已满十九岁,对帝王的富贵荣华,多了一份心领神会的了解。现在他对复辟,不再全然是一副淡漠的心情,而是开始参与了。

在天津,郑孝胥和罗振玉仍是两个重臣。溥仪到津四天后,郑便回到了他的身边。清室这时设有总务处、庶务处、收支处和交涉处。溥仪将权责最大的总务处交给郑负责。溥仪在日本使馆时,东渡日本的计划不能施行,曾一再传旨令郑北上,出面交涉。郑以不即不离的方式应付,没有立即应命,益使溥仪觉得他是不可少的人才。所以他到津之后,一周内便得到宫中最有影响力的职位。这也正是罗所垂涎的。郑得意地说:

> 罗不得总务处,意颇惭恚,察其状,将叛去。[③]

可是郑低估了罗的忠坚和复辟的意志。罗不但不因为这次挫败而"叛去",

---

① 罗振玉:《集蓼编》,第779页。

② 罗振玉:《集蓼编》,第779页。

③ 《郑孝胥日记》第4册,第2044页。罗的挚友王国维,在溥仪潜行天津时,已就清华大学之聘。他的离去,是他生命中的一个重要变化,可是对溥仪并没有影响。我将在后面一章深入讨论王就清华教职的过程。

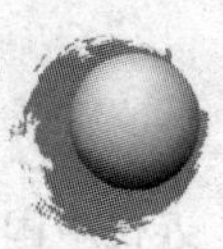

而且仍旧不停地为清室的前途计划、奔走。几年以后，郑和罗是把溥仪送去东北，成立满洲国的两个首要人物。

天津的小朝廷，比在北京时更小了，又离开了权力中心的首都，可是这些改变并没有减弱郑和罗恢复的决心。1925 年 3 月 14 日，郑孝胥诣行在，请召对。

> 上语："将来国号，即称中华帝国亦无不可。"此语必自徐良所陈，乃康有为之邪说，孝胥但云："俟他日讨论此事。"①

康有为认为虚君立宪是救亡的唯一良方，他的中心思想是"保中国不保大清"，所以中国实行君宪后是中华帝国，而不是大清帝国。郑听完溥仪的话以后，断定这是康的弟子徐良在为乃师的邪说鼓吹张目。溥仪只想重登皇帝宝座，是大清帝国的皇帝，还是中华帝国的皇帝，对他已不重要。这是郑所不能同意的。可是他又不能当场顶撞君上，所以回答说："俟他日讨论此事。"

罗振玉的态度，也是毫无妥协的余地。1925 年 11 月下旬，庄士敦进言，由溥仪发电吊唁英王乔治五世的母亲之丧。罗坚持在电文中，溥仪应以"皇帝"自称。

> 庄士敦谓："吊唁英后，称'皇帝'为不合。若因此致民国诘责，罗诚当尸其咎。"罗不服，致书庄士敦，谓彼所言不合，当以律师决之。②

皇帝的尊号，现在最多只有一点主观上的意义了。现在清亡已十四年，所谓的朝廷，上下只有几十人而已。如果仍以皇帝自称，则除了加深与民国的鸿沟之外，别无任何意义。可是这两个字和它所象征的意义，也正是罗振玉梦寐以求的，所以他不惜要诉诸法律来达到他的愿望。

到天津后，溥仪的思想范围明显缩小了。一方面庄士敦日渐疏远；另一方面，遗老开始以传统教材，每天给他上课。所以溥仪从十九岁起的教育，全是中国的传统教材，而这些教材又是经过保守性极强的遗老过滤之后传授给他的。1925 年 7 月中旬，郑孝胥开始进讲南宋袁枢的《通鉴纪事本末》，胡嗣瑗进讲明人汪循的《帝祖万年金鉴录》，温肃进讲唐人吴兢的《贞观政要》，胡不久后又进讲南宋真德秀的《大学衍义》。这些课程，"分日入讲，自午前九时至十时"③。他们的目的是要灌输和加强溥仪的帝王使命感和传统

---

① 《郑孝胥日记》第 4 册，第 2045 页。

② 《郑孝胥日记》第 4 册，第 2074 页。

③ 《郑孝胥日记》第 4 册，第 2056、2067 页。郑以后又续讲《论语》、《左传》等儒学经典。汪循一书的全名，由友人马泰来提供。

道德观，复辟之后，他便是一个为民爱戴的仁君。对此溥仪有一段十分生动的回忆。他说，有一次郑孝胥讲《通览纪事本末》时，话题忽然转到了他未来的"帝国"：

> "帝国的版图，将超越圣祖仁皇帝一朝的规模，那时京都将有三座，一在北京，一在南京，一在帕米尔高原之上……"他说话时是秃头摇晃，唾星四溅，终至四肢颤动，老泪横流。[①]

罗、郑等遗老复辟的活动更积极了。凡是他们认为可能有助于复辟的人和团体，都是他们联盟的对象。除了日本之外，他们与北方军政有实力的派系和西方的投机分子，往来十分频繁。遗老和日本的关系，将在后面专章讨论。复辟派与中国军政界的往还，已有学术著作讨论，我在前面，也已略为涉及这些往来的方式和特征，所以这里只据三个西方人来看遗老复辟活动的一斑。

奥国人阿克第自称是从前奥国的贵族，彼时在欧洲仍有地位，以前在奥国在华租界的工部局供职，郑孝胥于 1929 年 6 月中旬与他见面时，他是奥国驻华军队的"兵官"。郑误信阿有帮助清室复辟的能力，当即将他带去见日人，并推荐给溥仪。[②] 溥仪为郑说动，于 8 月 21 日密谕：

> [命]前奥国海军游击，男爵罴俄·阿克第为顾问，办理面谕事宜，上谕一道，命郑垂赍往，并发俸金六个月，共一千八百元。阿克第呈收条一纸。[③]

郑满怀希望，居然以为一个来华找机会、在租界工部局工作的职员，有将清室起死回生的通天能力。他要阿回欧洲成立震旦学会，说服欧洲列强共同出力帮助清室建立一个永无战祸的道德王国。这里我们初次看到郑的王道思想的影子，而阿克第便是他认为能为他促成这一理想的人。

> 拟使阿克第于欧洲立震旦会，其大意曰："我等之见，非有尊卑、上下之制度，不能成长治久安之国家。震旦西北数万里之区，乃开辟以来未发之宝藏，而有四万万驯良之人民，二百七十年太平之皇室，三年统

---

① 溥仪：《我的前半生》，第 176 页。溥仪的教育和清代前任帝王的教育，是属于同一类型的。可是即使到了乾隆后期，仅从中国的史书和经典中寻求一切治国平天下的智慧，显然已经不够了。有关清代帝王的教育，见 Harold L. Kahn, "The Education of a Prince: The Emperor learns His Role," in *Approaches to Modern Chinese History*, edited by Albert Feuerwerker, Rhoads Murphey, Mary C. Wright, Berkeley: University of California Press, 1967, pp. 15-44。

② 参见《郑孝胥日记》第 4 册，第 2238、2239 页。

③ 《郑孝胥日记》第 4 册，第 2246～2247 页。《我的前半生》所回忆的与郑的日记内容相同，第 164 页。

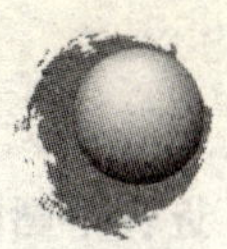

治大清国之皇帝。合力助之，以建新国，一洗从来异种、异教、异国之陋见。道德、事业、功名与同志者共之。此举果成，当使举世感化，永绝战争之祸。昔英人以民治建业于美洲，今我等以君国建业于亚洲，其事一也。”①

这便是溥仪在谕命中所指的“办理面谕事宜。”

郑要消除异国异教的陋见，可是他对中国却有不能解除的成见。他说震旦，说大清，而绝不用“中国”两个字。他要恢复清朝的帝王制的心愿如此强烈，以致以绝对信任的心情，和见了几面的阿克第谈以后清朝的建设事业，并表示愿将国家的利益和安全交托给外国人。1929 年 8 月 12 日，郑与阿克第说他日政策：

一、设责任内阁，阁员参用客卿；二、禁卫军以客将统帅；三、速办张家口至伊犁铁路，用借款包工之策；四、国内所有官办、商办营业，限五年内一体成立。②

郑与阿如此推心置腹，出让如此惊人的国家权益，显然是因为他认为阿有非凡的能力。他要设责任内阁，是要回到君宪的信念，还是要以之用作换取外援的诱饵，这里只有寥寥几个字，我们无法下一个定论。可是我们确知，郑的心血，没有得到丝毫的回报。一个奥国公使馆的“兵官”，岂能说动欧洲的列强为亡清在亚洲重建帝国？阿回欧洲，说是要为清室完成恢复大业，可是短期之内，郑便不再提起此人了。

另一个愚弄郑孝胥的是英国人罗斯。罗斯自称是记者，能办报为清室宣传鼓吹。郑信以为真，乃即将他介绍于日人和溥仪。1929 年 6 月初，罗斯语郑：

欲于天津立报馆，约需二万元，于中国、英国、日本招股，以为复辟之备。③

郑为他的说词所动，当即于 7 月 3 日访罗斯，“以三千元与之，为报馆股本”④。可是罗斯是一个招摇撞骗之徒，他的行踪闪烁，言词不一，利用郑复辟的心情，屡次从郑那里骗得钱财。罗斯是英人，却要在日租界租屋办报。

---

① 《郑孝胥日记》第 4 册，第 2240 页。

② 《郑孝胥日记》第 4 册，第 2245～2246 页。

③ 《郑孝胥日记》第 4 册，第 2236 页。

④ 《郑孝胥日记》第 4 册，第 2240 页。溥仪在《我的前半生》中说：“罗斯是个记者，说要复辟必得有报，要我拿两万元给他办报。我给了他三千元。”我们不知道是郑和溥仪各给三千元，还是这三千元是同一笔钱。第 164 页。

10月24日,郑说:

朱志钧来,言日租界租屋未批准,谓:"罗斯英人,何不租英界?英人无在日界营业者。"日领事颇靳之。罗斯乃言于英领事,使英领托之。英领诘罗斯:"款何自来?"罗斯遂言:"借之于郑。"英领疑,将查问。罗乃使朱告余,请好语英领。然未来询也。[①]

英领和日领,都有一份怀疑的心情,而郑却一再听信罗斯。罗斯对郑说,他要在中、英、日三处招股,可是他知道,英领是绝不会相信有英国人愿为中国的复辟投资办报的,所以罗斯对英领说,办报的钱借之于郑。他怕他的各种行踪为英人察觉,所以要在日租界进行。可是他对郑却少有顾忌,1929年9月下旬,郑应罗斯的要求,"至上海银行取四千元,付罗斯"。这时郑垂已开始有所怀疑,担心"借款未能即还"。郑孝胥却回答道:"然不能冒险则无从举事,且观其后。"果然,借款到期时,罗斯不还,郑只得于11月14日"使大七[郑垂]还上海银行四千元"。罗斯所办的《诚报》当然很快便关闭了。[②]

罗斯成功的要诀,是他能一再点燃郑的复辟的希望,使之延续不熄。罗斯便是把前文讨论的阿克第介绍给郑的人。郑说:

[1929年6月18日]罗斯及其友来,奥国人,邀同访奥兵官阿克第,居特别一区通州路四号。晤阿克第及其妻,阿出示宣统元年所得宝星执照,尝在奥租界管理工部局。[③]

郑为阿的背景所动,将阿推荐给溥仪,溥仪两天后便传旨召见。[④] 罗斯又常将阿的活动转告于郑,并为其妻鼓吹,说:

阿克第之妻与英、奥贵族多交游,颇有力量,能助阿成功。[⑤]

罗斯也利用他的英语能力,取得郑的信任。到天津之后,溥仪出售宫中的书画珠宝来换取生活费和活动交际费,次数比以前更多了,而罗斯便往往是传递音讯的人。1929年7月22日,罗斯访郑:

交书画清单六纸,凡四十五件,将以译寄美国。[⑥]

郑和溥仪被阿克第和罗斯愚弄所丢失的钱,究竟是怎样的一个数目呢?

---

① 《郑孝胥日记》第4册,第2255页。郑在日记中,将此人之名译为罗师,溥仪则译为罗斯。全书均以罗斯名之,以求统一。

② 《郑孝胥日记》第4册,第2250~2251、2253、2257、2258、2267页。

③ 《郑孝胥日记》第4册,第2238页。

④ 参见《郑孝胥日记》第4册,第2238页。

⑤ 《郑孝胥日记》第4册,第2251页。

⑥ 《郑孝胥日记》第4册,第2243页。

郑在 1930 年 12 月末的一段日记，帮助我们得到一个很好的信息：

> 修仲业来，言："园中两月有余未发薪水。余出京日，家中仅有四元，余携三元行；今十余日，计当断炊矣。势不能待。明日必归，君能相济否？"余曰："可。"即以百元借之。又托带十元与夏友兰，向婉秋借五十元，才足此数。怀中尚有三十余元耳。[①]

所谓"园中"是指溥仪于 1929 年 7 月迁入的"静园"。当时清室的拮据以及郑和溥仪为了复辟所浪费的金钱，我们从这一段话中可以有一个相当清楚的了解。

郑孝胥、罗振玉、溥仪在日本人以外，寄托最大希望的外国人是谢米诺夫(Grigori Semenov, 1891～1946)。谢是反共的白俄。1917 年俄国革命后，他在日本的援助之下，进行反苏活动，并开始骚扰中国的西北，鼓动蒙古独立。多年来，他始终是中国西北的一个边患。1925 年起，他开始与遗老合作，声言要为清室复辟。满洲国时期，他结集了白俄势力，继续反苏。第二次世界大战结束后，谢被捕处死。[②]

升允是最先结识谢米诺夫的人。升是蒙古族，前清时曾任陕西巡抚(1901～1904)和陕甘总督(1905～1909)，所以对复辟和西北边疆都有浓厚的兴趣。他结识谢之后，即将谢介绍给好友罗振玉。溥仪最早听闻谢米诺夫，是因为升允和罗 1925 年 10 月下旬的推荐，因为陈宝琛反对，所以溥仪没有召见他。[③] 在溥仪处没有行通，罗便将谢和谢的友人及翻译多布端(汉文名"包文渊")介绍给郑孝胥。溥仪在罗、郑两个重臣的游说之下，果然动心了。可是陈太傅已经明白反对，所以他不召见，而传谕于谢米诺夫，云：

> 尔能犯难举事，吾甚重之。顾不能遣人筹款以助尔事。他日，成则受其福，败则不居其名，吾不忍也。[④]

当天下午，郑便使多布端将溥仪的传谕译出转告谢。郑说：

---

① 《郑孝胥日记》第 4 册，第 2309 页。

② 参见[日]山室信一《キメラ——满洲国の肖像》，(东京)中央公论社 2004 年版(下引该书，版本同此)，第 365 页。其中有简略资料。此书之英译本为 Yamamuro Shin'ichi, *Manchuria Under Japanese Dominion*, translated by Joshua A. Fogel, Philadelphia: University of Pennsylvania Press, 2006.

《我的前半生》也有少许谢的资料，第 161 页。郭廷以《中华民国史事日志》第 1 册条列了谢米诺夫骚扰中国西北边境的活动。

③ 参见溥仪《我的前半生》，第 161 页。《郑孝胥日记》(第 4 册，第 2068 页)说："上以询于陈宝琛；陈以上方韬晦，恐招忌，宜勿见。"

④ 《郑孝胥日记》第 4 册，第 2069～2070 页。

多闻之甚感动。多复私谓曰："上甚有人君之度。然使谢灰心颇可惜。我等犯难，不求助，亦不求报，所求：得上一语，则万死不辞耳。"求胥入对时，更为上言之。①

这些人的一再怂恿，终于使溥仪动了心。1925 年 11 月 1 日，溥仪召见谢米诺夫和多布端，赐膳之外，并赏五万元。溥仪说：

当时很满意这次谈话，相信了他的"犯难举事，反赤复国"的事业必能实现，立时给了五万元，以助其行。②

谢的手腕和胃口，绝不是阿克第和罗斯所能比的。他向溥仪所下的豪语，连一个强大的政府也不易办到，而溥仪和郑却对他的妄言深信不疑。溥仪记得：

谢米诺夫和郑孝胥对我谈过，英、美、日各国决定以谢米诺夫为反苏的急先锋，要用军火、财力支持谢米诺夫。"俄国皇室"对谢米诺夫正抱着很大希望。皇室代表曾与郑孝胥有过来往……谢米诺夫和多布端有个计划与我有莫大关系，是要使用他们在满蒙的党羽和军队夺取满蒙地区，建立起"反赤"根据地，由我在那里就位统治。为了供应谢米诺夫活动费，我专为他立了一个银行存折，由郑孝胥经手，随时给他支用。存款数字大约第一次是一万元……谢米诺夫究竟拿去了多少钱，我已经无法计算，只记得直到"九一八"事变前两三个月，还要去了八百元。③

郑孝胥对谢米诺夫也是绝对的信从，认识不到一年，便以结拜兄弟的情谊相对待。他说：

[1926 年 5 月 24 日，他与]谢米诺夫、包文渊、毕翰章、刘凤池同至国民饭店晚饭，毕，刘晤谢，皆大欢畅，约为同志，而推余为大哥。④

第二天，又"与谢米诺夫，包文渊，毕作民，刘薇伯同照相"⑤。郑从各处听说，谢有惊人的活动经费，并于 8 月下旬，将安排与张作霖会谈，事后"将至上海取白俄储款，闻其数为一万万又八千万罗布"⑥。10 月初，长子郑垂又告诉他，谢已赴日本去取款。

白俄存款约三万万元，而反赤会欲取十之三五，律师取十之一，则

① 《郑孝胥日记》第 4 册，第 2070 页。

② 溥仪：《我的前半生》，第 161～162 页。《郑孝胥日记》第 4 册，第 2070～2071 页。溥仪次日对郑说，谢和多"夕八时来见……至十点乃退"。会见长达两小时，可见他对两人的信任。

③ 溥仪：《我的前半生》，第 162 页。

④ 《郑孝胥日记》第 4 册，第 2102 页。

⑤ 《郑孝胥日记》第 4 册，第 2102 页。

⑥ 《郑孝胥日记》第 4 册，第 2112 页。

> 所余者仅十之五五。以此，谢米诺夫不允签字。日本电催谢赴东京，可先付五十万，谢遂赴日。[①]

可是为什么一个有如此巨大的款项的人，却要溥仪的五万元和一万元，而且要再三向郑孝胥借钱呢？所谓十之五五，是一千六百五十万。日方虽然只先付他五十万，然而他不是要去取用存在上海的一亿八千万吗？可是郑说，1927 年 2 月 17 日，谢"赴南京，贷川资二千元"。1931 年 5 月 12 日，"谢米诺夫来，言即日入北京，求借四百元"。同年的 5 月 26 日，"谢米诺夫复求小助，命郑垂致八百元于谢米诺夫"。[②]

郑的金钱，当然都是在为日后的远景投资。1931 年 6 月初，罗振玉转告谢米诺夫事，说：

> [日人田野丰等]计划将乘赤党在奉天举事之机，使白俄夺奉天，日本即出兵应之，胁奉天各官吏迎驾归满洲，宣诏收回满、蒙，且出示田野丰所草劝进表。[③]

这便是为什么罗振玉、郑孝胥等人，再三违背自己最基本的理智的判断，相信日本会用自己的人力、物力和财力，帮助白俄（谢米诺夫）夺取奉天（满洲），然后将满、蒙拱手交回给亡清，并呈送劝进表，要溥仪重登帝王宝座。可是日本如此做，自身的利益何在呢？两天后，"日本参谋部所派驻北京委员……来说，田野丰等所说皆不实。时尚未到，且参谋部欲办此事，决无使清室筹款之理"[④]。

显然郑所听到的，只是"时尚未到"这一点。谢米诺夫一再骗钱之后，不再与他有往来，可是这并没有改变郑的计划和行动的方向。他对日本的信赖更深了。日本在三个月之后发动"九一八"事变，开始全面进犯中国。郑和罗振玉认为这是消灭民国、恢复清室的良机，立即决定将他们自己和溥仪的命运更进一步地递入日本的手中。

① 《郑孝胥日记》第 4 册，第 2118 页。

② 《郑孝胥日记》第 4 册，第 2135、2325、2326 页。

③ 《郑孝胥日记》第 4 册，第 2327～2328 页。

④ 《郑孝胥日记》第 4 册，第 2328 页。

第八章　文化学术的重建

遗老一方面策划恢复清朝的正统，另一方面为重建传统学术文化而努力。政治上的复辟和文化的复兴是一体之两面。从遗老的观点来看，因为传统文化式微，各种西方的邪说入侵，所以才有辛亥的灾难。因而复辟和学术的重建，是不能分割的一个整体。这种看法，便是遗老保守思想的根源。

所有的遗老都要振兴儒教文化，维护伦理纲常，可是他们都只有三言两语的感叹。罗振玉和王国维是他们之中深入讨论学术重建工作的两个人。我在这一章里，便以他们为分析的对象。

经世致用的怀抱

罗振玉在1920年1月10日致王国维的信中说："人心陷溺，仍以学术补救，此弟夙昔之言也。"[①]罗、王在《教育世界》上发表文章，也是学术补救的工作。可是辛亥以前和辛亥以后的学术补救工作，在方向和内容上是大不相同的。辛亥以前，王发表西方哲学、逻辑、美学和文学批评的文章来补救中国文化的缺失，罗则以教育和社会制度的改革为补救工作。

辛亥革命使他们以往的努力，完全失去了意义。两人在痛定思痛之后，彻底地调整了他们思想的方向。罗对他们两人的悔悟，有一段动人的回忆：

> 辛亥冬国变作，予挂冠神武，避地东渡，公携家相从，寓日本京都，是时予交公十四年矣。初，公治古文辞，自以所学根柢未深，读江子屏《国朝汉学师承记》，欲于此求修学途径。予谓江氏说多偏驳，国朝学术

① 《罗振玉王国维往来书信》，第484页。

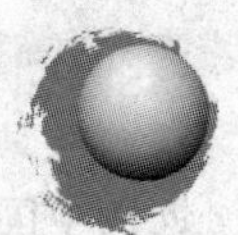

实导源于顾亭林处士，厥后作者辈出，而造诣最精者，为戴氏震、程氏易畴、钱氏大昕、汪氏中、段氏玉裁及高邮二王。因以诸家书赠之。公虽加流览，然方治东西洋学术，未遑专力于此。课余从藤田博士治欧文，并研究西洋哲学、文学、美术，尤喜韩图［康德］、叔本华、尼采诸家之说，发挥其旨趣，为《静安文集》，在吴刻所为诗词，在都门攻治戏曲。著书甚多，并为艺林所推重。

至是，予乃劝公专研国学，而先于小学训诂植其基。并与论学术得失，谓："尼山之学在信古，今人则信今而疑古，国朝学者，疑《古文尚书》，疑《尚书》孔注，疑《家语》。所疑固未尝不当。及大名崔氏著《考信录》，则多疑所不当疑矣。至于晚近，变本加厉，至谓诸经皆出伪造。至欧西哲学，其立论多似周秦诸子。若尼采诸家学说，贱仁义，薄谦逊，非节制，欲创新文化以代旧文化，则流弊滋多。方今世论益歧。三千年之教泽不绝如线，非矫枉不能反经。士生今日，万事无可为。欲拯此横流，舍反经信古末由也。公方年壮，予亦未至衰暮，守先待后，期与子共勉之。"

公闻之悚然，自怼以前所学未醇，乃取行箧《静安文集》百余册，悉摧烧之。欲北面称弟子。予以东原之于茂堂者谢之……公既居海东，乃尽弃所学而寝馈于往岁予所赠诸家之书，予复尽出"大云书库"藏书五十万卷，古器物铭识拓本数千通，古彝器及他古器物千余品，恣公搜讨，复与海内外学者移书论学……公先予三年返国，予割藏书十之一赠之，送之神户，执公手曰，"以君进德之勇，异日以亭林相期矣"。[①]

这是罗在王死后的回忆。可是这不是罗的一面之词，因为王 1911 年以后的悔悟和转变，充分证实了这一段话的正确性。这一席话的重点是：在中国文化存亡的关键时期，国人不应再为西方的邪说所惑，而应反经信古，从小学为根基，成就经世致用的学问。这虽是罗先提出的观点，可是王也是完全认同的。其实王在辛亥以前学术兴趣的变化，已经为他辛亥以后思想的转变在无意之中作了一番准备，只是他辛亥以前的变化是纯粹学术兴趣的改变，而辛亥以后的变化则是思想意识的方向的转变。

王于 1907 年说，他"疲于哲学有日矣"，一来他发现自己"感情苦多而知力苦寡"，所以未必合于做一个分析性的哲学家。同样重要的是，他略窥了西方哲学的门径之后，深知"欲自立一新系统，自创一新哲学，非愚则狂也"，

---

① 罗振玉：《海宁王忠悫公传》，载王国维《海宁王忠悫公遗书初集》，丁卯秋季校印。

所以他的兴趣终于"渐由哲学而移于文学"。因为在文学上填词成功,所以又开始研究戏曲。[①] 他从 1908 年到 1911 年写成戏曲的文字若干篇,更于 1913 年 1 月完成总结性的《宋元戏曲考》。这些文字,虽然含有一些文学见解,可是总体而言实是考据性质的著作。如《宋元戏曲考》:

> 第十二章及第十五章论及元剧与南戏之文章时,也曾有过一部分属于文学批评的言论。不过《宋元戏曲考》原为静安先生之研究途径自文学转向考据之时期的过渡作品,所以其性质实在以考据为主。至于其中一小部分文学性之评论,其思想见解则大多仍为《人间词话》之延续。[②]

王国维的其他的戏曲的文字,则全是考据性质的。

所以罗振玉怂恿王反经信古,从事考证史学的研究时,王已经走上考据学术的道路了。可是辛亥以前他的考据学术,与西方思想并没有敌对和相互排斥的关系。考据的材料,只有可信或不可信的问题,而没有信仰的问题。现在从事考据学术,兴趣的本身当然仍是内在的动力,然而他的目的和以前却很不相同了。王走亡日本,定居京都后,深悔以往醉心西学的行为,决定尽弃所学,回到儒学的怀抱。他在赠狩野直喜的诗中说:

> 我亦半生苦泛滥,异同坚白随所攻。多更忧患阅陵谷,始知斯道齐衡嵩。[③]

可是知识分子,在辛亥的大难之后,仍然盲从西方的诡辩术而不自知,所以他要告诫国人。

> 今之学者,于古人之制度、文物、学说无不疑,独不肯自疑其立说之根据。[④]

所以王、罗对未来的中国学术和文化的方向,看法是一致的,王对罗的策励的反应,是至情至性的认同。清朝的败亡,在他们心理上是一个无比大的打击。他在痛定思痛之余,决定拒绝西方思想,重振传统学术。

罗、王认为,清代的考证学术最切中时弊,最有助于挽救西化的狂潮。

---

① 参见王国维《自序二》,载其《王国维文学美学论著集》,第 244~245 页。

② 叶嘉莹:《王国维及其文学批评》,第 125 页。

③ 王国维:《送日本狩野博士游欧洲》,载萧艾《王国维诗词笺校》,第 45 页。我在前一章对此诗已有讨论、分析,所以这里不再重复。

④ 王国维:《序》,载其《观堂集林》,(台北)艺文印书馆 1956 年版。此序由罗振玉署名,而实是王自作。罗在 1923 年 6 月 9 日致王的信中说:"大集序正如弟所欲言,仅稍易数字,祈酌正寄沪。"见《罗振玉王国维往来书信》,第 571 页。王在 6 月 10 日致蒋汝藻的信中说:"敝集雪堂一序已代撰就,后由其改定数语。"见《王国维全集·书信》,第 351 页。

宋学空谈心性，不切实务，导致了明朝的灭亡。明代遗民深感亡国之痛，力倡经史考证的实学，终能一反空疏不实的宋学学风。顾炎武（1613～1682）说：

> 君子之为学，以明道也，以救世也。徒以诗文而已，所谓雕虫篆刻，亦何益哉。某自五十以后，笃志经史，其于音学，深有所得。今为五书，以续《三百篇》以来久绝之传，而别著《日知录》……有王者起，将以见诸行事，以跻斯世于治古之隆而未敢为今人道也。①

有见于此，他进而说：

> 凡文之不关于六经之指，当世之务者，一切不为。而既以明道救人，则于当今之所通患而未尝专指其人者，亦遂不敢以辟也。②

这是清学家为学的大前题。在具体方法上，做明道救世的学问，需要从文字学、音韵学开始，这便是顾所说的，"读《九经》自考文始，考文自知音始，以至诸子百家之书，亦莫不然"③。这种为学的方法和宋学所标榜的，恰恰相反。清学的另一大师戴震（1724～1777）说，他十七岁时有志闻道。而要闻道，"非求之《六经》、《孔》、《孟》不得，非从事于字义、制度、名物，无由以通其语言。宋儒讥训诂之学，轻语言文字，是欲渡江河而弃舟楫，欲登高而无阶梯也。为之卅余年，灼然知古今治乱之源在是"④。

在罗、王的心中，这种经世的清学是扼制西学的流毒和信今疑古、轻贱儒家道德的横流的良方。1918年6月下旬，罗在致王的信中说：

> 连日梅雨至闷，日读《亭林文集》与《日知录》自遣。凡我辈今日之所忧，亭林先生则已言之，其所著书，诚以守先待后为职志，无一字无用之文，洵三百年来学者之冠冕也。他人不能抗衡也。其书于弱冠前后屡读之，今值陵谷之变，读之尤有味。⑤

这也是王国维所同意的看法。1919年，他为清代学术作总检讨时说，经世思想，是有清一代学术的基本精神。

> 顺、康之世，天造草昧，学者多胜国遗老，离丧乱之后，志在经世，故多为致用之学，求之经史，得其本原，一扫明代苟且破碎之习而实学以兴。雍、乾以后，纪纲既张，天下大定，士大夫得肆意稽古，不复视为经

---

① 顾炎武：《与人书二十五》，载其《亭林文集》卷四《顾亭林先生遗书十种》，蓬瀛阁校刊。

② 顾炎武：《与人书三》，载其《亭林文集》卷四。

③ 顾炎武：《答李子德书》，载其《亭林文集》卷四。

④ 戴震：《与段玉裁书》，转引自胡适《戴东原的哲学》，台湾商务印书馆1971年版，第4页。

⑤ 《罗振玉王国维往来书信》，第382页。

> 世之具,而经史小学专门之业兴焉。道、咸以降,涂辙稍变,言经者及今文,攻史者兼达金元,治地理者逮四裔,务为前人所不为。虽承乾嘉专门之学,然亦逆睹世变,有国初诸老经世之志。故国初之学大,乾、嘉之学精,道、咸以降之学新。窃于其间得开创者三人焉,曰崑山顾先生,曰休宁戴先生,曰嘉定钱先生。国初之学创于亭林,乾、嘉之学创于东原、竹汀,道、咸以降之学乃二派之合而稍偏至者,其开创者仍当于二派中求之焉。盖尝论之:亭林之学,经世之学也,以经世为体,以经史为用。东原竹汀之学,经史之学也,以经史为体,而其所得往往裨于经世……道、咸以降,学者尚承乾、嘉之风。[①]

辛亥以前,王曾极力推崇戴震哲学上的成就。他认为孟子以后,讨论人性之最有价值者,"如戴东原之《原善》、《孟子字义疏证》,阮文达之《性命》、《古训》等,皆由三代秦汉之说,以建设其心理学及伦理学。其说之幽元高妙,自不及宋人远甚,然一方复活先秦之古学,一方又加以新解释,此我国最近哲学上唯一有兴味之事,亦唯一可纪之事也"[②]。

那时王有兴趣的,是戴震在哲学上的成就,是各种哲学上的问题的不同解释。辛亥国变之后,这一方面的问题都失去了它们的意义。现在王将戴与顾炎武、钱大昕等人都归于同一类型的具有经世胸怀的考证学家了。

罗振玉的经世事业

罗的学术活动,主要在搜集、整理、刊布和考释甲骨文、敦煌的隋唐经卷石刻以及汉魏木简等各种史料。他的贡献,在学术界争论多年,然而近年已有定论。[③] 我的主旨不是研究罗王的学术成就,而是看他们的思想意义。所以这里我只以简略的方式论述罗的学术活动的内容。

罗这几方面的活动都始于辛亥以前,他当时的中心关怀是抢救中国的文化遗产。到日本之后,他继续从事这些活动,可是这时除了对中国文化的关怀之外,他更通过这些活动来表达他对中国文化和西方文化的立场。罗于1901年初次见到甲骨。1908年得知甲骨出土于安阳小屯,次年开始大量搜购,1911年底动身赴日的前夕,他已是国中首屈一指的甲骨收藏家了。

---

① 王国维:《沈乙庵先生七十寿序》,载其《观堂集林》卷一九。

② 王国维:《国朝汉学派戴、阮二家之哲学说》,载《王国维文学美学论著集》,第146页。

③ 最有条理的是罗琨、张永山《罗振玉评传》,百花洲文艺出版社1996年版。

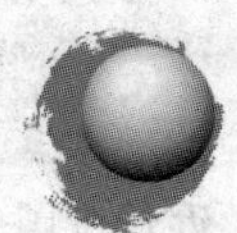

1901 年他在上海看到好友刘鹗的甲骨收藏，即怂恿刘尽墨所藏，编为《铁云藏龟》，并为之刊行。他在 1913 年初回忆当时的动机说，辛丑时，他“始于丹徒刘君许见墨本，作而叹曰：此刻辞中文字，与传世古文或异，故汉以来小学家若张、杜、杨、许诸儒所不得见者也。今幸山川效灵，三千年而一泄其密，且适当我之生，则所以谋流传而攸远之者，其我之责也夫。于是尽墨刘氏所藏千余，为编印之”①。

辛亥以前，他的精力多半用在搜求和流传方面。1910 年，他答日本友人林泰辅说：

> 宝物之幸存者有尽，又骨甲古脆，文字易灭……不汲汲搜求，则出土之日即澌灭之期矣！……由此观之，则搜求之视考释尤急矣。②

发现和收藏甲骨的是中国人，可是探取和最早研究敦煌与木简史料的却是欧洲人。所以罗振玉在敦煌和木简方面的努力，除搜求和流传之外，还有 层文化和心埋的意义，他的经世的动机也更为明显了。到敦煌、新疆探宝的欧洲各国人士，最重要并且与罗有直接关系的，是斯坦因(Aurel Stein，1861～1943)及两个法国的汉学人士伯希和(Paul Pelliot，1878～1945)和沙畹(Edouard Chavannes，1865～1918)。斯氏于 1907 年在敦煌取得大批史料，伯氏于 1909 年随之。伯氏将取得的史料的一部分运回法国之后，到北京求见中国的硕学之士。罗说：

> [他于]中秋晨驱车往，博士出示所得唐人写本及石刻，诧为奇宝，乃与商影照十余种，约同志数人觞之。博士为言，石室尚有卷轴约八千轴，但以佛经为多，异日恐他人尽取无遗，盍早日构致京师乎？③

经过罗在学部、京师大学堂和陕甘总督处的努力，终于由学部出价三千元购得这批卷轴，然而在途中又遭到一次洗劫才运到京。④

征服者研究被征服者的历史文化，有非常复杂的心理。19 世纪、20 世纪的帝国主义者到“东方”世界探险、勘测以及搜取文物，是一种“文化企业”(cultural enterprise)。这种“企业”是他们的殖民地思想和优越感的具体表现。他们与被征服者之间，是一种“文化的统御”(cultural domination)、“霸权”(hegemony)和强弱的对立关系。帝国主义者可以依兴之所至，随时去“东方”。而他们不是以个人的身份与东方交往，而是凭借英国人、美国人、

① 罗振玉：《殷虚书契前编·序》，载《永丰乡人稿乙·雪堂校刊群书叙录》卷上。

② 转引自罗琨、张永山《罗振玉评传》，第 118 页。

③ 罗振玉：《集蓼编》，第 750 页。

④ 参见罗振玉《集蓼编》，第 750～751 页。

法国人的优越地位分析东方文化,为东方的一切界定位置。[①]

海外探险和文物搜求直接反映了列强的国际地位和影响力。19世纪、20世纪初期的欧洲列强,在东方不但有军事上和外交上的角逐,而且也有文化企业的竞争。东方世界是他们在欧洲以外的另一个战场。斯坦因和伯希和等人便是这种西方势力的代表。他们带了现代的学术眼光,在强大的势力保护之下,到东方来从事文化事业。斯氏是匈牙利出生的犹太人,然而自幼崇拜英国文化,于1904年入英国籍,死时也是以英国国教行葬礼。所以他代表的是英国利益。他以研究印度得博士学位,长期在英国殖民地印度发展。他没有汉语和中国文史知识,所以他到中国的西北搜取文物,有相当大的探险和征服的心理。他于1900年第一次出行探险,到达新疆中部和南部以及中亚其他地区。1906年,第二次探险时,大英博物馆(British Museum)和印度政府共同出资五千英镑作为他的一切费用。斯氏于1907年3月到达敦煌,到回印度时,共付了王圆禄道士相当于一百三十英镑的钱,换取几百捆的史料。这时伯希和三十一岁,在法国殖民地安南河内任教,听到斯氏惊人的收获后,也赶到敦煌。1909年秋离开敦煌时,共付了王道士九十英镑,收买唐人写本和石刻。[②]

文物史料的保存和完整性,对一个民族的自我了解和心理健全的重要性是不可忽视的,这便是为什么敦煌案百年来带给我们如此沉重的心理负担。我们也是从这一个角度看出罗振玉的眼光和经世的心情的。王道士用中国的文物宝藏换得两百多英镑;中央和地方官之中,无人对西北的文物有兴趣;中秋和罗一同与伯希和会见的人没有提出应对的策略。罗是唯一有心又有计划和行动的人。他要求伯氏替他影照运回巴黎的史料,又安排将劫余的敦煌文物运回北京。与伯氏会晤后,罗立即为文向国内学术界介绍新文物的发现和书目。[③] 两文发表后,他仍感到言犹未尽,所以将之改定,向读者作进一步交代:

> 伯希和君言英人某[斯坦因]亦尝游窟室,购取不少,而以旁行书为多。伯君返国拟往伦敦一视,允寄其目,不知其中更有密籍几许,耿耿

---

① Edward. W. Said, *Orientalism*, New York: Vintage Books, 1979. pp. 1-28.

② Annabel Walker, *Aurel Stein: Pioneer of the Silk Road*, Seattle: University of Washington Press, 1998, pp. 127-128, 175, 356-359,及书中其他有关部分。Walker在英国和匈牙利,阅读了大量有关斯坦因的档案史料。

③ 参见罗振玉《敦煌石室书目及发见之原始》,载《东方杂志》第10期,1909年11月。罗振玉《莫高窟石室秘禄》,载《东方杂志》第11期,1909年12月;第12期,1910年1月。

此心，与伯君归帆俱西驰矣。

石室秘藏此次借影者，计书卷六，雕本二，石刻三，壁画五。其纸敝故不可影者则录之。但期日匆遽，不获备写，心长晷短，此憾如何。

石室书之在巴黎者，悉拟影照。已荷伯君慨然见许。异日秘籍归来，将与大雅同好，协谋雕印，以广其传。伯君惠假之雅意，与畹辈十余日奔走移录之辛然，倘不孤乎！[①]

这时罗开始积极与各国的汉学人士往来，互通音讯。他听说法国的沙畹博士，学问精博，"熟读太史公书……著述至富"。1909 年，罗结识伯希和之后，要伯氏为之先容：

始得宛转通问于博士，博士以所著《河朔访古图志》见赠……由是邮便往来。[②]

罗在这以前，已对沙畹"心仪"。1908 年时，他便知悉：

斯坦因博士访古于我西陲，得汉晋简册，载归英伦，神物去国，恻焉疚怀。越二年[1910 年]，乡人有自欧洲归者，为言，往在法都，亲见沙畹博士方为考释，云且版行。[③]

罗"为之色喜"，两年以后，他到京都以后，终于从沙畹处得到这批简牍史料。同时，罗在各方联络的结果，又取得了六篇英、法、日文有关敦煌、中亚以及北满访古游历的文字。其中的两篇是斯坦因和伯希和获取中国西北文物史料的报告。罗安排将六篇文字译出后，于 1910 年 1 月辑为《流沙访古记》，向国人介绍这些鲜为人知的宝藏及其背景。[④]

所以罗在辛亥以前，已与探取和研究敦煌及新疆史料的三个最重要的人建立了直接和间接的联系。罗的努力，不能纯粹从学术兴趣的角度来看待，因为如果只是为了个人研究，那么刊本便无必要了。我们从他的这些活动中，看出他强烈的历史使命感。他要把这些史料印行保存，以待来者，使中国文化和学术的生命得以延续不绝。

辛亥以后，罗振玉的历史使命感之中，又增加了一份危机意识。现在他完全认同顾炎武等明末遗臣了，他把现代中国思想和西学视同顾所抨击的宋学。复兴中国的文化和学术，必须从反经信古的经世学术着手。罗到京

---

① 罗振玉：《鸣沙山石室秘禄》，载《国粹学报》第 8 册，1910 年。

② 罗振玉：《汉两京石刻图像考序》，载《贞松老人遗稿乙集·贞松老人外集》卷一。

③ 罗振玉：《流沙坠简序》，载其《罗雪堂先生全集续编》第 7 册，(台北)文华出版公司 1969 年版，第 2719 页。

④ 参见罗振玉《流沙访古记》，载其《罗雪堂先生全集·续编》第 7 册，第 3013～3100 页。

都后与王国维的一席话,一方面是劝励王从此以“反经信古”、“拯此横流”为己任,一方面是宣布他自己的信仰。他在京都,刊印流传之外,更加速了他在新发现的史料上的考释的工作,为反经信古和遏止西学的横流努力。

罗于1914年完成《殷虚书契考释》,1916年完成《殷虚书契后编》之后,感怀不已,于1916年5月,以长信向王国维道出心事:

> 回忆此事研究,先后垂十年,积铢累锱,遂有今日。当今之世,舍公而外,尚无能贯彻此书者。譬犹以数分钟观博物馆,徒讶其陈列之众,竟无人肯以长久之时日,一一细览之者。不知异世有潜心搜讨如公与弟者否?弟窃谓考古之学,十余年来,无如此之好资料,无如此之关系重大,无如此之书痴为之始终研究。今有之,而世人尚罕知贵重,可哀也。……今世士竟弟之业者,舍公外无第二人,幸屏他业,以期早日成就,何如……至成就以后,存亡绝续,则听之天命,我无责焉矣。美国图书馆近来东采办书籍,弟所刊书,皆购一分以去,或将来但有孤本于他洲,亦未可知。[①]

罗的自负和悲观,与他的忧患心情有关。他自认为是在做经世的不朽大业,可是在众人之中,除了王国维,再也找不到一个知音。王为他校写《殷虚书契考释》时,在后序中,将罗比为当世的顾炎武。王说:

> 我朝三百年之小学,开之者顾先生,而成之者先生也……昔顾先生音学书成,山阳张力臣为之校写。余今者亦得写先生之书……而先生之书,足以弥缝旧阙,津逮来者,固不在顾书下也。[②]

这时罗、王在京都,日夕相处已好几年,王之所书,便正是罗心中的话。他无时不以清学家的伟业策励自己和王国维。1916年年初,王回上海到哈同处工作,大为失望,坚欲即时离去,罗力劝他暂时忍耐,因为他们两人还有重要的工作有待完成。罗说:

> [他]有厚望于先生者,则在国朝三百年之学术不绝如线,环顾海内外,能继往哲开来学者,舍公而谁?此不但弟以此望先生,亦先生所当以此自任者,若能如前此海外四年余,则再十年后,公之成就必逾于亭林、戴、段,此固非弟之私言也……弟非无前人之资禀,而少撄患难,根

---

① 《罗振玉王国维往来书信》,第82页。

② 罗振玉:《殷虚书契考释》,京都永慕园印。王的后序在全书之后,写于1915年2月13日,所以此书是该年二三月间印成的。王在此后序之前,曾于1914年11月18日写有序文一篇,可是没有收入《殷虚书契考释》,王在文中说,他“受而读之,观其学足以指实,识足以洞微”。见王国维《殷虚书契考释序》,载《观堂集林》卷一九。罗琨、张永山《罗振玉评传》第132~133页引此句时,断句错误。

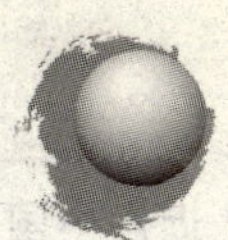

柢未深，中年又奔走四方，遂毫无成就。今且老矣……故期之先生者，不能不益殷。①

罗多年校刊印行史料的历史意义，王国维在1918年时也作了很中肯的结论。他说，罗刊书的主要动机，不是“好事”或“笃古”。

[神物出土之后]举世莫之知，知亦莫之重也。其或重之者，搜集一二以供秘玩斯已耳。其欲保存之，流传之者，鉴于事之艰巨，辄中道而废……先生独以学术为性命，以此古器古籍为性命所寄之躯体，思所以寿此躯体者，与常人之视养其口腹无以异……先生所以成就此业者，固天之所启，而非好事者及寻常笃古者所能比也。②

罗刊布、流传、考释史料的工作，是中国近代学术史上重要的一页。可是他的立场也引出了一些根本性的问题。他要以清代的考证学术来矫正国人轻信和崇拜西学的心理，培养务实经世的学风，这是为学的态度和方法，而不是学问的内容。至于在20世纪，中国究竟应该有怎样的学术呢？我们在罗辛亥以后的文字里，找不到一字一句赞同西学之中任何一学一派的言论。那么他是否要以考证经世的学问来应付现代中国一切的需要呢？可是罗无一语说明如何由考证经世的方法来产生科学、技术、财政、经济、外交等现代知识。

罗所遭遇的另一个难题，是他自身行为的矛盾。他一方面忙于刊布和流传史料，另一方面又在京都的七年半中大批出卖中国的书画古物。可是罗对自己行为的矛盾，却没有自觉。他搜集和出版史料时，为的是抵御西学的泛滥和拯救中华文化；他卖古物书画时，显然自认这是实践忠于清朝的美德和达到复辟的理想的必要手段。

王国维的经世之学

王国维没有罗振玉的经营才略，所以他的学术活动都以研究著述为主，他到京都以后不久，便专心以清学家考据经世的心情治史。在传统史料之外，更以新出土的材料，为建立中国的古代信史而努力。王不但以这一治学的方法来肯定他反经信古、拒绝西学的立场，更伺机在他的研究结论上，发

---

① 《罗振玉王国维往来书信》，第33页。

② 王国维：《雪堂校刊群书叙录序》，载《观堂集林》卷一九。

挥经世致用的微言大义。

王的经世思想,在他的《殷周制度论》中表现得最为明显。他于1917年9月完成此文后,致信罗振玉说,周代的嫡庶之制、宗法与服术、分封子弟之制、定天子诸侯君臣之分、婚姻姓氏之制及庙制等六项建制,都“至周而始有定制,皆周之所以治天下之术,而其本原则在德治”[①]。此文除了用《尚书》、《礼记》之外,还运用了大批甲骨史料。文成之后,王自比于顾炎武,可见他对自己的研究的扎实和经世的结论,都充满了信心。他说:

> [周代的]一切制度典礼皆所以纳天子、诸侯、卿、大夫、士、庶人于道德,而合之以成一道德之团体。政治上之理想,殆未有尚于此者……此文于考据之中,寓经世之意,可几亭林先生。[②]

罗阅后,也称赞该文是:

> 不朽之作,本朝三百年,舍亭林外,无能为此言者。[③]

王在《殷周制度论》中,以儒家的道德伦理观念为引导,用极度放任的手法,推论周人的用意和心术。而在推论中,我们总不难看到现代中国的身影。他说,殷周之际政治和文化的变革如下:

> 自其表言之,不过一姓一家之兴亡都邑之移转,自其里言之,则旧制度废而新制度兴,旧文化废而新文化兴。又自其表言之,则古圣人之所以取天下及所以守之者,若无以异于后世之帝王。而自其里言之,则其制度文物与其立制之本意,乃出于万世治安之大计,其心术与规模,迥非后世帝王所能梦见也。[④]

在政权转移的问题上,周人也有后世无法企及的远见。

> 古人非不知官天下之名,美于家天下,立贤之利,过于立嫡。人才之用优于资格,而终不以此易彼者,盖惧夫名之可藉,而争之易生,其敝将不可胜穷,而民将无时或息也。故衡利而取重,絜害而取轻,而定为立子立嫡之法,以利天下后世,而此制实自周公定之。

这种立子立嫡的继承法,因为有制度和典礼为基础,所以是政治上最理想的境界。王以自问自答的方式为我们解说:

> 则周之政治,但为天子、诸侯、卿、大夫、士设而不为民设乎?曰:非也。凡有天子、诸侯、卿、大夫、士者,以为民也。有制度,典礼以治,天

---

① 《罗振玉王国维往来书信》,第288页。
② 《罗振玉王国维往来书信》,第290页。
③ 《罗振玉王国维往来书信》,第301页。
④ 王国维:《殷周制度论》,载《观堂集林》卷一〇。

子、诸侯、卿、大夫、士，使有恩以相洽，有义以相分，而国家之基定，争夺之祸泯焉。民之所求者，莫先于此矣。且古之所谓国家者，非徒政治之枢机，亦道德之枢机也。使天子、诸侯、大夫、士各奉其制度典礼，以亲亲，尊尊，贤贤，明男女之别于上，而民风化于下，此之谓治，反是则谓之乱。是故，天子、诸侯、卿、大夫、士者，民之表也，制度典礼者，道德之器也。周人为政之精髓，实存于此……古之圣人亦岂无一姓福祚之念存于其心？然深知夫一姓之福祚与万姓之福祚是一非二，又知一姓万姓之福祚与其道德是一非二。故其所以祈天永命者，乃在经与民二字……文武周公所以治天下之精义大法，胥在于此。故知周之制度典礼，实皆为道德而设，而制度典礼之专及大夫士以上者，亦未始不为民而设也。[①]

千年来，文化保守主义者把他们的乌托邦寄托在他们心中周公的理想王国中。这个理想王国实现的依靠，是统治者纯正的心术和被统治者安分守己的天性。这个理想境界，在王国维的笔下变成了有确切历史根据的“事实”了。可是我必须指出，王的结论只是他的价值判断，而价值判断与历史事实并没有逻辑上的必然性，所以王的结论属于“非历史”(ahistorical)性质的论断。事实与价值判断有十分复杂的多重关系。我们现在以王所给我们的历史事实为根据，可以依我们的心情，得出一个完全相反的价值判断说：因为中国过于强调人治和德治，所以两千年来，无法建立一套法治系统和一个合理的移交政权的制度，以至于治乱循环，不得安宁。王在致罗振玉的信中说，他论周代的德治，“虽系空论，然皆依据最确之材料”[②]。在《殷周制度论》中，王向他的读者交代说，周制的宗旨“在纳上下于道德，而合天子、诸侯、卿、大夫、士、庶民以成一道德之团体。周公制作之本意，实在于此。此非穿凿附会之言也。兹篇所论，皆有事实为之根据”[③]。

王提出“空论”和“穿凿附会”的可能性，所以他对他所遭遇的困难，并非没有任何自觉。可是他立即便为自己找到了合理的解释。他最后还是满怀自信，认为他文中的“事实”足以作为他的微言大义的根据。以后他又一再以他的微言大义批评世局和中国的时政。他对世界大战之后的欧洲前途，深怀忧虑。1919 年 3 月中旬，他在致罗振玉的信中，提出了他的解救之道：

时局如此，乃西人数百年讲求富强之结果，恐我辈之言将验。若世

① 王国维：《殷周制度论》，载《观堂集林》卷一〇。

② 《罗振玉王国维往来书信》，第 288 页。

③ 王国维：《殷周制度论》，载《观堂集林》卷一〇。

界人民将来尚有孑遗,则非采用东方之道德及政治不可也。[①]

这当然也是罗的一贯立场。年底时,他"见自欧返者,言全欧近状殆已入绝境,有糜烂不可着手之势。此亦可觇天道矣"[②]。

王所谓的"东方之道德及政治"就是他在《殷周制度论》中所描绘的理想境界。1924 年春,他拟就一份《论政学疏》计划上呈溥仪。稿成后,曾与罗商榷内容。[③] 王死后,罗将此疏引出,用以宣扬王的忠贞。此疏是王对中国文化和政治的具体主张。它与王辛亥以后的诗词、《殷周制度论》以及与罗多年的书信,在内容上十分一致,所以此疏确是出自他的手笔。又因为王、罗曾经商榷内容,所以此疏反映的是两人共同的立场。

《论政学疏》的主旨是指出西方文化的种种弊端以及如何以周公孔子的学说为之救援。王说:

自三代至于近世,道出于一而已。泰西通商以后,西学西政之书输入中国,于是修身、齐家、治国、平天下之道乃出于二……逮辛亥之变,而中国之政治学术几全为新说所统一矣……国是淆乱,无所适从。

为什么西学西政会造成如此的灾祸呢?因为:

[西方文化]以权利为天赋,以富强为国是,以竞争为当然,以进取为能事,是故扶其奇技淫巧,以肆其豪强兼并,更无知止知足之心……于是,国与国相争,上与下相争,贫与富相争,凡昔之所致富强者,今适为其自毙之具,此皆由贪之一字误之也。西说之害根于心术者一也。

王认为唯有重回中国古代的智慧,才能扭转大势。在政治方面,中国的君主制是防止各种现代弊害的良方。中国的哲学,"首贵用中",而中国的君主制便是中道的政治。

先王知民之不能自治也,故立君以治之;君不能独治也,故设官以佐之;而又虑君与官吏之病民也,故立法以防制之。以此治民是亦可

---

① 《罗振玉王国维往来书信》,第 447 页。王对自己的看法有极强的信心,他在稍后给友人狩野直喜的信中,也开了同样的"药方":"世界新潮澒洞澎湃,恐遂至天倾地折。然西方数百年功利之弊非是不足一扫荡,东方道德政治或将大行于天下,此不足为浅见者道也。"见《王国维全集·书信》,第 311 页。

② 《罗振玉王国维往来书信》,第 481 页。

③ 参见罗振玉《王忠悫公别传》,载王国维《海宁王忠悫公遗书初集》。罗把此疏录入《别传》,声称它只是"大要"。袁英光、刘寅生《王国维年谱长编(1877～1927)》将《别传》全文标点,辑为书中的"附录三"。罗继祖说,他祖父作《别传》时,"我已十五岁,亲见稿出王先生手写,全稿二千数百言。祖父说'录其大要',实则仅略去头尾而已"。见罗继祖《王国维先生的政治思想》,载《王国维学术研究论集》第 1 册,第 407 页。

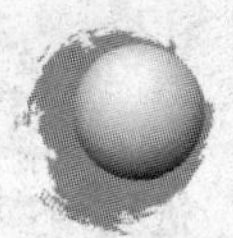

> 矣。西人以是为不足，于是有立宪焉，有共和焉。然试问立宪共和之国，其政治果出于多数国民之公意乎，抑出于少数党人之意乎？民之不能自治，无中外，一也。所异者，以党魁代君主，且多一贿赂奔走之弊而已。

在社会和经济方面，王认为守住孔子所说的“患不均”和《大学》中的“平天下”的原则便足够了。

> 古之为政，未有不以均、平为务者，然其道不外重农抑末，禁止兼并而已……西人则以是为不足，于是有社会主义焉，有共产主义焉。

而社会主义和共产主义，正是王所最痛恨和畏惧的思想。王认为它们带来的全是民间的疾苦。

最后，王要破除科学万能的信念。他说，西人处事，无处不欲“以科学之法驭之。夫科学之所能驭者，空间也，时间也，物质也，人类与动植物之躯体也……至于人心之灵及人类所构成之社会国家，则有民族之特性，数千年之历史，与其周围之一切境遇，万不能以科学之法治之……此西说之弊根于方法者二也”。

王不能不承认科学技术飞速的发展，可是他提醒国人，那是一种利弊互见的发展。深邃精密的科学，只供“少数学问家用以研究物理，考证事实，琢磨心思，消遣岁月斯可矣。而自然科学之应用又不胜其弊，西人兼并之烈，与工资之争，皆由科学为之羽翼，其无流弊如史地诸学者，亦犹富人之华服，大家之古玩，可以饰视瞻，而不足以养口体”。

欧洲在大战之后，一片残破，而自身的文化资源又已经穷途末路，所以西人在中国文化中寻求解救之方是极其自然的发展。

> 彼土有识之士，乃转而崇拜东方之学术，非徒研究之，又信奉之……盖与民休息之术，莫尚于黄老，而长治久安之道，莫备于周孔。在我国为经验之良方，在彼土尤为对症之新药。是西人固已憬然于彼政学之流弊，而思所变计矣。

这是王国维辛亥以来对中国文化和西方文化所作的唯一的一次总结性的评判。他的立场在近代中国的保守主义上有何种意义呢？余英时说：

> 20世纪中国思想史上几乎找不到一个严格意义上的“保守主义者”，因为没有人建立一种理论，主张保守中国传统不变，并拒绝一切西方的影响。从所谓中体西用论、中国文化本位论，到全盘西化论、马列主义，基本取向都是“变”。所不同的仅在“变”多少，怎样“变”以及“变”的速度而已。因此接近全变、速变、暴变一端的是所谓“激进派”，而接

近渐变、缓变一端的则成了“保守派”。[①]

如果我们仅从思想的具体内容看,则这一个半世纪中,中国的知识分子坚持完全不“变”的,的确是绝无仅有。可是接不接受“变”并不是衡量保守或不保守的最有意义的标准。我们应从终极的目标来决定一个人是否保守。保守主义者的终极关怀,是肯定传统文化中的精髓,使之永远“不变”。为了达到不变的最终目标,他们常愿接受次要的变通。所以接受次要的变,只是在不变的大前题下的权宜之计。[②] 中国19世纪下半叶的中体西用派和船坚炮利派,20世纪下半叶援引柏拉图、康德、黑格尔、柏格森、海德格等西儒的新儒家,都接受了次要的变,然而他们最终的目的是经过次要的变,使中国文化中的精髓能永远不变。

无论就终极的目标而言,还是思想的内容而言,王国维都是一个“严格意义上”的保守主义者。西方文化在他的笔下,几乎无一可取之处。他要全世界回到周公和孔子的永恒“不变”的理想世界。他对西方科学技术的进步作了某种程度上的承认,然而他的心思所在,不是科学或其他现代文明的建制。19世纪中叶以来的保守主义者,几乎人人都接受了西方的科技。他们认为,唯有接受这一个“次要”的变,中国才能抵御列强的侵略,维护儒学传统,使之“永远”不变。可是,王对采用西方科学实用的一面,却没有大兴趣。

罗振玉说:

> [《论政学疏》]论古今中外政学得失,辨析至精,后有圣哲,不能易其言也……
>
> 世之学识如公者,几人哉![③]

可是所谓“辨析至精”,以后的圣哲“不能易其言”的,只是一篇千余字的短文。显然王认为,他心中的愿望都在其中了。他要在20世纪恢复的周孔的理想社会,已经在他的《殷周制度论》中得到了历史的证实,所以它的存在和价值无须再费笔墨了。罗、王抵达京都后,罗策励王说:

> 欧西哲学……若尼采诸家学说,贱仁义,薄谦逊,非节制……士生今日……欲拯救横流,舍反经信古末由也。

罗提出尼采,不但因为尼采的思想特立独行,严厉地批评各种因袭的观念和

---

① 余英时:《钱穆与新儒家》,载其《现代危机与思想人物》,三联书店2005年版,第521~522页。另详见余英时《中国近代思想史上的激进与保守》,载其《现代儒学的回顾与展望》,三联书店2004年版,第8~42页。

② Samuel P. Huntington. “Conservatism as an Ideology,” p. 455.

③ 罗振玉:《王忠悫公别传》,载王国维《海宁王忠悫公遗书初集》。

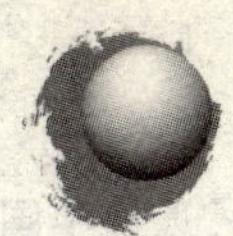

道德,或许也是因为他与王有一段思想上的交涉。王在辛亥以前醉心西方哲学时,尼采(Friedrich Wilhelm Nietzsche, 1844～1900)也是他的英雄之一。尼采劝人要有“忘怀的能力”(“the ability to forget”)和“没有历史意识的时刻”(“to feel unhistorically”)。历史意识和从历史意识中得到解脱,对每一个人、每一个民族和每一个文化的健康都有同等的重要性(“The unhistorical and the historical are equally needed for the health of an individual , a people, and a culture”)。每一个人和每一个民族都要有如何在适切的时候忘记的能力以及如何在适当的时候记住的能力(“know how to forget at the right time as well as how to remember at the right time”)。历史记忆给我们行动、判断和创造的活力;当我们的历史记忆过多时,我们便会在记忆的沉重压力之下,失去一切的生命力。所以我们应有历史,却不应有“过多的历史”(“an excess of history”)。有历史意识的人,不但记得过去,而且信任未来。①

我们知道,辛亥以前,王国维是赏识尼采的眼光的。1905 年,他检讨中国思想的衰退和再生,说:

> 自汉以后,天下太平,武帝复以孔子之说统一之。其时新遭秦火,儒家唯以抱残守缺为事,其为诸子之学者,亦但守其师说,无创作之思想,学界稍稍停滞矣。佛教之后,适值吾国思想凋敝之后,当此之时,学者见之,如饥者之得食,渴者之得饮……自宋以后以至本期,思想之停滞略同于两汉。至今日而第二之佛教又见告矣,西洋之思想是也。②

这时王的意识里,有中国历代的思想,有中国近代的思想革命,有印度的佛教和西方文化。儒家居然也有“抱残守缺”的时际。王的思想记得过去而又信任未来,所以必然得到了尼采的赞许。可是辛亥之后,尼采在王的心中失去了意义。从这时起,王所有的历史意识,都为周孔的儒学道德美景所占据;他的历史记忆中,不再有儒学以外的成分,更没有西方文化的影响。他只怕国人的历史记忆不足,绝不担忧自己历史的担子过重。

---

① Walter Kaufmann, Nietzsche; *Philosopher*, *Psychologist*, *Antichrist*, Princeton: Princeton University Press, 1974, pp. 144-147.

② 王国维:《论近年之学术界》,载《王国维文学美学论著集》,第 106 页。

远离现实的消遣学术

王国维和罗振玉的学术活动,除了上文所讨论的,还有另外一个层面。经世致用反映了他们积极和自信的一面;当他们消极悲观时,考据活动则成了消遣解愁的工具。

遗老对于恢复清朝和振兴中华文化,有坚强的决心,可是他们对于复辟的成功和未来中国文化的方向,却并没有十分的信心。事实上,他们的心里始终不免有一分悲观的暗流。罗振玉和王国维一再以“草间之梦”比喻复辟,所以他们对复辟的可能性没有抱太大的希望。他们对经世考据学术的意义,也同样有一分游移的心情。以考据经世的学术救国是一个暧昧不明、难以自圆其说的观念。为什么我们一定要在古文字学、古音韵学和古代史中,才能得到“古今治乱之源”的智慧呢?我们研究清代的历史和制度,能不能“灼然知古今治乱之源”呢?如果张勋复辟一举成功,罗、王还有没有必要鼓吹周孔的理想世界来救国呢?这些都是历来的考据学家所不能回答的问题。他们力言考证经世学术的用处,因为这种学术活动的双重性能满足他们两方面的需要。在逆境中从事这种学术活动,一方面可以显示自己不随时流的性格,并且借学术上的结论陈述自己对现世问题的看法;另一方面,古文字学、古音韵学、古代史又在他们和现实世界之间筑起一道藩篱,减轻了外界逆境对他们心情的影响。我无意把考证经世学术的内在动力,归结为心理上的需要,而只是指出,这种心理的需求是考证经世学术盛行的一个原因。

罗振玉和王国维是难得的知心朋友,所以在往来书信中,常常坦然透露他们在远离现实的考据学术中寻求心灵慰藉的冲动。1916 年 10 月底,罗在致王的信中说:

> 唐居士画既公所笃爱,得价甚廉,何不留之?……居今之世,但有尚友古人,以书画略娱心意而已。故弟近日爱画益笃,职是故也。[①]

所以,古代的书画可以使他脱离现实的困扰。研究古代和对现代的失望,有十分紧密的关系。1923 年 8 月中旬,罗为了溥仪的帝号、出洋以及宫中的斗争而烦恼万分,声称:

① 王庆祥、萧立文校注,罗继祖审订:《罗振玉王国维往来书信》,第 176 页。

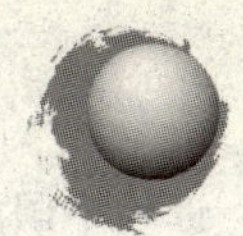

将跳出迷梦，收束一切，休息之期，计已不远，不忍目击横流矣。[1]

他在这种悲观沮丧的心情之下，用什么方法排遣时日呢？罗于同一日去信王国维说：

连日因外界感触，方寸愤激异常，眠食俱失常度。午后拟假寐，以补前三夕之亏空，又烦燥不宁，乃起而以古书遮眠，引此心至空际，然尚不能复常也。

幸京友送高邮王氏四世文集至……乃以一夕之力取校弟之录本，则互有异同……此刻心气□平，书此奉告，当亦公所乐闻耶。[2]

罗不仅向挚友道出他内心深处的感触，而且更向他的读者公然承认，他治甲骨敦煌学术时，并不是完全出于经世济民的冲动。1921年，他编集了甲骨文偶语一百对，计划与友人选辑，汇成一集。

手写流传。人事牵阻，屡更岁月。而去冬[1924年]卒膺奇变，不自意生全。今年戎笃生郊，益无聊俚，乃始从事缮写，付之手民。盖忧伤琐尾之余，舍此无以遣日。读者幸毋以为文雅之娱也。[3]

所谓去冬的“奇变”，是指1924年11月5日溥仪被逐出宫，迁入北府一事。罗是在君上蒙难，自己忧伤无聊时，以甲骨文来作为稳定情绪之用的。

王国维是内向寡言的人，然而我们在他与罗的书信中，仍然很容易看到他以考证学术打发心情的例证。张勋在1917年7月初复辟失败，使王万分悲痛，心绪恶劣。到了7月18日，他闭门谢客，“已十日不出”[4]。这时，遥远的学术又起了重要的作用。他在7月23日的信中说：

近顷无聊之极，前日辑写古金文之有韵者三十余器及石鼓文，为《周代金石文韵读》一卷。[5]

王从1916年初回国后，便对张勋的复辟活动寄托了极大的希望。复辟的前几个月，他的心情投入得更深了，同时也因为复辟的消息而起落不定。复辟失败之后一个月，他检讨这一段时间的学术著作，说：

今年所作，除《殷先公先王考》二篇外，皆无聊之作。此考虽无甚大心得，略可抵去岁之《魏石经考》耳。[6]

---

① 《罗振玉王国维往来书信》，第581页。

② 《罗振玉王国维往来书信》，第581～582页。信中的□表示缺字。

③ 罗振玉：《集殷虚文字楹帖汇编》，东方学会1927年印。序文写于1925年。

④ 《罗振玉王国维往来书信》，第272页。

⑤ 《罗振玉王国维往来书信》，第272页。

⑥ 《罗振玉王国维往来书信》，第276页。王指的是《殷卜辞中所见先公先王考》及《殷卜辞中所见先公先王续考》，以后收入《观堂集林》卷九。

所以王的考据学术也同样包含了经世和逃避的双重性格。罗振玉自己是个中人,为这一特性作了最中肯的注解。1917年8月,王作了《游仙》诗一首,并寄赠给罗。[①] 几天后,罗回信说:

大作拜读,佩佩。弟意近二年颇有诗材,公盍多赋数篇,以为《壬癸集》之续乎?此既为排闷之一法,又可信今传后,不知谓然否?[②]

《壬癸集》是王于壬子(1912)和癸丑(1913)两年间所作的哀悼清室、批评时政的诗集。诗词的创作,固然不能和考据学术相提并论,可是上面这一段话足以说明罗、王的学术思想活动,大部分都是同时在经世和寻求慰藉两种力量的驱使之下进行的。

最后,我需要把以考据学术作为解脱的现象作一些比较性的说明,使我们对它能有进一步的了解。王国维在辛亥以前,已经在考证学术中寻求心灵的安慰;我们仅从清朝中叶到20世纪初年这一段时间,便可看到不少想在考据研究中暂时忘忧的知识分子。

王国维的父亲和夫人,于1906年和1907年相继病卒。这时他又正为了自己学业的方向而彷徨。1907年,他终于放弃西方哲学而转入中国文学和戏曲考证。从思辨性的西方哲学和逻辑到中国古典戏曲的考证,是方向的彻底转变。对于这一转变,缪钺说:

虽环境使然,而静安亦非尽属被动,其内心或以为治考证亦一种解脱之法,故愿从事于此。盖治考证时,其对象为古文字、古器物、古代史事,远于现实之人生,亦可以暂忘生活之欲也。吾人何以知王静安可能有此想法,则由其词中可推寻而得。其所作《浣溪沙》词云:

掩卷平生有百端,饱更忧患转冥顽,偶听啼鴂怨春残。坐觉无何消白日,更缘随例弄丹铅,闲愁无分况清欢。

闲愁清欢皆由于生活之欲,心境寂灭,则忧欢两忘。静安盖视"弄丹铅",治考证为遣愁之方,忘忧之地。此词实乃其深心之流露。[③]

这的确是有见之言。王在辛亥以前的考据,不仅是要满足学问上的兴趣,同时也是要借"弄丹铅"来忘却他对人生的悲观和对自己命运的感伤,要在考据之中制造一个远离现实的内心世界。辛亥以后,学问的兴趣仍是他治考据的基本动力,然而现在他心里的动力来源却不同了。这时他已没有青少年时对个人身世的悲观伤感。他要沉浸在"弄丹铅"之中,来驱除他对时局

① 参见《罗振玉王国维往来书信》,第282页。此诗收入《观堂集林》卷二〇,字句有所更改。
② 《罗振玉王国维往来书信》,第287页。
③ 缪钺:《王静安与叔本华》,载王国维《王观堂先生全集》第16册,第7365页。

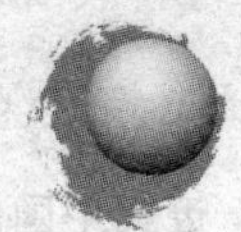

的失望和对中国前途的悲观。

在考据中寻求解脱和慰藉，在中国的知识人之中是一个十分普遍的现象，绝不只限于几个清朝遗老。钱穆说，乾隆嘉庆时，"学术一趋训诂考订，以古书为消遣神明之林囿"，为了要躲避文字狱，"治学者皆不敢以天下治乱为心，而相率逃于故纸丛碎中"[①]。我们这里无须深究文字狱是不是乾嘉时期考证学术兴盛的主要外在动力，可是当时的许多士子，常以故纸丛碎为消遣神明的林囿，则是百年来史学界的一个共同的看法。20世纪上半叶，用考据填补心灵的空虚，也是一个普遍的现象。这几十年中，中国的政局动荡不安，社会和文化的变化剧烈，思想上的论争不已。在这种状态下，考据学术便成了感性灵敏、心情孤单的知识分子的一个重要的稳定剂。鲁迅、胡适、郭沫若以及其他许多知识人，都常在考证活动中寻求暂时的安宁和解脱。这里我以郭沫若和胡适为例，来申论我的看法。

郭在1927年12月为国民党通缉，次年2月走亡日本。他在东京近郊落足后，开始中国古代社会的研究，而以大部精力投入殷代的甲骨文字和殷周两代的青铜器铭文。[②] 为什么他在流落异乡、负担沉重、心境寥落的情况下，开始研究一个离现实如此久远的题目呢？郭在汇编《金文丛考》时，道出了他这一决定的心理过程。

> 一件是我所怀抱的挑战的意识，另一件是我所冒犯的沉溺的危险。
>
> 我要向谁挑战呢？我准备向搞旧学问的人挑战，特别是想向标榜"整理国故"的胡适之流挑战……但我也冒了相当大的危险。一个人陷在日本，更拖着一家六口，生活的压迫，有时候几乎令人喘不过气来。搞旧东西，在日本既有市场，也不免藉此以觅取有限的生活资料。旧东西也是有它的麻醉性的，愈深入便愈易沉沦。在当年就曾有朋友为我担心，甚至对我失望，以为我会"玩物丧志"。我自己也感觉着有这样的危险，觉得愈搞愈琐碎，陷入了枝节性的问题，而脱离着预定的目标。[③]

郭这一段话不但是难得的自白，而且说明了何以考证学术在近代中国会有如此强韧的生命力。它一方面是有学术兴趣的人的内在推动力，而一

---

① 钱穆：《中国近三百年学术史》第1册《自序》，商务印书馆1997年版，第2、3页。

② 参见郭沫若《金文丛考》第1册《重印弁言》，人民出版社1954年版。

③ 郭沫若：《金文丛考》第1册《重印弁言》。郭提出了支离琐碎的问题。支离琐碎的确是中国的考据学术始终没有克服的致命伤。许多考证学者以考证为他们最终的目的，见树而不见林，对于一切思想性和理论性的问题都失去了感觉。这是余英时《论戴震与章学诚：清代中期学术思想史研究》（台北东大图书公司1996年版）中的主题之一，第七章《后论》尤其有深入的讨论。

方面又是他们寄托心情的安全港。

胡适大学和研究院的七年,都是在美国作留学生度过的。这七年的岁月,正是从辛亥革命的前一年到张勋复辟。他身在千里之外,为祖国担忧而又无能为力,所以能深刻地体会到,埋首于无关现实的题目,是维持心情平衡的良药。1914 年 12 月 9 日,胡适说:

> 德国文豪歌德(Johann Wolfgang von Goethe, 1749～1832)自言:"每遇政界有大事震动心目,则黾勉致力于一种绝不关系此事之学问以收吾心。"故当拿破仑战氛最恶之时,歌德日从事于研究中国文物。又其所著《厄塞》(*Essex*,剧名)之"尾声"(Epilogue)一出,乃作于来勃西之战之日。[1]

歌德的态度立即得到胡的认同。以后他常用它来自勉和勉励他人。从中年起,每当外界的情况恶劣或他自身的环境不顺时,胡总不忘回到《水经注》,神会和尚,虚云和尚,或回到其他与现实毫不相干的考据园地,在他的"象牙之塔"里,得到一份安慰和快乐。[2]

胡适沉醉在考据中的程度,绝不下于郭沫若"玩物丧志"的程度。我这里只从两段旁观者的言论,来说明考据在胡的生命中的分量。胡死后多年,他的学生毛子水说:

> 有许多尊敬胡先生的人士,对胡先生于中年以后专事考据的工作,以为胡先生在学术上虽臻崇高的地位,但他似乎把目前的社会忘却了。这可说是过虑。[3]

这许多有顾虑的人之中,有少数曾经为文,劝胡不要在考据上枉费过多的心血。1960 年 1 月,胡健中以康华的笔名,为文进言道:

> 你静悄悄地躲在南港,不知这几天是何模样。
> 莫非还在东找西翻,为了那个一百二十岁的和尚?
> 听说你最近有过去处,又在埋头搞那《水经注》。
> 为何不踏上新的征途,尽是偏僻的老路?
> 自然这一切却也难怪,这是你的兴趣所在。
> 何况一字一字校勘出来,其乐有甚于掘得一堆金块。
> 并且你也有很多的道理,更可举出很多的事例。

---

① 曹伯言整理:《胡适日记》第 1 册,安徽教育出版社 2001 年版,第 554 页。

② 我在《胡适与中国现代知识分子的选择》(雷颐译,广西师范大学出版社 2005 年版,第 210～223 页)中对胡的心情,已经作了分析。"象牙之塔"是胡适自己的话。

③ 毛子水:《序》,载胡颂平《胡适之先生晚年谈话录》,(台北)联经出版事业公司 1985 年版。

总之何足惊奇，这便是科学的方法和精神所寄。

不过这究竟是个太空时代，人家已经射了一个司普尼克。

希望你领着我赶着前来，在这一方面作几个大胆的假设。[①]

王国维、罗振玉、郭沫若和胡适等人，各有自己的立场、价值观念和对未来的期望。他们虽然都在考据中寻求暂时的慰藉，可是促使他们逃避现实的外力，却来自非常不同的方向。

---

① 胡颂平：《胡适之先生年谱长编初稿》第9册，（台北）联经出版事业公司1990年版，第3141～3143页。司普尼克(Sputnik)是当时苏俄的人造卫星。

第九章　遗老的内讧和分歧

遗老认为，复辟运动是体现他们忠德的奋斗，所以他们心中充满了正义的情绪，可是在现实环境中，他们的做法却另有复杂的一面。他们有的采取因循苟且、维持现状的方式；有的坚持在儒家的道德原则下，不顾一切地为复辟奋斗。在这一章里，我们要从王国维的经验和王与罗振玉的分歧来看宫廷中的种种。

王国维和南书房行走

王在 1923 年 5 月奉命入直南书房，6 月初抵北京到差。他在入宫以前，对复辟只有远距离的观察和思想感情上的认同。入宫之后，便亲身卷入了宫中的人事和复辟活动之中。

王于 1923 年 6 月 3 日入宫谢恩，溥仪当即命他"每日进来入直"。他满心以为南书房行走是一个有实际权责的职位。听到溥仪的谕令后，信以为真。

> 即出与二傅及瑞老[宝照]言之，而三老均不在意，仍谓俟温[肃]到再定入直办法。午后往访弢老[陈宝琛]决此事，不值。次早因即入内，而南斋宫监等似以此举为多事(原来无人到)，告以面谕所谓指将来言之。出神武门时，正遇朱傅[朱益藩]下轿，告以遵谕进内而同列皆未来，不入则违谕，入则无所事事，请示办法。朱亦谓，面谕系指将来言之，现可不必进内。维即请其代奏明此事。维思面谕之意，或当如朱傅所说，如仍日日往南斋，即与二傅及同列间感情必大生阻隔，故自昨日

后即不复往之(鸣九[景方昶],子勤[杨钟羲]皆不往),亦无所事也。[1]

王满怀忠心和热诚,然而在现实中却是一个单纯而缺乏机警的人。他一心以为入宫是替溥仪打下恢复的基础,可是帝师、王公大臣、太监以及其他被召入宫的遗老,都认清了大局,而以得过且过的方式应付一切。王于6月3日谢恩后即入直。然而6月7日便写信告诉罗振玉说,他“自昨日后即不复往之”。他的惊愕和失望是可以想见的。

罗振玉在1924年9月中旬得到谕命入直南书房。他是深通世故的人,又因为家住天津,所以想每月在京、津之间各住半月,兼顾到两地的利益。罗说奉到恩命之后:

熟筹进退,颇有顾虑,意欲恳辞,商之升吉甫相国[升允],相国谓义不可辞,然方寸仍不能无虑,乃先作书致螺江陈太傅,请先代奏,以京旗生计会须料理,以后拟半月在京供职,半月乞假理会事,预为日后求退地。螺江许之。乃以八日入都具摺谢恩,蒙赐对,赐餐,谕京旗事,不必每月请假,务留京供职……既退,谒陈、朱两傅,螺江太傅谓,所托已代奏,朱傅谓,南斋现已有六人,事务至简,已代为恳辞,今既入谢,以后不必案日入直,随时可返津也。已而又亲访忠慤[王国维],属劝予不必留京。然予既奉检查内府古器之命,不可遽辞……意欲于一二月后陈乞。[2] 罗打算一面照顾他在天津的利益,一面参与宫中的活动。他一再恳辞的结果,是确定了陈宝琛和朱益藩两个师傅不但没有推荐他入南书房,并且不希望他和王常在宫中行动,成为他们两人的竞争者。然而罗恳辞,只是一种姿态而并没有诚意。朱益藩要王劝他“不必留京”时,他又以“既奉检查内府古器之命,不可遽辞”为由回绝。与宫中的一线联系,他是绝不放弃的。

罗认为他可以只以部分精力和时间投入宫中的活动,因为王国维已比他早一年多入直。他可以从王处得到宫中的消息,并可以通过王进行各种活动,然而罗没有考虑两人个性的差异。他和王复辟的心愿一致,可是两人做事的方法和对个别事件的判断,却必然十分不同。王在宫中看到种种明争暗斗,又要承受罗的无休无止的压力,终于心灰意冷,决定脱离溥仪的宫廷。

王在南书房行走任上两个半月之后,便萌生去意。罗于1923年8

① 《罗振玉王国维往来书信》,第569页。

② 罗振玉:《集蓼编》,第771页。

月21日致他的信中说:“请假事万不可提(既负至尊,亦近负气)。”[1]所谓“请假”,是以请假的方式,一去不回。几天之后,罗又去一信说:

弟意照公来书所言(去就一节),尚须与敝宗人就商,弟意即欲决去,前次之文,亦可托心畬[溥儒]代呈,并将不可相处之意告知心畬,托心畬代言。至尊处,谓假得请乃可行,不可微服径去也。[2]

罗是绝不希望王辞职的,所以一再劝说,可是王的心已离去。我们从他1924年6月上旬给罗的信中,可以看出他两面承受压力、灰心沮丧的心情。他说:

欲请假者,一则因前文未遂,愧对师友;二则因此恶浊界中,机械太多,一切公心,在彼视之,尽变为私意,亦无从言报称。譬如禁御设馆一事,近亦不能言,言之又变为公之设计矣。得请之后,拟仍居辇毂,闭门授徒以自给,亦不应学校之请,则心安理得矣。[3]

我们在这里看到王的苦衷。他一方面接二连三受到罗的怂恿,要他为设立皇室图书馆和博物馆的事奔走,可是他对此事的具体看法与罗并不相同,我在前文已有讨论。而另一方面,他对宫中各人的作为又深为不满,宫中的人也将他与罗视为同党,并深信设馆的主意都出于罗的设计。所以王在左右为难的局面下,只有求去之一途。他说他愧对师友,这不是在暗示他与罗的看法不同吗?除了罗之外,王在宫中还有什么帅友呢?

王在南书房行走任上,继续支持了几个月,终于在1925年年初离去。1924年的11月,溥仪已被逐出宫,所以南书房行走变得更是一个有名无实的虚职了。这时正好清华大学力聘王去任教。可是在这一里应外合的情况之下,王并没有立即去宫廷而就清华。他考虑清华教职的过程,又一次显示了他对清室和溥仪坚定不移的忠心。

清华教职

王在1925年2月下旬接受清华大学国学研究院的教授聘约,4月中移居清华园,结束了在清宫担任南书房行走的生涯。可是接受清华教职,并不是背弃溥仪。事实上,王对溥仪和清室的忠贞,没有丝毫的改变,经济的需要也不是他接受清华教职时首要的考虑。

---

① 《罗振玉王国维往来书信》,第584页。
② 《罗振玉王国维往来书信》,第587页。
③ 《罗振玉王国维往来书信》,第626页。

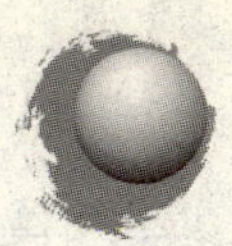

1924年10月，清华大学校长曹云祥聘胡适为“清华大学筹备顾问”，向胡请教开办研究院事宜，并商请他担任国学研究院导师。胡自己不就而转荐王国维等人[①]，并接受曹的请托，做聘请王国维的中介人。1925年2月上旬，胡将清华的聘约转送王国维，说：

> 清华学校曹君已将聘约送来，今特转呈，以供参考。约中所谓“授课拾时”系指谈话式的研究，不必是讲演考试式的上课。
>
> 圆明园事，曹君已与庄君商过，今日已备文送去。[②]

信中的最后一句话，是最具关键性的。圆明园，是指溥仪的宫廷。王要得到溥仪的允准，才愿意考虑清华之聘。

1924年年底，曹云祥曾亲自出面聘请王国维，可是王因为溥仪在11月5日新遭逼宫之难，表示他不能在君上危难时离去，所以没有接受。赵万里在年谱中说：

> 时清华学校当局拟创办研究院，欲聘海内名宿为院长。绩溪胡适之先生以先生荐，主其事者[曹云祥]亲往致辞。先生以时变方亟，婉辞谢之。[③]

所指便是此事。曹知悉王的苦衷后，一面请胡出面帮助，一面致信给他的友人——溥仪的英文师傅庄士敦，请庄向溥仪疏通。

王收到胡的信后，允于一星期后答复，并提出另一点顾虑。他怕到清华任教后，会影响他与清室的往来。胡于1925年2月13日回信说：

> 顷已打电话给曹君，转达尊意了。一星期考虑的话，自当敬遵先生之命。但曹君说，先生到校后，一切行动均极自由。先生所虑(据吴雨僧[吴宓]君说)不能时常往来清室一层，殊为过虑。鄙意亦以为先生宜为学术计，不宜拘泥小节，甚盼先生早日决定，以慰一班学子的期望。[④]

这时吴宓已于2月12日被委任为清华研究院筹备处主任。第二天他进城拜会王国维。[⑤] 见面时，王表示了他的顾虑，吴即转告胡适，所以胡在同一天致王的信中，说他自吴宓处听到其顾虑与清室往来一节，并请其放心。有了胡的信，吴便在一两天后，“持清华曹云祥校长聘书，恭谒王国维静安先生，在

---

① 参见齐家莹编撰、孙敦恒审校《清华人文学科年谱》，清华大学出版社1998年版，第2～3页。

② 胡适：《胡适致王国维书信十三封》，载《文献》第15辑，1983年3月，第9页。

③ 赵万里：《王静安先生年谱》，载《王观堂先生全集》，第16册，第7096页。赵误以为所聘是院长职。以后的几个王的年谱都以赵谱为本，所以院长之误延续多年。

④ 胡适：《胡适致王国维书信十三封》，第9页。

⑤ 参见吴宓《吴宓日记》第3册，吴学昭整理注释，三联书店1998年版，第4、5页。

厅堂向上行三鞠躬礼。王先生事后语人,彼以为来者必系西服革履,握手对坐之少年,至是乃知不同,乃决就聘”[①]。

所谓“决就聘”,乃是1925年2月20日前后的事。曹云祥在致庄士敦的信中说,王不愿就清华教职,是因为君上大难,忠臣不能弃君而去,所以唯有溥仪能将王从这一困境中释出。庄得信后,即向溥仪游说。溥仪在2月23日逃到天津日本租界之前,把王召入在日本公使馆中的宫中,令他接受清华之聘。庄士敦说,王在得到君上的谕旨之后,才接受清华的教授职(“in obedience to his sovereign's direct commands”)。[②]

王国维在接受清华之聘时,除了对溥仪的忠之外,有没有其他的因素呢?罗继祖提出了两点实际的考虑。他说,1924年11月逼宫的变故之后,世情如下:

> 不仅皇帝远离禁御去过流亡生活,即师保左右也惶惶然如鸟兽顿失山林,无可托命。王先生是家无素蓄,仅靠赏食五品俸维持一家生活的人,更难以维持下去,不得不就清华研究院之聘了。清华的荐手是胡适。蔡元培之荐不就,胡适之荐倒就了,这里有两种原因。一是生活无着,一是溥仪在宫里时,左右早已分成派别,明争暗斗,相互倾轧攻击……王先生当时是站在罗振玉一边,也成为受人攻击的对象之一。[③]

罗的看法,有进一步推究的必要。王“家无素蓄”,每月要有维持生活的收入,这是不争的事实。然而王的性格,有极不实际的一面。他在考虑清华之聘时,生计问题占多重的比例,我们不容易得出一个确切的答案,可是我们却能明显地看出,忠在他思想意识中的终极中心位置。他入南书房两个多月之后,便一再有去意,是因为罗振玉的再三劝阻,才没有离职。那时王在生活上并没有其他的安排,清华研究院也还没有成立,所以他无从预料会有清华之聘。曹云祥亲自下聘时,正在溥仪被逐出宫之后,这时王如接受了,则不但衣食问题从此得到解决而不再担忧,而且也摆脱了宫中的人事纠缠。然而王拒绝不受,因为他不能在君上蒙尘时弃君而去。他最后接受清华之聘的两个前题,一是要有继续往来清室的自由,二是要得到溥仪的允准。下

---

① 吴宓:《吴宓自编年谱:1894年至1925年》,吴学昭整理,三联书店1995年版,第260页。

② Reginald Johnston, Chapter ⅩⅫ, Note 5, p.473. 赵万里说,王应召“至日使馆,面奉谕旨,命就清华学校研究院之聘”。见赵万里《王静安先生年谱》第16册,第7098页。赵和庄士敦都没有确实的日期,可是吴宓在日记中说,他于2月21日上午往访王国维不遇,午后又去,见面后“商章程事”,所以王是在2月20日或前一二日接受清华之聘的。

③ 罗继祖:《王国维先生的政治思想》,载《王国维学术研究论集》第1册,第406页。

面我们就会看到，王对溥仪的关怀和敬仰至死不渝。所以我们知道，他接受清华前所表示的两点顾虑，的确是他心中最重要的问题。

罗继祖说，王要脱离宫廷的另一动机，是因为宫中的派别复杂、明争暗斗，而王“当时是站在罗振玉一边，也成为受人攻击的对象之一”。王求去的最大动力，的确是出于远离宫中的人事纠缠的欲望，然而王受到压力，不仅是因为他站在罗振玉一边，受到政敌的攻击，更是因为他没有事事都与罗同站一边，没有每一事都照罗的计划进行，而受到罗的强大的压力和责备。所谓宫中的派别和争斗，罗实是中心人物之一。王要远走高飞，一方面不再有宫中的纠缠，一方面可以从罗的压力中得到解脱。我前引王 1924 年 6 月上旬给罗的信中，已把这份心情透露出来了。他想请假不回，一来是为了图书馆和博物馆的事，“愧对师友”；一来是宫中的气氛“恶浊”，“机械太多”。所以令他想一走了之的愿望之一，不是因为受不了罗振玉这个师友的压力而要脱逃吗？可是罗是半生的知交、儿女亲家和思想战友。他虽然感到罗的巨大压力，而并不质疑罗的各项设计的动机；他只怪宫中其他的人心怀不善。我们记得，他在同一封信中说，他们的“一切公心，在彼视之，尽变为私意”。那么他留在宫中，也不能有所作为了。所以他要脱离宫廷，都是因为对方的私心，而他和罗都是忠的公心。1925 年 3 月 25 日，他写信给好友蒋汝藻说：

> 数月以来，忧惶忙迫，殆无可语。直至上月，始得休息。现主人在津，进退绰绰，所不足者钱耳。然困穷至此，而中间派别意见排挤倾轧，乃与承平时无异。故弟于上月已决就清华学校之聘，全家亦拟迁往清华园，离此人海，计亦良得。数月不亲书卷，直觉心思散漫，会须收召魂魄，重理旧业耳。[①]

这一解释，满足了王的需要。他不能继续在宫中效命，是由于心术不正的人。他自己或有愧对师友之处，可是他的至友是无可非议的。王至死没有质疑过罗的动机或做法。罗则认为王入宫之后，缺乏勇气，退却不前。他在道德的眼光之下，对王下了一个严厉的裁判而不愿谅解王。两人终于在家庭变故的导火线之下决裂。王、罗这一方面的关系，我将在下一节中专题讨论。

王虽然脱离了宫中的环境，可是却丢不下他对溥仪的关怀。将汝藻在回信中，劝王：

① 王国维：《王国维全集·书信》，第 412 页。

> 斩断种种葛藤,勿再留恋。顷知已毅然决定,为之额手不置。从此脱离鬼域,垂入清平,为天地间多留几篇有用文字,即为吾人应尽之义务。[①]

蒋是出资刊印《观堂集林》的好友,他直言不讳,把溥仪的宫廷喻为鬼域,然而仍不能点醒王国维。1925 年 12 月中旬,他问罗振玉:

> 造辟之言,不知能有效否?近日风云又变,故道途恐有阻滞,故不敢赴津。[②]

1926 年 2 月和 1927 年 2 月,王均向清华请假赴天津为溥仪祝嘏。[③] 这绝不是形式上的礼节而已。赵万里说,1926 年秋以后,"世变益亟,先生时时以津园为念,新正赵津觐见,见园中夷然如常,亦无以安危为念者。先生睹状至愤,返京后忧伤过甚,致患咯血之症"[④]。

这便是为什么王在交涉清华聘约时,一问再问,在脱离清宫中的人海之后,是否仍能维持他与溥仪的君臣关系。

这里我有必要又回到"不理智"这一主题上。王国维以道德为判断的最终依据。现在他已亲见宫中和溥仪的种种,继续向清室和溥仪效忠的道德依据是什么呢?入了天津日人的租界后,溥仪和手下的几十个老弱,如果不是"夷然如常"而是日日"以安危为念",又究竟能创造怎样的前途呢?如果他们借日本之力消灭了民国,中国会是怎样一个景象呢?可是王的思路,并没有走那么远。他的心情,为一朝一代的绝对忠贞感所占据,所以唯一关怀的,是溥仪和清室的前途。

王、罗的决裂

王国维入直南书房所带来的最大的后果,是他与罗振玉的决裂。在这之前,他们对复辟和清室诸问题,只能发表意见而不能直接参与。所以王、罗纵有不同的意见,可是这些意见没有任何实际的重要性,所以他们之间的

---

① 转引自刘烜《王国维与罗振玉来往书信手稿述评》,载《中国文艺思想史论丛》第 2 辑,第 346 页。

② 《罗振玉王国维往来书信》,第 649 页。

③ 参见孙敦恒《王国维年谱新编》,中国文史出版社 1991 年版(下引该书,版本同此),第 152~164 页。

④ 赵万里:《王静安先生年谱》,载《王观堂先生全集》第 16 册,第 7103 页。

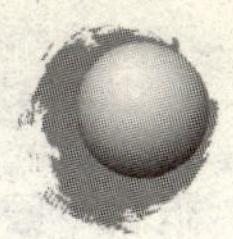

友情也没有受到影响。

王入南书房后，他与罗的关系开始发生微妙的变化。罗是有决断而善于行动的人。现在他不仅止于谈论，而要王采取行动了。因为他们现在所面临的都是近在眼前的难题，所以他们不同的眼光在现实的环境之下，变得明显而尖锐了。王一入南书房，罗即提出皇室图书馆和博物馆的具体细节，并要王立即采取行动。1923年7月末，他在信中以万分火急的语气对王说：

> 已往商二人[杨钟羲、景方昶]，即可上陈，至慰至慰。惟奥[国公使]馆一节，万不可删，此要紧关节，删去则成空旷语矣。卜筑万来不及，卜筑能省，岂不更好？移置不过一二年间事耳，租价何妨太贵？若无奥馆，即批准亦属空言，兄所见正与弟相反也。早移一日好一日，一也。奥馆租值虽昂，我辈力不足，而非所论于县官，二也。……凡文内诸语皆经千思百虑而后出之，但可润色辞藻，不可删节……至要至要。[①]

现在王不再有只与罗互通宫中的音讯、发抒己见的自由了；他必须要以行动来表明立场了。可是王有自己的性格和眼光，即使相知最深的友人也不可能随意指使他。罗终于发现，两人所见有恰恰相反之处了。罗在半个月以后的一封信中，更流露出了他的失望和怨愤，他与王的关系已相当恶化了。

> 长安居者见地自与草野不同，弟从此不敢与闻天下事矣。弟前书正见及此，而已无法挽回。思年来所虑，一一皆不幸而中……兄移眷入都之事，恐亦可中止矣。然高见与弟十九不合，倘亦不能谓然乎？入直之事，恐亦无甚关系矣。[②]

罗当然不会从此不闻天下事。他现在要诉诸绝对的道德主义，对王施加压力，来达到两人共同效忠的目标。第二天，他又致王一信，说：

> 早一日奏上出，则公早了一公案。至有用与否，不计及。董子所谓正谊明道之言，想闻之熟（梅村所谓受恩欠债，须尝补也。大约公之南归，恐在夏秋之间也）……（哀莫大于心死，诸老心死久矣）。弟亦将跳出迷梦，收束一切，休息之期，计已不远，不忍目击横流矣。[③]

这些道德陈言对心理的冲击力量是不能轻视的。罗没有入宫，所以他在草野；王既已入直南书房，当然是居长安者了。王和他的意见虽然“十九不合”，可是他要王效法吴伟业欠债报恩的心情和董仲舒的“正其谊不谋其利，明其道不计其功”的原则，只问动机，而不必顾及后果。王上奏之后，“有用

---

① 《罗振玉王国维往来书信》，第577页。

② 《罗振玉王国维往来书信》，第581页。

③ 《罗振玉王国维往来书信》，第581页。

与否”,可以“不计及”。王在宫中和罗的两面压力之下,已经表示要请假一去不回。罗先提醒王吴梅村受恩欠债之说,再以南归作为激励。他绝不愿王辞职离去。

我们又一次看到罗振玉的“动机的道德观”。他认为是非对错,黑白分明,毫无妥协的余地。当然他自己只见“谊”和“道”,而与他不同意见的人则只知“功”和“利”。这种心理使他产生一种强烈的道德傲慢和不顾后果的态度。1924年4月末,他听说王为了宫中事担扰,以致夜间失眠,大为称赞,去信说:

> 人心之同于此,可见一斑。天下事,义之所在,但有勇往赴之,水火刀锯在前,不复顾也。[①]

可是这种道德的傲慢,同时又含有一份无可避免的悲观。因为普天之下与他看法一致的寥寥无几,余下的便都是不讲“谊”和“道”的人。罗虽声称要“勇往赴之”,但情势不利时,又深感力不从心,“不欲多事,向义之心,日益淡薄,行且作自了汉矣”。[②]

罗振玉的绝对的道德主义是导致他与王国维决裂的基本原因。罗在绝对的道德主义之下,不容许有任何变通的可能。王以动机为思想的始点和终点,他想要达到目标的心愿,也不下于罗,可是他进行的程度却不一样。1923年11月21日,他说,罗要他起草的文字甚不易作:

> 我辈此次立言,须泯去痕迹方为有效,故鄙意论人固不可,论事亦著形迹,故以论心为要。但一时不易着手,须以一二月为期,其时亦当可以进言之机矣,请告素帅[升允]稍缓之(去岁代撰二文皆稍见效,盖得其机也,此时拟暂沉默为善)。[③]

他也认为一切“以论心为要”,只是他为人谨慎,不愿触及具体的人事。在罗的一再的压力之下,他终于在1924年2月上旬去信给罗,说:

> 细读尊文,并思立言之法。因思前次尊文,由维代缮,手续本不甚妥……若此文再由维缮,则或以维借名相污蔑,亦不可料(此文亦因之失效)。故将尊文与维所拟一稿令冯友送呈,请与素帅一酌,或用其一,或参合用之,即由叔炳兄一缮封固,交维代递,似于手续较备……我辈作事,究不能如日碑[金梁]辈之草草也……
>
> 又,此事秘甚,上意决不愿多人知之。或由素帅一人具名,由维与

---

① 《罗振玉王国维往来书信》,第619页。

② 《罗振玉王国维往来书信》,第628页。

③ 《罗振玉王国维往来书信》,第597页。

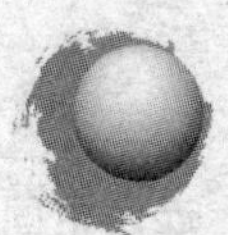

二公一商，由渠暗中递入，更为妥善。[①]

至此，罗王的关系更为恶化了。罗看不见他们两人相同的心愿，也绝不谅解王的苦衷。他把他对王的不满都化约成为道德问题，而以最严格的态度责备王，要王记住正谊明道，以受恩欠债的心情和不顾水火刀锯的决心报答君恩。罗在回王的信中，又一次提出道德勇气的问题。

抽著进呈事，公既以为当避嫌，则数月以后之说，亦可取消，岂数月以后便可不引嫌乎（与弟所见不同。弟以为此亦避嫌，则无置身之地矣。且自反无他，故呈不呈均无不可）？既不进呈，请不必做套，望将原书交振雅，遇便携津可也。[②]

王要脱离宫廷，宫中多数的人都暗中欢喜，唯有罗会大为失望。王致罗的信已不存，可是罗1924年6月上旬的回信，说明了王的顾虑：

至公之辞职，亦可俟将来现象如何再定，此刻行之，似为多事……至来函谓弟必盛怒，此恐亦过虑太甚。此事利害不在弟，何遽为之盛怒耶（且任天下事，何可有我之见存？公尚未能尽知我也）！人生祸福，且有定数，况天下之事，宁无定数？以前妄冀以人力挽回，其失败者屡矣，所谓知其不可而为之；幸失败在我，而未及他人，此则可自慰者耳。[③]

王说罗会盛怒，可以说是一语道破了罗的心情。我们看罗信的内容和语气，如果不是盛怒，又该作何解释呢？王要辞去南书房行走，除了想摆脱罗的压力，还有更大的动机吗？

王国维在1925年春迁入清华园后，与罗振玉仍然保持往来，可是他们之间的裂痕已经不易缝合了。遇有外来的导火线，这条裂痕便全面破裂了。

王的长子潜明与罗的三女孝纯于1918年结婚。1926年9月26日，潜明病卒于上海，得年二十八。罗、王两家的家庭纠纷在丧事期间都表面化了。罗振玉在感情激动的情况下，终于走上了极端。罗继祖说：

乡人痛女孝纯不幸，赴沪视之。伯深[潜明]与弟高明、贞明皆静安原配莫出，莫殁继潘，而孝纯为长子妇与继姑有违言，仆媪复从中构之……至是伯深卒，静安夫妇莅沪主丧，潘处善后或失当，孝纯诉诸乡人，乡人迁怒静安听妇言，而静安又隐忍不自剖白，乡人遽携孝纯大归（孝纯惟生两女，俱夭，静安以其从弟高明子庆端嗣，后庆端亦夭）。自是遂

① 《罗振玉王国维往来书信》，第607～608页。

② 《罗振玉王国维往来书信》，第624页。

③ 《罗振玉王国维往来书信》，第626页。

与静安情谊参商。京津虽密迩,迄静安之逝未再觌面,函札亦稀通矣。[①]

携女儿"大归",是一极大的侮辱。王的长女王东明那时十三岁,已有相当的观察能力。她回忆说:

> [罗振玉]不声不响地偷偷把大嫂带回娘家,父亲怒道:"难道我连媳妇都养不起?"[②]

连罗家的人,都不以罗振玉的做法为然。多年以后,罗继祖说,他祖父的"轻率有伤多年感情,即罗振常和他的女儿都觉得这样做过火,但没敢提出"[③]。

至此,王罗两家唯一的关系只剩下儿女的财产问题了。王在1926年10月中旬把潜明在海关的抚恤金寄交罗家,可是罗连这一线关系也断然拒绝。他于10月21日回信说:

> 汇来伯深恤金等二千四百廿三元,虽已遵来示告小女,而小女屡次声明不用一钱,义不可更强,汇条暂存敝处……千万请公处置。应汇都中何银行,示遵为荷。[④]

罗声称不收抚恤金是孝纯的决定,当然这只是托词。罗继祖说:"伯深服务海关,卒后恤金,乡人且不令孝纯收受。"[⑤]这是一个不做不休的手法。如果罗承认不收恤金是他的意思,则孝纯并没有与夫家绝交;可是他说这是女儿的立场,而他支持女儿的决定,所以父女两人都与王家断交了。而这正是罗的打算。王收到罗1926年10月21日的信后,于10月24日以恳求的语气请罗收款:

> 维以不德,天降鞠凶,遂有上月之变。于维为家子,于公为爱婿,哀死宁生,父母之心彼此所同。不图中间乃生误会,然此误会久之自释……
>
> ……曾托颂请兄以亡儿遗款汇公处,求乞代为令嫒经理……而令嫒前交来收用之款共五百七十六元……此款……与前款共得洋三千元正,请公为之全权处置……亡男在地下当为感激也。[⑥]

信中所说的五百七十六元,是潜明最后一月的薪水及其他款项,也被罗退回。

---

① 罗继祖:《永丰乡人行年录:罗振玉年谱》,江苏人民出版社1980年版,第95页。

② 王东明:《最是人间留不住——我的父亲王国维》,见罗继祖主编《王国维之死》,(台北)祺龄出版社1995年版,第261页。

③ 罗继祖主编:《王国维之死》,第169页。

④ 《罗振玉王国维往来书信》,第659页。

⑤ 罗继祖:《永丰乡人行年录:罗振玉年谱》,第95页。

⑥ 《罗振玉王国维往来书信》,第659页。

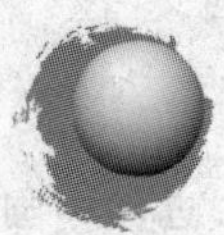

王罗最后的几封信，都是在三千元恤金的问题上争论，因为罗坚不收受，所以王开始以义理为他争论的基础。

此款在道理、法律，当然是令嫒之物，不容有他种议论。亡儿与令嫒结婚，已逾八年，其间恩义未尝不笃，即令不满于舅姑，当无不满于其所天之理。何以于其遗款如此之拒绝！若云退让，则正让所不当让。以当受者而不受，又何以处不当受者？是蔑视他人人格也。蔑视他人人格，于自己人格亦复有损。总之，此事于情理皆说不去，求公再以大义谕之。①

可是罗声言：

书中所言，有钝根所不能解者，公言之愈明，而弟之不解愈甚……前公书来，以示小女，小女矢守前语，不敢失信。②

于是王又一次“拳拳以旧谊为言”，请罗收下。罗在1926年11月26日的回信中说：

既已汇至，但有取出……两次来谕，遵示小女，而小女信誓不渝，未可再强也，此亦所谓匹夫匹妇之愚，圣人之所许也……弟当代存此间兴业……存据当专人送京……小女在此，以鬻书之资一部分给之，不至饥寒，其昆季尚非甚谅薄者，日后当不至休戚不相顾也。③

所以罗始终不作丝毫的让步。孝纯可以靠他卖书和兄弟过活，而绝不取王家分文。

1926年11月26日，是王潜明死亡的两整月，也是罗王最后一次通信。直到1927年6月2日王投水自尽，两人不再有任何接触。罗继祖说：

祖父和王先生失欢后，从丙寅(1926年)九月到丁卯(1927年)五月中，历九个月没有通信。丁卯正月，溥仪生日，王先生照例来津祝嘏，两下碰面，未交一言。④

他们两人从戊戌1898年东文学社时代起的近三十年的道义肝胆之交，从此断绝。

现在我们要作深一步的追究，决定儿女亲家的纠纷，是否是造成罗王断交的唯一的或最主要的原因。罗继祖认为，罗王之间的问题本来不大，可是

---

① 《罗振玉王国维往来书信》，第660页。

② 《罗振玉王国维往来书信》，第660～662页。

③ 《罗振玉王国维往来书信》，第662～663页。罗具体处置的方法是，“以二千元贮蓄，为嗣子异日长大婚，学费，余千元别有处置之法”。

④ 罗继祖：《我的祖父罗振玉》，第155页。

因为两人秉性的差异而终于走上了绝交的道路。他说:

> [罗振玉]精力绝人……是一位家长制的独裁者。王则不同……他的继配潘夫人是能管家的一把手,王对家务,完全倚畀。罗王结成亲家后,本应情感加密,但罗此时舐犊之爱,既痛东床之亡,又怕女儿在婆家吃亏,遂不容商量竟携女大归,而王性气素来和平,缄默不言……等到王子的海关恤金送到,罗又拒收。[①]

可是罗继祖的解释,只说明了他祖父处理事情的手法,而并没有道出他真正的动机。对待孝纯不善的是潘氏,那么罗为什么要如此迁怒于王国维呢?他怕女儿在婆家吃亏,尽可以说女儿丧夫,暂时让她回娘家小住,几个月以后,再作久远的打算。王潜明的抚恤金与王国维又有什么关系呢?罗携女儿"大归",三番五次地严拒抚恤金,都是蓄意要断绝他一生最莫逆的友谊。罗的行为如此出乎常情,所以我们必须在他的个性之外寻求一个合理的解释。

罗对王最失望、最不能释怀的,是王入直南书房后,没有依照他的想法,全力以赴为清室的利益献身努力。女儿丧夫提供了一个导火线,使他胸中积压了两三年的怨恨在感情激动的时刻,一发而不能收拾。1926 年 11 月 3 日,他在向王辩解为何拒收恤金的长信中,有下面的一段话:

> 弟公交,垂三十年,方公在沪上,混豫章于凡材之中,弟独重公才秀,亦曾有一日披荆去棘之劳。此卅年中,大半所至必偕,论学无间,而根本实有不同之点。圣人之道,贵乎中庸,然在圣人已叹为不可能,故非偏于彼,即偏于此。弟为人偏于博爱,近墨,公偏于自爱,近扬。此不能讳者也。[②]

为什么罗在讨论女婿海关的恤金时,提出兼善天下和独善其身的理论呢?这并不是因为独善和兼善与恤金有任何牵连,而是因为罗要借机提出他几年来心中无法抛弃的积怨。他自识为他对王的提携、搜集和刊印史料、赞助学术以及效忠清室,都是他兼善的胸怀。王在入南书房以前,他的独善的个性没有实际的重要性。只要他在书斋中所作的学问有经世的微言大义,便足以达到兼善的要求了。可是王一入直南书房,罗对他的莫逆之交的期待便不同了。王不能只与罗谈论复辟,而必须见诸行动了。我们在这里看到罗的独裁专断的性格,如何影响了他与王的交情。

---

① 罗继祖主编:《王国维之死》,第 169 页。又见罗继祖《我的祖父罗振玉》,第 154 页。

② 《罗振玉王国维往来书信》,第 662 页。

王一入南书房，罗便认为他不够积极，甚至于遇事退缩。这是罗在致王的信中，再三叮嘱策励的要点。他在1923年7月19日的信中说：

> 天下事因顾忌而废弛，致成奄奄无气。如我国之今日士子，毫无任重致远之望，可为浩叹。愿公有以矫之。[①]

三天后，罗又去一信，语气更直接了。

> 弟尝谓求侪类于今日，志同道合者能有几人？不如坚起脊骨，秉义而行，虽未必所遇皆亨，而衾影可以无愧。弟平日自期许者如此，敢以望之我公。长安尘鞅中，最易昏人神智，聪明有志之士，埋没于此者多矣。先生以为何如？[②]

罗所期待的是立竿见影的效果。他不见王的行动，于是三天后再去一信，责备道：

> 公等受不次之隆遇，其酬知之忱，必然百倍于弟，务请从速入奏，则在诸公为不素餐。祖宗二百余年养士之报，固应得之今日也。[③]

罗以充满道德义愤的心情，深怪王没有真正了悟董仲舒正谊明道之言，没有怀抱吴梅村受恩欠债、须尝补也的决心。他说他自己博爱，而王只有自爱，这是他对王最严厉的指责。

王国维也完全同意，清朝的遗臣应该秉义而行，为恢复清室努力。可是他是毫无行动的能力的人。他一入宫，便感到巨大的压力而要离去。然而同时他也知道，他要脱离宫廷的愿望，必定会令罗"盛怒"。罗携女儿"大归"，拒收抚恤金，以决然的心情与王断绝，我们可以想见他的"盛怒"的程度。

罗、王的道义肝胆之交，因为没有经得起忠的考验而破裂。

王国维的自沉

王于1927年6月2日投身颐和园昆明湖自尽。他的遗书，短短一百二十字，其中只有"五十之年，只欠一死，经此世变，义无再辱"十六个字与自杀

---

① 《罗振玉王国维往来书信》，第575页。

② 《罗振玉王国维往来书信》，第575页。

③ 《罗振玉王国维往来书信》，第576页。

的本身有直接或间接的关联。[①] 王在青少年时,一些感怀身世的诗词显露了他心灵深刻的一面。他作为遗老,进入中年以后,便少有自诉心怀的文字了。不过从他的书信和朋友、学生的回忆中,我们仍能看出他死前的心情。1926年、1927年时,他在丧子、绝友和见到宫中的因循苟且气氛后,感到极度悲观寥落。同时中国的政局这时也在迅速变化,各方势力都在为统一全国而斗争。在革命动荡的局势之中,他的清遗臣的身份给他带来了无法解脱的困扰。在冯玉祥入京的前夕,王深恐落在革命党人手中,受到屈辱之后才被致死,所以决定以自沉了结一切。与罗振玉决绝、丧子以及宫中的腐败,虽然使他痛苦不堪,可是都不是导致他自尽的直接原因。他最大的顾虑,是因为忠而引起的个人的安危和尊严的问题。

王国维死后两周,梁启超在给女儿的信中说:

> [王]平日对于时局的悲观,本极深刻。最近的刺激,则由两湖学者叶德辉、王葆心之被枪毙。叶平日为人本不自爱(学问却甚好),也还可说是有自取之道。王葆心是七十岁的老先生,在乡里德望甚重,只因通信有"此间是地狱"一语,被暴徒拽出,极端箠辱,卒致之死地。静公深痛之,故效屈子沉渊,一瞑不复视。[②]

梁、王在清华国学研究院同事两年,梁在暴风雨的前夕,不但对自己的安危十分担扰,而且曾邀王一同出走北京,躲避危险。梁信中的话,表示他对王死前的心情有很深入的了解。

中国近代的民族主义运动在王自杀的前几年达到了高潮。共产党、国民党以及其他的政治势力,都在为统一中国和取消不平等条约而努力。知识分子一方面希望有新的政治局面,而一方面对新的政治运动又极度的不安。梁在1927年1月2日给女儿的信中说:

> 北军阀末日已到,不成问题了。北京政府命运谁也不敢作半年的保险。[③]

"打倒万恶的军阀"是"我们想做而做不到"的事,所以梁对党军的这一工作,抱了很大的希望。可是同时对他们的一些作为,又心怀恐惧。北京的局势,在3月上旬已经相当紧张。3月21日,梁已在积极打算出走了。

> 今天下午消息很紧,恐怕北京的变化意外迅速,朋友多劝我早为避

---

① 遗书是留给三子王贞明的。见王贞明《父亲之死及其他》,载罗继祖主编《王国维之死》,第266页。

② 丁文江、赵丰田编:《梁启超年谱长编》,上海人民出版社1983年版,第1145页。

③ 丁文江、赵丰田编:《梁启超年谱长编》,第1107页。

> 地之计（上海那边如黄炎培及东南大学稳健教授都要逃难），因为暴烈分子要和我过不去……更恐北京有变后，京、津交通断绝，那时便欲避不能……本来拟在学校放暑假前作一结束，现在怕等不到那时了……我总觉着全个北京将有大劫临头。[①]

5月31日，梁在家书中说：

> 本拟从容到暑假时乃离校，这两天北方局势骤变，昨今两日连接城里电话，催促急行，乃仓皇而遁，可笑之至。[②]

这些家书所透露的都是最真切的感情。对梁启超最大的威胁是革命政党对异己知识分子的迫害。这些事件和大局的演变使得不少北京的知识分子有迫在眉睫的危机感。梁说，王国维"平日对于时局的悲观，本极深刻"，而两湖学者叶德辉和王葆心之被枪毙，更使王大受刺激。[③] 1927年4月18日，南京国民政府正式成立，宁汉正式分裂。第二天，武汉政府誓师北伐，所以国共两党的北伐军都在向北推进。最令王国维担忧的，是冯玉祥的行动。冯于5月1日在西安就国民革命军第二集团军总司令职，并当即誓师东进。5月30日，冯所部的国民联军正式改称"第二集团军"，分为八个方面军行动。梁启超说，那两天北方的局势骤变，他也因之"仓皇而遁"，很可能是听到冯军的消息后的决定。冯在北方已是举足轻重的人。6月1日，日本外务大臣田中义一宣称中国的北方交予冯和阎锡山；同一天武汉政府的中央政治委员会推冯为军事委员会主席团主席。王国维于6月2日投水自尽。

王国维的遗老思想，是任何一种民族主义的革命运动所不能容忍的。在他的言行之中，辫子是最有形而显目的象征。思想尚可以作某些程度上的调整，而辫子却只有有无之间的选择，现在在革命的浪潮之中，它成了王无法摆脱的负担。

清廷于1911年12月降旨准许臣民自由剪发，可是一部分遗老仍然继续留辫，以示反对共和和他们不屈的气节。然而即使在剪发令以前，辫子在知识阶层中已变成了落伍的标志，所以遗老如郑孝胥等人在剪发令颁布的当天便剪了辫。溥仪剪辫的心愿也有了好几年，到了庄士敦进宫之后，辫子更成了无法忍受的耻辱，所以终于在20世纪20年代初期，毅然决然地剪去了。他的行动，产生了上行下效的效果。几天之内，除了三个师傅和几个内务府大臣之外，宫中的千把条辫子全剪除了。我们可以说，当时的国人对剪辫和

① 丁文江、赵丰田编：《梁启超年谱长编》，第1120、1121页。

② 丁文江、赵丰田编：《梁启超年谱长编》，第1137页。

③ 《梁启超年谱长编》，第1145页。

放足比对其他任何事情的看法都一致。

因此,对心情固执不能变通的保守者,辫子便成了终身的负担。服装和思想,都有取舍和改变的可能,唯有辫子毫无自由伸缩的余地。去掉辫子便是明显地放弃自己一贯的立场和对自己根本的妥协;留住辫子又是一个极为狼狈的桎梏:这便是当时许多留辫的遗老的心情。1916 年 7 月底,王国维说,他在哈同处遇见吴子修和左孝同,两人"皆有辫发而束之于顶,此又何为者耶"①?其实王国维对自己的辫子,也有一种高度的自觉。1917 年 7 月 5 日,张勋复辟的第五天,上海"人心浮动",所以王"以后便拟简出,恐招意外之侮辱也"。② 这时,研究汉学的日本友人小川琢治路过上海,"见访一次,永以不出未能往答,因告以不出之由,彼云,'此甚不便,何不去此障碍物',殊可笑也"③。

可是王只说"可笑",而显然并没有动怒。1923 年 5 月上旬,王准备北上入直南书房,辫子又成了必须考虑的问题。他说,他与另一南书房行走杨钟羲"约于下月上旬北行,或先后一二日(或二人衣装皆不同,恐为人疑怪)"④。

辫子既然是一种烦恼,那么王国维有没有考虑将之剪除的可能呢?王东明回忆说:

> 清晨天微亮,每每见母亲立于父亲身后,手中拿着只发篦,仔仔细细地为他顺着梳发,再编结起来。有次母亲忍不住道:"别人的辫子全剪了,你还留着多不方便。"父亲不吭气儿,过了好一会儿冷冷地回答:"留着便是留着了。"⑤

所以王所面临的是一个无法解脱的困境。王东明又说,她父亲在 1916 年"自日本返国后,如在其中任何一时期剪去辫子,都会变成新闻,那决不是他所希望的。从他保守而固执的个性来看,以不变应万变是最自然的事。这或许是他回答母亲话的含义吧"⑥。

王以前没有行动的能力,辫子只造成了不方便而没有影响到他的安危。可是自 1926 年底、1927 年初起,局势迅速变化,辫子也成了他终日担忧的问题。冯军进城后,会不会把他公开羞辱,剪去发辫后再置之死地呢?王的多

---

① 《罗振玉王国维往来书信》,第 126 页。
② 《罗振玉王国维往来书信》,第 268 页。
③ 《罗振玉王国维往来书信》,第 286 页。
④ 《罗振玉王国维往来书信》,第 565 页。
⑤ 王东明:《最是人间留不住——我的父亲王国维》,载罗继祖主编《王国维之死》,第 257 页。
⑥ 王东明:《怀念我的父亲王国维先生》,载《清华校友通讯》1985 年第 93 期。

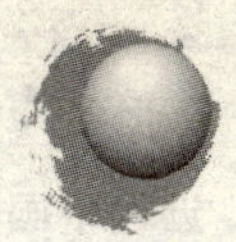

年好友、浙江同乡徐鸿宝亲口对金毓黻说：

> 距自沈前一个多月，观堂两度进城和徐会面，一次是他个人，一次还带着他三儿贞明，共同进餐，谈起时局很愤慨，很怕这条辫子在革命军北伐成功中惹事故，又对叶德辉之死有恐怖。[①]

容庚有同样的记载。容庚在1923年夏北京大学研究所国学门的欢迎会上与王初识。那年冬季起，“过从日密”，“嗣后屡访之于织染局十号”。1926年，容庚到燕京大学任教，“距清华园西院近，过从尤密”，“死之前数日”，王“率仆携所借书还余”。王谈及叶德辉被杀的事件时，“颇致忧郁”。当时王“方垂长辫……不畏枪杀而畏辫也”。[②]

一些爱护王的人，深感他的困境，曾劝他剪去辫发。容庚说：“时人多欲劝先生剪发，余未敢请。”[③]可见劝他剪辫的人，不在少数。在清华就读的吴文祺说：

> 有同学曾婉转进言，请先生将辫发剪掉。其实呢，对于这，先生也并不怎样固执。他曾说过：“倘是出其不意地被人剪了也就算了。”不过要让自己来剪，则老年人的情怀觉得有点难堪，不愿如此做罢了。[④]

王在大难临头的前夕，终于有所动摇而愿意作某种程度上的妥协。他不能自己剪，也不能授意学生剪，而只希望他的哪一个学生出其不意地为他剪去。可是没有他授意，又有哪一个学生敢剪呢？清亡之后，王决定采取一个最绝对、完全没有周转余地的方式来表达他的忠，如今他显然对他所选择的方式有了一份悔意。可是他自己所立下的范围和标准都已根深蒂固，使他无法自拔了。

我们知道，王国维也考虑过出走避难的可能。梁启超曾作走避日本的打算，并约王同行。王告诉潘夫人，梁“约我赴日暂避，尚未作考虑”[⑤]。王自沉的前一晚，他的学生刘节（柏生）和谢国桢到王的校西院宿舍请教阴阳五行和干支等问题。

> 言下，涉及时局，先生神色黯然，似有避乱移居之思焉。[⑥]

然而王为什么没有避乱移居，则不是我们所能回答的。我们可以断定，他在

---

① 罗继祖：《观堂书札三跋》，载《王国维学术研究论集》第2册，第390页。
② 容庚：《甲骨学概况》，载《岭南学报》第7卷第2期，1947年7月。
③ 容庚：《王国维先生考古学上之贡献》，载《王观堂先生全集》第16册，第7340页。
④ 吴文祺：《王国维先生生平及其学说》，载《风土什志》第1卷第1期，1943年8月。
⑤ 王东明：《先父王公国维自沉前后》，载罗继祖主编《王国维之死》，第251页。
⑥ 柏生[刘节]：《记王静安先生自沉事始末》，载罗继祖主编《王国维之死》，第46页。

丧子、绝友和眼见宫中的因循气氛后,心情更加消极寡欢了,可是我们不可能在这种心情和他缺乏行动之间找出合理的逻辑关系。6月1日晚,王向刘、谢两生提到避乱移居只是他的心愿,而不是计划,他自己也感到为时已晚。刘说:

> 承教在侧时,先生云:"闻冯玉祥将入京,张作霖欲率兵总退却,保山海关以东地,北京日内有大变。"呜呼,先生致死之速,不能谓时局无关也。①

张作霖总退却,是5月31日的事;田中义一声明中国的北方是冯所有,是6月1日的事。王当晚向刘、谢两生表示担忧时局,他心情的低沉是可以想见的。

我在上文指出,王对他以辫子来表示他的忠节的方式有了一份悔意。这是说,他对效忠清室的本身并没有丝毫的怀疑。前面已经讨论过,王到清华之后,仍然时时以津园为念。在宫中任职南书房时,金梁正在辅佐郑孝胥整顿内务府,所以与王也相识有年。王自沉前三天,金梁访之校舍。

> 公平居静默,是日忧愤异常时,既以世变日亟,事不可为。又念津园可虑,切陈左右请迁移,竟不为代达,愤激几泣下。余转慰之。谈论忽及颐和园,谓今日干净土,唯此一湾水耳。②

陈寅恪和吴宓是王在清华的同事之中与他相知最深的两个友人。王1927年6月2日自杀的当天,吴在日记里说:

> 王先生此次舍身,其为殉清室无疑。大节孤忠,与梁公巨川同一旨趣。若谓虑一身安危,惧为党军或学生所辱,犹为未能知王先生者。盖旬日前,王先生曾与寅恪在宓室中商避难事。宓劝其暑假中独游日本。寅恪劝其移家入京居住,己身亦不必出京。王先生言,"我不能走……"其云我不能走者,必非缘于经费无着可知也。③

陈寅恪说:

> [王]所殉之道,与所成之仁,均为抽象理想之通性,而非具体之一人一事。夫纲纪本理想抽象之物,然不能不有所依托,以为具体表现之用……盖今日之赤县神州值数千年未有之巨劫奇变;劫尽变穷,则此文化精神所凝聚之人,安得不与之共命而同尽,此观堂先生所以不得不

---

① 柏生[刘节]:《记王静安先生自沉事始末》,载罗继祖主编《王国维之死》,第50页。

② 金梁:《王忠悫公殉节记》,载罗继祖主编《王国维之死》,第42页。

③ 吴学昭整理注释:《吴宓日记》第3册,三联书店1998年版,第345页。

> 死，遂为天下后世所极哀而深惜者也。[①]

吴宓和陈寅恪不但是王的挚友，同时他们自己也是思想保守的人，所以他们以同情的眼光把王的自沉放置于抽象的大原则之下加以解说。可是他们的分析，留有几个疑点。以王国维和梁济相比，将他们的自杀视为“同一旨趣”，是难以圆通其说的。我在前文已经指出梁和王国维等遗老在思想、心情和道路上的根本不同之处，这里无需再事论辩。吴更暗示说，王不出走并非出于实际的考虑，而是抗议中国礼教的沦丧。这也正是陈寅恪为王辩护的中心论点。陈告诉我们，王的终极关怀是中国文化的存亡和前途。他对清朝的忠，只是这种关怀的具体依托。然而以抽象为重点的解释，只有在一个最广阔的角度上方能言之成理。王对中国文化的关切和爱护是显而易见的，他对清朝的忠贞，一部分的确是他在中国文化的长期浸润之下所产生的思想。陈寅恪对这种心情有深刻的了解。他说：

> 凡一种文化值衰落之时，为此文化所化之人，必感痛苦，其表现此文化之程度愈宏，则其所受之痛苦亦愈甚；迨既达极深之度，殆非出于自杀无以求一己之心安而义尽也。[②]

可是陈的说法只道出了王的一般的心情，而不足以解释他自沉的直接原因。王为什么在外界政局变化时对辫子如此的敏感，为什么在1927年春对自身的安危开始产生高度的警觉，为什么在革命军入城的前夕投水自尽？他强烈的复辟的愿望和毫不妥协的敌视民国和西化的立场，在在都说明了具体关怀在他思想中的比重，也说明了他为什么无法摆脱现实的纠缠。即使我们相信吴宓的记录，认为王要以“我不能去”的决心面对危机，可是我们仍要指出，他是到吴宓的室中与吴、陈“商避难事”之后作的这一决定，这一点正足以证明他曾为了各种现实中的具体问题而忧烦。我们能说辫子、复辟、建立皇室图书馆、南书房行走等是没有具体成分的问题吗？如果他之所思所行只有抽象的文化理想，那么他对于时局便不必如此担忧了。中国文化中的抽象理想，虽然无时不在王的意识之中，然而与他心中的具体问题相比较，我们对于两者孰轻孰重是不容易遽下判断的。在如何在民国建立之后表达对溥仪的忠和如何在20世纪重新解释并界定中国文化的精髓这两个问题上，王始终没有找到一个平衡的认识。所以他的死与他无法解决他所关怀的现实问题有不可分割的关系。我们应在这一个角度上，来了解他的自沉。

---

① 陈寅恪：《王观堂先生挽辞并序》，载《寒柳堂集·寅恪先生诗存》，上海古籍出版社1980年版，第6～7页。

② 陈寅恪：《王观堂先生挽辞并序》，第6页。

第十章 遗老的最后努力:满洲国

王国维在急速演变的形势下,自认无法维护自身的尊严,所以决定以一死解脱。这时溥仪迁往天津已经两年多,与在北京时相比,更谈不上有任何帝王的气象了。王死后一年,蒋介石的北伐军攻克北京。辛亥到现在,将近十七年了,中国总算又得到了象征性的统一。然而遗老仍然绝不接受民清的改朝换代,而继续为复辟努力。在郑孝胥和罗振玉等人的策划和日本的羽翼之下,亡清在 1932 年 3 月 9 日在东北成立满洲国,到 1945 年 8 月 18 日溥仪退位,这十三年半是复辟运动的最后阶段,可是它对中国主权和利益的伤害以及给东北人民带来的苦难,也是最严重的。

清室内部的动力

溥仪逃到天津日本租界后,重臣如郑孝胥和罗振玉等并不认为他们完全入了日人的掌握;他们反而鼓吹更进一步依靠日本,迁移到东北作恢复的打算。清室到东北成立满洲国,郑和罗是两个最大的"功臣"。

罗振玉在 1924 年 11 月 5 日溥仪迁入北府之前,极力反对溥仪出洋。1923 年 8 月中旬,他担心"撤号"和"出游"的可能性,说:如果两者成为事实,"则以前梦想全成泡幻"[1]。出洋无异自动撤消帝号,所以两者在他心中是同等严重的。11 月初,他听说郑孝胥"近又将周游旧说重提,且有鸠合同志报效游资之说。虽未必尽做到,然此等徒乱人意,匪徒无益之事(此事或已面

① 《罗振玉王国维往来书信》,第 581 页。

陈亦未可知)。今之鼎鼎盛名者，终恐害事，不知是何心肝。真可浩叹"[1]。

溥仪一到了北府，罗的立场便有了根本的改变。溥仪说：

> 在刚进北府的那几天，争论的中心是"留在北府呢？还是设法溜出去，躲进东交民巷？"……主张立即出洋的一方是金梁和罗振玉。[2]

这时罗对民国的敌意更深，而对日本也积极主张全力结盟，出洋去日本，可以长期解决溥仪的安全问题，又有助于复辟的进行。所以到日本使馆后，罗便与书记官池部政次"推诚结纳"，两人决定：

> 异日中国之乱，非上不能定，宜早他去，以就宏图……乙丑[1925年]二月朔，上密招予，商去使馆，赴日本，令予随从。[3]

第二天他们便动身到了天津。到天津后，"初拟小憩数日即东渡，已由池部君部署船位"[4]。

自从溥仪1924年11月末迁入日本公使馆以后，罗振玉最大的愿望便是将他送去日本。罗认为无论是为了安全问题或是为了复辟，远走日本都是唯一可行之道。可是因为郑孝胥、陈宝琛等人的多方反对，使得溥仪有所动摇而没有成行。罗一再受到挫折后，开始改弦易辙，决定安排溥仪逃至东北，在日本的扶持之下，在满、蒙建国，作为恢复全中国的基地。下面是罗改变方针后的说法：

> 衰年望治之心日迫，私意关内麻乱，无从下手。惟东三省尚未甚糜烂，莫如吁恳我皇上，先拯救满蒙三千万有众，然后再以三省之力，勘定关内。惟此事非得东三省当道有势力明大义者不能相与有成，乃以辛未[1931年]春赴吉林……又以东三省与日本关系甚深，非得友邦谅解不克有成。故居辽以后，颇与日本关东司令官相往还，力陈欲谋东亚之和平，非中日协力，从东三省下手不可。欲维持东三省，非请我皇上临御，不能恰民望。友邦当道闻之，颇动听。[5]

这一次内外的因素对罗都有利。郑孝胥和溥仪也要与日本结盟，到东北求发展，而"九一八"事变和关东军的力量则为他们的计划提供了最有利的外在条件。罗的愿望终于实现了。

郑孝胥和罗振玉是最大的政敌，不过在投靠日本这一点上，两人都认为

---

① 《罗振玉王国维往来书信》，第595页。

② 溥仪：《我的前半生》，第129页。

③ 罗振玉：《集蓼编》，第777页。

④ 罗振玉：《集蓼编》，第777～779页。

⑤ 罗振玉：《集蓼编》，第783页。

是势在必行的。最后把溥仪送入日人手中,郑的角色,远远超过罗。

郑以往是主张溥仪出国游学的。到天津后,他的立场开始改变。改变的一部分动机,是因为罗振玉现在赞成赴日,所以他采取对立的意见,以减弱罗对溥仪的影响。另一个原因是,他要溥仪观察情势,静以待动。罗一向游说溥仪,建言迁移旅顺和大连,作赴日的准备。1926年3月,溥仪"已经决定随他去大连了,但由于陈宝琛的劝告,又决定暂缓"[①]。1927年3月8日,郑说:

> 上从容询:"大连可居否?"孝胥奏曰:"不可。居一国肘腋之下,于外交为失势。且他日难避取奉之嫌。天津不宜轻动也。"[②]

显然这时罗又旧案重提,所以郑以不应轻易放弃天津的根据地为由,加以劝阻。

这时北伐军节节北进,罗又提出先到旅顺,再东渡赴日。溥仪为他说动,于1927年6月下旬命郑与日本驻天津的领事商谈访日的接待问题。[③]溥仪询问与日领事约谈的内容时,郑趁机提出他的计划:

> "今乘舆狩于天津,皇帝与天下犹未离也,中原士大夫与列国人士犹得常接,气脉未塞。若去津一步,则形势大变,是为去国亡命,自绝于天下。若寄居日本,则必为日本所留,兴复之望绝矣。自古中兴之主必借兵力,今则海内大乱,日久莫能安戢,列国逼不得已,乃遣兵自保其商业,他日,非为中国置一贤主则将启争端,其祸益大。故今日皇上欲图中兴,不必待兵力也,但使圣德令名彰于中外,必有人人欲以为君之日。臣以为宜及今闲暇之际,将本朝列圣治国大事编为专书……以昭我朝上迈千古之绩……每成一卷,即行刊布,更饬以英文译之,同时流播于各国,以一年为限。此书果成,则四海万国皆知我清功德自东周以后无能及者,不啻以数百万兵力鼓行而入中原,使列祖列宗之神灵赫然复照于人心,更创数百年基业,固非难也。圣意如以为然,请即饬陈宝琛为提调,设书局选人才,先拟凡例进呈。"上曰:"此事当办,汝可先告陈宝琛。"[④]

不久郑便奏请开设书局编纂《大清政要》和呈报《列朝大事记》的事宜,同时

---

① 溥仪:《我的前半生》,第150页。
② 《郑孝胥日记》第4册,第2136页。
③ 参见溥仪《我的前半生》,第172页;《郑孝胥日记》第4册,第2149页。
④ 《郑孝胥日记》第4册,第2149~2150页。

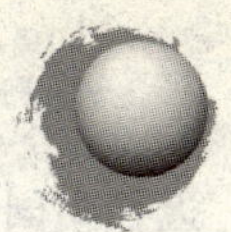

又提出由溥仪捐款助赈以及召开世界弭兵会议等活动。[1] 这些都会提高溥仪的国际地位而促成恢复的目的。

这是一个万分乐观的假定。列强为了自身的商业利益,必定要推出一个能维持秩序的中国贤主,而溥仪便是这个有资望的贤主。到天津不久以后,郑开始有这种思想。他说,共和造成混乱,所以共产主义兴起,可是共产比共和更危险,所以列强不得不共同出面,维持中国的稳定。他坚信:"共产灭共和,共管灭共产。"[2]可是列强并没有兴趣长期占领中国,他们在恢复中国的秩序后,便将一切交回给中国的贤主,而他们自己则以全力从事商业活动。所以所谓的"共管",只是暂时的过渡局面。1925 年 11 月中旬,郑作大胆的预言,说:

> 共和生子曰共产,共产生子曰共管。共氏三世,皆短折。共氏遂亡,皇清复昌。此图谶也。[3]

郑没有解释,为什么他对皇清复兴会有如此的信心。如果清朝的政绩"上迈千古",那么为什么从道光起,清朝的国运日衰,以至于灭亡呢?溥仪现在无国无兵,他究竟有些什么"圣德"会使列强推戴他为中国的贤主呢?我们必须知道,郑孝胥的结论并不是理智思考的结果。他在陈旧保守的思维中周转,得出了一个异想天开的奇想,再将外界一切的发展都归约、曲解为对他有利的因素。郑同时也以他的实际政治智慧自许。他认为反帝的民族主义是在自取灭亡。溥仪应做一个大度的仁君,把中国的门户打开,满足列强在华经商营利的欲望。溥仪说:

> [郑告诉我:]"帝国铁路,将四通八达,矿山无处不开……"
>
> 我问他:"列强真的会投资吗?"
>
> 他说:"他们要赚钱,一定争先恐后……"
>
> 我又曾问过他:"那些外国人肯来当差吗?"
>
> 他说:"待如上宾,许以优待,享以特权,绝无不来之理。"
>
> 我又问他:"许多外国人都来投资,如果他们争起来怎么办?"
>
> 他很有把握地说:"唯因如此,他们更非尊重皇上不可。"[4]

这便是列强要推戴溥仪出任中国的贤主的原因。

---

① 参见《郑孝胥日记》第 4 册,第 2152、2160、2169、2175～2176 页;溥仪《我的前半生》,第 178 页。

② 《郑孝胥日记》第 4 册,第 2131 页。

③ 《郑孝胥日记》第 4 册,第 2072 页。

④ 溥仪:《我的前半生》,第 179 页。

郑孝胥的理论基础,是他深信的溥仪的圣德令名和列强在华机会均等以及势力均衡的信念。可是就在他鼓吹广开中华帝国的门户、任由列强投资的同时,他也正积极投靠日本。这两者之间,他不觉得有任何矛盾不相容之处。他知道日本对中国的共和和共产势力都是敌视的。消灭了共和、共产之后,日本必定会在道义的原则下,支持皇清复辟。到那时,溥仪方以贤明的君主身份,开放全国,实行仁政。

郑决定加强依靠日本,是1928年8月、9月间的事。他到天津之后,眼见日本在中国北方的势力迅速增强。他认为日本的活动,都是在直接或间接地削弱共和及共产的力量。1928年5月3日,日本在济南暴行,造成"济南惨案",阻挠北伐。6月4日,日军炸死张作霖,在中国北方取得了独特的霸权地位。郑对这些发展,都有深入的观察。他说,陈宝琛以为"谋杀张作霖者为杨宇霆、常荫槐……余曰:'杨、常何利而为此?必日本故布此语耳'"[①]。可是他对张之死,没有一丝惋惜之情。7月5日,国民革命军孙殿英的部队炸毁乾隆和慈禧的陵墓盗取宝物。郑于8月3日"得京信,裕陵、定东陵均为南军所发掘,斫棺暴骨,情节甚重"[②]。

这些发展都增加了郑对日本的信心和依靠的心情;东陵盗案则更有决定性的作用。1928年7月10日,宫中听到盗案的消息一周之后,溥仪在郑的怂恿之下,发电召其长子郑垂北上。郑垂在日本受毕大学教育,熟通日语和日本文化,召他到天津,当然是要从此与日本进一步联盟。8月17日和26日,溥仪两次召见郑垂。[③] 有了郑垂在他身旁,郑孝胥立即"提出了到东京活动的建议",溥仪和日本公使都同意了。[④] 过了几天,溥仪告诉郑:

> "加藤外松来言,陈[宝琛]、郑赴日,恐为人注意,于事不便。"孝胥奏曰:"请乞假私行游历。且芳泽[公使]言,随时可往,无所妨碍。"[⑤]

郑的心意已定,要以全力结交日本。

郑氏父子于1928年9月18日登船赴日,在日本的一个多月中,与各界军政要人广泛会晤,谈话的内容都以复辟为中心。9月23日,日本友人来访,"密谈奉天事"。9月27日,友人长尾雨山来谈,"劝取奉天为恢复之

---

① 《郑孝胥日记》第4册,第2187页。

② 《郑孝胥日记》第4册,第2192页。

③ 参见《郑孝胥日记》第4册,第2193、2194、2195页。

④ 参见溥仪《我的前半生》,第180页。

⑤ 《郑孝胥日记》第4册,第2196页。

基”。[1] 所谓奉天,是指以满洲为根据地,复辟建国。郑所会见的人和谈论的要点,与两个邦交国的高层会谈,没有大区别了。

> [10月12日]津田静枝海军大佐,邀至麻布区日本料理馆,为海军军令部公宴,主席者为米内少将,坐客为田八郎、水野梅晓、中岛少将、园田男爵(东乡之婿)、久保田久晴海军中佐等。[2]

第二天,参谋本部总长铃木贯太郎和次长南次郎“以电话约十时会晤,与大七[郑垂]、太田同往”。

> 铃木询上近状,且云:“有恢复之志否?”南次长云:“如有所求,可以见语。”对曰:“正究将来开放全国之策。时机苟至,必将来求。”外务次官吉田茂约午饭,座中有清浦子爵(奎吾)、冈部长景子爵、高田中将、池田男爵、有田、岩村、水野、太田等。[3]

郑把他一切的希望都寄托于日本,只等适当的时机了。我们看他对“九一八”事变的反应,知道这止是他期待已久的转机。溥仪的妻子的师傅陈曾寿和他弟弟陈曾植说,1931年9月20日“九一八”之后两天,“苏堪(郑孝胥)来,语次意气飞扬,言久悬之文章可交卷矣。既去,与大兄、勉甫,皆笑其轻脱”[4]。

郑是72岁的人了,居然会意气飞扬,举止轻脱,因为在他心中,“九一八”是打开所有门户的一把总钥匙。他深信日本将在指日之间摧毁蒋介石,溥仪随之复辟,并进而重登中国的贤主之位,开放全国,实行孔孟的德治。与陈氏兄弟见面的次日,郑说:

> 佟楫先[济煦]来,自言欲赴奉天谋复辟事。余曰:若得军人商人百余人出任倡议,脱离张[学良]氏,以三省、内蒙为独立国,而向日本上请愿书,此及时应为之事也。[5]

下一步便是郑的理想世界的最后实现了。1931年10月7日,他在“双十节”的前夕,回顾民国的二十年,远瞻清室的未来,心中免不了一分喜悦:

> 今年为民国之二十年……彼以“双十”为国庆,适二十年亡矣……民国亡,国民党灭。中国开放之期已至。谁能为之主人者?计亚洲中

---

① 《郑孝胥日记》第4册,第2198、2199页。

② 《郑孝胥日记》第4册,第2203页。

③ 《郑孝胥日记》第4册,第2203～2204页。

④ 陈曾寿、陈曾植:《局外局中人记》,载《文史资料选辑》第19辑,中华书局1961年版(下引该书,版本同此),第195页。

⑤ 《郑孝胥日记》第4册,第2342页。

> 有权力资格者,一为日本天皇,一为宣统皇帝。然使日本天皇提出开放之议,各国闻之者其感念如何?安乎,不安乎?日本皇帝自建此议,安乎,不安乎?若宣统皇帝则已闲居二十年,其权力已失;正以权力已失而益增其提议之资格,以其无种族、国际之意见,且无逞强凌弱之野心故也。吾意,共和、共产之后将入共管,而不能成者,赖无此一人耳。此事果成,诚世界人类之福利,种族、国际之恶果皆将消灭于无形之中。视举世之非战条约,苦求和平者,其效力可加至千百倍。孔孟仁义之说必将盛行于世。愿天下有识者抚心平气而熟思之。此语已语庄士敦、吴蔼宸,惟弢庵闻之谓为慷他人之慨。弢庵八十四岁矣,固宜为此语,正以他人徒有慷慨而不能自为故耳。[①]

这便是郑心中久悬的文章,如今他有把握可以交卷了。

以朝代为终点的忠贞观,是一种以文化为中心的观念。异族入主中国、华化之后,便能得到臣民的效忠,而不再视其为异族。这种"文化主义"(culturalism)与"民族主义"(nationalism)的重点十分不同。19世纪中叶以前,中国人在区别中外时,着眼的是文化的成就。19世纪后期以来,国人的民族意识因为列强的再三欺辱而觉醒,从此所强调的乃是国与国之间的竞争。[②]中国的民族思潮在20世纪初期达到高峰,而日本正是这一高涨的民族意识中首要的敌国外患。

可是,民族主义却不是清遗老的中心思想。他们当然不是没有中国人的心情;只是他们的中心关怀不是清朝的腐败和列强的侵略所给中国带来的苦难,而是完成清朝的恢复大业。至于恢复清朝会给中国带来怎样的后果,则不是他们的责任。因为他们最基层的动机是对清朝的忠而不是中华民族的利益,所以他们对日本和其他列强丝毫没有戒心。他们把复辟视为一个道义的问题,并误以为日本会以正义之心帮助他们完成心愿。罗振玉说,他与池部政次"推诚结纳",池部也"推诚相接"。到辽东之后,罗"颇与日本关东司令官相往还,力陈欲谋东亚之和平,非中日协力,从东三省下手不可,欲维持东三省,非请我皇上临御,不能恰民望。友邦当道闻之颇动听"[③]。所以他把溥仪和中国国家的权益送入虎口而自以为得计。

---

① 《郑孝胥日记》第4册,第2344～2345页。

② Joseph R. Levenson, *Confucian China and its Modern Fate: A Trilogy*, *Berkeley*: University of California Press, 1958, 1964, 1965, 1:98-108. 它对近代中国从文化主义过渡到民族主义以及两者之间的微妙的关系,有很好的分析。

③ 罗振玉:《集蓼编》,第777～783页。

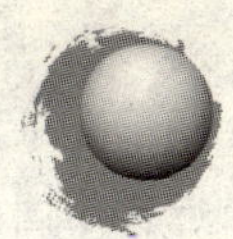

日人炸死张作霖,在北方制造事件阻挠北伐,所造成的是整个中国的苦难,可是郑孝胥对此却无动于衷。"九一八"事变,他则大喜过望,因为这使他可以交复辟的卷了。他对日本和其他列强,也绝无提防的心理。他居然要向南次郎求助,开放全国,让其他的列强从日本的手中分一杯羹。他居然以为日本和其他列强会让一个二十六岁、闲居二十年、无国无兵的溥仪出头做中国的主人,而日本天皇会出于礼让而不争夺。郑所看到的,不是国与国的竞争,不是中国人在日本人手中所受的残害,而是"无道"的共和篡夺"有道"的大清。日本在道义的动力之下,会帮助"有道"消灭"无道"。郑并非完全没有看到"利"的作用,可是他心中的"利"也是儒家道德观念下的产物。他认为日本和其他列强都有一份适可而止和知足的心情;他们平均分享到中国的"利"之后,便没有其他的要求了。所以郑满怀信心,要在投入日本的怀抱之后,再要求南次郎助他开放全中国,让其他列强分享日本的战利品。

满洲国执政

溥仪在 1931 年 11 月 10 日逃出天津,13 日到达营口,月底转到旅顺。1932 年 3 月 8 日到长春,第二天满洲国成立,溥仪就"执政"职。这是日本的关东军和郑孝胥、罗振玉等人谋划的结果。遗老原以为他们二十年来的愿望终于要得到实现,却不知道他们已步上了悲剧的最后一程了。

20 世纪 20 年代起,日本便积极以满洲和内蒙视为他们在亚洲大陆的生命线,而关东军便是日本在两地扩张势力的先锋。关东军在 1919 年 4 月成为日本在满洲的独立军事单位。最初的任务是守备日本在 1905 年日俄战争中得到的长春至旅顺的铁路路段。北伐期间,关东军受命保护日本在满蒙的利益。关东军的战略思想家石原莞尔,早在 1927 年底便主张日本为了自保,必须占领满蒙。1928 年 10 月,关东军杀害张作霖四个月之后,石原出任关东军的作战主任参谋。这时日本的陆军部与关东军意见相左,所以关东军没有在短期内达到目的。1931 年 9 月,关东军发动"九一八"事变,四天之后,决定建立满蒙独立政权。12 月 11 日,若槻内阁倒阁,犬养毅出任首相,关东军取得了在满蒙行动的主导权。陆军部在强大的压力之下,于 12 月末同意关东军的立场,决定在满蒙建立独立政权,并将加以"诱导",使之成为日本的“保护国”。①

关东军能在“九一八”事变后,半年之内建立满洲国,将东三省和内蒙的热河纳入日本的统治,原因之一,是他们有遗老和清室各人的积极合作。1931年9月22日,关东军参谋板垣征四郎电召罗振玉到奉天,与熙洽和张海鹏等共商新政权事宜。9月30日,板垣令罗和上角利一赴天津,面告溥仪,关东军已决定以他为新政权的“头首”。② 11月2日,关东军的奉天特务机关长土肥原贤二亲到天津,怂恿溥仪北上出任新政权的元首。几经交涉之后,土肥原答应溥仪,新政权的政府形式将是帝制。③

关东军决定利用溥仪,是考虑了几个因素之后的结果。溥仪是满清的辞位皇帝,由他主持新政府,是回归故里,国际上不易反对或谴责;他在东陵盗案后,对国民党产生了强烈的敌意,所以日本无需顾虑他与蒋介石或张学良合作的可能性;溥仪本人无一兵一卒,支持他的满蒙势力也都没有实力,所以他一切都只有依靠日本。在这一行动纲领之下,关东军于1931年11月初制造了一幕刺杀溥仪的事件,使他以为生命危险而急于要离开天津。11月10日,土肥原又制造了“天津事件”,并以之为借口,宣布戒严,将溥仪运出天津,转往营口。11月下旬,又将溥仪送往旅顺,准备下一步到奉天建立傀儡政权。④

溥仪虽然一心想出走天津,可是他要确定有皇帝可当之后,才肯动身。这是他向日本所提出的唯一的条件。1931年11月2日晚间,他和土肥原交涉,土肥原同意满洲政权将采取帝制。溥仪有了土肥原的承诺,当即拿定了去满洲的主意。陈曾寿在11月4日的日记中说:

> 土肥原同金梁来津。已进见,其言甚甘,上所提议,如大清帝国行政主权等,均谓不成问题。上意遂决。⑤

溥仪记载他与土肥原的对话如下:

“这个新国家是个什么样的国家?”

---

① 参见[日]山室信一《キメう——满洲国の肖像》之序章、第一章、第二章。

② 参见[日]山室信一《キメう——满洲国の肖像》,第141~142页。熙洽是溥仪的远支宗室,东北保安副总司令的参谋长,满洲国成立后任财政部总长和吉林省省长。张海鹏在满洲国中出任侍从武官长。见《伪满洲国的统治与内幕——伪满官员供述》附录《伪满中央政府机构职官表》,中华书局2000年版。

③ 参见溥仪《我的前半生》,第201~206页。

④ 参见[日]山室信一《キメう——满洲国の肖像》,第141~142、146~147页。溥仪在《我的前半生》第201~211页中,对自己逃亡的过程有生动的记载。

⑤ 陈曾寿、陈曾植:《局外局中人记》,载《文史资料选辑》第19辑,第197页。

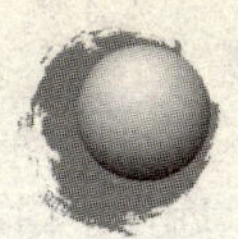

"我已经说过,是独立自主的,是由宣统帝完全做主的。"

"我问的不是这个,我要知道这个国家是共和还是帝制?是不是帝国?"

"这些问题,到了沈阳都可以解决。"

"不,"我坚持地说,"如果是复辟我就去,不然的话我就不去。"

他微笑了,声调不变地说:"当然是帝国,这是没有问题的。"

"如果是帝国,我可以去。"我表示了满意。

"那么就请宣统帝早日动身,无论如何要在十六日以前到达满洲,详细办法到了沈阳再谈。"①

溥仪一心想重登帝位,所以纵然是日本特务口头上的应变之语,也满足了他心理上的需求,他便甘心步入虎穴。溥仪的臣下定下了复辟的目标之后,把关东军的一切计谋都视为是对清室有利的因素,而对于各种暗流和危险都毫无知觉。罗振玉忘了半个世纪以来日本对中国的欺凌,而以唇齿之邦比喻中日关系,把中国和清室的前途都寄托在关东军身上。罗继祖说,他祖父 1928 年年底"来到旅顺以后……凡关东军司令官到任,都亲到家拜望,无论新旧任都如此"②。

关东军的计谋,也常希望因为罗的努力而加速实现。1931 年 9 月 30 日,板垣征四郎要罗和上角利一面告溥仪,关东军已决定以溥仪为满洲新政权的"头首"。板垣并没有用"皇帝"二字,可是罗的全部心思已经牢牢地定在复辟和皇帝上,所以在自己心中,将"头首"换成了"皇帝"。那天下午,他和上角在天津的日本驻屯军司令部与溥仪会见。罗转交了熙洽的信,信中要溥仪回"祖宗发祥地"主持大计,在日本的支持下,先据满洲,再图关内。熙洽并且保证,溥仪一到奉天,吉林省便立即宣布复辟。溥仪说,罗重复了熙洽的信的内容后,"又大讲了一番他自己的奔走和关东军的'仗义协助'"。

照他说,东北全境"光复"指日可待。三千万"子民"盼我回去,关东军愿意我去复位,特意派了上角来接我。总之是一切妥当,只等我拔起腿来,由日本军舰把我送到大连了。他说得兴高采烈,满脸红光,全身颤动,眼珠子几乎都要从眼眶子里跳出来了。③

这里我们看到,罗振玉和熙洽心中所构想的"现实"与关东军计谋中的"现

---

① 溥仪:《我的前半生》,第 203－204 页。

② 罗继祖:《我的祖父罗振玉》,第 172～173 页。

③ 《我的前半生》,第 193～194 页。溥仪的回忆与罗振玉《集蓼编》第 783 页的回忆在内容和文字上都是相同的。

实”,两者的差距是极大的。

郑孝胥对日本的意图,也同样毫无戒心,他把关东军发动的“九一八”事变,视为是复辟的生机,他所梦寐以求的不久便能“交卷”了。溥仪在11月2日晚与土肥原会谈后,决定潜走东北。11月6日,溥仪问郑东行大意,对曰:

> 毋失日本之热心,速应国人之欢心。此英雄之事,非官吏,文士所能解也。①

清室中其他的人,没有郑孝胥和罗振玉介入之深,对两人多少心存一分忌意,所以他们的态度也较郑、罗的为谨慎。陈曾寿知悉罗振玉鼓励溥仪出走,于1931年10月23日上奏,劝溥仪“沉机以观变”。

> 即将来东省果有拥戴之诚,日本果有敦请皇上复位之举,亦当先察其来言者为何如人。若仅出于一部分军人之意,而非由其政府完全谅解,则歧异可虑,变象难测……若来者实由于其政府举动,然后探其真意所在,如其确出仗义扶助之诚,自不可失此良机……应付之计,宜与明定约言,确有保障而后可往,大抵路、矿、商务之利,可以酌量许让,用人行政之权,必须完全自主,对外可与结攻守之同盟,内政必不容丝毫之干预。②

陈要探得日本的“真意所在”,而且要清室有行政自主权,所以他表现了一分怀疑的精神。可是他在复辟的愿望和动机道德观的负担之下,始终无法忘怀日本“仗义扶助”的可能。因为心存这一幻想,所以他以为清室的几个遗臣能与日本办理交涉,“结攻守之同盟”,不要日本干涉之处,“必不容丝毫之干预”。如果日本有实利的心情,清室只需将各项利权“酌量许让”,便能满足它的要求了。土肥原答应溥仪恢复大清,陈曾担心那是“欺诱手段,甚可虑也”③。然而这只是瞬间的忧虑。他为自己的心思所蒙蔽,又立刻把情势解释为有利于复辟。他指出土肥原“欺诱手段”的第二天,便又上奏劝溥仪:

> 速赴机宜……今日本因列强反对而成僵局,不得不变动东三省局面以自解于列强,乃有此劝进之举,诚千载一时之机会……今我所以自处之道,可两言而决:能与日本订约,酌让路、矿、商务之利,而用人行政之权,完全自主,则可以即动;否则万不可动。④

---

① 《郑孝胥日记》第4册,第2350页。

② 陈曾寿、陈曾植:《局外局中人记》,载《文史资料选辑》第19辑,第196页。

③ 陈曾寿、陈曾植:《局外局中人记》,载《文史资料选辑》第19辑,第197页。

④ 陈曾寿、陈曾植:《局外局中人记》,载《文史资料选辑》第19辑,第197页。

在同一折的附片中,他条列了四点订约的大要:

1. 用人行政之权,完全自主……

2. 训练新军如需用日本教练官时,由我自由聘雇;只司教练之事,不干涉统率调遣之权。

3. 两国订攻守同盟之约,无论对民国或俄国或欧美任何国有战事时,两国协同作战到底,利害共之。

4. 尊重历来已订条约,关于东三省铁路及一切悬案,双方开诚商议,以共存共荣为主旨。[①]

遗老对现代的国际关系没有基本的认识,也绝少深究的兴趣,这是道德主义所带来的一个很自然的结果。在极端的道德主义之下,遗老只推敲动机,而极少在动机以外有所分析。复辟既是天经地义之举,所以日本纵有利害之心,也只需"酌让"中国的权益便能将之安抚。其余的,陈曾寿都寄托在日本"推诚相助"、"开诚商议"的动机上。当然这都是陈的愿望,而不是经过理智推论出的结论。我们试将陈的见解和郑、罗的作一比较,实在找不出任何有意义的区别。陈提出观察日本的动机,实际上是在表示对郑的批评和不满。他对日本,何曾有任何戒备?他一厢情愿的心情、天真幼稚的设想,绝不让罗和郑于分毫。

溥仪见过土肥原之后,于 1931 年 11 月 5 日召集臣下,对于去留的问题作最后的商讨。这时所谓的宫廷,只有寥寥几人。他召集的五人之中,只有郑孝胥和陈宝琛发言,其余的人则未出一语。陈以谨慎著称,他坚持"持重"。可是这并不表示他反对联日或是不热心复辟,他是担心只有军部热心,而日本内阁并没有同意,所以他力劝溥仪"三思"。[②]

所以辛亥革命二十年以后,遗老仍然没有不主张复辟的。他们之间唯一的争论,是复辟的时机问题。

溥仪于 1931 年 11 月 10 日傍晚,在关东军的掩护下,逃出天津。除了几个护卫人员之外,郑孝胥、郑垂父子是唯一伴随的大臣。半夜船到了大沽口外,危险已过,郑孝胥大为兴奋,开始高谈他的同文同种的论调。与日本兵干杯后,他的诗兴大发,即兴吟了一首《淡路丸舟中》:

同洲二帝欲同尊,六客同舟试共论。

---

① 陈曾寿、陈曾植:《局外局中人记》,载《文史资料选辑》第 19 辑,第 197～198 页。

② 参见溥仪《我的前半生》,第 204 页。

人定胜天非浪语,相看应不在多言。[1]

可是这个复辟的美景,只在郑和溥仪的幻想中存在,与关东军的计划和布置是完全不同的。关东军考虑溥仪的同时,也曾考虑以恭亲王溥伟在关东军的羽翼之下建立“明光帝国”,或推一孔子的后裔为傀儡,或由张宗昌、唐绍仪和吴佩孚等推出肃亲王的第七子金璧东来建立一个亲日政权。关东军最后选择了溥仪,因为他们认为溥仪能给他们最大的“利用价值”。[2] 关东军对于最坏的可能后果,也胸有成竹,准备好了对策。万一在逃亡中被中国军警发现,关东军便纵火沉船,将溥仪杀死灭口。[3] 郑氏父子对这一点一无所知。溥仪对于关东军建立满洲国的人选安排等,略有所闻而不知其详;对于要杀他灭口,则全不知情,所以事前没有任何警觉。[4]

可是真相终于水落石出了。溥仪到了营口和旅顺,已经完全进入了关东军的掌握中,关东军对他的态度也有了明显的转变。他在两处的旅馆时,连下楼散步的自由也没有,只有关东军准许的人,才能见到他。真正的晴天霹雳,发生在1932年1月28日溥仪到达旅顺以后的两个月。那天板垣征四郎与他会面,要他出任“满蒙共和国大总统”[5]。同一天,板垣又与郑孝胥和罗振玉会谈。

板垣述日本与东三省事变之缘起,今大局略定,众意欲联合三省为满蒙自由国,推举宣统帝为大总统……罗振玉问何以不称皇帝,板垣谓不便推举皇帝,故先称大总统,七年一任,治安之后再上尊号,于事势为宜。郑孝胥问,总统为共和国名称,是否实行共和?设议会否?板垣谓,立法缩小,不立议会。郑问,总统何权可负责任?板垣言,三权分立,而隶于总统。于是郑孝胥言:“皇帝,总统之名,须加讨论。若权归皇帝而聘用日本名人为最高顾问,必可成中日合作之效。”罗振玉言:“皇帝亦可推举,不必总统,反成假共和之局。”[6]

板垣所说的“众议”,实际上是关东军自导自演的戏。他令哈尔滨的张景惠、辽宁的臧式毅和吉林的熙洽等人组织了“东北行政委员会”,由该委员

---

① 郑孝胥:《海藏楼诗集》卷一二。《我的前半生》第208～210页记载逃亡的经过,十分生动。溥仪所引的《淡路丸舟中》,字句与郑的略有出入。我的引文,以《海藏楼诗集》为准。

② 参见[日]山室信一《キメラ——满洲国の肖像》,第142～143页。

③ 参见[日]山室信一《キメラ——满洲国の肖像》,第143页。

④ 参见溥仪《我的前半生》,第200页。

⑤ 溥仪:《我的前半生》,第216页。

⑥ 《郑孝胥日记》第4册,第2362页。

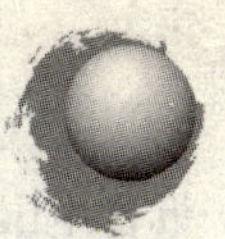

会于 1932 年 2 月 18 日通过在满洲建立“共和国”。[①] 溥仪听到消息后，于 2 月 20 日召郑孝胥询问对付之策。郑奏说：

> 共和，则谢以未达；如议君主立宪，则告以事体繁杂，须研究讨论。果无流弊，乃试行预备，以三年为期。三年之内，惟以独裁君主、集权政府办理一切政务。如议国号、年号，则告以国号不可改，年号或可酌改。[②]

其实这全是郑的违心之言。事已至此，他深知一切都只有顺从关东军的意旨，绝不可能再有所争辩了。我们从他与板垣对话的语气中已经看出一切了。他于 2 月 20 日到奉天与日方交涉，2 月 23 日回旅顺召对时，便“极言当借力试行，上乃定为摄政一年之策”[③]。

郑说要溥仪出任一年“摄政”，是他难得的匠心和难言之苦。板垣成立了“东北行政委员会”之后，即召郑氏父子和罗振玉至奉天听命。溥仪召郑商量对策之后，也命郑赴奉天交涉。陈曾寿说，郑、罗等三人至奉天，“系日军部邀请，上加派”。可是郑、罗显然都没有告诉溥仪军部的邀请。陈说，郑与板垣于 2 月 22 日会谈的情形如下：

> 上所命传之语，一字不提，言：“皇上的事，由我包办，无所不可。”郑垂向板垣言：“皇上是一张白纸，你们军部爱怎么样画均可。”[④]

次日，板垣会见溥仪时，即明言：

> 欲以执政名义为过渡，再由议会定宪法，议国体。[⑤]

所以郑早已知道关东军只给溥仪“执政”的决定。他在两方巨大的压力之下，一面向关东军作了各种承诺，一面在溥仪面前，轻巧地将“执政”改为“摄政”，想用欺瞒的手法，使溥仪误以为当一年“摄政”皇帝后，便正式登极了。

关东军既已掌握了大局，现在连外表的礼节都不顾了。1932 年 2 月 23 日，板垣与溥仪会见时，以“阁下”而不以“宣统帝”或“皇帝陛下”称呼。板垣早已打定主意，只给溥仪“执政”的头衔。两人争执三个多钟头，最后板垣以冷淡的语气要溥仪考虑后再谈。[⑥] 这是绝无拒绝的余地的。郑孝胥提醒溥仪：

---

① 参见[日]山室信一《キメう——满洲国の肖像》，第 151 页。

② 《郑孝胥日记》第 5 册，第 2366 页。

③ 《郑孝胥日记》第 5 册，第 2367 页。

④ 陈曾寿、陈曾植：《局外局中人记》，载《文史资料选辑》第 19 辑，第 211 页。

⑤ 陈曾寿、陈曾植：《局外局中人记》，载《文史资料选辑》第 19 辑，第 211 页。

⑥ 参见溥仪《我的前半生》，第 221～222 页。

> 无论如何不能和日本军方伤感情,伤了感情一定没有好处,张作霖的下场就是殷鉴。①

这绝不是郑在空言威胁。板垣与溥仪会谈后,便召集了郑氏父子、罗振玉和万绳栻,要他们向溥仪传话:

> 军部的要求再不能有所更改。如果不接受,只能被看做是敌对态度,只有用对待敌人的手段做答复。这是军部最后的话!②

至此遗老已经丧失了一切的斗志,剩下的便只有向关东军屈膝之一途。罗振玉的个性极强,自视极高,可是与溥仪会商时,却"垂头丧气,不发一言";万绳栻也"惊慌不安地立在一旁。别人也都不言语"。③ 郑氏父子在溥仪到满洲复辟一节上,是介入最深的两个人,所以承受的压力也最大。溥仪回忆说:

> [郑孝胥对他说]"臣早说过,不可伤日本的感情……不过现在还来得及,臣已经在板垣面前极力担承,说皇上必能乾纲独断。"
>
> 我没有作声。"不入虎穴,焉得虎子!"郑垂走了过来,满面春风地说:"识时务者为俊杰。咱君臣现在在日本人掌心里,不能吃眼前亏,与其跟他们决裂,不如索兴将计就计,以通权达变之方,谋来日之宏举。"
>
> ……
>
> 郑孝胥看我不作声,又换上了激昂的声调说:"日本人说得出做得出,眼前这个亏不能吃。何况日本人原是好意,让皇上当元首,这和做皇帝是一样的。臣伺候皇上这些年,还不是为了今天?若是一定不肯,臣只有收拾铺盖回家。"……
>
> 这时罗振玉垂头丧气地说:"事已如此,悔之不及,只有暂定以一年为期,如逾期仍不实行帝制,到时即行退位。看以此为条件,板垣还怎么说。"④

复辟到此,早已是一个不折不扣的穷途末路了。如果溥仪有无帝号,要由一个日本的军人来作最后决定的话,那么这个帝号究竟有什么意义呢?可是帝号是遗老二十年来所坚持的目标,所以他们无法看清,即使板垣答应帝号,他们做日本人傀儡的身份是不会有所改变的。只有郑氏父子,在关东军的强大压力之下,不再有帝号的幻想。1932 年 2 月 24 日,与溥仪会商的

---

① 溥仪:《我的前半生》,第 222 页。

② 溥仪:《我的前半生》,第 222 页。

③ 溥仪:《我的前半生》,第 222 页。

④ 溥仪:《我的前半生》,第 222～223 页。溥仪说,会商在 2 月 24 日,这是 2 月 23 日之误。

次日,郑孝胥上奏,强调:“与日本司令部所请制度不必争辩,俟人民表至,再定行止之略。”[①]当天,一切都解决了。郑在日记中记道:

……大七自旅顺归,云:今早使万绳栻往告板垣以不允民本制及临时执政二事,板垣仰天,不答久之,郑垂九时半至行在请对,力请勿驳;同对者罗振玉、商衍瀛、万绳栻皆不敢言,惟陈曾寿力言非君主不可。……辩难久之,上乃决,复命万绳栻往召板垣,遂改“一年”句为“暂为维持”四字。板垣退而大悦……暂许之议,十时乃定。危险之机,间不容发,盖此议不成,则[关东军司令官]本庄[繁],板垣皆当引咎辞职,而日本陆军援立之策败矣。虽曰集权制度,观其事势,未能骤集,犹待外得日本,内得人民乃可为也。[②]

遗老的心情

头衔的问题,在1932年2月24日解决后,溥仪于3月8日在关东军的保护下自旅顺到达长春,3月9日出任满洲国执政。就职典礼的场面,清冷寂寞,不比一个日本高中专校的毕业典礼隆重热闹。[③] 遗老断送了中国的利权,牺牲了溥仪最后的一点尊严,而换来的却是如此的下场。他们现在究竟是怎样的心情呢?

遗老对他们所选择的道路绝无反顾,对大局的了解也没有改变。他们唯一惋惜的是复辟称帝的愿望没有达到。溥仪就职典礼时,遗老悲喜交集,别为一班,行三跪九叩礼。罗振玉写下了当时的情景:

满洲建国,我皇上以耆旧坚请,不忍峻拒,允以旧君,暂领执政。以三月三日受政。旧臣别为一班朝贺,莫不感伤流涕,有呜咽几失声者。敬赋一律,以记其事。

再列朝班泣涕涟,贞元旧侣总华颠。
余生甫觏偏安日,回首弥伤逊政年。
镐邑遗黎重向化,神州封豕尚依然,
吾皇勇智由天赐,一怒行看奠八埏。[④]

---

① 《郑孝胥日记》第5册,第2368页。

② 《郑孝胥日记》第5册,第2368页。

③ 参见[日]山室信一《キメう——满洲国の肖像》,第154页。

④ 罗振玉:《贞松老人遗稿》甲集之一。

帝制失败，留给遗老一分无法克制的悲伤。陈曾寿说，关东军不让溥仪登帝位，罗振玉“但顿首自咎而已”[①]。罗自己说：

> [溥仪]莅辽后，不意于政体忽生枝节，事机不顺，内咎寸衷……自是年以后，毕生皆负咎之日矣。[②]

这是罗振玉当时的心情。可是溥仪只有执政可当，是遗老所无力改变的事实。于是他们不久便开始在自己的心中寻求解脱，而以肯定的眼光来看满洲国。溥仪与板垣争辩帝位问题时，太傅陈宝琛已经八十三岁。他的最大愿望，是看到溥仪重登帝位。溥仪说：

> 陈宝琛老夫子以八十高龄的风烛残年之身来到旅顺时，曾再三对我说：“若非复位以正统系，何以对待列祖列宗在天之灵！”[③]

溥仪登极不成，当然使他失望。可是溥仪出任执政以后，他仍以衰病之身，常往长春看望溥仪。1932 年 12 月中旬，他离长春后，在大连时以《车发长春寄别送行诸君子》寄赠郑孝胥述怀。我们可看出他心情的变化。

> 渡海瞻天亘七旬，衰癃乞得自由身。
> 永怀旰食勤求瘼，习见谦光笃善邻。
> 有忍故能当大任，不和敢说是忠臣？（忠臣不和，和臣不忠，任延语）
> 临分哽咽还延跂，周汉中兴匪异人。[④]

这时满洲国成立已经九个月。陈让时间冲淡他的失望，开始肯定这一段历史，对郑孝胥也加以称誉。

郑是建立满洲国最有功劳的遗老，收到陈诗后，当然喜不自胜，当即便以一诗相和。

> 忽忽残年过七旬，岂能忘患欲忘身。
> 榻傍未可容鼾睡，海内谁云等比邻。
> 聊以神州喻唇齿，忍看诸夏废君臣。
> 弢翁老去名尤重，应仗新诗悟国人。[⑤]

郑对自己在满洲国中的权责以及与某些日人的关系有许多怨言，可是这并

---

① 陈曾寿、陈曾植：《局外局中人记》，载《文史资料选辑》第 19 辑，第 207 页。

② 罗振玉：《集蓼编》，第 784 页。

③ 溥仪：《我的前半生》，第 218 页。

④ 陈宝琛：《沧趣楼诗文集》第 1 册，卷一〇，刘永翔、许全胜校点，上海古籍出版社 2006 年版，第 245 页。《郑孝胥日记》(第 5 册，第 2431 页)所录字句略有出入。我的引文，以《沧趣楼诗文集》为本。

⑤ 《郑孝胥日记》第 5 册，第 2431 页。又见郑孝胥《海藏楼诗集》卷一二，两处有一字之差。

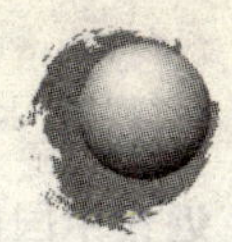

没有影响到他的基本立场。他复辟的心愿和对帝制被推翻的痛恨，在这首诗里明白地说出了。

满洲国中的遗老

在满洲国中，郑孝胥和罗振玉都有高职。郑从满洲国初创到1935年5月担任总理大臣，罗则从1933年7月到1937年3月担任监察院院长。可是郑、罗毫无作决定的实权，所以这两个职位都是没有内容的空衔。那么他们是如何运作、如何自解的呢？

满洲国是一个不折不扣的傀儡政权，这一点即使在具有客观史学眼光的日本史学人士之中，如山室信一等，也没有辩论的必要。国际联盟(The League of Nations)组团到满洲国调查后，也不承认它是一个主权独立的政权。我在下一章将回到国联调查的结论上。可是我的主旨，不是讨论日本统治满洲的细节，所以这里只将日本控制满洲的性质，略为说明。

溥仪当执政，除了做典礼仪式的点缀之外，别无所事。一切的决策和人事，关东军在逼迫他接受执政之前，都已打好了腹案。日本人在中央和地方机构中，不但占中、日、蒙、朝、满等官员总数的45.8%，而且占有所有决策性的位置。国务院是中央级的机构中最重要的行政部门，所以关东军在院中设有总务厅，一切政令人事都在总务厅中决定。山室信一说，总务厅是“满洲国的中枢神经”。日本以“独裁中央集权制”统治满洲国，而总务厅便是这一独裁政体发号施令的权力中心，总务厅长官、次长、处长和科长一概由日人包办。[①] 其他方面，关东军也用各种不同的方法达到中央集权的目的。我这里只举一例，以概其余。早在1932年1月22日，关东军便声明立法院只是“形式”。满洲国成立后，关东军不让立法院召开院会，所有的议案和预算，立法院都须无异议通过。[②]

关东军于1932年2月24日迫令溥仪接受执政，次日便告诉他，他们已决定由郑孝胥出任国务总理大臣。溥仪对郑处理恢复帝制的事，气愤万分，现在知道郑要当总理大臣，更为不悦了。他对陈曾寿说：

日军部邀求以郑孝胥为总理。此人心粗胆大，有近无退，如何能做

---

① 参见[日]山室信一《キメう——满洲国の肖像》，第168～181页。

② 参见[日]山室信一《キメう——满洲国の肖像》，第160～166页。

> 总理。只想自己做官……郑垂荒谬已极,简直非人类。其父亲大约未曾教训过,负我数年之心。[①]

可是溥仪尽管气恼,而关东军的意旨,却是绝不敢违抗的。2月29日,他召见郑孝胥,“谕出任国务院事”[②]。

然而郑在关东军手中的命运,绝不优于溥仪。他虽然尊为总理大臣,然而无事不须听命于总务厅长官。溥仪于1932年3月9日就职后的第二天,便得到指示,特任驹井德三为国务院总务厅长官。[③] 总务厅是为关东军发号施令的神经中枢,所以日籍官员的比例特高。1934年8月时的情况为:

> 总务厅内荐任官,满十四人,日三十一人,委任官,满十五人,日五十七人,合计,满二十九人,日八十八人,满四分之一,日四分之三。[④]

对总务厅的权力和运作,溥仪有极为中肯的描写:

> “国务院”的真正“总理”不是郑孝胥而是总务厅长驹井德三。其实,日本人并不隐讳这个事实。当时日本《改造》杂志就公然称他为“满洲国总务总理”和“新国家内阁总理大臣”……
>
> 我和郑孝胥是名义上的执政与总理,总长们是名义上的总长,所谓国务会议也不过是走走形式,国务会议上讨论的议案,都是“次长会议”上已作出决定的东西。次长会议……是总务厅每星期二召集的各部次长的会议,这才是真正的“内阁会议”,当然这是只对“太上皇”关东军司令官负责的会议。每次会议有关东军第四课参加,许多议案就是根据第四课的需要拟订的。[⑤]

关东军在满洲国所要达到的目的,不仅是中央集权式的治理,而是大量侵夺中国在满洲的富源和建设,并进而全面控制满洲国的内政、外交和军事,将之沦为日本的保护国。他们用高压手段强令溥仪和郑孝胥签订了一连串的协定,轻易地达到了目的。关东军在满洲国成立之前,已经开始策划了。1932年3月6日,溥仪在他们的授意之下,写信给关东军司令官本庄繁,声称以后满洲国的“安全发展,必赖贵国之援助指导”,所以他提出五项要求,“特求贵国之允可”。即:(1)满洲国的国防及治安,都委诸日本,“而其所需经费,均由敝国负担”。(2)满洲国的“铁路、港湾、水路、航空路”在日军

---

① 陈曾寿、陈曾植:《局外局中人记》,载《文史资料选辑》第19辑,第213页。

② 参见《郑孝胥日记》第5册,第2368页。

③ 参见《郑孝胥日记》第5册,第2370页。

④ 《郑孝胥日记》第5册《院录》,第2927页。

⑤ 溥仪:《我的前半生》,第231～232页。

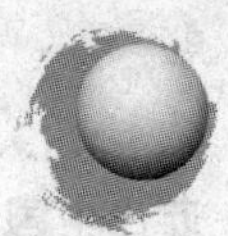

认为有国防需要时,将由日军管理。(3)日军认为必要之各种设施,满洲国将"竭力援助"。(4)满洲国参议府"就贵国国人,选有达识名望者,任为参议。其他中央及地方各官署之官吏,亦可任用贵国人,而其人物之选定,委诸贵军司令官之保荐,其解职亦应商得贵军司令官之同意"。(5)"将来由两国缔结正式条约时,即以上开各项之宗旨及规定为立约之根本。"①

溥仪的信为日本在满洲国的侵夺铺了一条平坦的道路。1932 年 8 月 7 日,本庄繁与郑孝胥签订《关于满洲国铁路、港湾、水路、航空管理与新线修建管理协定》及其《附属协定》。同一天,又与郑孝胥、外交总长谢介石、交通部长丁鉴修签订《关于设立航空会社之协定》。9 月 9 日,新上任的关东军司令官、日本驻满洲国大使武藤信义与郑签订《关于国防需要之矿业权协定》。最有概括性的,是 9 月 15 日武藤与郑所签订的《日满议定书》。议定书只有两点:第一,满洲国承认日本国和日本臣民享有《日满议定书》之前的各条约和协定所让给日本在满洲的一切公私权益。第二,日满两国中,有一国的领土和治安受到威胁,另一国将视之为对自身的威胁,所以为了保护满洲国,日本国军得驻屯满洲国境内。《日满议定书》又将溥仪 3 月 6 日致本庄繁的信以及本庄和武藤与郑所订的各协定均列为附件。同一日,关东军又在《日满议定书》的基础上,签订了《日满防卫军事协定案》等几个条约。②

溥仪 1932 年 3 月的信,已将中国在东北的各项建设、国防和资源送给了日本。8 月和 9 月的各项协定,则将满洲国沦为一无所有的附庸了。溥仪的信,是 3 月 6 日签写的。那时他仍是一个辞位的皇帝,没有任何东西可以送给日本。所以关东军把信的日期移后到 3 月 10 日,这时满洲国已经成立,而溥仪也当了一天的执政。可是信的内容,究竟过于离奇。关东军为了掩饰自己的行为,所以又要溥仪以请求"允可"的方式出让中国国家的利益并将此信秘藏多年,直到二战以后才公诸于世。③ 溥仪也企图篡改历史。他在《我的前半生》中,只字不提他给本庄繁的信,而将出卖中国权益的责任全归之于郑孝胥。他说,郑于 1932 年 8 月 18 日拿了他与本庄签订的协定给溥仪看,"请上头认可"。溥仪说,他虽然痛恨郑的"擅自专横"的手法,可是事已至此,他唯有追认既成事实之一途。④

---

① 《满洲事变》,载[日]小林龙夫、岛田俊彦编《现代史资料》1964 年第 7 期。

② 上述各协定和条约均见《满洲事变》,载[日]小林龙夫、岛田俊彦编《现代史资料》1965 年第 9 期。

③ 参见[日]山室信一《キメラ——满洲国の肖像》,第 155～156、143、164 页。

④ 参见溥仪《我的前半生》,第 233～234 页。

我们现在知道,溥仪和郑孝胥是最直接介入这些协定的两个人。板垣征四郎说,溥仪是在由旅顺到长春的途中被迫在给本庄繁的信上签字的。[①]而信的内容都是日人授意之后,再由溥仪和郑商议定稿的。郑在1932年3月6日的日记上写道:

> 扈驾,七时发旅顺……四时至汤冈子……板垣来觐。缮致本庄繁书。板垣以司令部命,献日金二十万元备即位恩赏之用……夜,与板垣商定参议府,国务院名单进呈。[②]

所以板垣到汤冈子,是要决定几件大事。溥仪给本庄的信,显然是那一天由郑写好,溥仪签字之后,交给板垣带走的。本庄回复接受溥仪请求"允可"的信,是5月12日写的[③],郑要溥仪"认可"他签的协定是在这以后的三个月。溥仪既然签了请求"允可"的信,又有本庄的回信,怎能说郑签协定是"擅自专横"呢?

其他的各项协定,也都是郑与溥仪商议之后签订的。郑在1932年9月10日的日记中写道:

> 诣行在。至国务院。板坦来,以《[日满]议定书》二款,国防协约二款,国防矿业约一通,追认往来文约一通求签字。复诣行在,有所商改,返院讨论久之,使郑禹往请,乃报可。[④]

关东军控制了一切,所以郑所说的"商改"最多只是枝节上的改动。可是这里的几个协定,郑都向溥仪作了交代,所以他们两人都无法推卸责任。

郑孝胥在半年之内,不但进一步加深了中国内部的分裂,而且把整个东北奉送给了日本,而他自己则屈居在关东军和总务厅长官之下。他有没有一分悔恨、羞耻的心情呢?郑出任国务院总理大臣,不到几个月,便一再要辞职。第一次辞职是在1932年7月初,因为日人劝阻而打消辞意。[⑤]几星期后,日本友人男爵平沼骐一郎去信说:

> 阁下膺重职,营谋百为……夫济斯民者,唯有王道而已。王道不行,则奈斯民何?是阁下之与弟等所同忧也。宜坚忍待机,以达宿志。

---

① 参见[日]山室信一《キメう——满洲国の肖像》,第155~156页。

② 参见《郑孝胥日记》第5册,第2369页。

③ 参见[日]山室信一《キメう——满洲国の肖像》,第164~165页。

④ 《郑孝胥日记》第5册,第2407页。在9月14日的国务院院务会议上,郑"以《议定书》向各部总长及各参议"说明,见《郑孝胥日记》第5册《院录》,第2760页。所以《议定书》在满洲国任官的中国人中绝不是一个秘密。

⑤ 参见[日]山室信一《キメう——满洲国の肖像》,第211页。

至嘱至嘱![1]

我们从平沼殷切劝慰的口吻可以断定郑去意的坚决。这次虽然又罢辞意,可是几天后,9月3日,郑终于向溥仪递上了辞呈。

诣行在,辞国务总理职。欲乘日本军人换防之际,察上下舆论之信否;容隐处此,徒靡岁月,无益也。[2]

郑一再求去的导火线之一,是总务厅长官驹井德三的骄横傲慢。他们为了人事任命和政策问题曾一再冲突,而以郑的两个儿子的事件最使他气愤。郑垂、郑禹有英、日文能力。郑出任总理,便任命二人为他的外文秘书,可是驹井不愿他们父子过于亲近。1932年9月4日,郑孝胥说:

驹井来,言郑垂秘书已撤销,郑禹改为总务厅秘书。语之曰:"郑垂、郑禹本皆执政府秘书。吾任总理,执政特令改为总理秘书,孰能撤销之!吾已辞职,二子将同辞,无所用改矣。"驹井言:"总理不可辞,郑垂虽失官,当为荐于日满合资大公司,可得重要位置,总理虽已辞,吾能令执政不准……"[3]

郑于前一日向溥仪递了辞呈,是要先发制人。关东军出面,于是郑乃以暂时请假的方式应付。然而驹井仍不放松。国务院四十四次院会时,郑因为已经请假,所以不出,"驹井来强之,辞不见。驹井怒,出不逊语,咆哮而去",随后并派"宪兵监视"。[4] 满洲国参议府的参议筑紫熊七中将再三力劝郑顾全大局。

[之后,]乃言:"由关东军总参谋长或副参谋长来见,商定保护之法,而使驹井旅行以避,总理能即日销假就职乎?"对曰:"但求保证不至再受无礼之待遇,犹可商也。"[5]

几天后,郑便销假上班。[6]

除了驹井之外,郑还必须面对一个更根本的问题。郑与本庄繁和武藤信义在1932年的8月和9月签订了一连串的协定,这也正是他想辞总理职、一走了之的时候。那么这些协定和他辞职的欲望有没有关联呢?我们试看《日满议定书》对郑心情的冲击。武藤与他签好议定书后,于9月15日在满

---

① 《郑孝胥日记》第5册,第2402页。

② 《郑孝胥日记》第5册,第2405页。

③ 《郑孝胥日记》第5册,第2405页。

④ 参见《郑孝胥日记》第5册,第2406页。

⑤ 《郑孝胥日记》第5册,第2406页。

⑥ 参见《郑孝胥日记》第5册,第2407页。郑在9月9日"诣行在,销假"。

洲国的首都新京(长春)举行换约仪式。郑将中国的一大片江山轻易地送到日本手中,在换约的仪式上,他如何自处呢?这一问题,不但在历史上有探究的意义,甚至连日本人也有一份好奇心。武藤大使的一等秘书官米沢菊二,以旁观者的眼光冷眼观察,为我们留下了一份珍贵的史料。米沢说,武藤致词后,郑想快快致答词,结束这一场面。然而这时他脸部的表情万分激动,眼中含了泪水,十秒、二十秒、三十秒钟过去后,他却仍旧欲言而不能。他的心情一定有如暴风雨来临前一样的错综杂乱。[①] 米沢更进一步推断说,郑在1932年7月有辞意,经劝说而打消了辞意。可是9月初的辞职意念,却极为坚决,而且拒不出席国务院院会。辞职的表面原因,是无法忍受驹井德三的骄横专断,然而实际上辞职的一个更深远的动机,是他怕在签订了一连串的协定后,将为四亿中国人目为把东北拱手送给日本的"元凶"。他坚要辞职,是想逃避卖国贼的污名。[②]

可是郑孝胥在如此的处境之下,一直苦撑到1935年的5月下旬才终于离职。满洲国成立时,他已经七十二岁。既然一切都不如人意,为什么他没有以老病为由,早日脱离呢?他再三留任,三年有余,究竟有什么目的呢?郑虽然在换约仪式上想草草结束,他虽然一再有辞职的心愿,然而他同时也知道,他所签订的条约,是永久性的历史记录,绝不会因为他离职而消逝。他在这种复杂矛盾的心情之下,对日本始终没有完全断念,希望在日本的保护之下,满洲国有一个稳定的环境,开放国境,吸引外国资本,发展成一个国际合作下的新政府。同时,在这一新形势下,清室恢复帝制,在满洲建立一个以孔孟理想为基础的王道社会,并且逐渐将王道仁政推行到全中国,消灭民国,再造一个光辉的大清帝国。如果达到了这些目标,郑便完全洗清了卖国的罪名,而成为中国历史上的功臣了。所以郑在极度的失望和愤懑之余,不但不能下决心,一走了之,而且在离职之后,以七十五岁的年龄,仍然为了在满洲国中实现王道社会的理想而努力。我将在下一章中详论他在这一方面的思想。

在满洲国建立的过程中,罗振玉介入的程度,虽然没有郑孝胥深,可是溥仪称帝不成,罗是绝不能辞其咎的。那么罗在满洲国中,是怎样自处的呢?

罗对溥仪出任执政极度的悲痛,然而他对溥仪的忠心和对满洲国的信

---

① 参见[日]山室信一《キメラ——满洲国の肖像》,第211页。

② 参见[日]山室信一《キメラ——满洲国の肖像》,第211~212页。

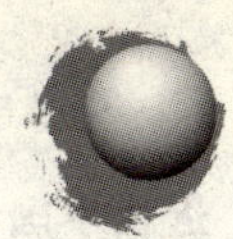

心,却丝毫不减。他把自己的前途和儿子的前途,都寄托于满洲国。1925年,他与四子福葆护送溥仪到天津日本租界。满洲国成立后,福葆初任执政府秘书处秘书,1934年升任尚书府秘书官,1936年调任宫内府秘书官,1938年又调补宫内府内务处长。[①] 福葆为满洲国效命,是罗振玉所赞同的。罗的自传《集蓼编》,完成于满洲国初创之时。书成后,他自题绝句四首,在第四首中,他教训子孙"莫忘祖德与君恩"[②]。1938年福葆四十虚岁生日时,他又以"君恩何由报"[③]相勉。

罗对溥仪和满洲国的未来仍然满怀希望,所以亟欲在新政府中一展抱负。可是板垣征四郎与郑孝胥商议之后,只给罗参议府的参议。罗大为失望,当即向溥仪推辞不就,说:

> 进礼退义,不敢萦情利禄负其初心,设竟贪天之功,素餐尸位,尽弃平生所守,则于国无裨,于己有损……用敢沥陈下情,吁恳收回成命。[④]

罗在1932年3月10日递交辞呈的次日,溥仪便得到关东军授意,"准罗振玉辞参议令"。同一天,国务院的院会即准其辞职。[⑤]

罗的推辞信只是道德文章,而并不是真的"进礼退义"。他认为参议是有名无实的空衔,所以辞而不受。他所瞩目的,远较参议为高。陈曾寿冷眼旁观,说:

> 满洲国成立,郑为总理,罗日思取而代之。[⑥]

可是这时,关东军对郑的信任远过于对罗的信任。1933年6月,监察院长于冲汉死,关东军愿以罗补缺,罗也愿接受。7月初,他得到任命。[⑦] 当然这也同样是一空衔。他在任上至1937年3月,七十一岁时辞职退休。

从到满洲国到1940年5月死亡,罗从没有断绝复辟的希望。1933年末,溥仪得到关东军同意,改任满洲国皇帝。这虽不是大清复辟,然而罗仍

---

① 见罗继祖《永丰乡人行年录:罗振玉年谱》。

② 罗振玉:《自述平生为〈集蓼编〉付长孙继祖书之题四绝句》,载《贞松老人遗稿》甲集之一《辽海吟及续吟》。亦见《集蓼编》,第786页。

③ 罗振玉:《保儿四十生日,书以勖之》,载《贞松老人遗稿》甲集之一《辽海吟及续吟》。

④ 转引自罗继祖《永丰乡人行年录:罗振玉年谱》,第110页。郑孝胥在1932年3月6日的日记中说:"夜,与板垣商定参议府,国务院名单进呈。"所以板垣与郑商量后才作决定。

⑤ 溥仪令见罗继祖《永丰乡人行年录:罗振玉年谱》,第110~111页。陈曾寿、陈曾植:《局外局中人记》,载《文史资料选辑》第19辑,第216页。《郑孝胥日记》第5册《院录》,第2713页。

⑥ 陈曾寿、陈曾植:《局外局中人记》,载《文史资料选辑》第19辑,第227页。

⑦ 参见《郑孝胥日记》第5册,第2466、2467、2468、2469、2829页。

极为兴奋,1934 年 1 月,他与郑孝胥等人为溥仪拟年号。[①] 3 月 1 日,溥仪登极时,罗以监察院长的身份作《登极贺表》,代表百官朝贺。[②] 罗辞院长职后,以退居旅顺的时日为多。

> 但每年春秋佳日,一定要去长春面谒溥仪并和少数朋好话旧……祖父间接听到溥仪在"宫"中的一些情形,却引起他的担忧。不好当面去说,而转托熙洽。《致熙宫相书》里提出四事,一,"圣嗣"未立……[③]

这时溥仪在日人的恐怖统治之下,终日"心惊肉跳",寝食难安,处境悲惨,不如一个法治国家中的囚犯。[④] 而罗却一心要溥仪早立圣嗣,为清朝打下千秋万世的基础。罗向溥仪最后一次陈言,是 1938 年的《惩前毖后密陈管见疏》,疏里共陈八事,第一点便是坚持复辟。[⑤]

罗对清朝的感情和忠贞使他对民国产生了一分不可解的仇恨。这里我们看到,忠于一个被推翻的朝代和近代的民族主义是绝对互不相容的。清室的遗老借助外力,所以更是民国所无力应付的灾祸。罗到了他生命最后的阶段,仍然不能忘情于日本,深信复辟的成败和清室的未来取决于日本的援手。罗继祖说,1937 年中日正式宣战,"兵火所及,生民被难惨重,祖父已在老病中,犹痴望升平,并且误把日寇看成为仁义之师,家人遂不敢径以所闻见禀告,怕增重其忧烦"[⑥]。他把日军视为"仁义之师",则他对中国近代的苦难、中国的利益和主权的独立,是用一种完全不同于近代中国民族主义者的眼光在考虑。罗继祖又告诉我们:

> 最使祖父感觉沉痛的,是溥仪正位后,日本干涉他去拜沈阳祖陵。《我的前半生》引"御用挂"吉冈安直的说话:"我不是清朝的皇帝而是满、蒙、汉、日、朝五民族的皇帝。祭清朝祖陵将引起误会,这是不可以的。"祖父誓死坚持的"大清复辟",一变为伪满执政,再变为五个民族的"皇帝",三变为日本天照大神的"神裔"……还能说什么呢?以后的岁月,几乎都在回忆和忏悔中度过,而且有口难说,只有把苦水往肚里咽。[⑦]

说罗振玉是因为不能恢复大清而忏悔,绝然是正确的论断。罗于 1940

---

① 参见《郑孝胥日记》第 5 册,第 2502 页。
② 参见罗振玉《登极贺表》,载《贞松老人外集》卷三。
③ 罗继祖:《我的祖父罗振玉》,第 193 页。
④ 参见溥仪《我的前半生》,第 242～273 页。
⑤ 参见罗继祖《我的祖父罗振玉》,第 198 页。
⑥ 罗继祖:《我的祖父罗振玉》,第 341 页。
⑦ 罗继祖:《我的祖父罗振玉》,第 195～196 页。又见溥仪《我的前半生》,第 262 页。

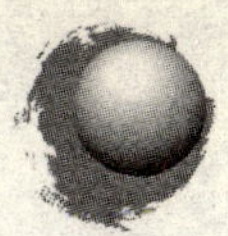

年5月死前，曾在病中作《自挽联语》，上联检讨他的学术成就，下联回顾他的政治活动。下联曰：

半生沉沦桑海，溯自辛亥乘桴，乙丑扈跸，壬申于役，丁丑乞身，补天浴日竟何成。[①]

这里所列的大事有：辛亥之后走亡日本，1925年护送溥仪到天津，1932年满洲国成立，1937年辞监察院院长。无一不与清室或复辟的努力有关。所以"补天浴日竟何成"是何所指，不是很明显的吗？罗继祖说，他祖父"引壬申之事为毕生之疚也"[②]。这是罗振玉的最后见解。他把一生最大的希望全寄托在日本身上，满心以为溥仪只需人到满洲，坐上日人为他备好的皇帝宝座，其余便都水到渠成了。事败之后，罗"但顿首自咎而已"，却并没有责怪日本。因为五年之后，"七七"事变发生，他仍以日军为"仁义之师"，即将完成消灭民国的"道义"行为。显然他认为，民国灭亡之后，溥仪重登帝位，是必然的结果了。

① 罗振玉：《自挽联语》，载《贞松老人外集》卷四。

② 罗继祖：《永丰乡人行年录：罗振玉年谱》，第120页。

第十一章　王道理想国

王道思想的缘起

郑孝胥在满洲国受了种种的屈辱而没有早日离去，其中的一个原因是他希望在满洲国中实现王道社会的理想。在他心中，王道理想既是手段，也是最终的目的。他认为儒家的道德理想，可以是使天下归心的号召，用以完成恢复大清的重任，而同时也是人类所应达到的最高境界。

郑的王道思想，在19世纪20年代中期渐见端倪。19世纪30年代初期，他正式提出"王道"二字，鼓吹他的看法。他在1938年3月底死前三周，发表了最后一次演说，题为《研究与施行王道之法》[①]，所以王道思想在他生命的最后十几年中，占据一个中心地位。

日本在19世纪20年代和30年代，也鼓吹王道乐土思想。在满洲的"东亚经济调查局"任职的笠木良朋，在1925年时提出以道义的观念统一世界和解放有色人种。橘朴认为世界大战充分暴露了西方文化的弱点，也在同一年提出以中国的王道思想为西方文化开辟新出路。[②] 信奉王道思想的日本人，不限于他们两人，我不再一一举出。关东军鼓吹王道，是用它来做侵略的工具。"九一八"事变后，他们强调王道思想里的博爱与和平，希望借此冲淡东北的中国人的民族意识和对日本的敌意。满洲国成立后，他们继续倡导王道，要用它来达到日、满、汉、蒙、朝五族共存的目的。满洲国初创一年

---

① 此文收入叶参、陈邦直、党庠周合编《郑孝胥传》，上海书店1987年版（下引该书，版本同此），第74～76页。另见《郑孝胥日记》第5册，第2709页。

② 参见[日]山室信一《キメラ——满洲国の肖像》，第100～101、108～119页。

半内，日本的军政和学术界推出了大量有关王道的文章。这些文章是要把满洲国的存在合理化，也表现出作者们对在满洲国实现王道理想所寄托的希望。[①]

郑孝胥的王道思想的来源，是中国古代的大同思想。古代的儒家思想里，含有原始形态的乌托邦思想，从《礼运·大同》中的天下为公、盗贼不兴、外户不闭的理想社会，到孔子、孟子和孔孟以后的儒家思想中所提出的以德服人、君王仁政的境界，都属于人类向往而不能达到的乌托邦世界。郑的王道思想的重点，是个人品德的培养、家庭社会的和谐和君王的仁德政治。我将在后面讨论这些要点。郑认为这一完美世界已由周孔在千年前设计完备，我们只需依照蓝图，便能在满洲国国境内建立一个王道理想国。这一个保守的儒教社会，是郑的大计划中最重要的环节之一，所以他所表现的热心和坚持也远过于其他各方面。他到最后，舍弃了故君溥仪，放弃了复辟的念头，然而对王道理想的追求，却达到了死而后已的地步。[②]

皇帝为政治之本位

郑孝胥的王道思想有两个具体的基石：帝王制和以孔子为中心的儒学思想。1934 年 1 月 25 日，日、满记者三十余人，在满洲国改制为满洲帝国的前夕，问郑有关“改变国体之宗旨及满洲行政之策，答：以帝制为宗旨，王道为政策”[③]。1934 年 11 月 1 日，他以总理的身份演说时，概念更清楚了：

为言满洲国今已抱定本位，以皇帝为政治之本位，以孔子为文化之

① 《斯文》第 14 卷第 4 号，1932 年 4 月；第 14 卷第 5 号，1932 年 5 月。《东亚》第 5 卷第 11 号，1932 年 11 月；第 6 卷第 7 号，1933 年 7 月；第 6 卷第 12 号，1933 年 12 月。

② 有关中国的乌托邦思想，见陈弱水《追求完美的梦：儒家政治思想的乌托邦性格》，载黄俊杰主编《中国文化新论：思想篇一：理想与现实》，(台北)联经出版事业公司 1982 年版，第 211～242 页。

“乌托邦”一词，由英人摩尔(Sir Thomas More，1478～1535)1516 年 *Utopia* 一书的书名而来，在思想史上，它是指我们所向往的理想社会。柏拉图是西方最著名的早期乌托邦思想家。他在《共和国》(*The Republic*)一书中，评论从社会、教育、心理、道德和哲学思想等方面着手，建立理想社会。摩尔在《乌托邦》中有消除贫富不均、建立普及教育、规定工作时数等等改革。比摩尔晚一世纪的培根(Francis Bacon，1561～1626)所构想的 New Atlantis，是一个建立在科学知识上的理想国。有关西方的各种乌托邦思想，见“Utopias and Utopianism，” *Encyclopedia of Philosophy*，pp. 212-215.

③ 《郑孝胥日记》第 5 册，第 2504 页。

本位,将建此旗帜以指挥于世界。[1]

政治和文化互为表里的关系,这里明白地说出了。

我们知道,郑不是清宫中唯一心仪王道思想的人。20 世纪 30 年代初期起,溥仪和他身边的几个遗老也都在谈王道。1932 年年底,溥仪知道关东军只让他当执政,大为不悦,乃令陈曾寿为他"写下必须'正统系'的理由",由郑孝胥和罗振玉交给板垣征四郎。陈为溥仪写好八条后,又加写四条。这十二条的最先两条是:

一、尊重东亚五千年道德,不得不正统系。

二、实行王道,首重伦常纲纪,不得不正统系。[2]

这实是孔子为文化之本位、皇帝为政治之本位的变相说法。溥仪有实行王道正统系的观念,不但是因为自己想做皇帝,而且也因为郑和太傅陈宝琛的教训灌输。[3] 另一个重臣罗振玉也是信从王道思想的。他在 1933 年 6 月监察院院长的《就职宣言》中宣称,满洲国"标榜王道为治之经"。可是看它一年多里的表现,"咸知去王道甚远也"。现在他出掌监察院,所以要全力纠正官邪,使满洲国走上王道的大道。[4]

王道在郑孝胥和关东军里应外合的策划之下,被定为满洲国的国家思想意识(state ideology)。溥仪虽然在制定政策上没有发言权,可是他看出了王道对他是有利的,所以也十分赞成。他在 1925 年走亡天津后,郑便开始进讲《论语》、《左传》、《通鉴纪事本末》、《通鉴辑览》等典籍中的义礼、德治、仁君等观念。溥仪自小被灌输了这些观念,经过郑再次加强,信念更深刻了。到了满洲国,他真以为帝王制度是伦常纲纪、王道正统的必然体现。溥仪就任执政典礼时,由郑代为宣读《执政宣言》,文曰:

人类必重道德,然有种族之见,则抑人扬己,而道德薄矣。人类必重仁爱,然存国际之争,则损人利己,而仁爱薄矣。今吾立国,以道德仁爱为主,除去种族之见、国际之争,王道乐土,当可见诸事实。凡我国人,望其勉之。[5]

溥仪虽然只是一个执政,然而这里仍不乏一分仁君的架势。他向满洲国臣

---

① 《郑孝胥日记》第 5 册,第 2554、2944 页。

② 溥仪:《我的前半生》,第 218～219 页。

③ 参见溥仪《我的前半生》,第 218 页。陈认为溥仪唯有复位做皇帝,才对得起列祖列宗。

④ 《就职宣言》的全文,见罗继祖《我的祖父罗振玉》,第 184～185 页。罗是一个儒学道德观极强的人,而郑所鼓吹的王道思想,也都是罗所提倡的。那么他为什么没有更热心、更积极地赞助郑的王道运动呢?这很可能是因为郑是首倡王道的人,所以罗不愿做他的政敌的随声唱和者。

⑤ 溥仪:《我的前半生》,第 227～228 页。

民所颁示的，都是德治天下、实现仁道的训示。

宣言出自何人的手笔，不易确定。郑孝胥说，就职的前几天，板垣征四郎出示《满蒙人民宣言书》和为溥仪拟的《即位宣言文》。郑看后说："此文草草，不可用，为之拟稿……"可是郑所拟的与他替溥仪所宣读的全不一样[①]，而且也没有为板垣接受。因为即位的前几天，溥仪命陈曾寿"拟执政宣言稿"。陈稿的内容与《执政宣言》的内容大体相同，而文字诸异。[②]

我们虽然不能确定《执政宣言》出自何人之手，然而我们可以看出：它的内容是郑孝胥所赞同的；又因为其中所言都是在为日本的统治铺路，所以它必定是得到关东军的允可之后才宣读的。满洲国的立国精神"以道德仁爱为主"，而儒家的道德仁爱，正是郑的王道理想中的中心思想。他的仁爱也包括了没有种族之见的博爱精神，这当然是关东军所最乐闻的。

郑的王道思想，不但为他复辟的主张提供了一个理论的支持，而且在他的心中也是促成复辟的一股力量。"九一八"以后，他深信日本将在短期内消灭民国，然而全亚洲唯有溥仪才有足够的道德威望重新统一中国。

> 民国亡，国民党灭，中国开放之期已至，谁能为之主人者？计亚洲中有权力资格者，一为日本天皇，一为宣统皇帝。然使日本天皇提出开放之议，各国闻之者其感念如何？安乎？不安乎？日本皇帝自建此议，安乎？若宣统皇帝则已闲居二十年，其权力已失；正以权力已失而益增其提议之资格。以其无种族、国际之意见，且无逞强凌弱之野心故也。吾意，共和、共产之后将入共管，而不能成者，赖无此一人耳。此事果成，诚世界人类之福利，种族、国际之恶果皆将消灭于无形之中。视举世之非战条约，苦求和平者，其效力可加至千百倍。孔孟仁义之说必将盛行于世。[③]

郑为《执政宣言》中的远景作了进一步的说明。消除"种族，国际之意见"、"非战"、"和平"也都是宣言中所标榜的。宣言中的王道乐土，他具体的说明乃是"孔孟仁义之说"。日本人提倡王道的用心，是要化解中国人的民族意识和抗日情绪，而郑则认为孔孟仁义之说能把日本从中国夺得的战利品轻易地转到溥仪的手中。郑陶醉在自己的幻想之中而不知其荒谬。他说，他已将他的看法语庄士敦、吴蔼宸。

> 惟弢庵［陈宝琛］闻之，谓为慷他人之慨。弢庵八十四岁矣，固宜为

① 参见《郑孝胥日记》第5册，第2367页。

② 参见陈曾寿、陈曾植《局外局中人记》，载《文史资料选辑》第19辑，第215页。

③ 《郑孝胥日记》第4册，第2344～2345页。

此语,正以他人徒有慷慨而不能自为故耳。①

当然在现实环境中,郑不能立刻达到复辟的目的。所以他一方面继续表明复辟的决心,一方面也做了必要的调整。最明显的,是他几次游移于帝制和虚君立宪之间。1929年8月中旬,他与奥国人阿克第谈"他日政策"时,答应在复辟后,"设责任内阁,阁员参用客卿"②。郑误以为阿克第有帮助溥仪完成复辟的能力。这时北伐已经完成,溥仪的何去何从,没有明确的方向,所以郑提出复辟以后实行君主立宪。很可能他认为这是一个较易达到和容易为外国支持的想法。满洲国成立的前夕,郑知道关东军不让溥仪称帝。然而事态已经到了骑虎难下的地步,所以他力劝溥仪接受执政,而同时仍希望君主立宪或许能为关东军接受。郑说,1932年2月20日,溥仪召见他商对日本司令部措辞大略。

奏曰:"共和,则谢以未达;如议君主立宪,则告以事体繁杂,须研究讨论。果无流弊,乃试行预备,以三年为期。三年之内,惟以独裁君主、集权政府办理一切政务。如议国号、年号,则告以国号不可改,年号或可酌改。"上颔之。③

虚君立宪是郑在辛亥以前所大力主张的。如今外界的情势不利于复辟,所以在退而求其次的心情之下,虚君立宪也是某种形式的恢复。可是郑绝不接受共和的可能性。1933年春,日人后藤春吉建议满洲国仿瑞士的先例,建立一个小型的共和国。郑不以为然,说:

瑞士国小,故宜于共和;满洲国大,必资于[君主]立宪。④

郑提出立宪而不提复辟,正是关东军所能容忍的立场。1933年10月中旬,郑与日方"密议尊号及宪法二事,以应天顺人之义称帝制,不及复辟。定《皇室典范》、责任内阁、元老院、资政院大纲"⑤。

可是郑在心理上对恢复清朝并没有绝望。他与日方密议之后,不到两周,便在10月27日"九九"重阳的《九日文教部登高》诗中说出了建立后清的愿望。

燕市再游非浪语,异乡久客独关情。

---

① 《郑孝胥日记》第4册,第2345页。

② 《郑孝胥日记》第4册,第2245页。

③ 《郑孝胥日记》第5册,第2366页。

④ 郑孝胥:《跋后藤春吉满洲瑞士比较之说》,载其《郑总理大臣王道讲演集》,(新京)福文盛印书局1934年版。

⑤ 《郑孝胥日记》第5册,第2488页。

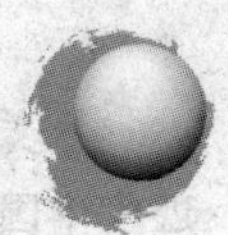

西南豪杰休相厄，会遣遗民见后清。[1]

他虽然明知行帝制而不复辟是日方的既定政策，然而他仍然忍不住表达他的心意。

[1933年12月19日]菱刈大使来访，言满洲宜为帝国，请执政以明年三月朔即帝位，百官劝进，上尊号曰大满洲国皇帝……宇佐美顾问私询余有异议者乎，曰："惟欲求大清复辟者以为不屑耳。"……菱刈约晚饭，国务院、参议府诸人皆至。菱刈言谒执政所言，不主复辟；远藤厅长言，一切筹备大略；小矶参谋长言："执政登极，以顺天安民为本……"余乃起言："我执政三岁即大清帝位，宣统三年因乱逊位，乃大臣之罪，帝方六岁耳。流离颠沛逾二十年，我等痛心腐骨、复辟之谋未尝暂辍，幸日本援助，满洲建国，一年以来国内渐安。今议即位，于我等诸臣已恨其晚矣。"就席，菱刈出日皇赐酝，余乃引满三爵，以庆日皇万寿。[2]

溥仪终于在1934年3月1日出任满洲国皇帝。国务院宣布将以"顺天安民"之义颁布宪法，并成立即位筹备委员会，由郑出任委员长。各地接到命令后，便开始进呈"劝进表"。郑孝胥、罗振玉、胡嗣瑗等人各为新帝国试拟年号[3]。溥仪的登极仪式，郑在日记里有详细的记载：

三时半起行庭中，灯月烂然。七时诣天坛，朝暾始升，原野雄阔。八时，驾幸坛侧，就黄幄，百官成列。上步登三成，拜祭如礼。祭以特牲、粢盛、玄酒、苍玉、荐币、受玺、燔柴而退。陪祀者四人：郑孝胥、张景惠、罗振玉、沈瑞麟。十一时入宫，十二时行登极礼。上宣诏书讫，总理大臣率百官奉贺表。总理诵表，三呼"皇帝万岁"，廷中和之，进表受诏下殿。皇帝复御殿，受蒙古王公、人民进贺乃退。升礼炮百有八，都市张灯庆贺，观者阗拥，竟夕而息。[4]

这是复辟运动的高峰，遗老二十多年的努力，终于取得了这一点成绩。可是这实是一个反高潮。溥仪登极满洲国皇帝，也是日本绝对无意让他重得清朝帝位的铁证。登极的场面清冷寂寞，我在下一节会进一步讨论。那么郑孝胥以皇帝为政治之本位的王道思想，现在还有什么意义呢？郑以痛苦的心情面对溥仪登帝位的现实，所以又要辞去。可是他对未来的远景又有一份强大的信心。他认为日本节节进取，很快便将消灭关内的一切势力，

---

① 郑孝胥：《海藏楼诗集》卷一二。

② 《郑孝胥日记》第5册，第2498页。

③ 参见《郑孝胥日记》第5册，第2499、2501～2503页。

④ 《郑孝胥日记》第5册，第2510～2511页。

到时日本不能统一中国,而唯有有仁德和威望的溥仪能使天下归心,回到燕京建立后清,实现理想的王道社会,而郑自己也从此洗脱了卖国的罪名。因此,他把自己多年的心血加以合理化;一个冷清的登极仪式,一变而成了隆重热闹的场合。

孔子为文化之本位

孔孟的儒家道德体系,是郑孝胥的王道社会的另一个支架。儒家道德不但能使满洲国成为一个王道乐土,而且能把全世界从战祸和沉沦中救出。郑的这一份信心到他死亡的前夕,始终没有动摇。

辛亥以后,遗老把中西文化视为两个互不相容的价值系统。他们决定排挤西方文化,而以儒家的道德观为他们唯一的思想泉源。在这一点上,遗老的立场完全一致,我们几乎找不到例外。王国维在《殷周制度论》、《论政学疏》和一些书信中,都以最美化的手法描绘儒家社会。罗振玉对儒家的前景,也同样乐观。1928 年,他在日人开办的"儒教研究会"上致辞,更明白提出独尊儒家的主张。他说,儒术盛行以前,道家、法家、墨家等派别"与儒家争席,然其说皆偏而不全,远乎中庸,虽或能救一时之失而极其弊害,去道弥远。及汉之武帝乃罢黜百家,独崇儒术。自是以后二千年间,凡本儒术以为治,则世治,背之,则世乱。于是儒教遂为东方立国之精神而不能废矣。今者,世界思想日变,社会现象日危,故非讲明正学,无从挽此潮流"[1]。

郑孝胥也在满洲国成立之前,积极思考以儒教救国的方案。为了得到奥国人阿克第的助力,他于 1929 年 7 月上旬,有意使阿克第于欧洲立震旦会,其大意曰:

> 我等之见,非有尊卑上下之制度,不能成长治久安之国家。震旦西北数万里之区,乃开辟以来未发之宝藏,而有四万万驯良之人民,二百七十年太平之皇室,三年统治大清国之皇帝。合力助之,以建新国,一洗从来异种、异教、异国之陋见;道德、事业、功名与同志者共之。此举果成,当使举世感化,永绝战争之祸。昔英人以民治建业于美洲,今我等以君国建业于亚洲,其事一也。[2]

---

① 罗振玉:《儒教研究会开会致辞》,载其《贞松老人外集》卷三。

② 《郑孝胥日记》第 4 册,第 2240 页。

这一段话，包含了皇帝为政治之本位、孔子为文化之本位的含义。他在前后几年中多次发挥、引申这里的立场。

郑的王道思想的指导原则，是一种严格的义利之辨的信念。1932 年 5 月，满洲国初创不久，九州大学的教授鹿子木员信来访。

> [问郑]“治国以儒术乎？请言其大旨。”对曰：“以董仲舒之说为主，‘正其谊不谋其利，明其道不计其功’是也。”又询老、庄有可取否，对以，老、庄流为申、韩，不足取也；当世欧美列国皆专尚杂霸之术。[①]

这绝不是不经思考的即席之言。1934 年 10 月中旬，郑在大同学院毕业典礼上致辞，再以义利为题说：

> 王道之学甚大，试举其最初切要者言之，则不外义利二字之辨。孔子曰：君子谕于义，小人谕于利。又曰，见利思义。[②]

义利之辨是遗老共同的信仰，也是他们最不愿意妥协的大前提。我们记得，王国维在南书房供职时，罗振玉以董子的“正谊明道之言”策励，他自己则将不顾“水火刀锯”，一切“勇往赴之”。[③] 罗继祖对他祖父的这种性格，有入微的观察。

> 祖父这个人自信心强，如他认定应该这样去做，就百折不回，但是这里并不以个人利益作前提，如果说与古人有暗合处，那他的所为就是以董仲舒的“正其谊不谋其利，明其道不计其功”和孟子的“富贵不能淫，贫贱不能移，威武不能屈”几句话作为立身教条的。其不同于一般人在此，陷入反动泥沼而不能自拔也在此。[④]

陷入泥沼而不能自拔，是难以避免的。罗、郑看中了“谊”、“利”、“道”、“功”所蕴涵的儒家道德意义，以对待万世不易的真理的心情，把它们用来作为一切作为的具体指导。他们在绝对的道德主义的思考方式之下，不但以为自己的一言一行都合乎儒教的最高原则，甚至把日本和其他的投机分子视为“正谊明道”的心腹，所以把自己和溥仪送交给了关东军而自以为得计。因为有了儒家的道德为护身符，他们尽可在道德的真空之下运作而不必考虑任何实际情况。

---

① 《郑孝胥日记》第 5 册，第 2383 页；《郑孝胥日记》第 5 册《院录》，第 2729 页。日记中无“又询老、庄”以下的话。此处我将两处的记录合一，以见对话的全貌。

② 郑孝胥：《大同学院毕业训词》，载叶参、陈邦直、党庠周合编《郑孝胥传》，第 67 页。

③ 《罗振玉王国维往来书信》，第 581～619 页。

④ 罗继祖：《庭闻忆略：回忆祖父罗振玉的一生》，吉林文史出版社 1987 年版，第 67～68 页。罗继祖将此书改写为《我的祖父罗振玉》时，小有增删。上引的几句话，在后一书中删去。

王道的理想世界

在“正其谊不谋其利,明其道不计其功”的大原则之下,郑孝胥发展出了一套使世界达到博爱和平的境界和使满洲国成为王道乐土的理论。他以极有伸缩性的手法把他所有的想法都视为是儒学思想的反映。我在这一节中,先谈他的世界性的王道思想。

郑提出博爱和弭兵,使全世界达到王道的境界。满洲国成立后,他即宣布:

> 王道学说,以博爱为资本,以礼义为器械,不制战具,不蓄武力。①

郑说:

> [1932 年 7 月]上海东亚同文书院学生十八名来见,请释“王道”大意:为言爱国主义及军国教育酿成世界战争之祸,王道则非爱国而尚博爱,不用军国教育而用礼义教育。②

他把这一段话,同时记录在国务院的记录和自己的日记里,所以他已将博爱和弭兵视为满洲国的既定政策。

可是一个中国人在日本扶持的满洲国中,以“非爱国”为号召,如何能自圆其说呢?王道既然是“非爱国而尚博爱”,所以博爱思想中是不能容纳爱国思想的,他说:

> 爱国之宗旨,即为仇外之对象……果行王道,必先荡涤爱国之思想而以博爱为主,必先革除军国之教育而以礼义为先。③

郑在他的王道文字中一再声言,他的博爱思想源于孔孟,然而许多满洲国中的中国人,绝不能接受他的博爱和非爱国的立场,因为在中国人的眼中,这一立场实际上无异于亲善日本,仇视中国。为了脱出这一困境,郑决定提出博爱和爱国相辅相成的一面。1932 年的年底,他以自问自答的方式,试图解决这一难题。

> 爱国之爱与博爱之爱为同乎,为异乎?必对之曰:异也。爱国之爱与博爱之爱相容乎,不相容乎?必对之曰:不能相容也。爱国之爱与博爱之爱可舍其一而取其一乎?必对之曰:不能舍其一也。然则奈何?

---

① 郑孝胥:《王道或问》,载其《郑总理大臣王道讲演集》。

② 《郑孝胥日记》第 5 册,第 2396 页;《郑孝胥日记》第 5 册《院录》,第 2747 页。

③ 郑孝胥:《王道救世之要义》,载其《郑总理大臣王道讲演集》。

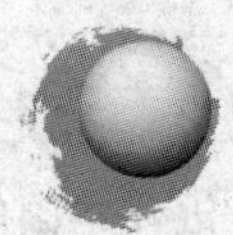

曰：以爱国为体，以博爱为用。故爱国之至者，必归于博爱。圣人复起，必从吾言矣。[①]

显然是为了避免纠纷，以后他不再用博爱两个字。可是他一再提出不分种族、不分国界的主张，这些都是博爱的同义语，所以郑并没有放弃博爱的理想。

弭兵的观念和博爱的观念，是一体的两面。如果全人类都没有国界和种族之分，则无一国需要有兵备了。郑具体提出弭兵的主意，早在20世纪20年代中期。溥仪到天津后，一方面因为有了日本长期的保护而有了更大的安全感，而另一方面却失去了北京的宫廷和中枢位置。在这一新形势中，郑孝胥提出了以溥仪的仁德和威望开创新局面的构想。1925年3月，他在与溥仪召对时，"论开放中国及万国弭兵会宜由中国皇帝主张。上极嘉悦"[②]。

满洲国成立后，郑对弭兵的信心更强了。他以五篇《弭兵说》鼓吹他的看法。

人道不明，于是谋国者各营其私，利己损人，以强凌弱，以众暴寡，此兵祸所以日亟，人类所以日残也……呜呼！恃兵以立国者，赋敛之重，死亡之忧，其民不能堪矣……立国于今世，果有不嗜杀人者，则天下必归之矣。虽弭兵可也。[③]

这正是满洲国的宗旨。1932年9月末，郑回答法国记者有关"王道立国"的意义时说：

今满洲国既兴，若仍以教战为立国之本旨，则世界更增一战斗之民族，恐不为天道所容。故今日之行王道，即欲消灭种族国际之恶念而已。[④]

不仅如此，消灭战争和种族国际的仇恨，不但是当然的天道，而且也是利己的上策。因为这是满洲国生存和发展的唯一的途径。

满洲之兴，在于列国之后，势不能与列国争强。惟有抱仁义之旧说，以求治安之实效而已。天下皆危而此独安，天下皆争而此独息。其亦避世之华胥也哉！[⑤]

---

① 郑孝胥：《博爱与爱国辩》，载其《郑总理大臣王道讲演集》。

② 《郑孝胥日记》第4册，第2044页。

③ 郑孝胥：《弭兵说(一)》，载其《郑总理大臣王道讲演集》。

④ 《郑孝胥日记》第5册，第2410页。

⑤ 郑孝胥：《满洲年鉴题词》，载其《郑总理大臣王道讲演集》。

可是这种利人利己的天道,如何才能付诸实现呢?郑作了如下的推论:

> 今日各小国犹足独立者,以其无毒且不能为害,故各大国亦相视莫动。盖以均势之局将以吞并而变。然则小国之安危即大国之安危。观洛桑[公约,Lausanne Pact]、日内瓦[Geneva]之议场皆设于瑞士,岂非以其不拘众忌,反得为世界之华胥耶?若王道之国兴于亚洲,则于当世列强固有利而无害。虽不制战具,不蓄武力而举世之战具武力,不啻代我而施抵御。[①]

陷入泥沼而不能自拔,便正是郑所面临的困境。可是他自己毫无自觉。我在前文曾经指出,保守的遗老都有愿望而少有计划。郑是遗老之中最善于计划的人,然而他当了总理大臣,却要中国同胞对日本博爱,要满洲国不设国防。瑞士(Switzerland)有各种有利的条件,所以能成为一个永久中立国。满洲国是关东军一手造成的傀儡政权,而郑却将之与独立自主而高度发展的瑞士相比附。他沉醉在"正谊明道"的道德教条中,居然把它用于现实的国际关系上。在他的如意算盘中,他说服了自己,一心认为关东军和列强会任由他建立一个避世的华胥之国。

满洲国的王道社会

博爱和弭兵是满洲国在世界舞台上所扮演的角色;在满洲国内,郑孝胥要建立一个孔孟思想的儒教王国。这一王国的内容和到达这一王国的过程,含有高度的强制性和专制性。郑要排斥一切儒学以外的思想学术,以强制性的教育和社会建制将儒学提升到一个独尊的国教地位。人民在这一王国内,没有丝毫离异和取舍的余地。

郑的主意,在满洲国成立以前已经打定。1930 年元旦,他观察意大利独裁者墨索里尼(Benito Mussolini)几年来的政策后,发抒感想道:

> 意大利全国为天主教,国皆墨索利尼之策,举世之天主教徒皆拥护法西斯党,主张专制。大罗马之霸国,其将复兴乎?中国以孔教为国教,当与天主教并立为东西二大教;大支那与大罗马,并立为东西二霸国。天意或将如此。[②]

---

① 郑孝胥:《王道或问》。此意亦见郑孝胥《弭兵说(一、二、三、四、五)》。

② 《郑孝胥日记》第 4 册,第 2264 页。

满洲国的成立，为郑提供了一个实现儒教王国的园地。他开始采取一连串的步骤，为儒教打下基础。1932 年 3 月下旬，国务院令：

> 民政部文教司通告各省地方官，所有学校一律禁止党义教科书，暂用《四书》《孝经》讲授。①

1933 年 3 月中旬，郑召见了教育司司长，讨论教育大纲。他主张：

> 十岁以内，教以洒扫、应对、进退，授以方名及事亲、事长之礼……三年文官考试，及格者为举人。次年会试，中者为进士，授职。女子学校以十年为限，修身、治家、工艺、文学，卒业可任社会各职务。男女异校。②

次年的 6 月 19 日，郑“至文教部，全国师范及实业学堂校长开会，为言教育大概，师范教授新法，国民教育及专经，废小说、白话文各条”③。

这些虽然不是内容详细、整体性的教育见解，可是郑的方向和目标都已明白了。他是要将政治与道德合一，以道德指导政治，而以国家的政治力量完成道德的实践。郑自总理大臣职退休后，专力于王道理想的实现。1937 年 6 月 1 日，他在“王道书院”的始业式上致辞，说：

> 王道者，乃道德与政治合一之学说。自霸术盛行，数千年以来言政治者多悖于道德，言道德者不通于政治，故使列国竞争，人民涂炭。今据孔氏《大学》一书，发明道德与政治一贯之原理，学者深明此理，可以感化世界之和平，挽回霸术之流弊。用何方法可使道德、政治合为一贯？从孔子所言“修己安人”一语下手。故此学说名曰“人己之学”。……书院之课程以《大学》为本经，以《论语》、《孟子》、《春秋左传》、《礼记》为兼经。第一年为读经之课，以熟读经文，透彻主义为及格。第二年为论世之课，以穷究得失，判断是非为及格。书院之宗旨虽曰讲学，尤重实行。④

政治与道德合一，是保守者所向往的理想境界。王国维在《殷周制度论》中盛赞周朝纲纪天下，是“纳上下于道德，而合天子、诸侯……庶民，以成一道德之团体。周公制作之本意，实在于此”。周人的“制度典礼者，道德之器也。周人为政之精髓，实存于此”。王自称他的文字寓经世之意，所以他不仅是有思古之幽情，而且也希望这种政治、道德合一的境界，能在 20 世纪的中国重现。郑孝胥用了更直接的方式表达他的愿望。他的这一段话为皇

---

① 《郑孝胥日记》第 5 册《院录》，第 2716 页。

② 《郑孝胥日记》第 5 册《院录》，第 2799～2800 页；《郑孝胥日记》第 5 册，第 2448 页。

③ 《郑孝胥日记》第 5 册，第 2531 页。

④ 《郑孝胥日记》第 5 册，第 2672 页。

帝为政治之本位、孔子为文化之本位作了进一步的说明;政治和文化(道德)不可分离的关系也又一次得到了肯定。

郑孝胥的思想含有强烈的排他性和强制性。我们可以说,他是一个"原始教义信从者"(fundamentalist)。他要把孔教建为中国的国教,与西方世界的天主教并耀于世。凡是他认为与儒学不合的文化成分,他都要禁绝。除了白话和小说,他要禁政党,去法律,抑爱情,扬节妇。这些我都会在下文讨论。不但如此,他把中国的未来全部寄托在几部千年的经书上,要在这几部经书中,汲取所有现代社会所需的智慧。1933 年,郑有《和高濑武次郎》诗:

> 圣学千秋久舍藏,救时深切信奇方。
>
> 欲凭《论语》平天下,半部谁怀一日长。[①]

我们知道这不是和诗时的方便或应酬语。1936 年的 10 月,间岛总务厅长大迫幸男访郑,"询应读何书,告以读《论语》足矣"[②]。《论语》是郑所列的经书中最易解而又最有助于修、齐、治、平的一部,所以他两次向日人推荐,并以"半部《论语》平天下"的典故相赠。可是《大学》才是本经,《论语》之外,另有三部兼经,所以这些经书在他心目中的地位,绝不下于《论语》。他要满洲国中最高学府的学生"熟读"这几部经文,而没有提出其他的课程和要求。[③]

郑孝胥将孔孟儒学提升到了定于一尊的地位。孔孟儒学是否曾在中国实现,能不能为 20 世纪中国的难题提供通盘解决之道,都不是我在这里需要回答的问题。郑又在儒学独尊的纲领下,设计出一套社会建制,要把满洲国建设成一个儒教的专制王国。

在儒教的王国中,政党是不应存在的。1932 年 4 月中旬,日人计划组织"协和会"。郑在与溥仪召对时,"论协和党事,对曰:'但坚持无党主义足矣,不必多费争辩也。'"[④]

---

① 郑孝胥:《海藏楼诗集》卷一二。

② 《郑孝胥日记》第 5 册,第 2645 页。

③ "原始教义主义"(fundamentalism)最初是指 19 世纪后半期和 20 世纪初期基督教中的极端保守心理。一些基督教徒,因为不满当时日益开明的风气和现代化发展而采取保守不妥协的态度,信服《圣经》中一字一句的原始意义以及《圣经》无上权威的地位,反对思想开放和生物进化论。见 *Fundamentalism versus Modernism*, compiled by Eldred C. Vanderlaan, New York: H. W. Wilson Company, 1925。近年 Fundamentalism 一词的用法逐渐扩大,可泛指各种宗教信仰中的极端教条主义。见 Gabriel A. Almond, Emmanuel Siram, and R. Scott Appleby, "Fundamentalism: Genesis and Species," in *Fundamentalisms Comprehended*, edited by Martin E. Marty and R. Scott Appleby, Chicago: University of Chicago Press, 1995, pp. 399-424。这里我用原始教义的信仰,来形容郑孝胥以尽信书和宗教的虔诚心情来崇奉儒教经典的态度。

④ 《郑孝胥日记》第 5 册,第 2378 页。

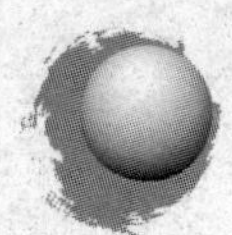

两天后，郑往见板垣征四郎，论组党事。

> 余谓，孔教不党，王道无党；若以学会及合资公司为先，则异端必不能为害矣。①

协和会的用意，是加强对满洲国的统治。郑反对协和会，是否因为这一点而有所顾虑，我们不易判断。可是我们知道，这一点不是他首要的考虑。因为他所反对的不只是协和会，而是所有的政党。中国的传统文化，对于政党一向心存敌意和戒惧。成群结党，表示心怀野心和私利，与阴谋篡夺几乎成了同义语。而这正是郑的看法。1932年6月，他说：

> 立国之本，必以合群为先。合群者，合智愚贤不肖以成群者也。能推举贤智以当合群之责，则其群治。不能推举贤智，则愚不肖出而竞争，而其群乱。合群者，必以善意。意有不合，不能相下，于是散而成党。故党者，败群之器也。党成，则善意尽泯而恶意相寻……今满洲国初建，宜以仁政救民为急，使上下一心，无诈无虞，乃可速于发展。苟引之于分党相制之途，必将日骛于争而无暇求治。一切发展之大计，各执一见，不肯互让，空谈喧闹，叫嚣不已。以此求治，去之远矣。②

显然他自认这是难得的眼光，所以将之全部收入他为溥仪起草的《执政即位百日纪念放送辞》向全民宣读。③ 郑的一个大愿望，是满洲国能"注重合群，永无党争之险"④。

法律在王道社会里的作用，也是郑所密切关心的。满洲国一成立，他便宣布：

> 新国家既以王道立国，所采各种法制，不尽适用者，必须逐渐修改，以期不背于王道宗旨。⑤

郑没有说明，哪些法律不合王道宗旨，或者现代的法律应该如何改革。因为他所最关怀的不是法律的改革，而是减少法律在社会上的作用，而由道德取代以后大部分的社会关系和规范。道德与法律相比，何者重要，是极其明白的。

> 近世国家，无不以法律治其民者。余观当世，民智愈开，风俗愈薄，疑专任法律者，积弊使然。盖以君子待其民，则民皆愿为君子，以小人

---

① 《郑孝胥日记》第5册，第2378～2379页。

② 郑孝胥：《管见》，载其《郑总理大臣王道讲演集》。

③ 《郑孝胥日记》第5册《院录》，第2738～2739页。

④ 郑孝胥：《研究与施行王道之法》，载叶参、陈邦直、党庠周合编《郑孝胥传》，第76页。

⑤ 郑孝胥：《对于法制意见》，载其《郑总理大臣王道讲演集》。

> 待其民，则不惮为小人。然则法律之本，在于礼教明矣。[①]

所以要根治中国的病源，必不能过于依赖法律。1934年4月，他向日人解说“道以德，齐以礼”之意。

> 凡恃法以治者，贱其民者也；不贱其民，化乃可成。王霸之异在此。[②]

而这一境界，“非晓畅于法外之精意者，不能为之”[③]。

孔子在《论语·为政》中说：“道之以政，齐之以刑，民免而无耻；道之以德，齐之以礼，有耻且格。”所以我们知道，郑孝胥心中所构想的，便是孔子这里所提出的以道德为规范的社会。可是郑的理想国，含有高度的强制性和高压性。他真正的用意，是在修改法律的名目下，废除一切他所不同意的法律，而用“德”和“礼”来取代。然而他的“德”和“礼”并不是普遍性的大原则，在人民心领神会之后自然形成的一股社会风气，而是巨细无遗、无孔不入的具体规则，用政府的力量付诸实现。

满洲国成立后，郑颁行了一连串的措施，加强德和礼对人民的控制。1932年6月下旬，他与日方官员商讨祭孔预备：

> 表章孝子、节妇，于祭孔时行之；印《孝经读本》三万册，颁于各省；编修身教科书，加入建国意义，治国宗旨。[④]

这些便是郑1932年4月末兼任文教部总长以后努力的大方向。他指出：“教化者，国家之职务。文教部，即国家专司教化之枢机也。”可是在他心中，唯有儒教的纲常名教才是教化。

> 纲常名教，为风化根本。纲者三纲：君为臣纲，父为子纲，夫为妻纲，是也。常者五常：仁义礼智信是也。[⑤]

加在他的策划下，溥仪以执政的身份，“亲祀孔庙，旌表孝子节妇，皆依于礼，以为教化之具……于以兴民德，挽世变”[⑥]。

1934年5月末，各省教育厅长会议，郑在会上宣言。

> 拟定冠、婚、丧、祭乡饮酒通俗礼式，指道实行，以为社会教育之助；……外人所营学校视同私立学校，劝令学习国文、国语及帝制王道之

---

① 郑孝胥：《日满法曹协会祝辞》，载叶参、陈邦直、党庠周合编《郑孝胥传》，第48页。

② 《郑孝胥日记》第5册，第2516页。

③ 郑孝胥：《对于法律意见》，载其《郑总理大臣王道讲演集》。

④ 《郑孝胥日记》第5册《院录》，第2739页。

⑤ 郑孝胥：《授与节孝褒状及奖品之训词》，载其《郑总理大臣王道讲演集》。

⑥ 郑孝胥：《文教年鉴题辞》，载其《郑总理大臣王道讲演集》。

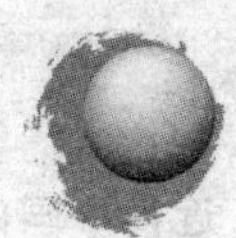

宗旨。[①]

郑在他的儒教道德王国里，格外强调孝子、节妇和婚丧等的建制，因为齐家是一切的本源，而这些又都是齐家所必备的德行。在这一方面，政府不但应奖励孝子、节妇，同时也要教导百姓，使他们有一个内在的了悟。他说：

> 王道之行，始于齐家……推而广之，而国而天下，不外此矣……若以身为本位，以自由以为主义，则耻于家庭之拘束，恩义道德所不能堪，其犯上作乱，岂待教哉！[②]

所以王道社会是不容许爱情存在的。郑绝不是在说空洞的理论，而是以之用于自己的家人。1932 年 4 月 18 日，他的孙子与溥仪的妹妹成婚。他记载当天的婚礼说：

> 帝、后御便殿，宣诏曰："朕闻夫妇之道，以义为重，情不足言也。夫妇之德，以敬为主，爱不足言也……尔隤敳，尔韫和，其各慎修厥德，克忠于国，克孝于家，毋替联命，以承天休。钦哉！"[③]

这一段话无疑出于郑的手笔而由溥仪宣读。不但这两个年青人的婚姻是安排的，而且郑更将他的义、敬的婚姻观加以引申，为立妃纳妾作了理论上的辩护。远藤柳作在驹井德三辞职后，接任总务厅厅长职。郑把他与远藤在这一问题上的讨论，作了详细的记录。

> [1935 年 3 月 20 日]远藤厅长来，言帝室大典"立妃"一节，谓日本《皇室典范》内有庶子而无立妃，乃取欧俗一夫一妻之义，故虽有妃妾而不立于典。予谓：欧俗重匹配而轻妇节，古礼则嫡庶并列而妇德以贞而不妒忌为主。彼曰平权而弃节，此则重节而抑权，孰为得失，未易平也。齐家始于不妒忌，其事甚难；任其仳离而薄恩义，所失亦大。欧俗咎古制为重男轻女，然尚自由而亡名节，其自轻不尤甚乎？夫礼以易俗为贵；若礼不能制，则崇尚名节以救薄俗，犹不失之远也。苟重匹配以限多妻之习，尚从一以立节义之防，使礼制与名节分道并驱，庶有豸乎。不立妃而蓄妾，废嫡庶而存母子，其无子者，犹穷而无告也。[④]

所以，郑的理想国，是一个彻底的儒教专权的社会。他的兴趣不在于人民身心的发展，而在于思想行为的控制和社会秩序的维护。郑自己坦然承认，儒教在满洲国居于一种垄断专制的地位。1936 年 6 月底，日本官员问他：

---

① 《郑孝胥日记》第 5 册，第 2527 页。

② 郑孝胥：《齐家说》，载其《郑总理大臣王道讲演集》。

③ 《郑孝胥日记》第 5 册，第 2378 页。

④ 《郑孝胥日记》第 5 册，第 2575 页。

"基督教学堂学生不肯拜孔,何以处之?"

对曰:"虽信教自由,然国家尊孔,宜由政府制定,不拜孔者不得入仕,如佛教之出家可也。"①

最后,我们要看一看现代的科学和技术在郑孝胥的理想国中,占据怎样的地位。科技是现代西方文化中最显著的成就,科技有益人类,也是最难否认的事实,所以反对西方文化的人和文化保守者,不否认科技的成就,而强调它们在现实世界里所造成的祸乱。我们已经看到了王国维的言论。郑坦认现代科技的成就,并且要得到它的实惠。1933 年,他在教育纲领中,提出以百分之七十的大学预科为工、农专科,百分之十为医科。他的理想教育是以孔孟道德为主,而辅以现代技术知识。② 所以,现代技术知识只发展到大学预科的阶段,而且郑的计划中只有工科(技术)而无理科(科学),所以他对基础的科学研究毫无兴趣。在发展工科时,他"所忧者"是:

知识之进步甚速,道德之进步甚缓,则利人之器,必一变而为害人之器。③

而这正是我们今天所面临的危机:

十八世纪以来,科学之兴,千变万化,此诚人类之幸福哉,然享此幸福者,骄奢淫佚,流荡忘返,于是蔑视古人,灭天理而穷人欲,幸福之享受愈优,道德之堕落愈甚,谋利之心愈急,专欲之志愈深,而又守其竞争之历史,抱其吞并之野心,遂使科学之成绩,徒以济其作恶之器械。④

这一危机仍要由郑的万灵药方才能解决。他说:

使王道大明,复得此科学之助,则十九世纪人类之进化,其景象当为何如,明达之士,必有见于此矣。⑤

这是郑孝胥从他所了解的孔孟儒学中,编织出的王道美景。他到了 20 世纪的 30 年代后期,仍然视儒学为中国唯一的"文化"(culture)。阐明这个"文化"的文字,具有永恒的"经典"(classics)地位。它们是我们千年来唯一的智慧泉源,所以也是我们的个人行为和一切国家决策的最高"具体"指导。凡是与儒学不合的思想,都在禁绝排斥之列。

郑孝胥、王国维、罗振玉辛亥前后思想的转变,是他们个人生命史上和

---

① 《郑孝胥日记》第 5 册,第 2633 页。

② 参见《郑孝胥日记》第 5 册,第 2448 页。

③ 郑孝胥:《航空会社成立祝词》,载其《郑总理大臣王道讲演集》。

④ 郑孝胥:《王道与科学之关系》,载叶参、陈邦直、党庠周合编《郑孝胥传》,第 71 页。

⑤ 郑孝胥:《王道与科学之关系》,载叶参、陈邦直、党庠周合编《郑孝胥传》,第 72 页。

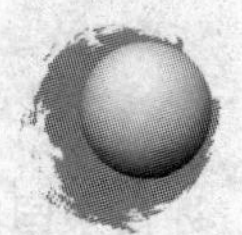

中国近代思想史上的一个重要历程。1901 年时，郑向岑春煊进言，要岑勿听空疏“守旧之言”，因为：

> 所谓“守旧”者，皆苟且因循之宗旨，其说甚浅，不足穷也。中国政教中，自有不可磨灭者，非考求当世之学，则此理亦不得伸耳。①

1906 年，罗与保守派辩论道：

> 保存主义，当与进取主义并行，但不可以保存阻进取。日本当明治初纪，曾于大学设古典科矣。其与存古学堂之意正合，然终不敌欧化之势力，不久旋废。今日本古典科之废已久且远，乃以新学愈昌明，而国粹愈得保存。盖果系国粹，自无废坠之理，初无庸鳃鳃过滤。②

同一年，王劝张之洞不必杞人忧天，担心旧学即将沦亡，说：

> 苟儒家之说而有价值也，则因研究诸子之学而益明；其无价值也，虽罢斥百家，适足滋世人之疑惑耳。……异日发明光大我国之学术者，必在兼通世界学术之人而不在一孔之陋儒，固可决也。③

这些都是当时的眼光，然而辛亥以后，它们却变成了令郑、罗、王深自反悔的负担。现在他们认为西方文化和新思想带来的都是破坏和动荡，因而对改革和新知失去了信心，决定从此回到他们所熟知的儒学世界中去。④

---

① 《郑孝胥日记》第 2 册，第 794 页。

② 罗振玉：《学部设立后之教育管见(二)》，载《教育世界》第 120 号，1906 年 3 月。

③ 王国维：《奏定经学科大学文学科大学章程书后》，载其《王国维文学美学论著集》，第 56 页。

④ 在英国的教育制度中，拉丁文直到 19 世纪中叶仍有相当于儒学在传统中国教育制度中的地位。自维多利亚时代(Victorian Age，1837～1901)起，拉丁语文逐渐不再具有“文化”(culture)的地位，拉丁文的著作也不再被认为是必然的“经典”(classics)。拉丁文从此只是“学科”(discipline)中的一门。它的“历史”地位和它所蕴藏的智慧，仍然得到普遍的承认，可是个人的行为和社会的路向必定不能在那些久远的书本中取得具体的指导。见 Christopher Stray，“Schoolboys and Gentlemen：Classical Pedagogy and Authority in the English Public School，” *Pedagogy and Power：Rhetorics of Classical Learning*，edited by Yun Lee Too and Niall Livingston，Cambridge：Cambridge University Press，1998，pp. 29-46；M. L. Clark，*Classical Education in Britain*，1500-1900，Cambridge：Cambridge University Press，1959，pp. 98-179. 美国的高等教育也经过了一个开放的过程。我以哈佛大学为例。1869～1909 年任校长的艾理特(Charles William Eliot)在就职演说中宣称，哈佛不但应教拉丁和希腊语文，并且也应教授其他各国语文。他提出选修制，要教授尽到“解释”和“说明”(exposition)的责任，而不以己意强加(imposition)于学生。他认为开放的心灵和自由思考是侍奉上帝的最好的方法。见 Charles William Eliot，*A Turning Point in Higher Education：The Inaugural Address of Charles William Eliot as President of Harvard College*，*Oct* 1869，*With an Introduction by Nathan M. Pusey*，Cambridge：Harvard University Press，1969. 我们可以断言，辛亥以前的王国维、罗振玉和郑孝胥对英美的发展必定称羡不已，而三人在辛亥以后则必不以之为然。

日本与王道

郑孝胥在日本统治下的满洲国中,却对博爱、弭兵、义利等观念保持不动摇的信心。日本的高压政策和对待中国人的手腕,他有第一手的了解;他在驹井德三手下所受的屈辱,是难忘的惨痛经历。那么为什么郑能始终不改变他对王道的信心呢?

满洲国的创建,为郑提供了一个实现他的理想的绝好园地。他最大的愿望是消灭民国,遏止共产思想的流传,将满洲国建成一个王道乐土,为西方世界树立楷模,为亡清打下重入中原、统一中国的基业。当然这些目标的实现,全要依赖日本的力量。为了要达到他终极关怀的目标,即使他在最不如意的时刻,也没有完全断绝对日本的希望。

郑在满洲国中鼓吹博爱,因为他对20世纪中国最大的敌国外患,没有丝毫提防的心理。1932年4月,满洲国已经成立一个月,友人写信劝他"当顺民意,勿持破除种族国际之高论"。郑颇不以为然,反问道:"然则当以排日为民意乎?"[①]他不仅不排日,而且要日本扶持满洲国成就人类最崇高的境界。同年的5月,大阪《每日新闻》的记者访郑,询对日本及欧美各国意见,郑告之曰:

> 日本宜仗义相助,使满洲国成王道乐土,则既得世界之令誉,亦可减其危险之负担,此日本之利也。今闻意相墨索利尼复举"黄祸"之说,余欲作《反黄祸论》,使列国渐知反省其专尚霸术之为害,此亦所以厚列国也。[②]

同年的8月,另一《每日新闻》的记者来访,问郑对大局的意见。

> 告以日本宜负亚洲之责任,满洲国宜负中国全国之责任。[③]

我们可以确定这些都是郑的真心话。他已向友人明白表示,满洲国不应以"排日为民意",所以他显然没有要借《每日新闻》的记者之口,向日本传达微言大意的强烈动机。

这时郑在总务厅厅长驹井德三的傲慢专断下,痛苦难熬,从1932年7月起,便一再有意辞职。他没有辞,一方面是满洲国初创,辞职的负面意义太

---

① 《郑孝胥日记》第5册,第2376~2377页。

② 《郑孝胥日记》第5册,第2382页。

③ 《郑孝胥日记》第5册,第2399页。

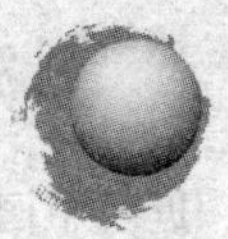

大，所以日人不放；另一方面是他不愿前功尽弃，丧失恢复清朝和实现王道的机会。这里的后一点断非无根的推测。1932年9月7日，日人劝阻他辞职后，他表示"但求保证不至再受[驹井]无礼之待遇"，便可考虑不辞。[①] 五天后，郑以总理的身份提议满洲国，"以葵为国花，取葵心向日之义；花四瓣，色浅黄，中心为紫穗"[②]。

这里可以看出他对日本认同之深。三天后，郑与日本驻满洲国大使武藤信义举行《日满议定书》交换仪式。作为一个中国人，郑免不了一分悲哀激动。可是他对满洲国的未来满怀希望，所以将一切的悔恨在自己内心化解，看到的都是良辰美景。他上午十时典礼时悲伤的心情，到了晚宴时，已经转悲为喜了。9月15日是中秋节，他说：

> 日满二国换约于长春，署约者武藤信义、郑孝胥。午前十时礼毕。午刻，上宴武藤等；夜，郑孝胥等宴武藤于大和旅馆。是日，阳历为一九三二年九月十五日。席间，孝胥遗武藤诗曰："巧历难逢三五夜，万家灯火共欢声。凭公打尽浮云影，才信中秋分外明。"[③]

他以最郑重的心情，为历史作见证和留存永久的记录。

国际联盟的意见，也不能动摇郑的信心。"九一八"事变后，国民政府要求国联组团调查事变真相和中日关系各问题，包括满洲国的真相。调查团于1932年1月14日组成，由英国人李顿爵士(Lord Lytton)担任团长，在4月下旬抵达满洲，9月4日完成书面调查报告。[④] 调查团在5月5日与溥仪会见。溥仪说：

> [他们会见]用了大约一刻钟左右的时间，他们向我提出了两个问题：我是怎么到东北来的？"满洲国"是怎么建立起来的？……我……身边还坐着关东军的参谋长桥本虎之助和高参板垣征四郎。我不由地向那青白脸瞄了一眼，然后老老实实照他预先嘱咐过的说："我是由于满洲民众的推戴才来到满洲的，我的国家完全是自愿自主的……"
>
> 调查团员们一齐微笑点头，再没问什么。然后我们一同照像，喝香槟，祝贺彼此健康。[⑤]

---

① 参见《郑孝胥日记》第5册，第2406页。

② 《郑孝胥日记》第5册《院录》，第2760页。

③ 《郑孝胥日记》第5册，第2408页。

④ *Report of the Commission of Enquiry of the League of Nations*, Shanghai: Chung Hwa Book Co., LTD, 1932; Taibei: Ch'eng-wen Publishing Co., 1971(重印).

⑤ 溥仪:《我的前半生》，第238～239页。溥仪说会见在5月3日，然而郑孝胥在日记中说，调查团在5月5日"入觐"。

溥仪的态度如此轻松,不仅因为有两个日本人在身边监视,而且也是郑孝胥父子几年来教育的结果。郑氏父子对日本的估计极高。其他列强都不愿与日本为难,这是他们再三灌输溥仪的观点。

> 哪一国也不打算碰日本,欧战以后,有实力的是美国,可是连美国也不想跟日本动硬的。[①]

而且它们与日本多数都没有利益冲突。调查团到达的前夕,郑孝胥告诉溥仪:

> 国民党请他们来调查,想请他们帮忙对付日本,其实他们是不对付日本的。他们关心的一是门户开放,机会均等,二是对付赤俄……依臣看来,国民党也明知道调查团办不了什么事。[②]

因为有这种信念,所以郑以极为轻慢的态度接待调查团。他与调查团会见后的唯一记录,是1932年5月4日的日记中的短短几个字:

> 午后二时,国联调查员李顿等五人来访,询建国大略。[③]

郑认为调查团第二天与溥仪的会谈,也证明了他的先见,所以自满之情溢于言表。溥仪说,郑去见他,晃着秃头说:

> 这些西洋人跟臣也见过面,所谈都是机会均等和外国权益之事,完全不出臣之所料。[④]

可是郑误断了国联调查团的能力和决心。调查团的五个团员来自英、美、德、法、意五国,阅历广泛,从1932年4月20日到6月4日,在满洲国走访九个城市,作了深入的观察和接触。[⑤] 在9月4日的书面报告中,调查团要国联不承认满洲国,因为满洲"不容争论的"是中国的领土(indisputably the Chinese territory),满洲国是日本罔顾民意在武力和阴谋之下所成立的。如果没有日本的武力,满洲国绝无存在的可能。满洲国中的中国人,认为满洲国是日本的傀儡。满洲国中的中国官员说,他们绝大多数都是在胁迫下(under duress)身不由己而留下的。政府中有实权的位置,全为日人占有。因为日本的监视,所以调查团在访谈民众时,遭遇到很大的困难。他们一共收到1550件民众暗中辗转投寄的书信。除了两封之外,其余的都是以极端

---

① 溥仪:《我的前半生》,第238页。
② 溥仪:《我的前半生》,第238页。
③ 《郑孝胥日记》第5册,第2381页;《郑孝胥日记》第5册《院录》,第2726页。
④ 溥仪:《我的前半生》,第239页。
⑤ *Report of the Commission of Enquiry of the League of Nations*, pp. 7-9, 11-12.

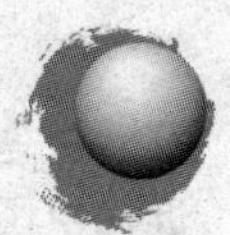

敌视的态度批评日本和满洲国政府的。[①]

国联的报告，是对郑孝胥的立场的断然反驳。然而他的信念没有因此而动摇。1932 年 10 月 4 日，报告书公布一月以后，日本记者访郑，询对于国联报告书有何意见：

> ［郑］告以满洲国立国宗旨已经确定，与民国立于敌对地位，决不能合作；与国联所究领土一切关系，视为无足重轻，即将来日本与中华民国直接商议至若何情形，亦不能改易态度。[②]

两天后，又有德国记者访郑，询满洲国初无独立之意如李顿所云者。

> 对曰："执政与总理视中华民国为敌。今满洲人民迎而奉之，此非独立而何？"又曰："满洲立国宗旨对于国联报告书有须声辩者乎？"曰："执政、总理为大清国君臣，今疾民国之暴乱，欲整纪纲，恢道德，复故国而已。国联愦愦，徒为境上离合之语，此乃微末小节，何足辩乎！"[③]

同月的月末，美国公使馆武官与郑讨论国联报告书和满洲独立事。郑说：

> 宣统帝之为执政乃欲救中国之乱，非徒独立而已。国联报告仅为伪民国政府，而不顾举国之民，何哉？[④]

郑有如此坚定的信心，因为他深信满洲国代表的是崇高的王道理想。他与美国武官会谈之后，"遗以《王道要义》及《拨乱反正议》"[⑤]。

可是国联的调查，在日本方面却引起了强烈的反应。1932 年 7 月 6 日，新上任的日本外务省首相内田康哉声明，日本将断然承认满洲国。如果国联偏袒中国，日本将脱离国际联盟。[⑥] 郑一方面欢迎日本的承认，一方面又不要日本的强硬态度影响到满洲国的发展。他的希望是，在日本的保护和主导之下，列强在满洲国投资，共同开发满洲国。现在内田在国联提出报告以前，已经采取了明确的立场。不过看来满洲国门户开放的前途，并没有受到影响。1932 年 8 月 22 日，满洲国的外交部次长大桥忠一在国务院院会上报告说：

> 欧美各国以法国对满洲国最表亲善之意。波兰、捷克各新立国若经日、俄、法先行承认，则满洲国必同一律；至美国及国际联盟尚未明

---

① *Report of the Commission of Enquiry of the League of Nations*，第五章至第十章。尤以第 187～188、191～192、206、208～209、217、248～250 页最为有关。

② 《郑孝胥日记》第 5 册《院录》，第 2765 页。

③ 《郑孝胥日记》第 5 册，第 2414 页。

④ 《郑孝胥日记》第 5 册，第 2420 页。

⑤ 《郑孝胥日记》第 5 册，第 2420 页。

⑥ 参见郭廷以《中华民国史事日志》第 3 册，第 170 页。

白。唯美国务卿史定生,共和党近日有宣言不认满洲国之说,日本决不因各国参差情形而有迟疑。美国人民多愿承认满洲国,以得开放门户之利益,故多反对史定生之说。十一月第一星期,美国选举总统,若民主党得势,则美国态度必变。[①]

然而满洲国是否能实行门户开放政策,完全取决于日本。所以郑虽然听到大桥的有利报告,仍须全力以赴,说服日本。1932 年的 9 月是满洲国立国以后的一个关键时期。国联在月初发布调查报告;十五日日本正式承认满洲国,派遣大使,并签订《日满议定书》。他在签约后,趁机向日本晓以大义,想用道德观念来软化日本,使其放手让满洲国实行门户开放政策,自由行动。

今满洲国建国以来,不过半年,一切多未完备,而大日本帝国,首先承认,派遣全权,来京定约,此真日本仗义之举……日本对满洲国,既已表仗义于先,必不至争利于后,此吾人之可以深信者也。若我满洲国国家,实行王道,无种族之见,无国际之争,保卫人民,发展事业,开放门户,机会均等……则满洲国之名誉,必可飞腾于世界……现在满洲国家,便是既冠之男子,年力精锐,气体雄强……[②]

1932 年 10 月上旬,郑与日人成田努的讨论,语气更是直截了当。

[成田说:]"若能将国内重要事业悉归日满合资公司办理,则政府但持枢纽,官吏可省其半,政务至简,发展至速,不犹愈乎?"余曰:"此吾所筹开放中国之策,君乃言此。甚善。如能将满洲各种实业吸收举世之资本,则亚洲可操纵一世之大局,愿于半年内悉数定议,尽立合同,以全国二十年内之利权付之资本家,则数年之后,此国已成世界之乐土矣。君速说武藤[信义大使],即谓为仆之主张可也。"[③]

郑虽然有一分强烈的独立自主的愿望,可是他并没有要与日本分道扬镳,由满洲国在各方面都自寻出路。在他可以预见的未来,他要满洲国继续获取日本羽翼和支援之利。1932 年 12 月中旬,他写下一段感言,道出了这种心情:

满洲建国,天之为也。日满合作,亦天之为也。不尚霸术而倡王道,亦天之为也。天不能自为而使人为之。人所能为者尽人以顺天而

---

① 《郑孝胥日记》第 5 册《院录》,第 2755 页。国务卿 Henry Stimson 这时已发表他对满洲国等的"不承认主义"(Non-recognition Doctrine)。

② 郑孝胥:《承认纪念演说辞》,载其《郑总理大臣王道讲演集》。

③ 《郑孝胥日记》第 5 册,第 2413～2414 页。

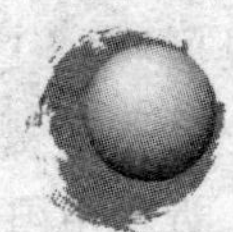

> 已。若见利而忘义则逆天者矣。[1]

郑之所以有这种想法，是因为他自认为他的一切言行都是最高道德原则下的产物，而且他总以为，日本的内政和外交都能以道德判断为依归。1933 年 3 月 27 日，日本退出国际联盟。郑不因此而心生警觉，反而继续他的道德宣传工作。5 月 18 日，一群日本众议员来访，他趁机进言，说：

> 今满洲国兴，倡言王道，而日本助之，此乃国家道德之联合。苟能以国家道德联合世界，此即与国家道德征服世界何异？诸君为日本全国人民之代表，宜以国家道德自任，此即以国家道德征服世界自任者也。敢举此觞，为诸君寿！[2]

郑对日本的满洲国政策，虽然在具体方面和个别的人和事上有很深的不满，然而对日满合作的前途，则毫无怀疑。武藤信义大使在 1933 年 7 月 27 日暴卒，由菱刈隆大将继任驻满洲国大使。9 月 5 日，菱刈约宴，举杯称寿之后，郑致答辞时，给三任日本驻满大使本庄繁、武藤和菱刈最高的敬意。

> “满洲建国，如入新春。本庄时，为正月，东风解冻，蛰虫始振之时也。武藤时，为二月，桃始华，仓庚鸣之时也。菱刈大使之来，其为春三月乎！桐花鼠化，虹见萍生，此正芳春佳日，士女行乐，欢声载道，今其时矣。愿假一觞，为座中寿！”座客数十人，始皆愕然，继以鼓掌。[3]

这一段话充满了志得意满之情，我们不能以一般的外交辞令看待。如果郑没有诚意，尽可以用客气简短的祝贺辞来应付，甚至在年龄和健康的托词下略事敷衍。所以郑对日本的信赖心情，是不应怀疑的。他于 1934 年有访问日本之行，在行程中又一次让我们看到他对日本的信任。

1934 年 3 月 1 日，溥仪登极为满洲国皇帝。为了答谢日本各界和进一步联络策划，郑孝胥在 3 月下旬至 4 月下旬访问日本。一路上他作了二十五首诗述怀。这二十五首诗中，只有一首被郑载入他的日记。

> [4 月 20 日]作《神武天皇》诗曰：“聪明睿知惟神武，德化二千六百年。今日日光辉万国，苍生还赖旧山川。”[4]

我们看出郑对日本所寄托的厚望。他在日本的一个月中，与日本军政界多方会晤。3 月末，与陆军大臣林铣十郎会谈。林铣“询满洲国内情形及对于

---

① 郑孝胥：《感言》，载其《郑总理大臣王道讲演集》。

② 《郑孝胥日记》第 5 册，第 2461 页。

③ 《郑孝胥日记》第 5 册，第 2481 页。

④ 《郑孝胥日记》第 5 册，第 2521 页。这一首诗和其余二十四首后辑为《使日杂诗》，收入郑孝胥《海藏楼诗集》卷一三。

民国之策”,郑说:

> 对于关内则羁縻华北,勿争南部,日满合力使绥远铁道通至伊犁与莫斯科,接欧、亚交通,直至满洲。日、满之力,及于新疆。乃可控制英、俄,以保中国。名曰“西通大计”。林铣手记于册,曰:“余全部赞服,今即研究进行方法。”[①]

郑的王道思想是天真的幻想。为了要实现他的道德理想国,他把一切都寄望于日本,所以林铣记下他的所谓“西通大计”,并且表示赞服,他便喜不自胜,信以为真。郑又以为日本是一个完全不顾自身利益的国家,所以他总不忘记向日本提出满洲国的门户开放政策。他说,4 月初与南次郎大将谈论时,南次郎“询余所要求者,告以教练官吏,开放门户。永井亦询何求,亦以此告之”[②]。日本在满洲国的作为,郑在这两年中,已经看了无数次,而他却仍相信他能从日人手中讨到门户开放。

可是溥仪登极一年以来,自由发展,门户开放,仍然毫无进展。1935 年 3 月,满洲帝国建国周年纪念时,郑的失望终于溢于言表,他指责日本处处不肯放手,以对待“小儿”的态度对待满洲国。然而他知道,他的怨言必不见谅于关东军,所以他又用沉重的语气,自承“庸劣无能”。可是关东军已为他所激愤,而溥仪一心迎合关东军,绝不为他辩解,认为郑出言不慎,应该及早退休。[③]

两个月之后,1935 年 5 月下旬,郑辞总理职。所以他去职,关东军的压力是一个主因,然而郑未必不感到这是一个解脱。关东军安排在内阁总辞的名义之下让他很有颜面地去职。他也以“辞”职自称。5 月 21 日,辞职的当天,他语次子小七曰:

> 吾忆平生:辞边防,裁督办,抵上海,一乐也;以上出德医院,入日本使馆,二乐也;今建满洲国,任事三年,辞总理,三乐也。从此以后,终不入官,乐亦足矣。[④]

这三件事的快乐都是从效忠清朝得到的。次日,他又以《四月十九日辞国务总理得允》赋诗,说他无官一身轻的心情。[⑤] 7 月,他以八万元分赠妻室和子

---

① 《郑孝胥日记》第 5 册,第 2515 页。

② 《郑孝胥日记》第 5 册,第 2517 页。

③ 参见[日]山室信一《キメラ——满洲国の肖像》,第 218～219 页。

④ 《郑孝胥日记》第 5 册,第 2583 页。

⑤ 参见《郑孝胥日记》,第 5 册,第 2583 页;郑孝胥《海藏楼诗集》卷一三。

女，又以四千元购买美国汽车一辆，以四万元自建新居。[①]

这时郑已七十五岁，累积的财富也相当可观。可是安享余年，不问世事，绝非他的心意。辞职一周后，他以《述意》诗两首示家人，说他要以"只将白发待还京"的决心，继续奋斗。[②] 他在推展日满亲善和王道思想上，仍然不遗余力。1935 年 11 月中旬，他在大连满铁协和会演说时，再申他的信念：

满洲建国，举世所不信也。日满亲善，又举世所不信也。满洲提倡王道，亦举世所不信也。谓日满亲善已能实行王道，尤举世所不信也。举世虽不信之，而年复一年，满洲之进步甚速，日满亲善之气象甚明……甲无排外之意，乙无侵略之心，若非以王道相兴，则何能有此现象耶？……今日亚洲大局，亦至危矣，苟能以日满亲善之策推而行之，共存共荣，非难致也。[③]

对郑全盘亲日的态度有所怀疑的人，只要看到他的"武装工道"的土张，便不会再有任何疑问了。1936 年 3 月初，满洲国的七家报纸请郑解释"王道对今日之宣传法"。郑说：

举世各国政界之思想与习气，几无转圜余地。今天警告日本，使能自悟，即天之降福于亚洲也。日本能保其武装王道，则亚洲有实现王道之希望；满洲国但为王道之发源地足矣。[④]

所谓日本"武装王道"，是郑一贯的要求，而非新主张。1933 年 3 月末，日人宇佐美宽尔认为"王道不能废兵"，郑答道：

举世皆知恃兵之危，又疑王道之危，故不能免于战祸，若满洲国实行王道，日本以不去兵而倡王道，则天下之嗜杀者或不能逞矣。[⑤]

郑对日本是无条件的信赖。他在 1936 年重申"武装王道"的主张时，又经过了三年长时间的思考，所以这的确是他所坚信不移的看法。他认为中国要由日本消灭以后，才会有再生的可能。他至死没有放弃这一信念。

郑在王道思想方面也继续宣传。1935 年 7 月，他认捐十万元为"王道研究院"的开办费。[⑥] 因为他的建议，此一机构以"王道书院"之名于 1937 年 5

---

① 参见《郑孝胥日记》第 5 册，第 2591、2592、2642 页。

② 参见《郑孝胥日记》第 5 册，第 2450 页；郑孝胥《海藏楼诗集》卷一三。

③ 郑孝胥：《王道可望实行之明证》，载叶参、陈邦直、党庠周合编《郑孝胥传》，第 72～73 页。

④ 《郑孝胥日记》第 5 册，第 2619 页。

⑤ 《郑孝胥日记》第 5 册，第 2450 页。

⑥ 参见《郑孝胥日记》第 5 册，第 2593 页。

月 2 日成立,郑捐出他的旧宅,作为书院的院址。[①] 在书院的课程方面,他也提出了详细计划,我在前文已经讨论。他在王道方面的文字,如《内圣外王申释》、《大同小康万世一系释》、《外王补义》以及《王道广义》等篇,都在辞职以后写成。[②] 1938 年 3 月 6 日,王道书院第一次公开讲演,由郑讲《研究与施行王道之法》[③],这是他最后一次演讲。他于三周后死亡。

① 参见《郑孝胥日记》第 5 册,第 2666、2668 页。另见叶参、陈邦直、党庠周合编《郑孝胥传·年谱》,第 37 页。

② 参见《郑孝胥日记》第 5 册,第 2593、2604 页。

③ 郑孝胥:《研究与施行王道之法》,载叶参、陈邦直、党庠周合编《郑孝胥传》,第 74～76 页。

第十二章　复辟的结束

1945 年 8 月 15 日，联军正式接受日本投降，满洲国也随之瓦解。清朝的残余势力终于在清亡三十多年以后彻底消失。可是亡清复辟的可能性，早在这以前已不存在。日本是绝不容许复辟的，所以溥仪进入日人掌握时，便也是复辟的希望告终的时刻。然而复辟真正开始死亡，却是在 1934 年 3 月溥仪登上满洲帝国的皇位后不久的事情。溥仪的第一重臣郑孝胥于溥仪登极后，在心理上逐渐转变而终至于不支持复辟了。他死前的希望是，在日本的扶持之下，在满洲另立政权，作为进取中国的基础。同时，日本也进一步加紧改造溥仪和满洲国，要将两者紧紧装入日本预制的模套中。这一模套，本于日本的民族主义，所以与大清复辟相距更遥远了。溥仪在日本的压力下，终日胆战心惊，早已不作复辟的妄想了。我在这一章中，将讨论郑孝胥死前几年的思想和溥仪的悲惨结局。

郑孝胥的最后见解

郑在满洲国的前几年，始终维持他的基本立场。1935 年起，他对溥仪的忠心和对复辟的热衷，逐渐开始动摇，到死前的半年左右，他已不再提复辟了。

1934 年 3 月 1 日，溥仪登极为满洲帝国皇帝。复辟的目标虽然没有完全达到，可是满洲国的皇帝远胜于执政，所以遗老的兴奋是可以想见的。罗

振玉和郑孝胥都有诗志庆。[①] 郑在当天的日记中,详记了登极的仪式:

> 三时半起行庭中,灯月烂然。七时诣天坛,朝暾始升,原野雄阔。八时,驾幸坛侧,就黄幄,百官成列。上步登三成,拜祭如礼。祭以特牲、粢盛、玄酒、苍玉、荐币、受玺、燔柴而退。陪祀者四人:郑孝胥、张景惠、罗振玉、沈瑞麟。十一时入宫,十二时行登极礼。上宣诏书讫,总理大臣率百官奉贺表。总理诵表,三呼"皇帝万岁",廷中和之,进表受诏下殿。皇帝复御殿,受蒙古王公、人民进贺乃退。升礼炮百有八,都市张灯庆贺,观者阗拥,竟夕而息。[②]

两天后,溥仪宴请百官。郑把它描写成帝王百官宴的盛况:

> 赐百官宴,上临席宣谕。总理大臣对曰:"今日蒙恩赐宴,天语谆谆,命以交儆,臣等不胜感激。窃案《易经》曰:'天尊地卑,君臣定矣。'《大学》曰:'知止而后有定,定而后能静。'《孟子》曰:'天下恶乎定?定于一!今政体既定,垂统万世,传之无穷。愿我皇上修德率下,慎终如始,以酬民望。臣等受恩深重,敢不戮力同心,以报万一!"酒数行,三呼"万岁"而退。[③]

可是郑孝胥的记载和当时的实际情况实在大相径庭。关东军对于溥仪的帝位问题,一切都已成竹在胸。登极仪式和登极时的祭天仪式,都要在他们所规定的范围内进行。溥仪得到关东军司令官的通知,要让他当满洲帝国的皇帝,他"简直乐得心花怒放",当即从北京的太妃处拿出清朝的龙袍,准备在登极仪式上穿。他说:

> 但是关东军却对我说,日本承认的是"满洲国皇帝",不是"大清皇帝",因此我不能穿清朝龙袍,只能穿关东军指定的"满洲国陆海空军大元帅正装"。[④]

经郑孝胥的一再争取,最后关东军同意让溥仪穿龙袍行祭天礼[⑤],可是坚持登极典礼不可有任何复辟的含义。郑说,关东军的态度极为强硬。

> [1934年1月17日][实业部总长]张燕卿、[外交部总长]谢介石皆来,言[关东军参谋长]小矶[国昭]力言大典宜避复辟之嫌,求祭天勿以

---

① 罗诗是为改行帝制而作的,即《腊日口占时定议改行帝制》,见罗振玉《辽海吟》,载《贞松老人遗稿》甲集。郑孝胥:《正月十六日奉皇帝即位于新京郊天礼成改元康德》,载其《海藏楼诗集》卷一三。

② 《郑孝胥日记》第5册,第2510~2511页。

③ 《郑孝胥日记》第5册,第2511页。

④ 溥仪:《我的前半生》,第244页。

⑤ 参见溥仪《我的前半生》,第244页。

> 太祖、大宗为配；且言，由日本政府严饬关东军勿蹈此嫌。若必以太祖、太宗为配，则自菱刈[大使]以下皆不便参加即位典礼等语：意近要挟。张、谢奏闻，上谓："可通融，勿致恶感。"总理主以肇祖为配；若废配天，则为悖礼。[1]

1934年3月1日，溥仪穿龙袍行了告天即位古礼，再换大元帅正装，行登极仪式。登极仪式，绝不是一个隆重热闹的场面。那日大寒，气温只有摄氏零下十二度。据溥仪的侍从武官石丸志都磨的记载，登极典礼简单静肃，围观的市民大多数都是日本人，很少有满洲人。从大同广场到郊祭场，沿途所见都是警察。整个典礼的过程，只给人一份寂寞之感。[2] 石丸是赞成帝制、同情溥仪的人，所以他给我们的是可信的目击者的记载。

那么郑孝胥为什么要制造一连串的假象来欺瞒自己呢？满洲帝国皇帝虽然不能与大清皇帝相提并论，可是这也算是向恢复清朝的目标迈近了一大步。这是遗老一致的想法；郑对这一点表示得尤其明白。他说：

> [1933年12月19日]菱刈大使来访，言满洲宜为帝国，请执政以明年三月朔即帝位，上尊号曰大满洲国皇帝……余乃起言："我执政三岁即大清帝位，宣统三年因乱逊位，乃大臣之罪，帝方六岁耳。流离颠沛逾二十年，我等痛心腐骨，复辟之谋未尝暂辍。幸日本援助，满洲建国，一年以来国内渐安。今议即位，于我等诸臣已恨其晚矣。"[3]

所以，溥仪登极对郑等人在心理上是一种解脱，郑是总理大臣，对这一发展更免不了有一份成就感。从他的有色眼镜看，冷清的登极仪式，一变而成了"都市张灯庆贺，观者阗拥，竟夕而息"的热闹场面了。

当然这并不表示他们没有一份失望之情。清朝仍没有恢复，而关东军的专横苛刻，也难以忍受。郑在争论登极仪式的细节时，曾以辞登极筹备委员会的委员长相威胁。[4] 溥仪即位的次日，郑的友人吕荣寰劝他"鼓勇担任，关内必有发展，若忽中辍，前功尽弃"[5]。显然郑在溥仪称帝时，又有辞总理职的欲望。所以，登极给郑孝胥带来的是兴奋和气馁的双重心情。

溥仪登极当满洲帝国皇帝，对他与郑孝胥的关系，有当时没有意料到的

---

① 《郑孝胥日记》第5册，第2503页。

② 参见[日]山室信一《キメラ——满洲国の肖像》，第221页。

③ 《郑孝胥日记》第5册，第2498页。

④ 参见《郑孝胥日记》第5册，第2503页。

⑤ 《郑孝胥日记》第5册，第2511页。吕在满洲国中曾任民政部大臣(1935年)，产业部大臣(1937年)和民生部大臣(1940年)。

深远影响。1935 年 4 月,溥仪访问日本后,郑逐渐对他失去忠贞感。① 除了梁济以外,清朝的遗臣都是以溥仪为他们效忠的具体对象。郑失去了对溥仪的忠心,所以对复辟的热诚也相对减少了。

在关东军的安排下,溥仪于 1935 年 4 月访问日本,答谢日本天皇,增进"日满亲善"。溥仪说,他被日方的接待弄得"受宠若惊",他以为日本人形式上的礼节"是对我的真心尊敬"。

> 在这种昏昏然中,我一回到长春,立即发表了充满谀词的《回銮训民诏书》,同时请来新任的关东军司令长官南次郎大将,向他发表了我的感想,次日(即四月二十九日),兴高采烈地参加了裕仁[天皇]的生日的庆祝会。再次日,便急不可待地下谕,把在长春的所有简任职以上的官吏,不论中国人、日本人全召来听我训话,发表访日感想。我在事先完全没有和日本人商议,也没预备讲话稿,到了时候却口若悬河。我……绘形绘声地描述了日本天皇对我的招待,讲了日本臣民对我的尊敬。然后大发议论:"为了满日亲善,我确信:如果日本人有不利于满洲国者,就是不忠于日本天皇陛下,如果满洲人有不利于日本者,就是不忠于满洲国的皇帝……有不忠于日本天皇的,就是不忠于满洲国皇帝……"②

在《回銮训民诏书》中,溥仪说:

> 朕自登极以来,亟思躬访日本皇室……以伸积慕。今次东渡,宿愿克遂……深维我国建立,以达今兹,皆赖友邦之仗义尽力,以奠丕基。兹幸致诚悃,复加意观察,知其政本所立,在乎仁爱,教本所重,在乎忠孝;民心之尊君亲上,如天如地……朕与日本天皇陛下,精神如一体。尔众庶等,更当仰体此意,与友邦一心一德,以奠定两国永久之基础,发扬东方道德之真义。③

山室信一认为,溥仪对日本谄媚屈膝,使郑孝胥失去了对他的忠诚和信心。这是很有见解的看法。不过这里我要进一步追究,得到一个更完全的结论。郑本人在这几年里,不是一再有亲日媚日的言论吗?如果满洲国要"葵心向日",如果日本是只讲道义的王道世界,那么溥仪的话又怎能非难呢?如果他认为溥仪作了不实之言,那么他又如何把自己与溥仪分开呢?这里牵涉到一个微妙的心理过程。郑自己屈膝时,总在心中找到许多理由,

---

① 参见[日]山室信一《キメラ——满洲国の肖像》,第 219 页。

② 溥仪:《我的前半生》,第 247~249 页。

③ 诏书的全文录于溥仪《我的前半生》,第 260 页。

将一切化解为正当行为，而溥仪的言行则是一面郑所不要的镜子。这一面镜子，照出了他所不愿看到的自己的一面。郑亲手把溥仪递交到日人手中，满心以为这是他生平不朽的功业。现在溥仪在日人的高压统治下，唯有恭顺谄媚之一途，充分说明了复辟的穷途末路的下场。郑对溥仪态度的转变，是企图在自己和现实之间制造一段心理的距离。

当然我们不能把郑的转变，完全归约为心理的需求。溥仪称帝、访问日本以及从日本回满洲以后的言行，都在提醒郑孝胥，恢复大清是一个万分渺茫的希望。他对溥仪态度的改变，也显示了他心中对大局前途的看法所产生的微妙变化。

郑终于逐渐接受他在满洲国所面临的新现实而采取新的立场。1935年2月3日是阴历除夕，他回顾过去，展望未来，说：

> 满洲建国三年，上皇帝尊号，此世界变局之张本也。务修内政，使天下归仰，足矣。说者谓宜有进取之计，盖非策士所能知矣。[①]

这时满洲帝国成立即将一年，溥仪两个月后要去日本访问。郑对当时的形势和溥仪登极任皇帝都抱了乐观的态度。

可是同时他在心中又不能免除一层阴影。郑要天下归仰而无意进取关内。溥仪访日，郑没有随行。溥仪回满洲国后，郑恢复清朝的意念开始逐渐降低。1936年6月底，日人松冈英治问他："皇帝本为清帝，今民国将亡，能否复为清帝？"

> 对曰："逊位时，诏袁世凯试办共和政体。今共和既不适用，皇帝以满洲皇帝兼帝中华，如英王之兼帝印度可也。"[②]

这一段对话极为重要，郑坦然说明他已无复辟的意图。将来民国被消灭，清朝也不复辟，而溥仪也仍只是满洲帝国的皇帝，象征性地兼帝中华。这里我们看到以朝代为对象的忠贞感的致命弱点。清遗老对清朝的忠，都是具体的忠，而极少有超越性。梁济是唯一对忠的超越属性有所了解的遗老，所以他能一面表示他不忘清朝的恩德，而一面又能将他的心情扩大为对整个中国的忠。郑孝胥、罗振玉等遗老虽然一再以传统的道德体系为援，可是他们的忠，全是具体落实在溥仪一人身上的忠。现在郑丧失了对溥仪的忠心和信心，他便不再有忠的具体对象了。

郑要消灭共和和民国的初衷如一，他要把灭亡两者的任务和重建中国

---

① 《郑孝胥日记》第5册，第2568页。

② 《郑孝胥日记》第5册，第2633页。

的工作付托给日本的愿望,也没有改变。然而在这一过程中,已没有亡清的地位了。1937年"七七"事变发生,中日宣战。他对这一发展所抱的希望不下于"九一八"所给他的信心。他认为日本很快便能取得压倒性的胜利,为他的前途打开一条畅通的大道。1937年7月17日,他便断言蒋介石必亡的命运:

> 党人备战甚急,蒋介石自为总司令,北上者约三十师,以抗日为提倡。此如饮酖取醉,纵狂突,亦立毙耳。①

所以郑向日本军方献计,劝他们"亟断黄河二桥,则战事即罢矣"。第二天,他又把"宜亟断黄河二桥,使南北中绝,不战而定"的主张,以航空信寄出,劝说日本友人。②

日本在征服中国的过程中,所用的暴行是中国历史上少有的。郑目睹这一幕中国人的悲剧,有没有流露出一份中国人的感情呢?1937年8月24日,他说:

> 日本陆军于上海交战中登岸,今日战术中所谓"敌前登陆",乃至难之战局也。如南口攻坚,皆故为其难,不顾死伤,其不仁若此!③

这是郑少有的一次对日本的责难,而他的责难,绝不表示他对日本的政策和方向有任何怀疑。他的立场,早已坚定不移。几天前,一批在满洲的中国和日本记者问他对于"华北之意见",郑答道:"伐罪吊民,则顺逆自判矣。"④这与罗振玉赞颂日军为"仁义之师"的逻辑如出一辙。现在郑的心思都在日本灭亡民国之后,如何在日本的援助下重建中国。在他的重建计划中,我们已经看不到溥仪了。1937年9月下旬,蔡姓的友人见他,"言及时局难于处置,惟复辟较为顺理,可以肃清赤化。余意,先统制全国铁路,与民休息,再察形势,以定久计"⑤。

郑对复辟的问题以不作正面回答来表示立场;可是他对日本是否应该撤出中国,则有明白的立场。1937年10月21日,太田世外雄问他:"有人主张宣统复辟,日本无条件撤兵……如何?"

> 曰:"宣统如果复辟,仍须要求日本立约:一、日本专练亚洲海军,中国任其半费;二、与满铁合办全国铁道;三、代练西北陆军。有此三条,

---

① 《郑孝胥日记》第5册,第2678页。
② 参见《郑孝胥日记》第5册,第2678页。
③ 《郑孝胥日记》第5册,第2683页。
④ 《郑孝胥日记》第5册,第2681页。
⑤ 《郑孝胥日记》第5册,第2687页。

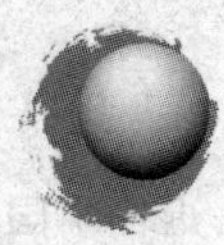

> 庶几可矣。”[1]

这里他虽然回答了复辟的问题，然而他冠以“如果”两字，表示这只是一种假设的情况，而且他仅以“宣统”称呼溥仪。可是他对日本的信任，却是无条件、无保留的。他提出的三条与《日满议定书》中的重要部分，有什么不同呢？满洲国已是日本的附庸，为什么郑要把未来的中国也沦为日本的附庸呢？因为他至此仍然相信日本的纯良动机。与太田对话的第二天，后藤隆之助请郑对“日本国势所趋……指其大略”。郑重复他与太田的话而无一语提及复辟：

> 日、华既战，日本宣言非敌百姓，此举效力甚大，天性感动之力，非学问所能及也。日本大难在后，抵制共产，继以抵制共管，国人智略必当骤进。然将来日、华二国非若日、满之合作，则不能长治久安。全国铁道宜与满铁合办；日本专备亚洲海军，中国任其半费；西北国防陆军，日本助为训练。此三者能成，必可保数十年之安定矣。[2]

这两次谈话都以日本的政策为主，所以郑没有机会直接表明他对中国内政的看法。1937 年 12 月 21 日，日本议员池田秀雄要与郑谈“处置中国事”。郑终于排除了帝制的可能：

> 以财政预算及统制铁路为第一步，以改换思想、地方自治为第二步。以伊犁通路为最急，制定政体且稍缓之，以俟得人可也。[3]

郑孝胥于 1938 年 3 月死亡，所以这几段话代表他的最后见解。在最后两年中，他的立场有了根本的改变。复辟不但在现实政治上早已没有可能；现在在郑的思想意识中，它的可能性也不存在了。他要在“得人”之后，才考虑政体，所以他所要的不再是帝制，而且无论他所制定的是什么政体，溥仪都不在他的考虑之内了。他所向往的以皇帝为政治本位的理想，现在被他全面抛弃了。

溥仪的下场

在中国历史上的亡国之君中，溥仪的结局是极为悲惨的。关东军步步紧逼，彻底消灭了他的独立意志和人格，终于使他完全认同日本。在满洲国

---

① 《郑孝胥日记》第 5 册，第 2690 页。

② 《郑孝胥日记》第 5 册，第 2690 页。

③ 《郑孝胥日记》第 5 册，第 2699 页。

的最后几年中,他日日在惊恐中度过,比不上一个法治社会中的囚犯的生活。

关东军在设置满洲国之初,声称是基于道义,要在满洲建立王道乐土。而郑孝胥的王道主义正好在无意之中为日本的征服提供了理论的根据,为日本的统治铺了一条坦途。可是王道也可能产生关东军所不愿有的后果。一方面,博爱能化解中国人的民族意识,软化其对日本的统治的抗拒,为关东军所鼓吹的日、满、华、蒙、朝五族协和作宣传;然而另一方面,它也可能使日本难于在满洲人民中制造亲日和忠于日本的民族情绪:所以王道日久之后可以成为一柄两面刃。关东军入主满洲后,便积极以日本的王道来取代郑的王道。在关东军的压力下,溥仪接受了他们的意旨,承认日本天皇和神道至高无上的地位和权威。郑孝胥的王道文化本来便没有实践的可能,现在在关东军的暴力下,更消失得无影无踪了。

关东军加紧同化溥仪的工作,是在溥仪登极满洲帝国皇帝以后不久。1935 年 4 月,他在关东军授意下访日。溥仪参拜了"明治神宫",慰问了在华作战受伤的日军。临别,裕仁天皇的弟弟到车站送行,特别嘱咐:"务请皇帝陛下抱定日满亲善一定能做到的确实信念而回国。这是我的希望。"溥仪立即表示:"感激已极,我现在下定决心,一定要尽我的全力,为日满的永久亲善而努力。我对这件事,是抱有确实信心的。"回到长春后,他又以先意承志的心情发表《回銮训民诏书》,声明与日本一心一德,与日本天皇精神如一体。[①] 1936 年"九一八"周年纪念时,关东军司令部宣称,溥仪出任满洲帝国皇帝是出于"天意",而这个"天意"是由日本天皇的意志表现出来的。满洲建国后,天皇成为"皇道联邦"的中心,满洲国皇帝在位的条件便是与天皇的意志永远连为一体。司令部又进一步说,关东军是天皇在满洲国的代表,所以应被视为是满洲国皇帝的"师傅"和"监护人"。这种安排,当然使王道的性质和内容都改变了。司令部说,他们所了解的王道是经由天皇的意志和关东军的思考所产生的王道,这种王道便是他们要在满洲国实践的理想。[②]

下一步是强迫溥仪接受日本的宗教信仰。这事日方提出了几次,最后由关东军司令官兼驻满洲国大使梅津美治郎告诉溥仪,日本的宗教就是满洲的宗教,所以溥仪应把日本皇族的祖先——太阳女神"天照大神",接奉到满洲立为国教。1940 年正值日本神武天皇二千六百年大庆。溥仪遵照梅津

---

① 参见溥仪《我的前半生》,第 248~249、260 页。

② 参见《满洲国の根本理念と协和会の本质》,载[日]小林龙夫、岛田俊彦编《现代史资料》专号《满洲事变》,第 909~910 页。

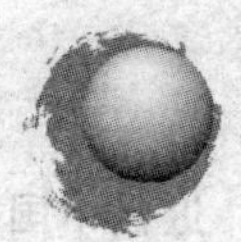

的吩咐，于5月访问日本，前后只呆了短短八天，因为唯一的任务是依梅津的指示迎接“天照大神”。在会见裕仁天皇时，溥仪照帝室的助理“帝室御用桂”吉冈安直写好的稿说，他为了体现“日满一德一心，不可分割”的关系，希望把日本的“天照大神”迎回满洲国奉祀，裕仁表示同意。

> 接着，裕仁站起来，指着桌子上的三样东西，即一把剑、一面铜镜和一块勾玉，所谓代表天照大神的三件神器，向我讲解了一遍。[①]

溥仪对日本人早已没有抵抗的意志，可是这一次的耻辱终于触及他的心灵深处，在归途的车上，他忍不住哭了起来[②]，然而他还是必须遵命行事。回长春后，他修建了一座“建国神庙”，成立了“祭祀府”。每逢初一、十五，他便带领满洲国的官员，前去祭祀“天照大神”。同时他又写了《国本奠定诏书》，宣称满洲国的邦基和邦运，“莫不皆赖天照大神之神庙，天皇陛下之保佑”[③]。

1942年满洲国建国十周年，又为日本提供了一个施加压力的机会。吉冈安直在周年纪念的前夕对溥仪说：

> 没有日本，便不会有满洲国，嗯，所以应该把日本看成是满洲国的父亲。所以，嗯，满洲国就不能和别的国家一样，称日本为盟邦友邦，应称作亲邦。[④]

于是溥仪又有《建国十周年诏书》，说“天照大神”和天皇陛下“明明之鉴如亲，穆穆之爱如子”，并令满洲国的“有司众庶……咸以朕心为心……献身大东亚圣战，奉翼亲邦之天业……”[⑤]日本奴化溥仪和满洲国的工作，至此全部完成。

1945年8月15日，日本无条件投降，溥仪说，他听吉冈说：“美国政府已表示对天皇陛下的地位和安全给以保证。”

> 我立即双膝跪下，向苍天磕了几个头，念诵道：“我感谢上天保佑天皇陛下平安！”吉冈也随我跪了下来，磕了一阵头。[⑥]

日本已是一个无条件投降的战败国，溥仪已不再是一个屈奴，所以日本人吉冈不但没有期待溥仪下跪磕头，他自己也是随溥仪之后，才下跪磕头的。溥仪的一生，只有别人向他下跪磕头，如今他却为一个亡国之君下跪磕头。这

---

① 溥仪：《我的前半生》，第262页。
② 参见溥仪《我的前半生》，第262页。
③ 溥仪：《我的前半生》，第263～264页。
④ 溥仪：《我的前半生》，第265页。
⑤ 《建国十周年诏书》全文载溥仪《我的前半生》，第265～266页。
⑥ 溥仪：《我的前半生》，第279页。

是因为日本的恐怖手段和奴化政策已经彻底地毁灭了他的灵魂和意志,他所剩的只有顺服的直觉反应了。

日本投降后,满洲国立即瓦解。溥仪在逃亡到日本的途中,为苏联所俘。亡清的问题在辛亥革命三十多年以后,才得到解决。郑孝胥和罗振玉已分别在1938年和1940年死亡,没有亲见他们给溥仪造成的悲剧的最后一程,也不必面对他们给中国所带来的苦难景象。

参考书目

中　文

A

爱新觉罗·溥仪:《我的前半生》,(香港)广角镜出版社1988年版。

B

《北京大学日刊》,1924年6月至8月。

C

陈宝琛:《沧趣楼诗文集》(2册),刘永翔、许全胜校点,上海古籍出版社2006年版。

陈东原:《中国教育史》,台湾商务印书馆1966年版。

陈鼓应注译:《庄子今注今译》(3册),中华书局2001年版。

陈鸿祥:《王国维年谱》,齐鲁书社1991年版。

陈弱水:《追求完美的梦:儒家政治思想的乌托邦性格》,载黄俊杰主编《中国文化新论:思想篇一:理想与现实》,(台北)联经出版事业公司1982年版。

陈寅恪:《寒柳堂集》,上海古籍出版社1980年版。

陈玉堂:《中国近现代人物名号大辞典》,浙江古籍出版社2005年版。

陈曾寿、陈曾植:《局外局中人记》,载《文史资料选辑》第19辑,中国人民政治协商会议全国委员会文史资料研究委员会编,1961年。

D

戴家祥:《读陆懋德个人对于王静安先生之感想》,载《文字同盟》第4号。

戴震著,赵玉新点校:《戴震文集》,中华书局1980年版。

丁文江、赵丰田编:《梁启超年谱长编》,上海人民出版社1983年版。

杜迈之、张承宗:《叶德辉评传》,岳麓书社 1986 年版。

F

[日]芳泽谦吉著,陈天鸥译:《芳泽谦吉在华回忆》,载《传记文学》第 1 卷第 5 期,1962 年 10 月;第 1 卷第 6 期,1962 年 11 月。

冯友兰:《中国近代美学的奠基人——王国维》,载《中国哲学史新编》第 6 册,人民出版社 1989 年版。

冯友兰:《三松堂自序》,人民出版社 1998 年版。

佛雏:《王国维诗学研究》,北京大学出版社 1987 年版。

傅斯年:《傅斯年全集》(7 册),(台北)联经出版事业公司 1980 年版。

G

高觉敷主编:《中国心理学史》,人民出版社 1985 年版。

耿云志:《胡适年谱》,四川人民出版社 1989 年版。

公孙龙著,庞朴译注:《公孙龙子译注》,上海人民出版社 1974 年版。

顾颉刚:《顾颉刚致王国维的三封信》,载《文献》第 15 辑,1983 年 3 月。

顾炎武:《顾亭林先生遗书十种》,蓬莱阁校刊。

国立故宫博物院编撰:《故宫七十星霜》,台湾商务印书馆 1995 年版。

郭沫若:《金文丛考》(3 册),人民出版社 1954 年版。

郭廷以:《近代中国史事日志:清季》(2 册),(台北)"中央研究院"近代史研究所 1963 年版。

郭廷以:《中华民国史事日志》(4 册),(台北)"中央研究院"近代史研究所 1979～1985 年版。

H

贺培新辑:《徐世昌年谱》,载《近代史资料》总 70 号卷下。

胡平生:《民国初期的复辟派》,(台北)学生书局 1985 年版。

胡适:《宣统与胡适》,载 1922 年 7 月 23 日《努力周报》第 12 期。

胡适:《胡适文存》(四集),(台北)远东图书公司 1971 年版。

胡适:《戴东原的哲学》,台湾商务印书馆 1971 年版。

胡适:《胡适致王国维书信十三封》,载《文献》第 15 辑,1983 年 3 月。

胡适著,曹伯言整理:《胡适日记》(8 册),安徽教育出版社 2001 年版。

《胡适来往书信选》(3 册),中华书局 1979 年版。

胡颂平:《胡适之先生年谱长编初稿》(10 册),(台北)联经出版事业公司 1990 年版。

胡颂平:《胡适之先生晚年谈话录》,(台北)联经出版事业公司 1984

年版。

惠施:《惠子》,载《玉函山房辑佚书》第九函卷七二,1883 年。

J

《甲子清室密谋复辟文证》,(台北)文海出版社 1981 年版。

《教育世界》,载《中国近代期刊篇目汇录》第 2 卷(上),上海人民出版社 1979 年版。

《近代史资料》(总 35 号),中华书局 1965 年版。

金梁:《遇变日记》,载《文史资料选辑》第 13 辑,中国人民政治协商会议全国委员会文史资料研究委员会编。

L

劳乃宣:《韧庵老人自订年谱》,(台北)文海出版社 1966 年版。

劳乃宣:《桐乡劳先生乃宣遗稿》(2 册),(台北)文海出版社 1966 年版。

《老上海地图》,上海画报出版社 2001 年版。

李商隐著,冯浩笺注:《玉溪生诗集笺注》(2 册),上海古籍出版社 1979 年版。

李希泌、张椒华编:《中国古代藏书与近代图书馆史料(春秋至五四前后)》,中华书局 1982 年版。

梁济:《桂林梁先生遗著》,梁焕鼐、梁漱溟编,(台北)文化出版公司 1969 年版。

梁启超:《饮冰室文集》(8 册),台北中华书局 1960 年版。

梁漱溟:《通信:梁巨川先生的自杀》,载《新青年》6 卷 4 号,1919 年 4 月。

《临时公报》,载罗家伦主编《中华民国史料丛编》,(台北)中国国民党中央委员会党史史料编纂委员会,1968 年。

刘恒:《王国维与罗振玉来往书信手稿述评》,载《中国文艺思想史论丛》第 2 辑,北京大学出版社 1985 年版。

《陆海军大元帅大本营公报(民国十二年 4 月至十二年 6 月)》,(台北)文海出版社 1985 年版。

栾星:《公孙龙子长笺》,中州书画社 1982 年版。

罗继祖:《庭闻忆略:回忆祖父罗振玉的一生》,吉林文史出版社 1987 年版。

罗继祖:《我的祖父罗振玉》,百花文艺出版社 2007 年版。

罗继祖:《王国维先生笔下的哈同仓圣明智大学》,载《社会科学战线》1982 年第 2 期。

罗继祖(甘孺):《永丰乡人行年录:罗振玉年谱》,江苏人民出版社 1980 年版。

罗继祖:《〈王国维及其文学批评〉读后》,载《抖擞》1983 年第 54 期。

罗继祖:《观堂书札三跋》,载吴泽主编,袁英光选编《王国维学术研究论集》第 2 辑,华东师范大学出版社 1987 年版。

罗继祖主编:《王国维之死》,(台北)祺龄出版社 1995 年版。

罗琨、张永山:《罗振玉评传》,百花洲文艺出版社 1996 年版。

罗振玉:《贞松老人遗稿》,1944 年。

罗振玉:《罗雪堂先生全集》(初编 20 册,续编 20 册,三编 20 册,四编 20 册,五编 20 册),(台北)文华出版公司 1968、1969、1970、1972、1973 年版。

罗振玉:《永丰乡人稿》,1920 年。

罗振玉:《教育私议》,载《教育世界》1901 年第 1 期。

罗振玉:《各行省设立寻常小学堂议》,载《教育世界》1901 年第 4 期。

罗振玉:《〈论语〉讲义》,载《教育世界》1901 年第 6 期。

罗振玉:《教育五议》,载《教育世界》1901 年第 9 期。

罗振玉:《设师范急就科议》,载《教育世界》1901 年第 12 期。

罗振玉:《拟定高等中学校课程表》,载《教育世界》1902 年第 16 期。

罗振玉:《拟定高等小学校课程表》,载《教育世界》1902 年第 17 期。

罗振玉:《拟定高等小学校课程表》,载《教育世界》1902 年第 18 期。

罗振玉:《教育赘言八则》,载《教育世界》1902 年第 21 期。

罗振玉:《译书条议》,载《教育世界》1902 年第 22 期。

罗振玉:《日本教育大旨》,载《教育世界》1902 年第 23 期。

罗振玉:《学制私议》,载《教育世界》1902 年第 24 期。

罗振玉:《论文字之关教育及其改良意见》,载《教育世界》1902 年第 31 期。

罗振玉:《各省设体操传习所议》,载《教育世界》1902 年第 32 期。

罗振玉:《论中国亟宜兴实业教育》,载《教育世界》1902 年第 33 期。

罗振玉:《公德私德辩惑》,载《教育世界》1904 年第 73 期。

罗振玉:《孔子传略》,载《教育世界》1904 年第 73 期。

罗振玉:《宋儒小学教育谈》,载《教育世界》1904 年第 74 期。

罗振玉:《周官教育制度》,载《教育世界》1904 年第 76、78 期。

罗振玉:《江苏学务管见》,载《教育世界》1904 年第 76 期。

罗振玉:《秦教育考略》,载《教育世界》1904 年第 80 期。

罗振玉:《江苏振兴实业条议》,载《教育世界》1904 年第 87 期。

罗振玉:《与友人论社会改良书一:女子教育》,载《教育世界》1904 年第 88 期。

罗振玉:《与友人论社会改良书二:女子结婚及析产》,载《教育世界》1904 年第 89 期。

罗振玉:《学部设立后之教育管见》,载《教育世界》1905 年第 110 期。

罗振玉:《学部设立后之教育管见二》,载《教育世界》1906 年第 120 期。

罗振玉:《学部设立后之教育管见三》,载《教育世界》1906 年第 121 期。

罗振玉:《中国古代科学之发达可征于古金文字说》,载《教育世界》1906 年第 122 期。

罗振玉:《各省十年间教育之计划》,载《教育世界》1906 年第 123、124、125 期。

罗振玉:《学部设立后之教育管见四》,载《教育世界》1906 年第 128 期。

罗振玉:《京师创设图书馆私议》,载《教育世界》1906 年第 131 期。

罗振玉:《扶桑两月记》,上海教育世界社 1902 年版。

罗振玉:《五十日梦痕录》,载其《雪堂从刻》卷二〇。

罗振玉:《集蓼编》,载其《罗雪堂先生全集:续编》(20 册),台北文华出版公司 1969 年版。

罗振玉:《贞松老人外集》(4 卷),1943 年。

罗振玉:《敦煌石室书目及发见之原始》,载《东方杂志》第 10 期,1909 年 11 月。

罗振玉:《莫高窟石室秘录》,载《东方杂志》第 11 期,1909 年 12 月;第 12 期,1910 年 1 月。

罗振玉:《鸣沙山石室秘录》,载《国粹学报》第 8 册,1910 年。

罗振玉:《殷虚书·契考释》,永慕园 1915 年印。

罗振玉:《集殷虚文字楹帖汇编》,东方学会 1927 年印。

M

马洪林:《康有为评传》,南京大学出版社 1998 年版。

马文驹:《清末民初心理学译著出版中的若干问题》,载《江西师范大学学报(哲学社会科学版)》1984 年第 1 期。

马祖毅:《中国翻译简史:五四运动以前部分》,中国对外翻译出版公司 1984 年版。

孟森:《清史稿应否禁锢之商榷》,载《国立北京大学国学季刊》3 卷 4 期,

1932 年 12 月。

缪荃孙著,顾廷龙校阅:《艺风堂友朋书札》(2 册),上海古籍出版社 1980、1981 年版。

缪荃孙:《艺风老人日记》(10 册),北京大学出版社 1986 年版。

P

潘光、王健:《一个半世纪以来的上海犹太人:犹太民族史上的东方一页》,社会科学文献出版社 2002 年版。

Q

耆龄:《赐砚斋日记》,载《中和》第 6 卷第 1 期,1945 年 1 月。

齐家莹编撰,孙敦恒审校:《清华人文学科年谱》,清华大学出版社 1998 年版。

钱穆:《中国近三百年学术史》(2 册),商务印书馆 1997 年版。

全祖望:《鲒埼亭集》(3 册),台北文海出版社 1984 年版。

R

容庚:《甲骨学概说》,载《岭南学报》第 7 卷第 2 期,1947 年 7 月。

S

《上海指南》,上海商务印书馆 1929 年版。

宋文坚:《逻辑学的传入与研究》,福建人民出版社 2005 年版。

孙敦恒:《王国维年谱新编》,中国文史出版社 1991 年版。

T

唐君毅:《论中国哲学思想中"理"之六义》,载《新亚学报》1955 年第 1 期。

W

《外交文牍(民国元年至十年)》,(台北)文海出版社 1966 年版。

王德毅:《王国维年谱》,(台北)中国学术著作奖助委员会,1967 年。

王东明:《怀念我的父亲王国维先生》,载《清华校友通讯》1985 年第 93 期。

王国维:《海宁王忠悫公遗书初集》,1928 年。

王国维抄译:《西洋伦理学史要》,上海教育丛书第 3 集,1903 年。

王国维节译:《哥罗宰氏之游戏论》,(Karl Groos, *The Play of Man*),载《教育世界》1905 年第 104～106、110、115 期,1906 年第 116 期。

王国维译:《欧洲大学小史》,载《学部官报》1907 年第 15～34 期。

王国维译:《心理学概论》(2 册),上海商务印书馆 1907 年版。

王国维译:《辨学》,三联书店 1959 年版。

王国维译:《世界图书馆小史》,载《学部官报》1909 年第 91 期至 1910 年第 134 期。

王国维:《王国维戏曲论文集》,中国戏曲出版社 1984 年版。

王国维:《观堂集林》二十卷,乌程蒋氏密韵楼本,台北艺文印书馆 1956 年版。

王国维著,罗振玉编:《海宁王忠悫公遗书初集》(42 册),丁卯秋季(1927～1928)校印。

王国维:《王观堂先生全集》(16 册),(台北)文华出版公司 1968 年版。

王国维:《王国维致顾颉刚的三封信》,载《文献》第 18 辑,1983 年 12 月。

王国维著,吴泽主编:《王国维全集:书信》,中华书局 1984 年版。

王国维著,周锡山编校:《王国维文学美学论著集》,北岳文艺出版社 1987 年版。

王国维著,佛雏校辑:《王国维哲学美学论文辑佚》,华东师范大学出版社 1993 年版。

王庆祥、萧立文校注,罗继祖审订:《罗振玉王国维往来书信》,东方出版社 2000 年版。

王蘧常:《沈寐叟年谱》,台湾商务印书馆 1977 年版。

《伪满洲国的统治内幕——伪满官员供述》,中华书局 2000 年版。

吴宓著,吴学昭整理注释:《吴宓日记》(10 册),三联书店 1998 年版。

吴宓著,吴学昭整理:《吴宓自编年谱——1894～1925》,三联书店 1995 年版。

《吴佩孚正传》,(台北)文海出版社 1967 年版。

吴文祺:《王国维先生生平及其学说》,载《风土什志》第 1 卷第 1 期,1943 年 8 月。

吴秀良:《南书房之建置及其前期之发展》,载《思与言》1968 年第 5 期。

吴泽主编,袁英光选编:《王国维学术研究论集》(3 辑),华东师范大学出版社 1983、1987、1990 年版。

X

萧艾:《王国维诗词笺校》,湖南人民出版社 1984 年版。

萧公权:《中国政治思想史》(2 册),(台北)联经出版事业公司 1982 年版。

徐临江:《郑孝胥前半生评传》,学林出版社 2003 年版。

徐世昌:《韬养斋日记》,中国书店 2005 年版。

徐志摩著,蒋复璁、梁实秋主编:《徐志摩全集》第 3 辑,(台北)传记文学出版社 1969 年版。

《辛亥革命时期期刊介绍》第 1 集,人民出版社 1982 年版。

薛绥之、张俊才编:《林纾研究资料》,福建人民出版社 1982 年版。

Y

严复著,王拭主编:《严复集》(5 册),中华书局 1986 年版。

《研究所国学门重要纪事》,载《国学季刊》第 1 卷第 1 期,1923 年 1 月。

杨直民:《中国传统农学与实验农学的重要交汇:就清末〈农学丛书〉谈起》,载《农业考古》1984 年第 1 期。

叶嘉莹:《王国维及其文学批评》,香港中华书局 1980 年版。

叶参、陈邦直、党庠周合编,《郑孝胥传》,载《民国丛书》第一编,上海书店 1987 年版。

余英时:《从价值系统看中国文化的现代意义》,(台北)时报出版公司 1992 年版。

余英时:《论戴震与章学诚:清代中期学术思想史研究》,(台北)东大图书公司 1996 年版。

余英时:《现代儒学的回顾与展望》,三联书店 2004 年版。

余英时:《中国文化与现代变迁》,(台北)三民书局 1992 年版。

余英时:《现代危机与思想人物》,三联书店 2005 年版。

袁英光、刘寅生:《王国维年谱长编》,天津人民出版社 1996 年版。

Z

张伟仁主编:《明清史料》,(台北)联经出版事业公司 1986～1989 年版。

张采田:《玉溪生年谱会笺》,南林刘氏求恕斋丁巳[1917 年]刻。

张采田:《玉溪生年谱会笺,外一种》,中华书局 1965 年版。

张惠芬、金忠明:《中国教育简史》,华东师范大学出版社 2001 年版。

张篷州主编:《近五十年中国与日本(1932～1982)》第 1 卷,四川人民出版社 1985 年版。

张其韵:《忠之理论与实践》,载《国立浙江大学文学院集刊》第 1 集,1941 年 6 月。

章梫:《一山文存》,(台北)文海出版社 1966 年版。

《政府公报(1912～1924 年)》,(台北)文海出版社 1971 年版。

郑孝胥著,彭述先编辑:《郑总理大臣王道讲演集》,新京福文盛印书局

1934 年版。

郑孝胥著，黄珅、杨晓波校点：《海藏楼诗集》，上海古籍出版社 2003 年版。

中国历史博物馆编，劳祖德整理：《郑孝胥日记》(5 册)，中华书局 1993 年版。

周君适：《伪满宫廷杂忆》，四川人民出版社 1981 年版。

周明之：《由开明而保守：辛亥政局对王国维思想和心理的冲击》，载《汉学研究》第 11 卷第 1 号，1993 年 6 月。

周明之：《中国近代文学史的突破：王国维的文学观》，载《汉学研究》第 13 卷第 1 号，1995 年 6 月。

周明之：《胡适与中国现代知识分子的选择》，雷颐译，广西师范大学出版社 2005 年版。

日文(按日文发音排列)

狩野直喜：《王静安君を忆ふ》，载《艺文》第 18 卷第 8 号，1927 年 8 月。

《斯文》第 14 卷第 4 号(1932 年 4 月 1 日)和第 14 卷第 5 号(1932 年 5 月 1 日)讨论满洲国建国及王道政治。

小林龙夫、岛田俊彦编：《现代史资料》，1964～1965 年。

《东亚》第 5 卷第 11 号(1932 年 11 月)、第 6 卷第 7 号(1933 年 7 月)和第 6 卷第 12 号(1933 年 12 月)讨论满洲国及王道政治。

山室信一：《キメう——满洲国の肖像》，东京中央公论社 2004 年版。

英　文

Airlie, Shiona, *Reginald Johnston, Chinese Mandarin*, Edinburgh: National Museums of Scotland Publishing LTD., 2001.

Almond, Gabriel A., Emmanuel Sivan, and R. Scott Appleby, "Fundamentalism: Genesis and Species," in Martin E. Marty and R. Scott Appleby(Eds.), *Fundamentalisms Comprehended*, Chicago: University of Chicago Press, 1995.

Auerback, M. Merton, "Edmund Burke," *International Encyclopedia of the Social Sciences*, New York: Macmillan Co., 1968.

Becker, Carl L., "Everyman His Own Historian," *American Historical Review*, 37.2(January, 1932).

Becker, Carl L., *The Heavenly City of the Eighteenth-Century Philosophers*, New Haven: Yale University Press, 1978.

Berger, Peter, *The Sacred Canopy: Elements of a Sociological Theory of Religion*, New York: Anchor Books, 1990.

Berlin, Isaiah, "Historical Inevitability," in Isaiah Berlin, *The Proper Study of Mankind: An Anthology of Essays*, Edited by Henry Hardy and Roger Hausheer, New York: Farrar, Straus and Giroux, 2000.

Berman, Harold J., *Law and Revolution: The Formation of the Western Legal Tradition*, Cambridge: Harvard University Press, 1983.

Betta, Chiara, "Silas Aaron Hardoon and Cross-Cultural Adaptation in Shanghai," in *The Jews of China*, Vol. One: *Historical and Comparative Perspectives*, edited with an introduction by Jonathan Goldstein, Armonk, New York: M. E. Sharpe. 1999.

Bodde, Derk, "Basic Concepts of Chinese Law: The Genesis and Evolution of Legal Thought in Traditional China," in Derk Bodde, *Essays on Chinese Civilization*, edited and introduced by Charles Le Blanc and Dorothy Borei, Princeton: Princeton University Press, 1981.

Bodde, Derk, *Chinese Thought, Society, and Science: The Intellectual and Social Background of Science and Technology in Pre-modern China*, Honolulu: University of Hawaii Press, 1991.

Brooks, Timothy, "Edifying Knowledge: The Building of School Libraries in Ming China," *Late Imperial China*, 17.1 (June, 1996).

Burke, Edmund, *Reflections on the Revolution in France*, Buffalo, New York: Prometheus Books, 1987.

Butterfield, Herbert, *The Whig Interpretation of History*, New York: W. W. Norton and Company, 1965.

Butterfield, Herbert, "Moral Judgments in History," in Herbert Butterfield, *History and Human Relations*, New York: The Macmillan Company, 1952.

Chan, Wing-tsit, "The Evolution of the Neo-Confucian Concept of Li as Principle," *Tsinghua Journal of Chinese Studies*, (1964).

Chang Wejen, "Legal Education in Ch'ing China," in Benjamin A. Elman and Alexander Woodside (Eds.), *Education and Society in Late*

Imperial China, 1600-1900, Berkeley: University of California Press, 1994.

Chou Min-chih, "Wang Guowei," *Encyclopedia of Chinese Philosophy*, New York: Routledge, 2003.

Clarke, M. L., *Classical Education in Britain*, 1500-1900, Cambridge: Cambridge University Press, 1959.

Claypool, Lisa, "Zhang Jian and China's First Museum," *Journal of Asian Studies*, 64.3(August, 2005).

Commager, Henry Steele, *The Nature and The Study of History*, Columbus, Ohio: Charles E. Merrill Books, Inc., 1965.

Coombes, Annie E., "Museums and the Formation of National and Cultural Identities," *The Oxford Art Journal*, 11.2(1988).

Crick, Bernard, *In Defence of Politics*, Baltimore: Penguin Books, 1964.

Croizier, Ralph C., *Traditional Medicine in Modern China: Science, Nationalism, and the Tensions of Cultural Change*, Cambridge: Harvard University Press, 1968.

Cua, A. S., "Reason and Principle," *Encyclopedia of Chinese Philosophy*, New York: Routledge, 2003.

David L. Wagner(Ed.), *Seven Liberal Arts in the Middle Ages*, Bloomington: Indiana University Press, 1986.

Dictionary of the History of Ideas, 5 vols., Philip P. Wiener, Editor, New York: Charles Scribner's Sons, 1973.

Durkheim, Emile, *Suicide: A Study in Sociology*, translated by John A. Spaulding and George Simpson, edited with an introduction by George Simpson, New York: The Free Press, 1966.

Eliot, Charles William, *A Turning Point in Higher Education: The Inaugural Address of Charles William Eliot, President of Harvard College, Oct.* 19, 1869, with an Introduction by Nathan M. Pusey, Cambridge: Harvard University Press, 1969.

Elman, Benjamin A., *A Cultural History of Civil Examinations in Late Imperial China*, Berkeley: University of California Press, 2000.

Encyclopaedia Britannica, Chicago: Encyclopaedia Britannica, Inc., 1960.

Paul Edwards(Ed.), *Encyclopedia of Philosophy*, 8 vols., New York: Macmillan Publishing Co., 1972.

Fairbanks, Arthur, *Introduction to Sociology*, New York: Charles Scribner's Sons, 1896.

Finer, S. E., *The History of Government*, vol. 2: *The Intermediate Ages*, Oxford: Oxford University Press, 1999.

Fogel, Joshua A., tr., *Manchuria Under Japanese Dominion*, Philadelphia: University of Pennsylvania Press, 2006.

Friedrich, Carl Joachim, *The Philosophy of Law in Historical Perspective*, second edition, Chicago: University of Chicago Press, 1963.

Fundamentalism versus Modernism, compiled by Eldred C. Vanderlaan, New York: H. W. Wilson Company, 1925.

Fung Yu-lan, *A Short History of Chinese Philosophy*, Edited by Derk Bodde, New York: The Free Press, 1966.

Hansen, Chad, "Freedom and Moral Responsibility in Confucian Ethics," *Philosophy East and West*, 22.2(April, 1972).

Hart, H. L. A., *The Concept of Law*, Oxford: Oxford University Press, 1992.

Haskins, Charles Homer, *The Rise of Universities*, Ithaca: Cornell University Press, 1984.

Hoffding, Harald, *Outlines of Psychology*, translated by Mary E. Lowndes, New York: Macmillan and Co., 1891.

Hofstadter, Richard, *Social Darwinism in American Thought*, Boston: Beacon Press, 1955.

Hsiao Kung-chuan, *A Modern China and a New World*; *K'ang Yu-wei, Reformer and Utopian*, 1858-1927, Seattle: University of Washington Press, 1975.

Hu Shih, "A Historian Looks at Chinese Painting," in Hu Shih, *A Collection of Hu Shih's English Writings*, 3 vols., compiled by Chih-p'ing Chou, Taibei: Yuanliu Publishing Company, 1995.

Huff, Toby, *The Rise of Early Modern Science*: *Islam*, *China*, *and the West*, Cambridge: Cambridge University Press, 1995.

Huntington, Samuel P., "Conservatism as an Ideology," *American Politi-*

cal Science Review, 51. 2(June, 1957).

Hymes, Robert P., "Not Quite Gentlemen? Doctors in Sung and Yuan," *Chinese Science*, 8(1987).

Jay, Jennifer W., *A Change in Dynasties: Loyalism in Thirteenth-Century China*, Bellingham: Center for East Asian Studies, Western Washington University, 1991.

Jevons, William Stanley, *Elementary Lessons in logic: Deductive and Inductive with Copious Questions and Examples, and a Vocabulary of Logical Terms*, London: Mcmillan and Co., 1870.

Johnston, Reginald F., *Twilight in the Forbidden City*, London: Victor Gollancz LTD. 1934.

Kahn, Harold L., "The Education of a Prince: The Emperor Learns His Roles," in Albert Feuerwerker, Rhoads Murphey, Mary C. Wright (Eds.), *Approaches to Modern Chinese History*, Berkeley: University of California Press, 1967.

Kant, Immanuel, *Critique of Pure Reason*, translated by Norman Kemp Smith, New York: St. Martin's Press, 1965.

Kant, Immanuel, *Critique of Judgement*, translated with an introduction by J. H. Bernard, New York: Hafner Publishing Company, 1972.

Kaufmann, Walter, *Nietzsche: Philosopher, Psychologist, Antichrist*, Princeton: Princeton University Press, 1974.

Lee, Thomas H. C., *Education in Traditional China: A History*, Leiden, The Netherlands: Brill, 2000.

Leung, Angela Ki Che, "Organized Medicine in Ming-Qing China: State and Private Medical Institutions in the Lower Yangzi Region," *Late Imperial China*, 8. 1(June, 1987).

Levenson, Joseph R., *Confucian China and Its Modern Fate: A Trilogy*, Berkeley: University of California Press, 1958-1965.

Lin Yu-sheng, "The Suicide of Liang Chi: An Ambiguous Case of Moral Conservatism," in Charlotte Furth(Ed.), *The Limits of Change: Essays on Conservative Alternatives in Republican China*, Cambridge: Harvard University Press, 1976.

Lin Yu-sheng, "The Morality of Mind and Immorality of Politics: Reflections on Lu Xun, the Intellectual," in *Lu Xun and His Legacy*, edited with an introduction by Leo Ou-fan Lee, Berkeley: University of California Press, 1985.

Liu, James T. C., "Yueh Fei(1103-41) and China's Heritage of Loyalty," *Journal of Asian Studies*, 31.2(February, 1972).

Liu, Shu-hsien, "*Li*: Principle, Pattern, Reason," *Encyclopedia of Chinese Philosophy*, New York: Routledge, 2003.

Lutz, Jessie Gregory, *China and the Christian Colleges*, 1850-1950, Ithaca: Cornell University Press, 1971.

Mannheim, Karl, "The History of the Concept of the State as an Organism: A Sociological Analysis," in Karl Mannheim, *Essays on Sociology and Social Psychology*, edited by Paul Kecskemeti, New York: Oxford University Press, 1953.

Mannheim, Karl, "Conservative Thought," in Karl Mannheim, *From Karl Mannheim*, edited with an intrduction by Kurt H. Wolff, New York: Oxford University Press, 1971.

Mannheim, Karl, *Conservatism: A Contribution to the Sociology of Knowledge*, edited and introduced by David Kettler, Volker Meja, and Nico Stehr, translated by David Kettler and Volker Meja from a first draft by Elizabeth R. King, London: Routledge and Kegan Paul, 1986.

McKnight, Brian, "Mandarins as Legal Experts: Professional Learning in Sung China," in William Theodore de Bary and John W. Chaffee(Eds.), *Neo-Confucian Education: The Formative Stage*, Berkeley: University of California Press, 1989.

Mote, Frederick W., "Confucian Eremitism in the Yuan Period," in Arthur F. Wright(Ed.), *The Confucian Persuasion*, Stanford: Stanford University Press, 1960.

Muirhead, John Henry, *The Elements of Ethics: An Introduction to Moral Philosophy*, New York: Charles Scribner's Sons, 1892.

Muller, Jerry Z., "Introduction: What Is Conservative Social and Political Thought?" in Jerry Z. Muller(Ed.), *Conservatism: An Anthology of Social and Political Thought from David Hume to the Present*, Princeton: Princeton University Press, 1997.

Needham, Joseph, "China and the Origin of Qualifying Examinations in Medicine," in Joseph Needham, *Clerks and Craftsmen in China and the West: Lectures and Addresses on the History of Science and Technology*, Cambridge: Cambridge University Press, 1970.

Nisbet, Robert, *Conservatism: Dream and Reality*, New Brunswick, New Jersey: Transaction Publishers, 2002.

Nisbet, Robert, *History of the Idea of Progress*, New York: Basic Books, Inc., Publishers, 1980.

Novick, Peter, *That Noble Dream: The "Objectivity Question" and the American Historical Profession*, Cambridge: Cambridge University Press, 1998.

Oakeshott, Michael, "On Being Conservative," in Michael Oakeshott, *Rationalism in Politics and Other Essays*, Indiana polis: Liberty Press, 1991.

Paulsen, Friedrich, *Introduction to Philosophy*, translated by Frank Thilly, New York: Henry Holt and Co. 1895.

Patrick Gardiner(Ed.), *Theories of History*, New York: The Free Press, 1959.

Porter, Roy, *The Greatest Benefit to Mankind: A Medical History of Humanity*, New York: W. W. Norton and Company, 1998.

Pyenson, Lewis, and Susan Sheets-Pyenson, *Servants of Nature: A History of Scientific Institutions, Enterprises, and Sensibilities*, New York: W. W. Norton and Company, 2000.

Reiss, Hans S., "Introduction," in Hans S. Reiss. (Ed.), *The Political Thought of the German Romantics*, 1793-1815, Oxford: Oxford University Press, 1955.

Report of The Commission of Enquiry of The League of Nations, Signed at Peiping, September 4,1932, Shanghai: Chung Hua Book Co., LTD, 1932; Taibei: Ch'eng-wen Publishing Co., 1971.

Reynolds, Susan, *Kingdoms and Communities in Western Europe*, 900-1300, second edition, Oxford: Oxford University Press, 1997.

"Richard Wilhelm: The Marco Polo of the Inner World of China," *Richard Wilhelm's Home Page*.

Royce，Josiah，*The Philosophy of Loyalty*，New York：Hafner Publishing Co.，1971.

Said，Edward W.，*Orientalism*，New York：Vintage Books，1979.

Schopenhauer，Arthur，*The World as Will and Representation*，2 vols.，translated from the German by E. F. J. Payne，New York：Dover Publications，Inc，1969.

Schopenhauer，Arthur，*The Art of Literature*，translated by T. Bailey Saunders，Ann Arbor：University of Michigan Press，1960.

Schopenhaure，Arthur，*On the Fourfold Root of the Principle of Sufficient Reason*，Translated from the German by E. F. J. Payne，LaSalle，Illinois；Open Court Publishing Company，1974.

Schwartz，Benjamin I.，*In Search of Wealth and Power：Yen Fu and the West*，Cambridge：Harvard University Press，1964.

Schwartz，Benjamin I.，"Notes on Conservatism in General and in China in Particular，" in Charlotte Furth(Ed.)，*The Limits of Change：Essays on Conservative Alternatives in Republican China*，Cambridge：Harvard University Press，1976.

Sidgwick，Henry，*Outlines of the History of Ethics for English Readers*，New York：Macmillan and Co.，1888.

Siraisi，Nancy G.，*Arts and Sciences at Padua：The Studium of Padua before* 1350，Toronto：Pontifical Institute of Mediaeval Studies，1973.

Stein，M. Aurel，"Explorations in Central Asia，1906-08，" *Geographical Journal*，34. 1(July，1909) 5-36；34. 3(September，1909).

Stray，Christopher，"Schoolboys and Gentlemen：Classical Pedagogy and Authority in the English Public School，" in Yun Lee Too and Niall Livingston(Eds.)，*Pedagogy and Power：Rhetorics of Classical Learning*，Cambridge：Cambridge University Press，1998.

Walker，Annabel，*Aurel Stein，Pioneer of the Silk Road*，Seattle：University of Washington Press，1998.

Weber，Max，*The Religion of China：Confucianism and Taoism*，translated and edited by Hans H. Gerth，New York：The Free Press，1968.

Weber，Max，"Value-judgments in Social Science，" in W. G. Runciman (Ed.)，Max Weber，*Max Weber：Selections in Translation*，translated by Eric Matthews, Cambridge: Cambridge University Press, 1978.

Weber, Max, "Politics as a Vocation," in *Max Weber: Selections in Translation* edited by W. G. Runciman, translated by Eric Malthews, Cambridge: Cambridge University Press, 1978.

Windelband, Wilhelm, *A History of Philosophy*, 2 vols., New York: Harper and Row Publishers, 1958.

Yu Ying-shih, "The Radicalization of China in the Twentieth Century," *Daedalus: Journal of the American Academy of Arts and Sciences* (Spring, 1993).